大 学 问

始 于 问 而 终 于 明

守 望 学 术 的 视 界

士人走向民间

宋元变革与社会转型

王瑞来 著

GUANGXI NORMAL UNIVERSITY PRESS

广西师范大学出版社

·桂林·

士人走向民间
SHIREN ZOUXIANG MINJIAN

图书在版编目（CIP）数据

士人走向民间：宋元变革与社会转型 / 王瑞来著. --
桂林：广西师范大学出版社，2023.7（2023.8 重印）
　ISBN 978-7-5598-6121-4

　Ⅰ. ①士… Ⅱ. ①王… Ⅲ. ①中国历史－研究－宋元
时期 Ⅳ. ①K240.7

　中国国家版本馆 CIP 数据核字（2023）第 110981 号

广西师范大学出版社出版发行
（广西桂林市五里店路 9 号　邮政编码：541004）
网址：http://www.bbtpress.com
出版人：黄轩庄
全国新华书店经销
广西民族印刷包装集团有限公司印刷
（南宁市高新区高新三路 1 号　邮政编码：530007）
开本：880 mm ×1 240 mm　　1/32
印张：14.25　　　字数：330 千
2023 年 7 月第 1 版　　2023 年 8 月第 2 次印刷
定价：98.00 元

自 序

　　20 世纪初,日本的内藤湖南从世界史的视野观察中国历史的发展,认为唐宋之间的变化是"中世与近世之间的一大转换"。这一观察,后经其弟子宫崎市定的补充完善,成为影响巨大的唐宋变革论。说影响巨大,是因为其影响溢出了中国历史研究领域,成为很多人文学科回溯历史背景时进行一般叙述的一个筐,或是作为理论支撑,或是作为门面标榜,统统将唐宋变革论装在里面。那么,这一理论范式,用孟子的话说,是不是可以"得志行乎中国,若合符节"呢?能否像许多论著标示的那样,用以解释中唐以后中国历史发展的基本形态呢?

　　中国的历史学者,在长期研究过程中,形成了一个优良的学术规范,那就是有几分史料说几分话,论从史出。详细具体地检视史料,我们会发现,唐宋变革论难以圆满地贯通解释唐代以后的全部历史走向。这一理论范式指导下的考察,甚至走到北宋末年,就举步维艰,抵牾尽现了。因此,解释中国历史是如何走入近代、走向今天的,需要转换视角,在坚实的史料支撑下,运用另外的理论范式。

　　这一有别于唐宋变革论的理论范式,就是我近二十年来所倡导的宋元变革论。一位曾担任过东京大学教授的朋友,最近著文说我的宋元变革论是"批判性地发展唐宋变革论"①。这样说并

---

① 林少阳:《"中国近代"之孤独的探寻者:原岛春雄〈近代中国断章〉导读》,《近代中国断章》,上海:上海人民出版社,2023 年,第 6 页。

无大误。我的批判在于斩断了唐宋变革论向下的历史分期，将其截止于北宋末，从南宋开启的则是宋元变革论；我的发展则在于将唐宋变革和宋元变革视为两个互相连续的社会转型。

"变革"一词，由来已久。《礼记·大传》就讲："立权度量，考文章，改正朔，易服色，殊徽号，异器械，别衣服，此其所得与民变革者也。"不过，我觉得《礼记》这句话中的"变革"，以及古代文献中使用的"变革"，跟"改革"的意思相近，强调改变的主观意志与行为。而我们今天使用的"变革"一词，包括唐宋变革论中的"变革"，更接近在各种因素作用下所形成的客观状态或结果。这一语义的生成，大概是明治维新以后主张脱亚入欧的日本引进西学改造固有汉语词汇的产物。这跟"封建""革命""历史"等词旧瓶装新酒一样。

既然是在各种因素作用下所形成的客观状态或结果，那么变革就不是突变，而是有一个演化的时间过程。从这个意义上看，唐宋变革和宋元变革，都不是从字面上理解的唐宋之际和宋元之际发生的变革，而是指长时段的社会转型。我理解的唐宋变革是指自中唐"安史之乱"开始，至北宋末终止；而宋元变革则是从南宋开始，至元末终止。两个变革期都长达二百余年，都是渐进性的社会转型。

科举规模扩大化，形成士大夫政治，造成社会流动，推动全社会向学，文化水准提升，平民文化兴盛，商品经济繁荣，这是在唐宋变革期积蓄的宋元变革的内在因素。靖康之变，北宋覆亡，南宋王朝在江南建立，终结了从隋唐到北宋的政治、经济中心的二元化状态。这一历史的偶然性因素造成的政治地理变化，则是宋元变革开启的直接促因。

北宋积蓄的各种因素在新的场域背景下发酵，每年大量产出的士人由于"员多阙少",无法学而优则仕,从而被发达的地方社会吸纳,形成流向多元化,与政治联系紧密的居乡士大夫一同着力经营地方,作为精英引领社会转型。

蒙古征服南宋,除了对遭遇激烈抵抗的少数地方进行残酷屠城,对多数地域实行的是不流血征服。这就在客观上使江南的生产力与经济结构没有遭受重创。而元朝长时期停废科举,又加速了士人的地方化进程。明清乃至近代地方上乡绅阶层的强势,就是来自宋元变革的铺垫。以朱子学为主的道学,作为儒学新形态,放下身段,面向民众,以道化俗,在大量士人的推动下,不仅在南宋的江南生根开花,并且伴随着大一统形势,逐渐扩散到全域。

唐宋变革论向上看,揭示的是与中唐以前不同的新形态;宋元变革论向下看,阐述中国社会由南宋历元,进入明清,走向近代的步履。

本书绪论和最后的再阐释,关于相对陌生的宋元变革论,已有相当集中的阐述。为了让读者能够尽快了解,谨以比较简洁的方式概括如上。

本书所述,是我近二十年来的学术积累。有旧文,有新作,作为论文,绝大部分曾陆续刊发于报章杂志。此次汇于一编,在篇次结构上,根据内容的逻辑关系,又进行了调整重构。

全书厘为四编。开头的《绪论:从近世走向近代——宋元变革论述要》是总括式的概述,通过这一章,读者对宋元变革论可以从理论上获得一个概括性的了解。

第一编"科举改官与士人流向"由《金榜题名后——"破白"与"合尖"》和《士人流向与社会转型》两章构成,试图打破金榜题名即可飞黄腾达的假象。通过爬梳文献,以文献中发掘出的大量具体例证,展示科举登第难和登第后升迁更难的士人困境,以及由此促成的士人流向多元化。

第二编"走向民间与根植地方"由六章构成，均为个案考察。第一章《"内举不避亲"》，第二章《民间士人样相个案观察——杨万里集外佚文考释》，缕述作为南宋文坛四大家之一的显宦杨万里为子嗣亲友仕途升迁改官的斡旋奔走，以及著文对乡梓布衣士人的揄扬褒奖，揭示士人的仕途艰难和士人势力的民间生长。第三章《小官僚大投射——罗大经的故事》，则通过著名笔记《鹤林玉露》作者罗大经的仕宦经历，来具体展示士人科举登第后的艰辛，以及对地方势力的借助。第四章《科举家族与地域网络——由周必大〈曾南夫提举文集序〉切入的考察》，透过南宋宰相周必大笔下的曾氏家族成员的命运，来反映科举与士人及士人与地域的多重关系。第五章《写意黄公望——由宋入元：一个人折射的大时代》和第六章《管道升的世界——诗情画意中凸显的社会性别》，分别通过元代的《富春山居图》作者黄公望生平经历和宋朝皇族文人赵孟頫的夫人管道升的家庭生活，来透视宋元时代变革背景下疏离政治的士人与文化。

第三编"观念变化与社会转型"，由五章构成，内容均为对社会转型与观念变化互为作用的考察。第一章《"读书不求官"——宋元社会转型背景下的观念变化溯源》，由苏轼的一句诗切入，考察了在社会转型背景下士人疏离政治的观念变化。第二章《两个对立的"等贵贱"》则是考察了原本强调贵贱分等的"等贵贱"，在社会平民化趋势下转变为诉求让贵贱平等的词义演化。第三章《"乡评不可掩"——时代变革中的南宋地方社会》，讲述的则是士大夫对地方话语权主导下的社会建构。第四章《从同年到同乡》，分析了科举士人从北宋重视同榜登第的同年结盟到南宋重视同乡关系的变化。这种地方认同意识增强的现象，正折射了社会转型。第五章《科举取消的历史——元代士人的心态变化与职业取向》，则以没有了科举的时代为背景，广范围地考察了士人的心态与生活，借此展示南宋以来的士人流向多元化在元代的全面铺开。

第四编"宋元变革与儒学演进"，由三章构成。南宋开始大盛的儒学新形态道学与宋元变革的关系如何？在社会转型中起到了什么样的作用？这不仅是以前的唐宋变革所未曾遭遇的思想现象，也是阐述宋元变革论不可回避的一个问题。本编三章就是从不同视角对这一问题的回应。第一章《宋元变革视域下的江南儒学》，是以广阔的视野对生发于江南的儒学进行的综合考察。第二章《朱子学何以会成为宋元以后的儒学主流》，对于在宋元变革历史脉络中形成的朱子学，何以会成为近代以前的儒学主流，把元代作为重要的节点，分析了其中的主要原因。第三章《蜀道通天下——道学发展史上魏了翁定位申论》，则是从个案出发，讲述魏了翁在时代变革潮流中对道学的承前启后。

最后《并非结语的重申——宋元变革论再阐释》，着重从学术史的视野对各种历史分期的由来进行了梳理与评说。作为对本书开头概述的延申，再次对士人流向之于社会转型的重要性加以述说，并对被漠视的元代应当加以关注进行了强调。

如上所述，本书从时代上看，上溯北宋，下至元代，对于宋元变革论的阐发，有宏观概述，有微观分析。无论宏观还是微观，都是根据自身对文献的挖掘，用史料说话。跟我另一个研究主题士大夫政治相关，本书的内容主要集中在引领社会转型的知识精英士人、士大夫的活动上。有对士人命运的观察，有对士人因时代影响观念变化轨迹的追寻，有对士人参与地方社会建构的考述，还有从思想史的视野对南宋以后成为主流意识形态的道学在宋元变革中引领作用的探讨。这些内容，只能说是对宋元变革社会转型主要面相的探索，开辟草莱，无法概全，有待于深入开掘和拓宽范围的相关课题相当多。

在参考文献之前，附录有一篇2014年初我在牛津大学国际研讨会上的英文演讲稿，是对宋元变革论的简要介绍，以供汉语世界以外的学者阅读参考。

宋元变革论，从学术史的背景来说，尽管有来自欧美及日本学者既有学说的启发，但毕竟是中国本土出身的学者首次力倡的重要议题。就本书所述，揭示中国历史走向近代的历程，相信可以自圆其说。不过议题涉及领域广泛，本书未能涉猎处甚多。从考察范围的扩展与内容的充实，到理论范式的构建，不仅是我个人今后的课题，也希望更多感兴趣的同道参与进来。历史的结果，由合力形成，学术积累亦然。作为文化建设，无数独创性学术的集合，便是壮观的峰巅。一代人乃至几代人的劳作，必会业绩辉煌。

我期待。

王瑞来
癸卯初春于日本千叶寓所

目 录

第四编 宋元变革与儒学演进

绪论：从近世走向近代

——宋元变革论述要

论述中国历史的演进，最为有名的是日本内藤湖南首倡的唐宋变革论，这是向前看得出的认识。宋元变革论则向后看，从宋代与元明清乃至近现代的联系来观察历史走向。宋元变革论，准确地说是南宋至元变革论。本章回顾了宋元变革论的学术背景，运用地域切割理论，把视点聚焦于江南，从南朝到南宋的联系上，揭示一直遮蔽于中原政治光环之外的经济和文化重心江南的重要性。并且在研究士大夫政治的基础上，从科举登第后士人命运的角度切入，指出制度上的设计与实施过程中产生的流弊，加之进入南宋后的"员多阙少"，使绝大多数科举登第后的士人停滞在选人这一低级官僚的层面。严酷的仕途现实让士人失望、绝望，逐渐与主流政治产生疏离，流向形成多元化。而元代长期废止科举，更为促进了这种趋势。大量士人参与到地方社会，引领了社会转型。文化下移，教化普及，明清以来强势的地方乡绅社会，来源正是南宋历元的积淀。本章通过对时（南宋）、地（江南）、人（士人）三要素互动的考察，来俯瞰中国如何走到近代的轨迹。

引　言

宋元变革论，看上去是与唐宋变革论针锋相对的命题。其实，两者并非二元对立，都是从不同视角对中国历史走向的观察。

根据一定的时代特征,把历史划分为若干时段进行观察,自然是一种具有逻辑意识的方式。除了唐宋变革论,还有美国学者的两宋之际变革论、宋元明变革论,还有由中唐至明变革论等。①

在诸多的命题中,20世纪初由日本内藤湖南首倡、宫崎市定等充实的唐宋变革论无疑影响最大。进入21世纪后,学界的重新关注,更使这一命题的影响达到前所未有的程度。②

唐宋变革是指中唐至北宋的变革,并非仅指唐宋之际,北宋作为这一变革期的终点,把唐代的因素发挥到极致。因此说唐宋变革论作为古代以及古典主义终结的归纳,精辟而到位。至少从政治形态的变化看,我并不持有异议,在我的日文版《宋代的皇帝

---

① 以[美]郝若贝(Hartwell, Robert M.)、[美]韩明士(Hymes, Robert P.)、[美]刘子健、[美]史乐民(Paul Jakov Smith)、[美]万志英(Richard von Glahn)等人的学说为代表。[美]郝若贝:《750—1550年间中国的人口、政治及社会转型》(*Demographic, Political, and Social Transformations of China, 750—1550*),《哈佛亚洲学报》(*Harvard Journal of Asiatic Studies*),第42卷第2期,1982年;[美]韩明士:《官宦与绅士:两宋江西抚州的精英》(*Statesmen and Gentlemen: The Elite of Fu-chou, Chiang-hsi, in Northern and Southern Sung*),伦敦:剑桥大学出版社,1986年;[美]刘子健:《中国转向内在:两宋之际的文化内向》(*China Turning Inward: Intellectual-Political Changes in the Early Twelfth Century*),剑桥:哈佛大学出版社,1989年。中译参注15;[美]史乐民、[美]万志英:《中国历史上的宋元明变迁》(*The Song-Yuan-Ming Transition in Chinese History*),剑桥:哈佛大学出版社,2003年。

② 2005年南开大学历史学院与《历史研究》编辑部联合举办的"中国传统社会基本问题讨论"的争论热点之一就是唐宋变革论,2006年《河南师范大学学报》与《江汉论坛》又分别推出关于唐宋变革论的讨论专辑。个别专论之荦荦大者,则有如下:[美]包弼德:《唐宋转型的反思:以思想的变化为主》(刘宁译,刘东编《中国学术》第1卷第3期,北京:商务印书馆,2000年);张其凡:《关于"唐宋变革期"学说的介绍与思考》(《暨南学报[哲学社会科学版]》2001年第1期);李华瑞:《20世纪中日"唐宋变革"观研究述评》(《史学理论研究》,2003年第4期);罗祎楠:《模式及其变迁——史学史视野中的唐宋变革问题》(《中国文化研究》,2003年第2期);李庆:《关于内藤湖南的"唐宋变革论"》(《学术月刊》2006年第10期);张国刚:《"唐宋变革"与中国历史分期问题》(《史学集刊》2006年第1期);柳立言:《何谓"唐宋变革"?》(《中华文史论丛》2006年第1辑);张广达:《内藤湖南的唐宋变革说及其影响》(邓小南、荣新江主编《唐研究》第11卷,北京:北京大学出版社,2005年);李华瑞主编的《"唐宋变革"论的由来与发展》(天津:天津古籍出版社,2010年)。

权力与士大夫政治》一书中专有一节阐述了我的认识。① 不过,唐宋变革论并不涉及南宋以后的中国历史演变。并且,在我看来,始初建立在部分推论基础之上的唐宋变革论,对两宋不加区分的捆绑论述具有一定的缺陷。最主要的是,唐宋变革论追溯中国历史,是向前看而得出的认识。

历史是流淌于时空之中一条连绵不断的长河。事物的变化大多如此,一个事物臻于完美,一个过程进行到后期,便开始酝酿下一个过程,此时便会开始发生变异。这是持续的发展。唐宋变革论述说的是中国历史从中古走向近世的变化。而我则是向后看,是从南宋历元,跟明清乃至近代的联系上观察得出的认识。二者观察的矢向是不同的。

靖康之变,北宋遽然灭亡。突然的剧变,政治场的位移,开启了下一次变革。靖康之变是一个促因,许多变革的因素已酝酿于北宋时期。这些因素伴随着时空的变革而发酵,偶然与必然汇合,从而造成宋元变革。这一变革,由南宋开始,贯穿有元一代,开启了中国历史走向近代的滥觞。探寻中国如何走向近代,宋元变革论会给出回答。

唐宋变革论与宋元变革论都不能摆脱宋代。宋代是两个变革的交集。不过,唐宋变革论至北宋而终,宋元变革论则自南宋而始。同一帝系、同一制度下的两宋,既同又异。无论研究唐宋变革论,还是研究宋元变革论,皆不可将两宋捆绑在一起,笼统言之。在承认遗传的前提下,尤应留意变异。

称作“宋元变革论”,实在是一个容易引起误解的提法,让人误以为是指在宋元之际发生的变革。其实,与绵亘 200 多年的唐

---

① 王瑞来:《宋代の皇帝権力と士大夫政治》终章第三节《唐宋変革論についての私見》,东京:汲古书院,2001 年,第 501—504 页。

宋变革一样,宋元变革也是指一个并不短暂的时段,同样长达200多年,准确表述应当是南宋至元变革论,变革期包括整个南宋和元代。出于表述简洁的目的,就将之称为与唐宋变革论相类的"宋元变革论"。

一、宋元变革论的学术背景

宋元变革论,并非我首倡。前面提及,欧美学者有两宋之际变革论、宋元明变革论,还有由中唐至明变革论等。必须承认我是受到这些说法的启示。

那么,欧美学者的这些认识又从何而来呢?追溯学术史背景,大概还要回到首创唐宋变革论的日本。战后相当长的时期内,日本学者的中国史研究领先于世,并且出于冷战等原因,欧美的几代学人大多通过日本学者的论著来认识中国史。

这种学术背景,不仅仅是我个人的观察,并且还得到了欧美学者的亲口印证。1993年春,我在日本东洋文库巧遇英国学术院院士、牛津大学教授杜德桥(Glen Dudbridge),当时,我正在将近藤一成教授的《英国的中国学》长文翻译成中文,于是便围绕着有关英国的中国学问题,与杜德桥教授展开了讨论。他说,二战期间,西方国家对日作战,客观上形成了许多学者学习日语的局面。战后,这些学者又转向中国文化与历史的研究。可以说,这一代学者受日本、中国学研究的影响较大。我在译文的后面,以附记的形式记录了这次讨论。[1]

---

① [日]近藤一成:《英国的中国学》(下),王瑞来译,《汉学研究通讯》第12卷,1993年第4期,第244页。

后来，又看到我的大学时代老师张广达先生也有同样的认识："在西方史学界，宋代一向是最受喜爱的中国朝代之一，一些西方学者把宋代呈现的种种新气象比拟为中国近世的文艺复兴，有的称之为'新世界'，这样的评价，非常可能就是受到了内藤史学的宋代近世说的直接、间接影响。"①

从这种特殊的学术背景上考虑，欧美学者大量吸收日本学者的中国史研究成果，他们对宋代以后的中国历史演变的观察，极有可能是来自日本学者的启发。不仅是欧美学者，汉语世界的学者也逐渐接受了近世这一历史分期的概念。例如基于在台湾举行的第四届国际汉学会议而编写的论文集，便题名为《近世中国之变与不变》②。其实，早在 20 世纪 30 年代，与日本学界有着共同视野的中国学者已经注意并使用了来自日本的"近世"概念，同时也加进了自己的解释。比如吴天墀先生就把北宋庆历时期视为中世和近世的分界线。③

从内藤湖南首倡到宫崎市定完成，日本学者不仅提出了学界瞩目的唐宋变革论，还从世界史的视野出发，全面确立了不太被日本以外的学者提及的近世社会的学说体系。④ 同样是京都学派、较宫崎市定小十几岁的岛田虔次具体阐述了"近世说"导入的理由："我的论证方法是这样的。首先把宋以后的中国与欧洲的近代 Modern Age 并行（因为说的是从 14、15 世纪开始的时代过

① 张广达：《内藤湖南的唐宋变革说及其影响》，邓小南、荣新江主编《唐研究》第 11 卷，第 6 页。
② 柳立言主编：《近世中国之变与不变》，台北：联经出版公司，2013 年。
③ 吴天墀：《中唐以下三百年间之社会演变——庆历改革与近世社会之形成》（上），《吴天墀文史存稿》（增补本），北京：北京师范大学出版社，2016 年，第 1 页。
④ ［日］宫崎市定著，砺波护编：《東洋の近世》，东京：中央公论新社，1999 年。日本学者在中国史研究领域导入"近世"的概念，据考证，当始自京都大学教授内田银藏，其在 1903 年出版的《日本近世史》一书中所提出的"宋、元、明的文化是近世中国文化"的观点。详见［日］葭森健介：《唐宋变革论于日本成立的背景》，《史学月刊》2005 年第 5 期。

程,所以不是被19、20世纪的西欧文明所理念化了的'近代本身')。接下去因为自觉到都是人的社会,所以在宋以后的中国也肯定有与文艺复兴期以后的欧洲同样的现象。根据对这样的事之探究,中国史的普遍性与特殊性肯定也就明了起来了。"① 近藤一成评价道:"内藤湖南提倡,宫崎市定展开的唐宋变革论是日本的中国史研究可举出的最重要的成果之一,至今仍然是考察这一时代的坐标轴。"②

近世这一时段是介于古代与近代之间的过渡阶段。无论叫作"近世"还是"前近代",都是日本表示这一历史分期的通常用法。这样的中国历史分期,无疑比将迄至鸦片战争的漫长数千年都视为古代的时代划分要精密得多。

对于近世的起讫,尽管在认识上有分歧,但推原首倡者宫崎市定等日本学者比较一致的认识,应当就是从宋代开始,并且主要就是指宋元时代。根据宫崎市定等日本学者的观察,宋元时代与西亚、南亚及欧洲的近世社会有着共通的时代特征。世界史意义上的近世社会,东西方同时从这一时代开始平行展开。关于这一时代特征,佐竹靖彦从两个视点对中国的近世社会进行了扼要归纳。一是从农村时代转向城市时代的社会结构变化,二是从宗教时代转向知识时代的变化。③ 在我看来,前者反映的是社会生产力发展带来的商品经济的繁荣,后者则体现的是科举规模扩大带来的士人阶层的壮大。而这一切,都生长在北宋,开花在南宋,繁盛在元代。

① [日]岛田虔次:《中国近代思维的挫折》,甘万萍译,南京:江苏人民出版社,2008年,第208页。

② [日]近藤一成:《宋代士大夫政治的特色》,新《岩波講座・世界歴史》9《中華の分裂と再生》,东京:岩波书店,1999年,第305页。

③ [日]近藤一成主编:《宋元史学的基本问题》,北京:中华书局,2010年,第4页。

唐宋变革论与宋元近世说是相互联系的两个时代观察。我主张宋元变革论，既有欧美学者的启示，更有日本学者潜移默化的影响。

　　不过，时代的推移呈渐进性，非如豹变。正像需要经历一段晨光熹微的黎明才会有旭日东升一样。在我看来，北宋处于消化唐宋变革成果、蓄积下一个变革因素的时期，而南宋才开始走向近世。斯波义信先生指出，北宋后期大规模水利工程的兴建，更使江南地域经济的开发达到高潮。

　　不仅是经济，经济基础之上的文化，重心也俨然倾斜于江南。仅举一个明显的事实，"唐宋八大家"中的宋代六家皆为南方士人。这些北宋蓄积的因素直接构成了政经合一的南宋发展基础。

二、剥离两宋

　　以王朝更替为视角的内藤湖南的近世历史分期，把近世的起点确定在北宋的创立。他认为："唐和宋在文化的性质上有显著差异：唐代是中世的结束，而宋代则是近世的开始，其间包括了唐末至五代一段过渡期。"[①]这样的历史分期尽管有一定的道理，但从总的历史演进大势来看，还是有很多咬合不上之处。没有摆脱王朝循环的框架，同唐宋变革论一样，宋代近世说不区分两宋，是其有欠详密的一面。其实，很多国内外中国史研究先贤，都先后从与近代历史的联系上，观察到了宋代与前代的巨大差异。

---

① ［日］内藤湖南：《概括的唐宋时代观》，《内藤湖南全集》第 5 卷，东京：筑摩书房，1972 年，第 309 页。

宋代进入学者的视野由来已久。早在明代万历三十三年（1605）陈邦瞻便指出："今国家之制,民间之俗,官司之所行,儒者之所守,有一不与宋近者乎?"[①] 曾与内藤湖南在天津见过面的严复就说过一段有名的话:"古人好读前四史,亦以其文字耳。若研究人心政俗之变,则赵宋一代历史最宜究心。中国所以成为今日现象者,为善为恶,姑不具论,而为宋人所造就,什八九可断言也。"[②] 随后,王国维如是说:"天水一朝人智之活动与文化之多方面,前之汉唐,后之元明,皆所不逮也。"[③] 陈寅恪更是高度褒扬:"华夏民族之文化,历数千载之演进,造极于赵宋之世。"[④] 钱穆也说:"论中国古今社会之变,最要在宋代。宋以前,大体可称为古代中国,宋以后,乃为后代中国。秦前,乃封建贵族社会。东汉以下,士族门第兴起。魏晋南北朝迄于隋唐,皆属门第社会,可称为古代变相的贵族社会。宋以下,始是纯粹的平民社会。除却蒙古满洲异族入主,为特权阶级外,其升入政治上层者,皆由白衣秀才平地拔起,更无古代封建贵族及门第传统的遗存。故就宋代而言之,政治经济、社会人生,较之前代莫不有变。"[⑤]

对于宋、元、明时代,钱穆讲道:"可说是中国的近代史。"[⑥] 钱穆甚至直接说:"中国的近代史,自宋代即开始了。"[⑦] 以宋代为分

---

① 〔明〕冯琦原编,陈邦瞻增辑:《宋史纪事本末》附录一《宋史纪事本末叙》,北京:中华书局,1977年,第1191页。

② 严复:《致熊纯如函》,《严复集》第三册,北京:中华书局,1986年,第668页。严复与内藤会面,参见内藤湖南的中国游记《燕山楚水》(吴卫峰译,北京:中华书局,2007年)。

③ 王国维:《王国维遗书》第三册《静安文集》续编《宋代之金石学》,上海:上海古籍出版社,1983年,第709页。

④ 陈寅恪:《邓广铭宋史职官志考证序》,《金明馆丛稿二编》,北京:生活·读书·新知三联书店,2001年,第277页。

⑤ 钱穆:《理学与艺术》,宋史座谈会编《宋史研究集》第七辑,台北:台湾书局,1974年,第3页。

⑥ 钱穆:《中国文化史导论》(修订本),北京:商务印书馆,1994年,第175页。

⑦ 钱穆:《中国历史研究法》,北京:生活·读书·新知三联书店,2001年,第5页。

划期,将宋以后归为近世、近代,几乎是上一代学者的共识。张其昀就这样表述:"研究中国史学者,通常以宋代为近代史之开始。"①

值得注意的是,以上这些不同时代的人强调宋代重要的视角。他们大多是着眼于同后世历史的联系,来强调宋代的重要性。因此,从宋代与此后时代的历史联系上看,我解读以上学者笔下的"宋"都主要指的是南宋。

历史是一条连绵不绝的河流,而历史分期不过是学者后来的观察。关键是进行历史分期的基准,是向前看还是向后看,如何观察更有可能揭示出不同时代的异质性。历来论及唐宋变革,多将唐与宋各自视为一体,来比较其间的差异。王朝更替,只是历史长卷中的自然段,可以透射出部分时代特征,却难以反映历史的本质变化。不过,人们习惯上以大的王朝更替进行历史分期,更不计形式上同一王朝中的异质性。具体说到唐宋变革,唐代的情况暂且不论,至少不应把两宋捆绑在一起,笼统论之。作为时代,一个字的"宋",实际上包含着北宋、南宋两个性质具有差异的时代。将两宋捆绑在一起,要想揭示并解释南宋以后的历史走向与社会转型,则有相当的困难。从这个意义上说,唐宋变革论存在一定的缺陷。

徐规先生在《南宋史稿》的序言中指出,南宋"是北宋的继续,东汉、西汉实际上是两个朝代,故两宋与两汉不能同日而语"。不过,徐规先生接着把话转了回来说,"南宋和北宋又具有重大的区别与不同"。徐规先生在序言中,从政治、军事、经济、文化的角

---

① 张其昀:《张其昀先生文集》第 21 册《新刊本宋史序》,台北:中国文化大学出版部,1989年,第 11260 页。

度,分别进行了宏观概括,比较了南宋和北宋的不同。① 其实,以极端言之,正如可以说西汉、东汉实际上是两个朝代一样,北宋和南宋尽管也有着皇室血统的传承和政治体制上的沿袭,但也可以视为两个朝代。

不过,话又说回来,由于帝系和制度上的联系,北宋与南宋不可割断之处极多。这种联系性需要重视,但我们的观察视野不能为这种联系性所遮蔽,而看不到从北宋到南宋由于发展变化所产生的差异。还是刘子健先生极具灼见,他认为,中国近八百年来的文化是以南宋为领导的模式,以江浙一带为重心。这个重心领导的文化模式虽然起源于北宋,可是北宋处于生长变化中,到了南宋才加以改变并且定型,进一步渗透民间,根深蒂固。②

历史的演进交织于遗传与变异之中,不截然分开而又区别观察,才是正确的研究态度。北宋具有较多的唐代因素,而南宋又具有较多的北宋因素,都是必须加以留意的。余英时先生将南宋的高、孝、光、宁前四朝称为"后王安石时代",就是注意到了遗传因素,而他也观察到了南宋的变异和断裂。③

同一帝系的两宋由于在制度设置和统治方式上的覆盖,纠结在一起的因素很多,所以应当在遗传的外衣之下,通过缜密的研究,揭示出时代的变异。从这个意义上说,对两宋应当加以剥离区分。受到日本和欧美先学的启示,我明确提出的宋元变革论,不过是对既有学说的补充与实证。我认为剥离捆绑在一起的两宋,区别北宋、南宋之不同,将历史长河中的北宋、南宋打上区别

---

① 何忠礼、徐吉军:《南宋史稿》,杭州:杭州大学出版社,1999年,第3页。

② [美]刘子健:《略论南宋的重要性》,《两宋史研究汇编》,台北:联经出版事业公司,1987年,第79—85页。

③ 余英时:《朱熹的历史世界:宋代士大夫政治文化的研究》上册,北京:生活·读书·新知三联书店,2004年,第8—9、15页。

　　　　　　　　　　士人走向民间:宋元变革与社会转型

标记,是一项极为重要而必需的作业,而且还应当继续进行细致而缜密的论证。

三、从南朝到南宋:时空在江南重合

历史在时空中运行。以时间观之,根据时代变化的特征,必须把历来视为一体的北宋、南宋加以分离。以空间观之,也必须将地域进行分割,将南北分开。广袤的中国,地域发展的不均衡性,使得研究者不可能将这一大陆板块的空间演化笼统地纳入统一的时间演进中进行观察,否则研究结论的精确度便会大打折扣。在这方面,美国学者施坚雅(G. William Skinner)的宏区划分理论范式为我们的考察提供了有益的启示。[①] 施坚雅擅长构筑抽象模型,这些抽象的模型对于许多先决的条件做了假设和忽略的处理,以图一目了然和凸显其中的关键部分。他以几何与经济学的方法,以及运用地理学的空间概念来描述区域经济发展的方式,对于我们考察宋元社会转型也提供了有益的启示。[②]

为什么我要将宋元变革的开启期确定在南宋? 历史发展的偶然性让时空在江南重合,从而开启了中国历史的新一轮变革。地域发展既相对独立又互相联系,既不平衡又渐进趋平。一池湖水,尽管水深水温有不同,毕竟同为一池,交互影响。变革从南宋江南的时空发端,如水流从高就低,借由元明统一的时势,政治、

---

① [美]施坚雅:《中国历史的结构》,牛贯杰译,单国钺主编《当代西方汉学研究集萃》(中古史卷),上海:上海古籍出版社,2012年,第1—32页。

② [美]施坚雅:《中国农村的市场和社会结构》,史建云、徐秀丽译,北京:中国社会科学出版社,1998年,第37页。

经济、文化的推手便将变革向整个中国各个地域辐射扩展。

我将视角聚焦在江南,让我们从明清向前回溯。以明清为主的近代以前江南研究,已经有了丰富的研究积累。台湾学者刘石吉认为:"明清以来,商品经济的发展和商业市镇的兴起,在江南更是普遍与突出的现象,经济结构在此起了大变化,初期的资本主义业已萌芽发展。19世纪中叶西方经济势力冲击到中国沿海,以及近代通商口岸都市出现之前,江南地区的'近代化'(不是'西化')的程度已经达到相当的水准。"①樊树志也指出:"江南地区经过长期的开发,到明代进入经济高度成长时期,最先显示出传统社会正在发生的变革,社会转型初露端倪。农家经营的商品化程度日益提高,以农民家庭手工业为基础的乡村工业化(即学者们所说的早期工业化),在丝织业、棉织业领域达到了世界先进水平,工艺精湛的生丝、丝绸、棉布不仅畅销于全国各地,而且远销到海外各国,海外的白银货币源源不断地流入中国。严格意义上讲,江南市镇已经领先一步进入了'外向型'经济的新阶段。"②

那么,需要追问的是,明清江南高度的商品经济与早期工业化是从天而降的异军突起吗?

我曾研究过给人以强烈的凭空崛起之感的蒙古开国史,从中找到了直接或间接接受汉文化影响的因素。③ 同样的道理,经济高度发达的江南,最近最直接的基础是南宋和元代。圩田等江南土地的广泛开垦,农作物新品种的引进,技术的改良,促进了财富和人口的增长。据李华瑞先生转述,英国学者伊懋可的代表作《中国历史的模式》(*The Pattern of the Chinese Past*)详细研究了13

---

① 刘石吉:《明清时代江南市镇研究》,北京:中国社会科学出版社,1987年,第1页。
② 樊树志:《江南市镇:传统的变革》,上海:复旦大学出版社,1990年,第2页。
③ 王瑞来:《中国史略》第八章《世界の中国》,东京:DTP出版社,2009年,第451—455页。

世纪中国农业达到的水平,包括工具、肥料、农作物的品种及引进和改良、灌溉体系、农产品商品化程度等。伊懋可认为宋代的中国已经发生了农业革命,南方成为全国的粮仓,大运河犹如一条商业通道,中国拥有当时世界上最高的农业生产率,并由此在交通运输、金融、信贷、城市化与市场系统各个领域都产生了革命性变革。①

江南商业市镇发展的最初高潮出现在南宋②,商业经济的兴起引发传统经济结构性变化,江南农村经济在宋代,特别在南宋已演变成为包括农业、手工业、商业、运输业和其他服务业在内的有机体系。③ 保守地说,宋代每年进入流通领域的商品总额大致在 1 亿贯。商业信用开始发达,从北宋出现世界上最早的纸币交子开始,南宋多次发行的会子成为社会主要支付手段,在"钱楮并用"的基础上,贵金属称量货币白银也开始跻身于流通领域。④ 南宋在特殊的国际政治格局之下,依托江南发达的商品经济,从北宋的"头枕三河,面向西北"的立国态势,终于彻底转向为"头枕东南,面向海洋"⑤,海外贸易成为南宋重要的财政收入来源。

"精兵百万下江南,干戈不染生灵血。"尽管元军统帅伯颜的《奉使收江南》⑥,对他奉行忽必烈的"不杀"政策有些夸大,但蒙古人征服江南,除了少量威慑性屠城,多数以不流血的形式完成。

① 李华瑞:《"唐宋变革"论的由来与发展(代绪论)》,《"唐宋变革"论的由来与发展》,第 29 页。
② 陈国灿、奚建华:《浙江古代城镇史》,合肥:安徽大学出版社,1995 年,第 174—175 页。
③ 葛金芳:《"农商社会":两宋江南社会经济的时代特征》,邓小南、杨果、罗家祥主编《宋史研究论文集(2010 年)》,武汉:湖北人民出版社,2011 年,第 121 页。
④ 李埏:《从钱帛兼行到钱楮并用》,邓广铭、程应镠主编《宋史研究论文集》,上海:上海古籍出版社,1982 年。王文成:《宋代白银货币化研究》,昆明:云南大学出版社,2001 年。
⑤ 葛金芳:《大陆帝国与海洋帝国——兼析中国传统社会的运行轨迹》,《光明日报(理论版)》2004 年 12 月 28 日。
⑥ 〔元〕伯颜:《奉使收江南》,崔增亮主编《古典文学》下册,北京:人民教育出版社,2008 年,第 201 页。

关于蒙古的基本不流血的江南征服,除了从《宋季三朝政要》等史书可以概见,个别学者的个案考察也可以印证这一事实。比如申万里的《元代教育研究》就提到,宋蒙战争对四明地区影响不大,元代庆元路的文教活动在原有的物质基础之上,仍然蓬勃发展。① 蒙古的不流血征服,对于江南来说,意义极为重要。这使自南宋以来的经济结构未遭重创,改朝换代并未中断经济发展的进程,反而形成更为开阔的疆域,导入多种贸易方式,更进一步刺激江南经济由内向转为外向发展。这就是宋元为明清做的铺垫。

其实,对于明清江南高度的商品经济,不少学者都有长时段的延伸观察。李伯重认为,若就狭义江南及长江三角洲而言,从13世纪初到19世纪中叶,也就是南宋后期到清朝中叶这六个多世纪,确实是一个经济成长方式发生重大变化的时期,即从以前的"广泛型成长"转变为"斯密型成长"。② 而斯波义信则有更为延伸和清晰的观察:"8—13世纪的中国取得了很大的经济增长,从而带来了社会和文化方面的变化。总之,可用一句话概括:与其说是'纯农业文明',不如说是'都市化文明'含有更多的固有特征,这是延续到19世纪中国社会的最大特色。"③

明清的宋元因素不可忽视。日本学者杉山正明敏锐地观察到,宋元时代的中国"以华北为重心的状况开始向江南和南方移动"。他所说的宋代无疑主要是指南宋。因为他在后面接着说道:"以南宋的成立和前后的华北人口的向南移动为开端,真正意

① 申万里:《元代教育研究》第七章《元代庆元路的儒学教育考察》,武汉:武汉大学出版社,2007年,第561—594页。
② 李伯重:《多视角看江南经济史(1250—1850)》,北京:生活·读书·新知三联书店,2003年,第8—9页。
③ [日]斯波义信:《宋代江南经济史研究》,方健、何忠礼译,南京:江苏人民出版社,2001年,第65—66页。

义上的江南开发和汉化开始深化,江南各地域的人口、社会、经济、文化的比重增大。"杉山进一步由南宋俯视了元代:"这个南北逆转的现象被元代直接继承下来(严格地说来到了元代才真正开始展开),与明代的状况直接相连。这可以说是和现在有关的中国史上的大现象。"①杉山的这段话,可以佐证我主张的宋元变革完成于元代,并且也意识到了宋元变革之于近代中国的意义。

元史专家杉山以世界史的视野高度评价了江南在元代的地位:"为了能够彻底洞察明代中国,有必要主动进行南宋、元代的江南研究。从欧亚规模来看,蒙古经过吸收南宋的遗产,当时的江南是世界首屈一指的富有的'生产社会'(当然是彻底和其他地域比较后),以陆海两种方式向世界开放。可以说蒙古时代与同时代的欧亚和非洲相比,江南社会的优势是明显的。"②显然,在杉山看来,从社会发展的角度观察,元代并不是一个黑暗的时代。据明史研究者的观察,元代江南的繁荣在明初由于政策因素而遭受损害,到了明中期以后,远离政治中心的江南才重现繁荣。③

20世纪90年代,到美国访学的杉山注意到了美国的学术动态:"在某种程度上已经显露出美国的宋代史研究者转向元代史研究,特别是江南研究方面的集中现象非常显著。"因此他在20世纪90年代就预测道:"把握江南北宋—南宋—元—明等大潮流,无疑会成为研究中国历史的一个要点。"④现今,江南这一地域

---

① [日]杉山正明:《蒙古时代史研究的现状及课题》,[日]近藤一成主编《宋元史学的基本问题》,第288页。

② [日]杉山正明:《蒙古时代史研究的现状及课题》,[日]近藤一成主编《宋元史学的基本问题》,第288页。

③ 夏维中、韩文宁、丁骏:《关于江苏地域文化的几点思考》,范金民、胡阿祥主编《江南地域文化的历史演进文集》,北京:生活·读书·新知三联书店,2013年,第25页。

④ [日]杉山正明:《蒙古时代史研究的现状及课题》,[日]近藤一成主编《宋元史学的基本问题》,第305页。

对于近世中国研究的重要性，已经成为多数研究者的共识。

在南宋历元的积淀之上，政治中心再度北移的明代光大了江南。持续繁荣而富庶的江南，在清代成为全国歆羡而向往之地。江南，不仅一直保持经济重心的优势，而且成为文化重心。近世乃至近代，最具中国元素之地，舍江南而无他。钱穆先生就概观言之："下经安史之乱，南部重要性日益增高，自五代十国迄宋代，南方的重要性竟已超过了北方。我们也可以说，唐以前中国文化主要代表在北方，唐以后中国文化的主要代表则转移到南方了。"①钱穆先生所说的宋代南方重要性，自不待言，以南宋为突出。而我所说的江南，即是广义的南方。宋元变革的大剧，在江南的特定舞台上上演。

四、从侧面切入的尝试

（一）科举的盛世

论述中国历史如何走向近代，宋元变革论是一个相当宏大的命题。我个人其实无力全面驾驭，只是提出命题，并从一个侧面切入进行初步阐述。

基于个人的研究经历，我决定从南宋科举及第后选人入官这一点切入，从而楬橥社会转型之渐。因为，在多数情形之下，知识人都是社会的主要引领者。

众所周知，从北宋太宗朝开始，伴随着宋朝统一事业的基本完成，亟需各级管理人才的现实状况、重文抑武的战略转变，以及

---

① 钱穆：《中国历史研究法》，第 120 页。

　　　　　　　　　　　　　　士人走向民间：宋元变革与社会转型

笼络士人的政治策略等多种因素,让宋朝政府全速启动了科举这架机器,开始了大规模的官僚再生产。

从此,两宋三百余年间,每科取士几乎都达数百人乃至上千人。两宋登科者,北宋约为 61 000 人,南宋约为 51 000 人。① 这些数字的总和数倍于宋朝以前及以后的历朝科举登科人数,折射出宋代科举制度和由此造就的士大夫政治的时代辉煌。

由于士大夫主宰朝廷的政治设计,因此在多种入官途径中,进士出身者升迁最快,金榜题名后,飞黄腾达者,史不绝书。"白衣举子",风光无限。

(二) 辉煌后的阴影:科举难、改官难

然而辉煌之下有阴影。科举造就了不少高官显宦,他们显现出耀眼的光芒。但科举同时也制造了无数的范进式的潦倒士人,这却不大为人所瞩目。即使在科举盛行的宋代,以解试百人取一②,省试十人取一约计③,也只能有千分之一的幸运者可以获得金榜题名的殊荣,而多数士人则与之无缘。

更值得注目的是,这五六万幸运儿在金榜题名后的命运,也并非个个都风光无限。这是迄今为止被研究漠视的一隅。北宋真宗朝开始确立选人改官制度,多数选人需要包括顶头上司在内的五名举主推荐,方能有资格升迁京朝官。制度性的规定,加上

---

① 两宋科举人数的统计,参见何忠礼《两宋登科人数考索》(杭州大学历史系宋史研究室编《宋史研究集刊》第 2 集,1988 年)与张希清《南宋贡举登科人数考》(《古籍整理与研究》第 5 期,北京:中华书局,1990 年)、《北宋贡举登科人数考》(袁行霈主编《国学研究》第二卷,北京:北京大学出版社,1994 年)。

② 〔宋〕周必大《周文忠公集》卷一三六《论科举代笔》云:"大约州郡数十人方解一名,亦有至一二百人者。"王瑞来《周必大集校证》本,上海:上海古籍出版社,2020 年,第 2118 页。

③ 〔清〕徐松辑《宋会要辑稿》选举五之三载:"(淳熙二年正月)二十八日诏:'今来省试每一十六人取一名,零分更取一名。'"刘琳、刁忠民、舒大刚、尹波等校点,上海:上海古籍出版社,2014 年,第 5341 页。

举主和胥吏的人为因素,使得普通选人改官分外困难。这在北宋中后期已见端倪,降至南宋,员多阙少日渐严峻。尽管南宋政府保证了科举取士的正常进行,却不得不在选调的葫芦口死死卡住。

在政界缺乏背景的普通及第者,尽管可以成为低级官僚的选人,由于制度和人际关系的因素,却几乎无法挣脱通向成为中高级官僚的瓶颈。事实表明,选人改官,难于科举登第。因为这不仅靠成绩、政绩,还要靠人脉,个人无法掌控仕途命运。只有走出选人七阶,进入京朝官序列,仕途方能充满光明。正如周必大具体讲到的那样,"知县、通判俱已得阙,自可弹冠,以昌远业"①。

大量通过千分之一高倍率的激烈竞争的科举及第者,在此后的仕途上会遭遇更为激烈的新一轮升迁竞争,多数需要在七阶选人所构成的庞大"选海"中经历漫长的翻滚,只有少数幸运者由于各种因缘际会,得以顺利改官,升迁到中级以上的官僚地位。大多数选人摧眉折腰,被呵责役使,忍受地位低下、俸禄微薄的状况,小心翼翼地熬过十几年,甚至耗尽毕生的心血,到死也难以脱出"选海"。

士大夫政治这个"如来佛"所创造的宋代科举、选调、改官的官僚体制,就像是一个立着的葫芦。这个葫芦的下部容量最大,容纳的是成千上万的举子和企图以其他方式走上仕途的人。千里拔一的科举考试和其他入官方式,就像是葫芦中间的狭窄部分。这是一个瓶颈,很难通过。然而通过之后,也还不能脱颖而出,只是向上进入了葫芦的另一个层次。刚开始进入这个层次,会觉得有一种突破瓶颈时的轻松,但很快就会发觉这是一个比葫

---

① 〔宋〕周必大:《周文忠公集》卷一九八《与李季允尃》,王瑞来《周必大集校证》本,第3061页。

芦底部还要狭小的空间。在这个狭小的空间里，挤满了想要冲出葫芦口的选人，而能够冲出比前一个瓶颈更为狭窄的葫芦口的选人则是寥寥无几，多数人就躺倒在葫芦的中间层了。

"入流太泛，入仕甚难。受命者至有十余年不成一任，贤愚并滞，殊无甄别"[①]。科举、荫补、摄官、进纳、军功、吏人补授等，宽泛的入流，将官场这个葫芦的底层塞得满满的，宋王朝扩大统治基础的初衷走向了反面，选人入官的制度性问题与实施中的流弊，让"贤愚并滞"。尽管针对"贤愚并滞"的问题，朝廷做了一定的补救措施，让选人七阶中层级较高的文林郎以上者可以关升京官致仕[②]，但这仅仅具有安慰之意，对已经走到仕途终点的士人来说，难掩影响一生命运的失意。

"金榜题名时"，在过去曾被形容为人生得意的几个境遇之一，但金榜题名后，却让多数金榜题名的时代宠儿不再得意，失望至极。文献中记载，南宋初年就有一个姓姚的士人"累举不登籍，遂束书归休，绝意荣路"[③]。科举难，改官难，严酷的现实最终让对仕途绝望的士人"绝意荣路"，与主流政治疏离，使多数士人潜沉下层，滞留乡里，导致士人流向多元化。胥吏、幕士、讼师、商贩、术士、乡先生都成为士人的谋生选择。社会流动由纵向更多地趋于横向。纵向的推移带来横向的变化，下层士人和官僚无法进入主流的结果，最终必然是漫溢的支流淹没了主流，社会发生转型。

（三）疏离主流，士人走向地方

美国学者郝若贝指出，从江南经济最发达的华南地区逐渐形

---

① 〔宋〕周必大：《周文忠公集》卷一三四《条具弊事》，王瑞来《周必大集校证》本，第 2104 页。
② 〔宋〕周必大：《周文忠公集》卷一三四《论选人关升后致仕日札子》，王瑞来《周必大集校证》本，第 2107 页。
③ 〔宋〕洪迈：《夷坚志》支甲志卷七《姚迪功》，何卓点校，北京：中华书局，1981 年，第 764 页。

成自在自存性的几类大族考察,南宋的社会文化精英的志向和心态显然与北宋的不同。北宋精英大多怀有报效朝廷、得君治国的抱负,因而不惜脱离故乡。到了南宋,虽然地域精英不排除仍有跻身庙堂之志,但是扎根地方开始成为他们的主要选项。对此,张广达先生高度评价道:"郝若贝注意考察两宋之间士大夫的差异,这是他的贡献。"①而包弼德先生解读唐宋变革论则认为,唐宋的社会转型只是政治精英和文化精英,亦即士大夫的身份的重新界定及他们逐步演变为"地方精英"的过程,而不是内藤所描绘的贵族门阀制的终结和"平民"的崛起的社会画面。② 我认为包弼德先生的解读正可以用来解释我所倡导的宋元变革论。因为走向地方的趋势,明显出现在南宋。

在经济发达、地方势力强盛的背景下,不少士人以各种形式流入地方社会。士人的加入,在客观上提升了地方社会的知识层次,强化了地方社会的力量。才士不幸地方幸。拥有文化权力与社会资源的地域精英,构成庞大的网络,促进了地方社会的发展。由于商品经济与社会网络的力量使然,走向地域的士大夫精英与横向流动于地域各个角落的士人,不同于往昔的文人失意归隐,他们不可能隐于林泉,隐于市廛,自外于社会,而是以谋势或谋生的积极姿态参与到社会之中。

士人流向地方,既有因科举难而形成的水往低处流的主动选择,也有被动接受。南宋愈加严酷的"员多阙少"的状况,让有出身的士人长时间待阙于乡里。据我考证,《鹤林玉露》的作者罗大

---

① 张广达:《内藤湖南的唐宋变革说及其影响》,邓小南、荣新江主编《唐研究》第 11 卷,第 52 页。

② [美]包弼德:《唐宋转型的反思:以思想的变化为主》,刘宁译,刘东编《中国学术》第 1 卷第 3 期,第 72—75 页。

经就是进士登第八年后，才通过走后门得阙入官。① 由于僧多粥少，不少低中级官员在一期差遣任满之后，也要回乡待阙。甚至即使是获得了差遣任命，也要滞留乡里，还要等到那个差遣的位置空出来之后方能赴任。士人、士大夫滞留乡里，也并非无所事事，这些有身份有地位的人物，为地方所倚重，被邀请或主动参与到地方事务之中。除了待阙，丁忧守丧的三年，也给了士大夫在一定时间回归乡里和参与地方社会活动的机会，使其得以在地方留下他们的印记。对此，我可以举出南宋文坛大家杨万里的例子。杨万里在由选人改秩成为京官不久的隆兴二年（1164）便丁父忧回乡守丧，乾道三年（1167）服除授知隆兴府奉新县，但一直在乡里待阙，过了三年，乾道六年（1170）方得赴知奉新县任。这是杨万里担任低级官僚时的经历。升迁到了中级官僚的杨万里，同样还需要待阙。他在淳熙二年（1175）夏改知常州，但家居待阙到淳熙四年（1177）夏始有空阙赴任。② 南宋的宰相史浩就说过"贤大夫从官者，居官之日少，退闲之日多"③。因各种原因"被地方化"，在乡里的长期滞留，既让士大夫重新贴近乡里，也让乡里亲近了士大夫。

长期停废科举的元代社会的变化与南宋的这种变化紧密相关，明清时代乡绅势力的历史渊源和南宋的这种变化也割舍不断。

元朝的停废科举，基本堵塞了旧有的士人向上流动的通路。彻底绝望的士人只好一心一意谋求在地方的横向发展。在多元

---

① 参见本书第二编第三章《小官僚大投射——罗大经的故事》。
② 杨万里的经历，参见《诚斋先生杨万里年谱》，《杨万里集笺校》第十册附录，辛更儒笺校，北京：中华书局，2007年。
③ 〔元〕袁桷《延祐四明志》卷一四《本路乡曲义田庄》转述，《宋元方志丛刊》影印本，北京：中华书局，1990年，第6册，第6343页。

选择中,为吏大概是最多的选择。这不仅是士人利用知识优势的务实之举,还隐含了过去通过科举走向仕途之梦。这种选择也与元朝政府从胥吏中选拔官员的方向一致。

流向地方的士人的知识资源与发达的商品经济所形成的经济实力,两者合流,促进了地方势力的发展。而元代科举在几代人几十年间的停废,以及儒户的建立,又将士人彻底推向了地方。除了利用知识优势为吏,从事教育也是士人的众多选择之一。通过传道授业,士人将政治理想倾注于社会。将精力倾注于地方的士人,首先从"齐家"做起,经营一个家族,扩充一个家族的经济基础、政治地位和社会影响。齐家是与地方建设同步进行,密不可分的。近代中国社会的宗族,最可靠、最直接的来源就是南宋,从南宋延续而来。从此,宗族势力一直在地方作为社会末端的血缘集团发挥着重要作用,并且士大夫家族间及富民与士人的联姻,都构成了广泛的人脉网络和一定的地方势力。

北宋的士大夫政治精英,在社会上开始形成新士族。由于没有了官僚贵族世袭制,恩荫这种世袭的余泽也只能停留在官僚金字塔的底层,因此为了家声不坠,科举出身的士大夫还是把希望寄托在科举之上。不仅士大夫官僚同僚之间广泛联姻,还吸纳有发展潜力的士人进入家族,为家族输入新鲜血液。因而有"榜下择婿"的现象存在。所谓"婚姻不问阀阅"①,只是不问过去以地望郡望相称的旧阀阅,新的名门阀阅不仅要问,还特别讲究。不仅"榜下择婿",还寻求一切机会物色女婿,甚至掠夺女婿。

北宋末期就发生过这样一个悲剧,一个叫曾安强的士人已经与温氏女子订婚,有一天在泰和快阁读书的曾安强,被路过的广

---

① 〔宋〕郑樵:《通志》卷二五《氏族略》,北京:中华书局,1987年,第313页。

东路转运使看中,要把女儿许配给这个有为的青年,业已订婚的曾安强居然答应了下来。消息传到未婚妻耳中,导致她自杀身死。[①] 这是一个没有展开的陈世美与秦香莲的悲剧故事。相信这在两宋并非特例。然而,对择婿者的无可厚非,反映了宋代士人和士大夫建设新士族家族的努力。治国平天下是士大夫政治背景下的士人宏大理想,但原点无疑是立足于齐家。简单地说,士族是士人最为根本的目标。

美国学者韩明士对两宋的抚州地域进行考察。就士人的婚姻状况来说,北宋时期婚姻面向全国,南宋则倾向于本地。前者与士人力图走出地方入仕中央的目标是一致的,后者则与士人回归地方的倾向相吻合。[②] 尽管韩明士在史料运用上存在一定问题[③],但他所观察到的北宋、南宋士人流向差异倾向则无疑是应当予以承认的。

五、精英引领社会转型

作为精英治国的士大夫政治,在北宋开始形成,其意义不仅显示于政治领域,还影响到社会的各个层面。这是中国历史上出现的划时代变化。士大夫政治格局,让中国文化的发展也改变了既往的形态。春秋战国、魏晋南北朝以五代十国,中国思想文化

---

① 〔清〕谢旻修:《(雍正)江西通志》卷九九《列女》,影印《四库全书》文渊阁本,台北:台湾商务印书馆,1986年,第516册,第297页。

② [美]韩明士:《官宦与绅士:两宋江西抚州的精英》(Statesmen and Gentlemen: The Elite of Fu-chou, Chiang-hsi, in Northern and Southern Sung),第210—212页。

③ 对于韩明士的批评,参见包伟民《精英们"地方化"了吗?——试论韩明士〈政治家与绅士〉与"地方史"研究方法》,邓小南、荣新江主编《唐研究》第11卷,第653—671页。

都是在王朝失去深入控制社会的能力之时，开出了绚烂之花。而北宋，中国文化则在士大夫的主宰之下走上自然发展的正常之路，伴随着经济繁荣而繁荣，政治之手不再成为文化发展的强力钳制。科举规模的扩大，带动了全社会向学，印刷业也因此空前兴盛。士人作为一个阶层，像滚雪球似的前所未有地扩大。

靖康之变，中断的只是北宋王朝的进程，但并未改变士大夫政治的基本格局。不死鸟在江南重生，包括士大夫政治在内的北宋因素，由于传统、惯性及百年积淀，都被南宋全面接受，并且在南宋的特殊背景下走向地方社会。如同随风潜入夜，士大夫政治浸透到社会的各个角落。任何时代的地域社会都存在着支配势力与领导层。在南宋，就是士大夫、士人引领着地域社会。

作为一个阶层，士人的身份逐渐明确并得到认同。并且，时空的变化，让士人与士大夫的面向也发生了改变，由致君转向化俗，更为注重在地方社会的发展。在北宋，士人循蹈的还是得君行道的上行路线，而从南宋开始，士人则逐渐面向地方，行走移风易俗的下行路线。

政治精英体现在入朝为官，是对地域的脱离，而士大夫家族的根却植于地域。随着士大夫政治的壮大，根植于地域的新士族也同时在壮大，北宋的苏州范氏，南宋的四明史氏，都是宋代新士族兴起的一个缩影。北宋时代开始建设经营的新士族，到了南宋，在商品经济发达的江南，业已在各个地域盘根错节，相当强盛，既有经济实力，又有政治影响力，还拥有世代编织的无所不在的巨大人脉网络，成为不可忽视的地方社会的主导性势力。

这里还想举出一个具体个案。曾安强的曾孙求周必大为早已死去的曾祖父的文集写序，后来另一房的孙子又来让周必大把那序文也给他们一份，于是周必大又誊抄给了他们。不能不写，不能不抄，为敬慕前人也好，为人情人脉也好，周必大都必须要做。而周必大并不是普通的说求就可以求的刀笔吏，他曾经是一人之下万人之上的宰相。因为曾氏在庐陵并非无名小户，而是有势力的世家望族。周必大在一篇文章中，称求他写序的曾安强曾孙曾寅亮为"故人"，意即老朋友，通过曾寅亮的介绍，他还为别人写了《太和县仰山二王行祠记》。此外，周必大还应担任衡州耒阳县令的曾安止侄孙曾之谨之请，写过《曾氏农器谱题辞》。据周必大庆元四年（1198）所撰《朝议大夫赐紫金鱼袋王君镇墓碣》①可知，曾之谨还是朝议大夫王镇的女婿。这些事实，都表明了曾氏家族在当地的影响力。退归乡里的周必大出于各种复杂的考虑，一定要维护彼此的关系，这是一种利益的联结。②

南宋的中央政治有一个引人注目的现象，这就是在不少时期权相当政。从秦桧、韩侂胄到史嵩之、史弥远，再到贾似道，宰相专权的时间几乎占据了南宋一百五十年历史的一半。尽管宰相专权可以视为士大夫政治的极致发展，但其毕竟是一种变质。长期的宰相专权，让中央政治的运营处于不正常的状态。而不正常的状态又使不少士大夫精英对中央政治产生了疏离。史弥远去世后，岭南的崔与之被任命为右宰相，但他居然十次八次地坚辞不就。对于崔与之坚辞的原因，有保持晚节说，有砥砺士风说，其实深层的原因就是士大夫精英对中央政治的疏离。③ 对中央政治疏离，崔与之是一个代表，像这样的士大夫精英为数绝不会很少。

---

① 〔宋〕周必大：《周文忠公集》卷七七《朝议大夫赐紫金鱼袋王君镇墓碣》，王瑞来《周必大集校证》本，第 1121 页。
② 王瑞来：《科举家族与地域网络——以曾安强与周必大为中心的个案解析》，《社会科学研究》2015 年第 3 期。
③ 王瑞来：《"百世闻之尚激昂"——读菊坡诗》，朱泽君主编《崔与之与岭南文化研究》，北京：人民出版社，2010 年，第 414—415 页。

与中央政治疏离，那么去向便是地域社会。

出官入绅，士大夫政治精英出于各种原因回到乡里之后，又变身为地方领袖。长期经营的家族基盘之上，权势余威、富甲乡里、精神力量等综合因素，都足以使他们指麾一方。这些回到地方的士大夫精英，也成为仕途失意或对仕途望而却步的士人所依附的靠山。

自北宋以来的士大夫政治的引导及其展示的辉煌，带动了全社会的向学和文化提升，从而使士大夫政治拥有了一个广泛基础，这就是为数众多且不断滋生的士人层。在北宋，士人阶层向士大夫政治的金字塔尖聚集。到了南宋，攀塔路难行，这个士人阶层在地方弥散，不过分布于地方的士人并非一盘散沙。

以诗词书画等文化和道学等学术为媒介，各个地域的士人形成庞大而广泛的社会网络。这种士人网络，既编织于本地域，又由于人际交流，横向扩展于其他地域，并且向上延伸于各级官府。入仕与否并不重要，共同的文化背景，构成了士人间彼此沟通的身份认同。

由于拥有文化知识，并且拥有广泛的人脉，又有各种社团组织依托，更有宗族的根基，士人是地方上具有整合能力的阶层。动乱时代崇尚武力，军人活跃，和平时期则是士人的天下。"士农工商"，传统的职业划分，士居于首。敬惜字纸，普通庶民对拥有文化知识的歆羡，让士人在社会上一直受到尊重。对地方公益事业的积极参与，则更加扩大了士人的威望与影响力。修桥铺路、兴修水利、赈灾救荒、建学兴教，凡属公益事业，都能看到士人活跃的身影。

如果说北宋政治呈现出由精英士大夫主宰的状态，南宋社会则是由分布于地方的江湖士人群体所主导。江湖士人群体成为

士人走向民间：宋元变革与社会转型

举足轻重的势力。南宋中后期在文学领域出现的江湖派，实际上是一个大多位居下层的中小作家群体。这些作家有些是虽入仕却滞留于选人的低级官员，有些甚至就是未曾入仕的布衣。这个活跃于南宋中后期的文学群体，拥有广泛的社会影响力。知识人社会角色的转变，推动了精英文化向平民文化的转型。向通俗而世俗方向发展的社会文化，精英意识淡薄，疏离政治，贴近民众。元代杂剧的兴盛，明代市民文化的繁荣，似乎都可以从南宋中后期的文化形态中窥见形影。

然而，从另一方面观察，自南宋开始大量投身于地方的士人，与国家政权并未完全脱节，多数士人积极参与社会建设，其实也是国家末端统治的一环。士人和士大夫，在乡为民，入仕为官，这种特殊的双重身份，使他们居中成为连接官与民的纽带。斯波义信先生观察到，从南宋开始，大量"公心好义之士"参与到他称之为"中间领域"的活动之中，即倡导或组织既不完全属于官也不完全属于民的义庄、义仓和义役等公益活动。[1] 这其实也是梁庚尧先生所指出的民间力量对国家公权力整合乡村秩序的参与。[2] 国家公权力贯彻乡役制度，地方乡绅推行义役制度，两者之间既有紧张的纠结，又有主动的配合。尽管利益指向有不同，但在客观意义上都是对乡村秩序的整合与建设。

正如钱穆先生所言："士之一流品，乃是结合政治社会使之成为上下一体之核心。"[3]士人的积极参与和官府的主导相济互补，

---

① ［日］斯波义信：《南宋における"中間領域"社会の登場》，［日］佐竹靖彦等编《宋元時代史の基本問題》，东京：汲古书院，1996 年，第 185—203 页。然而中文版《宋元史学的基本问题》收入此文时将"中間領域"译作"中间阶层"，似未得其质，不知是否得到了斯波先生的首肯。

② 梁庚尧：《南宋的农村经济》，台北：联经出版事业公司，1984 年，第 261—323 页。

③ 钱穆：《中国历史研究法》，第 44 页。

"齐家、治国"的道学指引,以及政治经历,让以士人和还乡的官僚士大夫为主体的乡绅与国家政权有着剪不断的联系。地方上的士大夫精英、大量普通士人,加之以献纳等方式买来官僚身份夸耀乡里的富民,作为乡绅阶层,从事地方建设,调解地方纠纷,分派役职,动员民众,具有相当大的号召力,成为与国家权力既依附又抗衡的强大地方势力。立足地方,胸怀天下,可以说是南宋以来乡绅的一个写照。南宋以降的政治生态环境,让更多的士人把对王朝的事业心转向地方建设的社会担当。

原本作为士大夫政治的理论基础而形成的理学,在南宋特殊的背景下逐渐光大为道学,成为弱势王朝所赖以撑住的精神支柱。失去了中原的王朝需要以"道"来申说正统,这是催生道学的一个客观的背景因素。而士大夫则以道统的承载者身份充当了全社会的精神领袖。道学到了元代完成了南北精神统一,对《大学》中"格物、致知、正心、诚意、修身、齐家、治国、平天下"八条目的发掘阐释,成为连接个人、家族、地方、国家的精神纽带,从而达成地方社会主导的国家与地方的互补。于是,南宋光大的道学,经由元代,在明清一统天下。

道学弘扬的道统,不仅超越了王朝,还在汉字文化的覆盖下超越了族群。而道学通过教育、教化向民众普及,又成为建设地方的士人层连接与领导民众的方式之一。南宋以降兴盛的书院所彰显的私学理想与实践,从某种意义上说,也是北宋以来士大夫政治唤醒和培植的独立意识在士人社会的广泛渗透。[①] 不仅是书院,还有社仓、乡约、乡贤祠等机构与公约的设置,在国家与家庭之间形成一个互为作用的社会权威场,充分显示了士人在道学

---

① 王瑞来:《将错就错:宋代士大夫"原道"略说——以范仲淹的君臣关系论为中心的考察》,《学术月刊》2009 年第 4 期。

理想牵引下对地方的关怀与主导。道学在地方社会成为新兴士绅的道德标榜与精神指导。在弘扬道学的旗帜下,加上科举和为吏等"学而优则仕"的魅力驱动,商业活动等实用需要,教育从南宋开始获得了空前的普及。

人皆有出生地,带有独特的地方印记。但在南宋以前,这种地方印记,除了在建立同乡人际网络时被刻意强调,在力图走出乡里,向上发展的士大夫那里一直比较淡化。而南宋以降,政治与社会环境的变化,让着意于谋求在地方发展的士人逐渐强化了地方意识。发掘和树立乡贤或先贤的祭祀,便显示了士人精英强化地方认同的努力。不过,乡贤并不只是现成的存在,而是经过了士人根据自身价值理念标准的筛选。在南宋以降,这种理念标准就是道学意义,道学的理念一以贯之。乡贤是地方的先贤,但又是超越地方的楷模。道学覆盖地方,乡贤回归地方。这样的乡贤树立,灌注了士人的普世理想。而乡贤的祭祀,无疑也让士人得以掌控精神的指导权,并由此间接显示领导地位。

没有了科举,拥有文化知识的士人流向更为分散而多元,犹如水漫平川,渗透到社会的各个领域。多数士人或许并没有多么崇高的理想与道义担当,他们只是为了养家糊口而为稻粱之谋。我曾考察过由宋入元的黄公望的生平。① 这个以画出《富春山居图》而闻名于后世的画家,曾经长期为吏,有个叫张句曲的人戏题《黄大痴小像》,说黄公望是"贫子骨头,吏员脏腑"②。除了为吏,黄公望还教书、算卦、入教,从事过多种职业。作画只是晚年的一

---

① 王瑞来:《写意黄公望——由宋入元:一个人折射的大时代》,《国际社会科学杂志(中文版)》2011年第4期。

② 〔元〕陶宗仪:《南村辍耕录》卷二八《戏题小像》,李梦生校点,上海:上海古籍出版社,2012年,第317页。

种兼职。南宋袁采讲道:"士大夫之子弟,苟无世禄可守,无常产可依,而欲为仰事俯育之资,莫如为儒。其才质之美,能习进士业者,上可以取科第、致富贵,次可以开门教授,以受束脩之奉。其不能习进士业者,上可以事笔札、代笺简之役,次可以习点读,为童蒙之师。如不能为儒,则医卜、星相、农圃、商贾、伎术,凡可以养生而不至于辱先者,皆可为也。"①袁采为士人指示的出路,不是出于他开明的臆想,而是对南宋实况的反映。我在《士人流向与社会转型》一章中,从史料中爬梳出的士人经营田产例、士人剃发出家例、士人教书例、士人经商例、士人为吏例、士人投身反乱例,就是明证。

结　语

进入南宋后的"员多阙少",使绝大多数科举登第后的士人停滞在低级官僚的层面,至死无法升迁至中级官僚。严酷的仕途现实让士人失望、绝望,逐渐与主流政治产生疏离,士人流向形成多元化。而元代长期废止科举,更为促进了这种趋势。大量士人参与到地方社会,提高了地方社会的知识层次,引领了社会转型。明清以来强势的地方乡绅社会,来源正是南宋历元的积淀。

俯观明清,虽然科举得到了完全的恢复和发展,但以乡绅为主流的多元而强势的地方社会业已形成,呈现出任何政治力量也无法改变的势态。究其始,溯其源,发端于南宋,壮大于元。

地方社会的崛起是宋元时代变革的一个标尺。南宋士人在

---

① 〔宋〕袁采:《袁氏世范》卷中《子弟当习儒业》,天津:天津古籍出版社,1995年,第105页。

科举和改官时遭遇的境况，以及由此形成的士人流向多元化，实在是催化宋元社会转型之一因。

南宋仿佛回到了南朝，政治、经济中心再度合一，经济重心的作用发挥得尤为显著。元朝取代南宋，科举的停废，以吏为官，则加速了自南宋以来的社会变化。社会变化的基础是经济结构。而蒙古对江南基本上实行的不流血征服，则保全了经济结构的完整。竭力彰显文治的元政府，又与士人说服统治者以儒治国在主客观上达成合流。

从南宋开始盛行的以职业划分户种的做法，全面实行于元代，到明代依然被保留下来，文献中明代负担劳役的军户、灶户（制盐）、乐户、果户、菜户、渔户、打捕户等，随处可见，大量手工业户种从农业分离出来，改变了社会结构，近代社会职业划分的基础渐次奠定。

宫崎市定在评论吉川幸次郎的《宋詩概説》时认同吉川的说法："宋人们的生活环境，与过去中国的状况相比，具有划时代的变化，靠近了现代的我们。"[1]这是相当敏锐的观察。"靠近了现代的我们"的"具有划时代的变化"，酝酿于北宋，开始于南宋，完成于元代。像一杯混沌的鸡尾酒，经过南宋至元转型的动荡，降至明清，中国社会又变得层次分明，无论是乡绅阶层还是地方社会，都大致定型，走向近代。

时（南宋、元）、地（江南）、人（士人）三要素互动，造成宋元大变革，中国社会开始向近代转型。回望历史，尽管有不少迂回曲折，然而大河奔流已非任何力量所能阻挡。

---

① ［日］宫崎市定:《吉川幸次郎著〈宋詩概説〉》,《東洋史研究》1963 年第 1 期。

第一编 科举改官与士人流向

南宋时期，大量从千分之一高倍率的激烈竞争中胜出的科举及第者，在仕途上遭遇比北宋更为激烈的新一轮升迁竞争。多数在政界缺乏背景的普通及第者，由于制度上和人脉上的因素，受到各层官吏盘剥，觅求荐举状遇到的种种难度和窘境，几乎让他们无法挣脱出通向成为中高级官僚的瓶颈。仕途蹇涩与官场污浊，由失败、失意、失望而导致的绝望，让不少士人对仕途产生淡漠与疏离。金榜题名后的仕途艰难，严酷的现实让对仕途绝望的士人与主流政治产生疏离，导致士人流向多元化。

第一章
金榜题名后
——"破白"与"合尖"

南宋继承北宋科举取士的官僚再生产规模,大量通过千分之一高倍率的激烈竞争及第者,在仕途上遭遇比北宋更为激烈的新一轮升迁竞争。多数在政界缺乏背景的普通及第者,尽管可以成为低级官僚,由于制度上和人际关系上的因素,却几乎无法挣脱出通向成为中高级官僚的瓶颈。严酷的现实让对仕途绝望的士人与主流政治产生疏离,导致士人流向多元化。

引　言

宋代被称为科举社会,以科举为主造就的士大夫主宰了宋代的政治,从而形成前所未有的士大夫政治。这是贯穿两宋的共同政治形态。历来正史的记述和稗乘的传闻,渲染的大多是金榜题名的风光,以及登第后的成功辉煌。其实,"生产"士大夫的科举制犹如一条难行的蜀道,金榜题名后的仕途更是艰难崎岖的羊肠小道,绝大多数登第者都被滞留在官僚金字塔的底层,终老难以出头。

当历史进入南宋,由于制度与惯性的遗传,科举一榜复一榜地照常施行,士大夫政治继续沿袭,但地域的位移造成的政治、经济重心的合一,叠加多种因素,则推动了社会转型。无限风光不只在险峰,历来的科举与仕途的行路难,让不少士人不再专注于此,而是投射在地方社会之中,成为社会转型的引领者。本章展示南宋科举及第后选人入官之一隅,试加揭橥社会转型之渐,以证实我所申说之宋元变革论。

一、千人竞渡:古今罕见的高倍率竞争

北宋开国,承袭隋唐,实行科举取士。不过,在太祖朝,由于取士的人数过少,科举还不能成为官僚的主要生产源。仁宗朝李淑就说过:"皇朝开宝以前,岁取士不过三十人,经学不过五十人。"[1]这个数字与唐代科举每场取士人数相差无几。至太宗朝,伴随着宋朝江淮川广统一的完成,基于亟需各级管理人才的现实状况,宋朝政府扩大了科举取士的规模。其中的深层原因是,重文抑武的战略转变及笼络士人的政治策略的实施。此后的两宋三百余年间,每科取士几乎都达数百人乃至上千人。如真宗景德二年(1005)一榜的正、特奏名进士、诸科便达 3 055 人。[2] 两宋登科者,北宋约为 61 000 人,南宋约为 51 000 人。这些数字的总和,宋朝以前和以后的历朝科举登科人数都无法匹敌,士大夫政治的时代辉煌,实由科举制度肇基。

科举规模的扩大与科举制度的公平机制,打破了往日的贵族政治垄断,不仅为朝廷输送了大量的精英,还促进了社会流动。在 20 世纪 40 年代,美国学者柯睿格分析了南宋初期《绍兴十八

---

[1] 〔宋〕王称:《东都事略》卷五七《李淑传》,《宋史资料萃编》第一辑,影印宋刻本,台北:文海出版社,1979 年,第 847 页。

[2] 据龚延明、祖慧编著《宋代登科总录》统计,景德二年榜各科取士具体人数为:正奏名进士 393 人,诸科 1 268 人,特奏名进士 316 人,特奏名诸科 1 072 人,童子科 2 人,特赐第 4 人,合计 3 055 人,为史上取士人数之最。桂林:广西师范大学出版社,2014 年,第 1 册,第 217、238、239、240、241、242 页。

士人走向民间:宋元变革与社会转型

年同年小录》的和后期的《宝祐四年登科录》,前者登科者中父祖二代中全无做官的占 56.3%,后者三代不仕者则达占57.9%。①"取士不问家世"②的政策实施,让从来与仕途无缘的普通平民百姓看到了希望。"满朝朱紫贵,尽是读书人"③的现实,让宋真宗的《劝学诗》成为人们真切的感受。这就是:"富家不用买良田,书中自有千钟粟。安居不用架高堂,书中自有黄金屋。出门莫恨无人随,书中车马多如簇。娶妻莫恨无良媒,书中有女颜如玉。男儿欲遂平生志,六经勤向窗前读。"④光荣与梦想,激励着世世代代千千万万的庶民与士人奔竞于科场。这在客观上也带动了全社会的向学与文化的繁荣。

然而,光明必然伴随着阴影。我无意于述说辉煌,想走到这辉煌的背后。科举造就了不少高官显宦,他们显现出耀眼的光芒。但科举同时也制造了无数的范进式的潦倒士人,却不大被人理会,像是阴影遮蔽下的无人知道的小草。因此,按近藤一成先生的说法,科举是每次都产生大量的落第者的制度。⑤

前述两宋登科者北宋约为 61 000 人,南宋约为 51 000 人。那么,每科考试的参加者人数是多少呢?对此,没有完整的数据,只能根据个别数据进行略约估计。北宋前期太祖朝的每举省试,参加者大约为 2 000 人,但到了太宗即位后的太平兴国二年(977)第一次开科,参加者就已倍增,达到 5 300 人,而到了第三代皇帝真

---

① E. A. Kracke, "Family VS. Merit in Chinese Civil Service Examination Under The Empire", *Harvard Journal of Asiatic Studies*, Vol.10 2(1947), pp.103—123.

② 〔宋〕郑樵:《通志》卷二五《氏族略》,王树民点校《通志二十略》本,北京:中华书局,1995年,第 1 页。

③ 〔宋〕张端义:《贵耳集》卷下,许沛藻、刘宇整理《全宋笔记》本,郑州:大象出版社,2019 年,第 208 页。

④ 〔清〕郑志鸿:《常语寻源》卷下癸集,颜春峰、叶书奇点校,北京:中华书局,2019 年,第 265 页。

⑤ 〔日〕近藤一成:《宋代中国の科举社会研究》,东京:汲古书院,2009 年,第 4 页。

宗即位后的咸平元年(998)第一次开科时,参加者已猛增至 2 万人。[①] 这仅是参加礼部贡举,即省试的人数。按当时每 100 人解 20 人的规定计算[②],那么,真宗第一次开科时,各地的发解试的参加者就有 10 万人之多,而这一年的登科者,除了特奏名,只有 200 人,是全体参加者的 1/500。这还是解额尚宽的北宋前期。为了缓解省试的压力,在咸平二年(999)便开始规定解额。尽管各地的解额有所不同,但根据欧阳修和汪藻在不同时期所说,大体是参加地方发解试人数的 1/100 上下。[③]

关于这个数据,我手头还有一个旁证。这是在北宋熙宁年间到访的一个日本人的记录与观察。入宋僧人成寻在他的旅行记中写道:"予问司理官子秀才明州秀才来由,答云:明州、温州、台州秀才,并就台州比试取解,约五百来人已上取十七人,将来春就御试取三人作官。五百人秀才中只取三人作官,天下州军镇秀才廿万余人,春间御前比试只取三人给官,约千人取一也。"[④]这里的"千人取一",不管是出自明州举子之口,还是来自成寻的计算,都反映了北宋中后期的人们对当时科举倍率的事实认知。

降至南宋,领土减少了三分之一,而参加科举考试的人数未减反增,情况更为严峻,竞争更为激烈。特别是东南沿海各州郡发解试的参加者,"大郡至万余人,小郡亦不下数千人"[⑤]。周必

---

① 数据参见何忠礼《科举与宋代社会》,北京:商务印书馆,2006 年,第 115—116 页;张希清《中国科举制度通史(宋代卷)》,上海:上海人民出版社,2015 年,第 812—902 页。

② 〔清〕徐松辑:《宋会要辑稿》选举一四之一六:"每进士一百人,只解二十人。九经以下诸科共及一百人,只解二十人赴阙。"第 5538 页。

③ 〔宋〕欧阳修:《欧阳修全集》卷一一三《论逐路取人札子》,李逸安点校,北京:中华书局,2001 年;〔宋〕汪藻:《浮溪集》卷二四《张公行状》,《四部丛刊初编》景印武英殿聚珍版,上海:商务印书馆,1919 年。

④ 〔日〕成寻:《参天台五台山记》卷二延久四年(宋熙宁五年,1072 年)闰七月十七日,东京:风间书房,1978 年,第 70 页。

⑤ 〔清〕徐松辑:《宋会要辑稿》选举六之七,第 5362 页。

大记载其家乡江西庐陵"平时应诏,率数千人试",在光宗绍熙三年(1192)年的解试,则"赴举者逾万人"①。而据孝宗淳熙十一年(1184)知福州赵汝愚的奏疏透露,该州当年贡举之前的发解试"纳家保状"的报名者便达一万六千人,"而解额只六十二人,系二百七十方解一人"②。而在这十年前的淳熙元年(1174),福州"应诏者两万人"③。又据朱熹说,有的州甚至是"或五六百人解送一人"④。朱熹所言,有南宋末年写下的诗为证:"鹿鸣今日宴佳宾,六万场中一百人。"⑤而台州在南宋嘉定年间(1208—1224)竟接近"千取其一"的"人盛员窄"的状态。⑥

然而科举参加者日增,乡试发解额却没有实质性的增加。比如江南西路吉州的解额,北宋末年应试人数约为 4 000 人,解额为45 人⑦,到了南宋,应试人数常达万人,而迄至南宋末年,解额却一直停留在 68 人。⑧ 比较 45 人,68 人的确略有增加,但跟应试人数相比,在比例上则是不升反降。前面述及的福州状况也是如此。北宋末和南宋前期的解额为 68 人,应试人数为 3 400 多人。⑨ 而至开禧三年(1207),应试人数达 18 000 人,解额却降至 54 人。⑩

① 〔宋〕周必大:《周文忠公集》卷二八《吉州新贡院记》,王瑞来《周必大集校证》本,第 433 页。

② 〔明〕黄淮、杨士奇编:《历代名臣奏议》卷一六九载赵汝愚《论福建科场事疏》,影印本,上海:上海古籍出版社,1989 年,第 2226—2227 页。

③ 〔宋〕梁克家编:《淳熙三山志》卷七,《宋元方志丛刊》影印本,北京:中华书局,1990 年,第8 册,第 7850 页。

④ 〔宋〕黎靖德编:《朱子语类》卷一〇九《论取士》,王星贤点校,北京:中华书局,1986 年,第2703 页。

⑤ 〔宋〕徐经孙:《矩山存稿》卷四《福州鹿鸣宴》,影印《四库全书》文渊阁本,台北:台湾商务印书馆,1986 年,第 1181 册,第41 页。

⑥ 〔宋〕陈耆卿编:《赤城志》卷四,《宋元方志丛刊》影印本,北京:中华书局,1990 年,第 7 册,第 7315 页。

⑦ 〔宋〕王庭珪:《卢溪文集》卷五〇《跋钱吏部燕举人诗》,影印《四库全书》文渊阁本,台北:台湾商务印书馆,1986 年,第 1134 册,第 340 页。

⑧ 〔宋〕曾敏行:《独醒杂志》卷一〇,朱杰人标校,郑州:大象出版社,2019 年,第 275 页。

⑨ 〔宋〕梁克家编:《淳熙三山志》卷七,《宋元方志丛刊》影印本,第 7 册,第 7851—7852 页。

⑩ 〔宋〕刘宰:《漫塘集》卷一三《上钱丞相论罢漕试太学补试札子》,影印《四库全书》文渊阁本,台北:台湾商务印书馆,1986 年,第 1170 册,第 447 页。

不仅乡试发解额没有实质性的增加,省试录取名额从应试人数上看,比例也有了减少。北宋后期约为十取一,到了南宋,自孝宗朝以后则约为十六取一。[①] 当时,若是俯瞰科场,那是一幅万头攒动的悲壮景象。

透过以上的数据资料,舍去地域不均衡的因素,按北宋旧解额百人取一[②]、省试十人取一这样保守地计算,南宋登科者五万一千人的背后,有着一百五十年间将近五千万人次落第于“孙山”。五千万人次,这是一个相当巨大的数字。这是一部真实却被人遗忘的“儒林外史”。

其实,科举之路从来都是如此艰难。北宋的富弼在一篇奏疏中就慨叹道:“自古取士,无如本朝路狭。”宋代的科举已经相当开放,无论是“工商杂类人”[③],还是“狞干黥吏之子”[④],皆可投牒自进,参加考试。那么,富弼为什么还说宋朝取士最为路狭呢?他具体解释说:

> 三代以往不复纪,列两汉而下,历南北朝及隋唐十余代,取士之法,各有科条。大率如贤良、孝廉、孝弟〔悌〕、力田、明经、秀才、进士,唐又添制举五十余科。此外又许藩镇辟召及

---

① 〔清〕徐松辑:《宋会要辑稿》选举五之三,第5341页。

② 以百分之一来约计参加地方解试的人数与解额的比例,实在是极为保守的。在文献中现存有至少13个南宋地方解试的数据:两浙东路的温州开禧间为470:1(《漫塘集》卷一三);台州嘉定间为800:1(《赤城志》卷四);两浙西路的建德府景定间为388:1(《景定严州续志》卷三);福建路的福州开禧间为333:1(《漫塘集》卷一三);平江府绍兴间为153:1(《中吴纪闻》卷一);江南东路的歙州绍兴间为166:1(《夷坚志》壬集卷六);荆湖北路绍兴间的荆门军为46:1,江陵府为15:1,峡州为15:1,归州为7:1,复州为10:1(荆湖北路均据《盘洲文集》卷五一);成都府路的简州淳熙间为200:1(《宋会要辑稿》选举一之二二);潼川府路的资州庆元间为156:1(《鹤山集》卷三八)。如果略去时期、地域因素不计,则平均为4.7/1000,即不满1/200。

③ 〔清〕徐松辑:《宋会要辑稿》选举一四之一五,第5538页。

④ 〔宋〕佚名编:《名公书判清明集》卷一三《哗鬼讼师》,北京:中华书局,1987年,第481页。

诸色人荐举,亦许自荐拜官。历代求人,唯务广博。所以天下怀才抱器之士,无不牢笼收揽,尽为朝廷之所用也。国家取人,唯有进士、明经二科。虽近设制举,亦又取人不多。是三者,大抵只考文辞念诵而已。天下之士有大才大行而赋性不能为文辞就举试者,率皆遗之。①

原来,富弼是说入官的方式过少。可以这样说,科举主要是为平民百姓走入仕途开辟的一条路,因为正七品以上的中高级官员均可通过荫补的方式让自己的子弟入官,少数高级官员甚至可以荫补异姓亲属或门客入官。此外富裕家庭还可以钱财进纳补官。

不过,在士大夫政治支配下的宋朝政府,为了保持最优秀的人才永远处在高层,限制以荫补或进纳等方式入官人的升迁,使这些人很难跻身于中高级官员之列,只能游荡于低层。因此说,宋代门荫虽盛,实授小官,难以左右朝政。杨万里之长子杨长孺以荫补入官,杨万里在给友人的信中就慨叹:"以门子而进,故堕在千官之底。"②科举出身的荣耀与仕途升迁的需要,使不少以荫补等方式已经入官的人又去参加科举考试,以获取出身的名誉与进一步升迁的资格。万人奔竞,对科举一途趋之若鹜,使得科举之路变得异常拥挤不堪。鲁迅说过一句很有名的话:"地上本没有路,走的人多了,也便成了路。"在这里,似乎可以将这句话反过来说,地上本有路,走的人多了,也便没有了路。就竞争激烈的科举来说,正可以这样形容。

---

① 〔宋〕富弼:《上仁宗乞诏陕西等路奏举才武》,曾枣庄、刘琳主编《全宋文》卷五九九,第28册,上海:上海辞书出版社;合肥:安徽教育出版社,2006年,第272页。

② 〔宋〕杨万里:《诚斋集》卷一〇九《与本路提刑彭郎中》,辛更儒《杨万里集笺校》本,第4039页。

二、仕途狭路：金榜题名后的艰难历程

接下来，我想重点探讨的是，在激烈的科举竞争中入围，在五千万人次中脱颖而出的五万及第幸运儿，他们中的多数在后来仕途上的命运又如何呢？金榜题名，并不意味着此后的一生便一片光明。正如南宋的曾丰在《谢漕使苏大卿京状启》中写的那样，"自读书而取科第，平生事始得半之无忧"①。

金榜题名，仅仅是获得了出身。就是说从此在仕途上有了进身的资格。一般说来，登第便予授官，但绝大多数授予的仅仅是最低级的幕职州县官，当时又在习惯上称为"选人"。然后，他们便开始了在官僚金字塔上的漫长攀登：选人—京官—升朝—员郎—正郎—卿监—侍从—散执政。②

南宋的转官制度与品阶制度相关联，它是源自北宋元丰改制后经过徽宗朝最后定型的制度。文官分为三十二阶，自第一阶开府仪同三司到第二十阶通直郎为升朝官，自第二十一阶宣教郎到第二十五阶承务郎为京官，自第二十六阶承直郎到第三十二阶迪功郎为选人。③ 进士授官，第一甲第一名径授京朝官，第二、第三名虽偶有授京官的时候，但一般也同第二甲、第三甲、第四甲进士一样，授选人官阶。以上均给予差遣。第五甲进士守选，不予授官，也不予差遣。可以说，获得了进士及第与出身的多数人，都成为选人。

2000 年前后，我一直参与日本东洋文库的《朝野类要译注》

---

① 〔宋〕曾丰：《缘督集》卷一〇，影印《四库全书》文渊阁本，台北：台湾商务印书馆，1986 年，第 1156 册，第 109 页。

② 此一序列是南宋人所编《重编详备碎金》卷上的归纳，天理：天理大学出版部，1981 年，第 406 页。

③ 朱瑞熙：《中国政治制度通史》第六卷《宋代》，北京：人民出版社，1996 年，第 651—653 页。

研究会。《朝野类要》是南宋赵升编撰的一部有关宋代典章制度的辞书式笔记。在《朝野类要》卷二《选调》条中，有如下描述：

> 选调，承直郎以下、迪功郎以上文资也。又谓之"选海"，以其难出常调也。①

南宋的赵彦卫则详细缕述了选人制度及其沿革：

> 选人之制始于唐。自中叶以来，藩镇自辟召，谓之版授。时号假版官，言未授王命假摄耳。国朝既收诸镇权，自一命以上，皆注吏部选，而选人有七阶。留守判官至观察判官为一等，今承直郎；节度掌书记、观察支使为一等，今儒林郎；防御团练军事判官、京府至观察推官为一等，今文林郎；防御团练军事推官为一等，今从事郎；县令、录事参军为一等，今从政郎；试衔知县、知录事为一等，今修职郎；军巡判官司户等参军主簿尉为一等，今迪功郎。宣和间方改从今制。有举官五员，及六考以上，无过，许改入京官。国初任子，进士甚鲜。内而侍从官常参官，外而监司守倅，皆得荐举。历任及四考，有举官四员许改官。增考为六考，举官为五人。于皇祐罢常参官荐举，于康定罢知杂御史以上荐举，于治平罢通判荐举，于熙宁禁补发，于乾道削荐纸、严岁额，于淳熙增教官，添县丞诸司属官，而员益冗，举削日减，人有滞淹之叹。②

以上两段平淡的描述背后，述说着这样的真实情形：头悬梁、锥刺股般长期刻苦的举子，在科举的漫长马拉松竞赛中，甩掉近

---

① 〔宋〕赵升：《朝野类要》，王瑞来点校，北京：中华书局，2007 年，第 50 页。
② 〔宋〕赵彦卫：《云麓漫钞》卷四，傅根清点校，北京：中华书局，1996 年，第 61 页。

千人之后，千辛万苦好不容易入围，摆脱了科场地狱，却又坠入选调的苦海。金字塔的顶端金碧辉煌，能够攀登上去的，寥寥无几，对于大多数人来说，只是个可望不可即的存在。选人所构成的官僚金字塔底座，十分庞大。并且不仅科举这架官僚再生产的机器源源不断地将新的选人输送进来，《朝野类要》所叙述的"奏补""年劳""进纳""捧香""西官""差摄"等"杂出身"之人①，还通过铨试等途径也大量加入选人大军中来。② 庞大的选人队伍，又构成了新一轮的升迁竞争。处于官僚序列低层的选人要苦苦挣扎于当时人们所形容的"选海"。我们先来归纳一下选人升迁的制度规定。

选人的升迁有两个层面。一是在选人七阶内的升迁，也就是在"选海"内的翻滚，此谓之"循资"③。以处于选人七阶最底层的迪功郎为例，有出身者须成三考，有举主三人方可关升为县令，循入七阶选人的倒数第三级从政郎。无出身者则须成四考，就是说要担任差遣满四年。如果没有举主推荐，有出身者则须干满两任成四考，无出身者则须两任成五考，方关升令录，循入从政郎。④ 从这一规定看，有出身者不过只是比无出身者少计一考而已，辛辛苦苦取得功名，却优待无多。稍有优待的进士出身的迪功郎，向上升迁一阶也需不短的时日。因此，年资是选人首先要跋涉的必由之路。无怪当时人将选人七阶称为"选海"。升迁路

---

① 〔宋〕赵升：《朝野类要》卷二，第 65—69 页。

② 嘉定六年（1213）侍郎左选所统计的选人共有 17 006 人，其中有出身者为 4325 人，仅占约 1/4。见〔宋〕李心传《建炎以来朝野杂记》乙集卷一六，徐规点校，北京：中华书局，2000 年，第 757—758 页。

③ 〔元〕脱脱等：《宋史》卷一六〇《选举志》载："其七阶选人，则考第资历，无过犯或有劳绩者递迁，谓之循资。"北京：中华书局，1985 年，第 3757 页。

④ 〔明〕解缙、姚广孝等监修：《永乐大典》卷一四六二八引《吏部条法》，影印本，北京：中华书局，1986 年。

漫漫,尚未跃出便淹死于"选海"的选人不知几何。

尽管七阶选人的官品与京官看上去并无差距,均在从八品到从九品之间,但在地位、待遇、工作性质以及升迁速度上则差别相当大。比如,明确规定选人不得骑马入宫门。欧阳修最初以选人为馆职,在宫门前下马,被戏称为"步行学士"①。在都堂见宰相,京官可以坐下,选人则要站着。② 当时,有势力人家都不愿将女儿嫁给选人的家庭,因为出头无日。③ 无怪乎苏洵就这样说过:"凡人为官,稍可以纾意快志者,至京朝官始有其仿佛耳。自此以下者,皆劳筋苦骨,摧折精神,为人所役使,去仆隶无几也。"④苏洵所说的这种状况,到了南宋也丝毫没有改变。

选人升迁的第二个层面:脱出"选海"成为京官,此谓之"改官"。在第一个层面上的跋涉,主要是熬年头,虽费时日,还不算特别困难。要想成为京朝官就更如鲤鱼跃龙门一样艰巨。因为选人除了在做出政绩这一点上可以自己把握,其余的必要条件——推荐书举削与限员——则是超出自己的能力。作为对苏洵所述在制度层面的补充,《朝野类要》卷三《改官》载:

> 承直郎以下选人,在任须俟得本路帅抚、监司、郡守举主保奏堪与改官状五纸,即趁赴春班改官。谢恩则换承务郎以上官序,谓之京官,方有显达。其举主各有格法限员,故求改官奏状,最为难得。如得,则称门生。⑤

---

① 〔宋〕沈括:《梦溪笔谈》卷一,金良年点校,北京:中华书局,2015 年,第 7 页。
② 〔宋〕朱彧:《萍洲可谈》卷一:"宰相礼绝庶官,都堂自京官以上则坐,选人立白事。"李伟国点校,北京:中华书局,2007 年,第 110 页。
③ 〔宋〕孙升:《孙公谈圃》卷下:"马亮善相人,为夔路监司日,吕文靖父为州职官,一见文靖,即许以女嫁之。其妻怒曰:'君尝以此女为国夫人,何为与选人子?'亮曰:'此所以为国夫人也。'"赵维国点校,郑州:大象出版社,2019 年,第 292 页。
④ 〔宋〕苏洵:《上韩丞相书》,《全宋文》卷九二〇,第 43 册,第 37 页。
⑤ 〔宋〕赵升:《朝野类要》,第 70 页。

在我承担的《朝野类要译注》条目中，与此有关的，还有卷五《破白合尖》一条：

> 选人得初举状，谓之破白。末后一纸凑足，谓之合尖，如造塔上顶之意。

这两条所说的"改官状"和"举状"，又叫"举削""荐剡"等，都指的是官员的推荐书。这里所说的"五纸"改官状中，得到第一纸，即是"破白"，意即实现零的突破；得到第五纸即是"合尖"，像是建塔封顶，等于接近大功告成。都是指的选人改京官，脱离选海，走向通达的必由途径。

对五份举状的提供者，还有具体规定，即要求是直接上司的"本路帅抚、监司、郡守举主"。这一规定在《中兴小历》卷三二也有记载："选人改京秩，用举主五员，数中之一，必得转运副使，或提点刑狱，号为职司。"五份推荐信"最为难得，如得，则称门生"。"破白"与"合尖"之难，就是指得到举主之难。戴象麓《干黄仓求合尖》云："最难脱选者，荐剡之五员。未易全功者，合尖之一纸。"[1]可以说，五份有条件的举状，既是政府控制官员数量和质量的一道重要关口，也是底层官员奔向光明仕途的一个必经的瓶颈。正如《宋史·选举志》所言："铨法虽多，而莫重于举削改官、磨勘转秩。"[2]

从上述史料可知，在科举过程中，宋朝政府为了避免出现唐代那种"受命公朝，谢恩私门"的状况，煞费苦心，采取了各种措

---

① 〔宋〕佚名编：《翰苑新书续集》卷二九《谢荐举类》，影印《四库全书》文渊阁本，台北：台湾商务印书馆，1986 年，第 950 册，440 页。

② 〔元〕脱脱等：《宋史》卷一五五《选举志》序，第 3604 页。

施,废"公荐"①,罢"公卷"②,"御试进士不许称门生于私门"③,但仍然无法制止官僚在改官的过程中结成紧密的私人关系。通过荐与被荐,官僚间所结成的牢固的私人关系,已近于魏晋时期人身依附紧密的部曲与家丁,与进与退,俱损俱荣。《宋史·徐经孙传》载:"经孙所荐陈茂濂,为公田官,分司嘉兴。闻经孙去国,曰:'我不可以负徐公。'遂以亲老谢归,终身不起。"④由此可见,在举主与皇帝的天平上,门生明显地向举主倾斜。宁可负皇帝负朝廷,也不能负举主。在这里,儒学治国平天下政治理想的踪影已全然不见。

南宋后期的著名文人洪咨夔除了把取得五通推荐信的过程称作通常的造塔,又把进入七阶选人阶段形容为坠入坑中,这个坑显然犹如火坑。他说:"矧堕七选之坑,欲结五刹之塔。"⑤当然,除了上述常调循资,还有酬奖、恩例、奏荐等升迁途径,但许多途径都需要有举主的推荐这样的人际关系才能获得较快的升迁。

选人改官尽管有各种途径,但以磨勘为主。关于磨勘的具体规定,见于《宋史·职官志》记载:

> 磨勘:判、司、簿、尉七考,知令、录、职官六考,有京官举主五人,内一员转运使、副或提刑,并磨勘引见,转合入京朝官。⑥

---

① 〔宋〕李焘:《续资治通鉴长编》卷四乾德元年九月丙子条载:"诏礼部贡举人,自今朝臣不得更发公荐,违者重置其罪。故事,每岁知举官将赴贡院,台阁近臣得保荐抱文艺者,号曰'公荐',然去取不能无所私,至是禁止。"北京:中华书局,2004 年,第 105 页。

② 〔清〕徐松辑:《宋会辑稿》选举三之七,第 5288 页。

③ 〔宋〕王栐:《燕翼诒谋录》卷一《御试不称门生》,诚刚点校,北京:中华书局,1981 年,第 2 页。

④ 〔元〕脱脱等:《宋史》卷四五〇,第 12348 页。

⑤ 〔宋〕洪咨夔:《平斋文集》卷二四《谢丘安抚举改官启》,侯体健点校,杭州:浙江古籍出版社,2015 年,第 605 页。

⑥ 〔元〕脱脱等:《宋史》卷一六九,第 4042 页。

这里的旧官"判、司、簿、尉"相当于新官的"迪功郎",而"知令、录、职官"则囊括了迪功郎以上的修职郎、从政郎、从事郎、文林郎、儒林郎、承直郎。也就是说选人中任何一阶均可以通过考核任期内劳绩的磨勘改为京官。除了磨勘年限,最关键的就是举主。寻找肯为推荐的举主,对于选人来说,并不是件容易的事。因为对于举主来说,"举主各有格法限员",即每年推荐名额有限。如知州根据管辖的县数多寡规定每年可以推荐一到六人。曾任宰相者,每年能够推荐的名额也仅有五人。①

《朝野杂记》记载有嘉定四年(1211)四川举状配额与改官人数②,为我们提供了宝贵的地域选人举额改官实况的具体观察。现据所记列表如下:

嘉定四年四川举额表

有举官资格者	举状数	备注
帅臣、监司	80	制司大使 11;总领赋 6;茶马司 5;三路安抚司每司两年 3(4.5);成都、潼川提刑各 5(10);利路提刑 5;关外 1;夔路提刑 3;四路常平司每司两年 3(6);成都、潼川转运司各 6(12)(内岁终不除副使者半,利路运判每两年又得关外(3);夔路运判两年 3,又岁终不除副使 3;四路提举司每司年年 1(4)③
前执政	6	二人,每人各举 3 员
所辖 8 县以上知州	4	每年各举 2 员
所辖 4—7 县知州	36	每二年各举 3 员

---

① 〔宋〕谢深甫监修:《庆元条法事类》卷一四《荐举总法·改官关升》,戴建国点校,哈尔滨:黑龙江人民出版社,2002 年,第 296 页。
② 〔宋〕李心传:《建炎以来朝野杂记》乙集卷一六《四川举削倍改官之额》,第 753 页。
③ 按,此栏据《朝野杂记》夹注整理,合计数字不合 80 之数。

有举官资格者	举状数	备注
所辖 3 县以下州	31	每年各举 1 员
无辖县三郡	3	每年各举 1 员
总计	165①	以五纸一员,岁举改官约计 31 员

从此表可以大体观察到,在拥有改官举状方面,帅臣、监司据有绝对的优势与权力,合计举状占据了全部的一半。而知州则根据所管辖县数多寡拥有不同的举状配额,不过每年只有一两个。对于地方官员来说,这真可谓是极为宝贵的资源。举主负有连带责任,推荐人兼为保证人。举官额少,而请求者众。作为举主,推荐何人,必然充满亦公亦私的利益考量。答应并写下举状,对选人来说是绝大的人情。所以《朝野类要》说举状“如得,则称门生”。

官员推荐选人的名额有限,根本原因是朝廷对每年选人入官的名额卡得过死,名额过少。《燕翼诒谋录》卷五《选人改官》条载:

> 通判举人改官,与太守同。自提举常平使者列于监司,诸路顿增员数。熙宁元年十二月,始诏通判不得举人改京官。元丰初,诏改官人五日引一甲,一甲三人,岁以百四十人为额。至元祐元年四月,罢诸路提举常平,再命通判岁终举改官一人,或县令一人间举。十二月,以改官员多,吏部侍郎孙觉请岁以百人为额,从之。绍圣三年,吏部乞以每甲五人,引见不拘数,则是岁有三百余员也。中兴以来,改官人数绝

---

① 按,此数字比合计多出 5 人,疑有误。

少,岁不过数十人。虽令选人举官逐员放散,数亦不增,至绍熙初号为顿增,亦仅三十余员。庆元以后,岁有溢额。盖孤寒路绝,得举官五员俱足,而不得者多。不破白,势使然也。①

这段记载备述了两宋选人改官名额的变迁与实况。据《宋会要辑稿》的记载,针对选人改官难的问题,南宋政权在已经大体稳定的形势下,于绍兴十九年(1149)曾有过改革的考虑,"中书舍人洪遵、中书舍人张孝祥、兼权给事中王晞亮被旨议敕令所删定官闻人滋所奏论选人改官法"。但由于这项改革牵涉官僚体制整体结构的变化,牵一发而动全身,兹事体大,所以选人改官法改革的动议被上述几个官员以四项理由否决②,迄至宋亡未有大的改变。

然而,伴随着科举取士规模的扩大,原本就存在的员多阙少的矛盾愈加突出。到北宋末年,员与阙的比例,就已达到了三比一。③南宋的官员数尽管较北宋大为增加,但先是一年一度,后是三年一次的科举考试,加上各种途径入官人,源源不断的涓涓细流终于汇成相当规模的选人大海。南宋前期的周必大就在奏上的《条具弊事状》中指出:"比来入流太泛,入仕甚难,受任者至有十余年不成一任,贤愚并滞,殊无甄别。"④

"入流太泛",周必大点到了问题的关键。其实,科举规模扩大,并不是形成"冗官冗员"的原因,也不是选人改官"入仕甚难"的原因,关键在于恩荫等杂流入官成为选人者过多。南宋后期理宗宝祐元年(1253)科举状元姚勉在策问《癸丑廷对》中就尖锐地指出:

① 〔宋〕王林:《燕翼诒谋录》,第52页。
② 〔清〕徐松辑:《宋会要辑稿》职官一一之三八,第3334页。
③ 参见《宋会要辑稿》选举二三之一二,第5683—5684页;职官一之三四,第2957页。
④ 〔宋〕周必大:《周文忠公集》卷一三四,王瑞来《周必大集校证》本,第1204页。

士人走向民间:宋元变革与社会转型

方今冗官之弊,全在任子之多。三岁取士仅数百人,而任子每岁一铨以百余计,积至三岁亦数百人矣。从观州县之仕为进士者不十之三,为任子者常十之七,岂进士能冗陛下之官哉?亦曰任子之众耳。阀阅鼎盛,亲故复多,挟厚贽而得美除,结奥援而图见次。考第未满举削已盈,寒畯之流亦安能及?①

从姚勉列举的数字看,科举取士的人数与任子的人数大体相当。而实际积累下来,在地方上科举出身者与任子出身者的比例则是3∶7,并且有势力的任子出身的选人获得举状之容易度,是多数无势力的科举出身的选人无法相比的。姚勉说的是实际状况。由这一状况我们可以看出,尽管诸多规定对恩荫得官的选人在常调上限制较严,但这些人由于拥有一般选人所没有的政界人脉资源,在实际上则更容易脱出选海。这种状况也昭示着制度与实况的乖离。

三、士大夫政治下的制度设计与影响

隆兴元年(1163),在半壁江山上重建的南宋政府已经走过了三十六年的历程,大约是感到了冗员的压力,孝宗即位伊始,便明令规定:"限选人改官,每岁八十员。"②这个数额,仅较北宋改官名额稍稍过半。又过了三十多年,到了光宗绍熙元年(1190),据

---

① 《全宋文》卷八一二八,第 351 册,第 333 页。
② 〔宋〕刘时举:《续宋中兴编年资治通鉴》卷八,王瑞来点校,北京:中华书局,2014 年,第171 页。

前引《燕翼诒谋录》载,改官名额"号为顿增",也仅三十余人。而此时的南宋王朝才刚刚走过了三分之一的历程,此后的岁月对于普通选人只会更加严峻,而毫无乐观可言。由此可见,到了员数未见增加的南宋,多数选人要想跃出选海,难于上青天。

孝宗朝的给事中贺允中就指出:"寒士改官,视为再第。"[1]这意味着在千分之一的激烈竞争中突围的选人,还要进行第二轮竞争,而这一轮竞争,则不是知识的竞争,命运也难以自己把握。可以说,脱出选海,是曾经的命运宠儿进行的更为艰难的仕途长征。

限制选人改官名额的规定,实在是政府不得已而为之的做法。任何一个政府都容纳不下过多的管理人员。北宋到了第四朝仁宗时期,便已有了"冗官"之叹。李淑在《时政十议》的《议择官》中就指出:

> 太平兴国初,文武朝官班簿才二百人。至咸平初,四百人。天圣元年,逾千人。自去年覃恩,又轶天圣之数矣。

接着,李淑又回顾了以幕职州县官处选人制度产生的背景,以及后来选人入官过滥的状况:

> 从前选人入京者,岁不过数人,至有十数考、有劳效、无殿犯、近臣屡荐而终不得改秩者。遂使远方大邑,皆用幕职官承乏。今年判官簿尉,四考辄得京官者,日至四五。远邑无阙员,又以江浙授之。是则推恩太广于前也。[2]

鉴于入官过滥,李淑在《时政十议》的《议贡举》中,甚至请求限制科举取士的人数,按阙官之数来取士。他说:"愿陛下约今岁

---

① 〔宋〕李心传:《建炎以来系年要录》卷一七八绍兴二十七年十二月癸卯条,胡坤点校,北京:中华书局,2013 年,第 3417 页。
② 〔宋〕李焘:《续资治通鉴长编》卷一一四景祐元年二月乙未条,第 2666 页。

士人走向民间:宋元变革与社会转型

吏部阙官之数,为来年入等之准。"

到了南宋,"冗官"问题更为突出。南宋后期一个官员的奏疏透露出这方面的严峻形势:"境土蹙而赋敛日繁,官吏增而调度日广。景德、庆历时以三百二十余郡之财赋,供一万余员之俸禄;今日以一百余郡之事力,赡二万四千余员之冗官。边郡则有科降支移,内地则欠经常纳解。欲宽民力,必汰冗员。"[1]面对这种严峻形势,政府只能将选人改官一途死死卡住,尽量控制官员数量的增加。然而,现实与理念又产生着冲突。

在南宋建立之初,选人或可以有军功、捕盗等特殊的捷径可走,但当政权走向正轨后,一切都须在制度内运行,选人只能熬年头,觅举主,而终生跳不出选海的,大有人在。在绍兴二十二年(1152),右谏议大夫林大鼐在上奏中便指出了这一严酷的现实:"中兴之初,恩或非泛,人得侥幸,有以从军而改秩者,有以捕盗而改秩者,有以登对而改秩者。方今朝廷清明,吝惜名器,士夫改秩,只有荐举一路,舍此则老死选调而无脱者。"[2]

选人改官,在官员荐举上或掺杂私意,在具体操作上或有胥吏舞弊,但至少在制度的层面上,的确是被相当严格地执行了的。举一个例子,孝宗不按正常程序,以御宝下令让一个选人改官,就被宰相指责,被迫收回了成命。[3]

宋朝政治家的设计无可厚非。在官本位的传统社会,能给人带来实惠利益与地位的做官,比从事任何职业都有诱惑力。扩大科举,公平竞争,给了全社会的所有人充分的仕进机会。然而国

----

[1] 〔元〕脱脱等:《宋史》卷四四《理宗纪》,第858页。
[2] 〔清〕徐松辑:《宋会要辑稿》选举三〇之二,第5823页。
[3] 〔元〕脱脱等:《宋史》卷三八四《叶衡传》载:"御宝实封令与临安府窦思永改合入官,衡奏:'选人改官,非奏对称旨,则用考举磨勘,一旦特旨与之,非陛下爱惜人才之意。'上亟收前命。"第11824页。

家又无法容纳过多的管理人员，所以就在低中级官员之间设置了一个瓶颈。对选人改官，宋朝政治家设计了与科举考试不同的方式，不仅仅凭选人铨试时的成绩，还要看其在选人期间的政绩与实际工作年限。比之科举考试重文才、重经义，选人改官更重实践、重经历。而举主制则是在士大夫政治的框架下，给予了处于中上层的士大夫精英充分的重视和极大的权力。这是一种保障士大夫权益的士大夫自己的政治设计。

结　语

可以这样说，宋朝的政治家为普通平民百姓敞开了一扇充满光明的通向仕途之门，接着又半掩上了第二道门。而第二道门才是真正通往风光无限的顶峰的山门。穿过这第二道门，才是士人多年寒窗苦读的真正目的。然而这第二道门却是不易穿过。穿过第一道科举之门，尽管千里拔一竞争激烈，但毕竟主要凭自己的努力，顶多是加上家族的财力支持。如果成绩不成，神仙也帮不上忙。然而，穿过第二道入官之门时，却基本上失去自己把握命运的能力，前途掌控在他人手中。选人本人所能做的，就是努力做出政绩这样的"硬作为"，以及广结人脉、钻营于权门这样的"软作为"。对于这第二道入官之门，多数选人是"小扣柴扉久不开"①，甚至对有些选人而言，门是永远关闭着的。

金榜题名后的风光不再，仕途上的艰难跋涉，最终造成了什

---

① 〔宋〕叶绍翁：《游园不值》，〔清〕王相编《千家诗》卷一，李逸安、张立敏译注，北京：中华书局，2011年，第235页。

么样的结果呢？南宋有别于北宋的社会环境，对外关系紧张、地方势力崛起、经济发达、文化兴盛，在这样诸多综合因素的作用之下，士人逐渐与主流政治产生疏离，形成流向的多元化，成为推动南宋至元社会转型的一个重要因素。

第二章
士人流向与社会转型

　　历来,研究科举,大多关注士人获取功名的过程,视线也基本停留于士人登第为止,而对士人登第后的命运则较少关注。我曾考察过以科举登第者为主的选人改官规定所形成的制度性壅塞和制度实施所产生的流弊。在此基础上,又具体剖析互相关联的杨万里斡旋改官与罗大经仕途奔波两件个案,来展示选人改官制度下南宋士人的艰难仕途。本章则是通过文献中发掘的大量具体事实,广角式地展示历来被有意无意遮蔽的士人命运的另一面,观察仕途蹇涩背景下的士人流向多元化,分析社会转型的重要促因。

引　言

　　本章宽泛地考察作为下层官僚的普通选人改官觅求荐举状的难度和生活的贫困,以及在改官之际选人所遭受的各层官吏盘剥。由失败、失意、失望而导致的绝望,让不少士人对仕途产生淡漠与疏离。心态的变化无疑会带来行为的变化,士人流向逐渐走向多元化。然而,在学而优则仕的传统流向以外,士人失意的一面一直被无意地深深遮蔽。这种遮蔽给后世考察士人流向带来很大困难。本章钩玄索隐,从文献中归纳出一些反映士人流向的个案,力图使我的士人流向多元化理论走出推测,落实到事实层面。在具体

　　　　　　　　　　　　　　　士人走向民间:宋元变革与社会转型

事实分析的基础上,再由微观到宏观,放眼元代,从社会变化上寻求南宋与元代乃至明清的联系,申说我主张之宋元变革论。

一、选人生存实态观:求举状难,生活难

在《四六标准》中收录了一通举主回答一个选人的感谢信。信中以揶揄的口吻说道:"不谓二十年之间,未脱六七阶之选。聊为破白,何必谢青。"①由此可见,我曾考证过的南宋文人罗大经挣扎于选海二十六年,并非个别的案例,而是普遍现象。在众多的选人中,像罗大经这样终身难脱选海的相当多。②《京口耆旧传》载:

> (田晓)擢淳熙八年进士第,人以为阴德之报。初任秀州华亭买纳盐场,次扬州录事参军、建康府教授。性疏直,不能唯阿逐物。世道日薄,士以升改为重,有茫如捕风而汲汲营求死不知悔者。晓之在金陵,积举员四,或谓小屈意,即及格。晓笑曰:穷达命也,命乃在天,虽屈意何为?且以直道为不可行,则吾向也既以是,得五之四矣,以为必可行也,则前辈不遇者多矣。独我乎哉?归自金陵,年方六十有五,遂丐休致,婆娑小园,以寿终,有文集藏于家。③

这段记载所云"世道日薄,士以升改为重,有茫如捕风而汲汲

---

① 〔宋〕李刘:《四六标准》卷一九《代回王文思》,影印《四库全书》文渊阁本,台北:台湾商务印书馆,1986年,第1177册,438页。

② 参见本书第二编第三章《小官僚大投射——罗大经的故事》。

③ 佚名撰:《京口耆旧传》卷二《田晓》条,影印《四库全书》文渊阁本,台北:台湾商务印书馆,1986年,第451册,第138页。

营求死不知悔者"，当主要指为了升改的选人。而田晓所云"前辈不遇者多矣"，则道出了当时选人的真实境遇。改升京官规定的五封推荐书，田晓已经获得了四封，就差最后一封"合尖"，便可大功告成，别人劝他放低姿态去求人，但田晓不愿意这样做，便在选人的层级请求退休了。罗大经是卷入官场矛盾纷争而被罢退休，田晓更潇洒一些，是主动退场。退休后，田晓"婆娑小园"的惬意生活，与罗大经的"山静日长"也很类似。无论是被迫还是自愿，他们的选择都向人们展示的是，人生的出路并不仅仅是仕途一端。

周必大曾举荐过一个叫孙升的选人，在一通举官状中，他述说孙升的经历时，就说这个曾任赣州录事参军的从政郎孙升"陆沉选调殆四十年"①。试想人生有几个四十年，这个孙升可以说一生都是在选海中翻滚。杨万里女婿陈经的兄弟陈章，未冠登第，也是蹉跎二十年，尚未脱离选海。②

有的选人奔波多年，才仅仅达到得到第一封推荐信的破白状态。在一个选人给举主写的感谢信中就这样说："怜广文之久到官，仅能破白。"③这是一个做州学教授的选人的自白。还有一个选人这样写道："第太常者十七年，绝企腾黄之步。课考功者岁六稔，仅收破白之章。"④不过，对于没有势力的普通选人来说，能够破白就足以欣喜逾常了。一个选人在得到破白举状后高吟："半

---

① 〔宋〕周必大：《周文忠公集》卷一三四《举官状》，王瑞来《周必大集校证》本，第 2102 页。
② 〔宋〕杨万里：《诚斋集》卷一〇七《答赣州张舍人》，辛更儒《杨万里集笺校》本，第 4056 页。
③ 〔宋〕李廷忠：《橘山四六》卷七《谢王枢使荐举》，影印《四库全书》文渊阁本，台北：台湾商务印书馆，1986 年，第 1169 册，第 248 页。"广文"为教官之代称。〔宋〕赵升《朝野类要》卷二《冷官》条载："因杜子美诗云'广文先生官独冷'，后人遂专以号教官。"第 49 页。
④ 〔宋〕戴栩：《浣川集》卷七《除架阁谢丞相启》，影印《四库全书》文渊阁本，台北：台湾商务印书馆，1986 年，第 1176 册，第 749 页。

生场屋弄朱衣,犹喜春来破白归。"①

著名文人洪咨夔在得到安抚使崔与之的举状之后,也表现出望外的喜悦:"我有二天,居然破白。"②甚至有的选人至死也没能得到破白举状。有篇选人的墓志铭写道:"如公廉操干局,当有知公者,公必自此升矣。别去两年,声籍甚无。挟白战得使长破白之削,诸台方将从臾其后,而公壬辰五月二十八日死矣。"③据墓志铭的记载,这个选人死时已经 62 岁了。

除了举官人的利益考量,一些偶然的意外因素,也常常使选人得不到举状。杨万里的同乡吉州推官李椿曾请求他的上司为他写举状,上司开始答应了。后来发现自己的家讳中有"椿"字,可能本来就不情愿写的上司,便以这个理由拒绝了。最后这个选人请杨万里的一个亲属给那位上司写了封骈文的书启,说道:"讳名不讳姓,虽存羊枣之遗文;言在不言征,亦有杏坛之故事。"④用孔子和孟子的典故,才说服了那个上司为他写举状。

选人得不到举状,甚至连近乎于吏的低级官员差遣有时也难以得到。在南宋绍定年间,行在会子库需要设置一个监官,资格条件便是"有举选人"⑤。

① 〔宋〕王之道:《相山集》卷一〇《和李难老》,影印《四库全书》文渊阁本,台北:台湾商务印书馆,1986 年,第 1132 册,第 588 页。

② 〔宋〕洪咨夔:《平斋文集》卷二四《谢崔安抚举改官启》,第 604 页。按,"二天"之典出〔南朝宋〕范晔《后汉书》卷三一《苏章传》:"人皆有一天,我独有二天。"北京:中华书局,1965 年,第 1106 页。后来这句话表示意外获得恩典。

③ 〔宋〕陈元晋:《渔墅类稿》卷六《广东主管帐元公墓志铭》,影印《四库全书》文渊阁本,台北:台湾商务印书馆,1986 年,第 1176 册,第 824 页。

④ 〔宋〕杨万里:《诚斋集》卷一一四《诗话》,辛更儒《杨万里集笺校》本,第 4397 页。

⑤ 〔元〕佚名:《宋史全文》卷三一绍定三年三月癸丑条载:"置会子库监官一员,专作堂差,以有举选人充。"汪圣铎点校,北京:中华书局,2016 年,第 2653 页。

清人赵翼说宋朝官员俸禄优厚,嗣后几成定说。① 其实,宋朝官员俸禄是否优厚需要具体分析。成为京官以后的官员,的确俸禄优厚,但位于庞大的官僚金字塔最底层的选人,自北宋以来,俸禄就很低,生活极为清苦。王安石所言"方今制禄,大体皆薄",正可成为清人赵翼的反论。作为论据,王安石在写下这句话的奏疏中还具体做了计算:

> 以守选、待除、守阙通之,盖六七年而后得三年之禄,计一月所得,乃实不能四五千,少者乃实不能及三四千而已。虽厮养之给,亦窘于此矣。而其养生、丧死、婚姻、葬送之事,皆出于此。②

最为典型的例子是范仲淹从选人到京官的境遇。范仲淹进士及第释褐,做选人广德司理参军三年,任满时,连回乡的盘缠都没有,"贫只一马",不得不将作为交通工具的马卖掉,徒步回乡。③ 但当他成为京官大理寺丞时,据他自己讲,一年的俸禄已经相当于两千亩土地的收入了。④

北宋后期,朝廷打算恢复赃吏杖脊朝堂之令,一个叫连南夫的官员上疏说:

> 选人七阶之俸,不越十千也。军兴,物价倍百。当先养

---

① 〔清〕赵翼:《廿二史劄记》卷二五《宋制禄之厚》,王树民校证,中华书局,1984 年,第 533—534 页。

② 〔宋〕王安石:《王安石全集》卷三九《上仁宗皇帝言事书》,刘成国点校,北京:中华书局,2021 年,第 649 页。

③ 〔宋〕朱熹、李幼武纂集:《五朝名臣言行录》卷七,《宋史资料萃编》第一辑,影印本,台北:文海出版社,1967 年。

④ 〔宋〕范仲淹:《范文正公集》卷八《上执政晏侍郎书》,王瑞来点校《儒藏(精华编)·范仲淹集》本,北京:北京大学出版社,2012 年,第 177 页。

其廉,稍增其俸,使足赡十口之家,然后复行赃吏旧制。①

由此可见,到了北宋后期,七阶选人的最高俸禄也不超过十贯,在物价暴涨的状况下,选人的俸禄不足以养活十口之家。所以连南夫向朝廷提出增禄养廉的建议。朝廷听从这一建议,"增选人茶汤之给"。选人受连南夫上疏之惠,"天下称诵,以为长者"②。

沈括的《梦溪笔谈》记载了这样一件事:

> 尝有一名公初任县尉,有举人投书索米,戏为一诗答之曰:"五贯九百五十俸,省钱请作足钱用。妻儿尚未厌糟糠,僮仆岂免遭饥冻。赎典赎解不曾休,吃酒吃肉何曾梦。为报江南痴秀才,更来谒索觅甚瓮。"熙宁中例增选人俸钱,不复有五贯九百俸者,此实养廉隅之本也。③

接着沈括的记载,在《容斋随笔》中,洪迈又有后续的话题:

> 沈存中《笔谈》书国初时州县之小官俸入至薄,故有"五贯九百五十俸,省钱请作足钱用"之语。黄亚夫皇祐间自序其所为《伐檀集》云,历佐一府三州,皆为从事,逾十年,郡之政,巨细无不与,大抵止于簿书狱讼而已。其心之所存,可以效于君、补于国、资于民者,曾未有一事可以自见。然月廪于官,粟麦常两斛,钱常七千。问其所为,乃一常人皆可不勉而能,兹素餐昭昭矣。遂以"伐檀"名其集,且识其愧。予谓今之仕宦,虽主簿、尉,盖或七八倍于此,然常有不足之叹。若两斛、七千,只可禄一书吏小校耳。岂非风俗日趋于浮靡,人

① 〔宋〕韩元吉:《南涧甲乙稿》卷一九《连公墓碑》,刘云军点校,北京:中国社会科学出版社,2022 年,第 358 页。
② 〔宋〕韩元吉:《南涧甲乙稿》卷一九《连公墓碑》,第 358 页。
③ 〔宋〕沈括:《梦溪笔谈》卷二三,第 223—224 页。

用日以汰,物价日以滋,致于不能赡足乎。①

的确,从洪迈的记载看,南宋选人的俸禄已经较北宋时有了将近七八倍的大幅度提高。然而选人仍"常有不足之叹"。洪迈分析,这主要有风俗浮靡、日用浪费、物价上涨三个因素,"致于不能赡足"。对于北宋时期即已"吃酒吃肉何曾梦"的贫寒选人来说,俸禄"不能赡足",我认为物价上涨应当说是主要因素,不过俸禄本身过低则是根本因素。从沈括到洪迈,所显示的北宋和南宋的选人生活境况无疑具有普遍性。

杨万里讲述过南宋孝宗时期的状况:

> 士之贫者,扶老携幼,千里而就一官。禄既薄矣,而又州县之充足者,上官之见知者,则月有得焉。其或州县之匮乏者,上官之私怒而不悦者,有终岁而不得一金。且夫假责以往也,而饥寒以居也,狼狈以归也,非大贤君子,谁能忍此?而曰尔无贪,吾有法,岂理也哉?②

贫穷的士人带着一家老小不远千里赴任,俸禄却很少。如果是富裕的州县,又被上司看重,每个月会有一些额外收入。如果是贫瘠的州县,跟上司关系又不好,一年也没有其他收入来源。士人满怀理想赴任,在任期间饥寒交迫,任满离开时也十分拮据。对于选人的这种状况,杨万里说,如果不是高尚的君子,谁都无法忍受。而法律要求官员不要贪污,也是对人之常情缺乏理解。

其实,杨万里这番话,也包含着他自身的感受。登第后的杨万里成为最低一级的选人左迪功郎,授以赣州司户参军,待阙两

---

① 〔宋〕洪迈:《容斋随笔》四笔卷七《小官受俸》,孔凡礼点校,北京:中华书局,2005 年,第 718 页。
② 〔宋〕杨万里:《诚斋集》卷八八《驱吏》中,辛更儒《杨万里集笺校》本,第 3501 页。

士人走向民间:宋元变革与社会转型

年后,携父母与家人赴任。在赣州司户参军任满后,被授以零陵县丞,又经历一年多归乡待阙后,33 岁的杨万里,再次携父母与家人赴任。担任零陵县丞的杨万里深感自己的地位卑微,写诗说"我岂登名晚,今仍作吏卑"①。

在南宋人写的一些选人的墓志铭中记录了不少选人生活清苦,甚至是凄惨的事实。孙觌写道:

> 择善以绍兴二年赐进士出身,授迪功郎、宣州宁国县主簿。丁母夫人强氏忧。忧除,调黄州录事参军。莅滁州全椒、来安二县令,循左儒林郎,除随州州学教授。……家素贫,不殖赀产,屋庐庇风雨,藜羹粝饭一饱之外,淡然自足。在黄州丧其配,贫窭不能归。……僦一弊舟,冒长江之险,载其枢以旋。次九江,舟败,几不免。践艰乘危,间关寸进,积数月乃得归祔舅姑之次。②

这个成为选人的登第进士,带着家人赴任,妻子去世也无法归葬,最后租一条破船归葬,甚至险些丧命。后来即使担任过两任县令,依然十分贫困。

周必大在《文忠集》卷六四《文华阁直学士赠金紫光禄大夫陈公居仁神道碑》还记载了这样一件事:

> 观察推官柳某死,贫不能归,乳妪挟二子,行丐于市。③

这个选人死后,乳母带着两个孩子沦为乞丐,无力归乡。

---

① 〔宋〕杨万里:《诚斋集》卷一《送施少才赴试南宫》,辛更儒《杨万里集笺校》本,第 7 页。
② 〔宋〕孙觌:《鸿庆居士集》卷三九《宋故教授卢公墓志铭》,影印《四库全书》文渊阁本,台北:台湾商务印书馆,1986 年,第 1134 册,第 430—431 页。
③ 〔宋〕周必大:《周文忠公集》卷六四《文华阁直学士赠金紫光禄大夫陈公居仁神道碑》,王瑞来《周必大集校证》本,第 949 页。

深居九重的皇帝也已经注意到了选人俸禄过低的事实:"绍兴三年,上曰:小官增俸,虽变旧法,亦所以权一时之宜。祖宗成宪,固当谨守,至于今昔事有不同,则法有所不行亦须变而通之。自元丰增选人俸至十千二百,当时物价甚贱,今饮食布帛之价,比宣和间犹不啻三倍,则选人何以自给?而责以廉节难矣。"①不过,宋高宗的考虑大概主要并不是出于怜悯这些选人的生活,而是出于贫不足以养廉的政治问题。

二、选人改官实态观:官与吏的多层盘剥

由于举状难得,有资格荐举的官员便感到奇货可居,不仅将举状用于官场交换,还有人直接出卖举状而牟利。在高宗朝后期,右正言刘度就揭发参知政事杨椿在担任湖北提点刑狱期间,"率以三百千而售一举状"②。刘度揭发的现象并非个案,正照应了刘度上疏六年前御史台主簿李庚所言"关升改秩,各有定价,交相贸易,如市贾然"。对于这种败坏政治的行为,李庚强烈要求朝廷严加制止,他说:"欲望明立法禁,应买卖举状之人,取者与者,各坐赃论。"③

不过,利益的驱动与买方市场的存在,事实上是无法禁绝的。据楼钥的记载,一个叫李才翁的人为亲党求举状,那个人按惯例

① 〔宋〕章如愚:《群书考索》后集卷一六,转引《高宗圣政》,影印《四库全书》文渊阁本,台北:台湾商务印书馆,1986年,第937册,第223页。
② 〔宋〕李心传:《建炎以来系年要录》卷一九八绍兴三十二年闰二月己丑条,第3890页。
③ 〔宋〕李心传:《建炎以来系年要录》卷一七三绍兴二十六年七月庚戌条,第3315—3316页。

想要给从事斡旋的李才翁付钱时,被李才翁拒绝。① 可见出钱谋取举状是当时流行的风气。

对于俸禄微薄的选人来说,在求举无门的情况下,出钱购买大概也是唯一的途径,但这无疑让贫寒选人的生活雪上加霜。

选人生活贫寒,升迁举主难觅。即使是有了升迁或注阙的资格,还要受到胥吏甚至是书铺的盘剥敲诈,给贫困的选人雪上加霜。南宋初年,赵鼎曾在奏疏中指出:

> 臣闻参选之人多被沮抑,既无案籍稽考,则法令随事变更,吏得因缘为奸,而以书铺为假手之地。故一人参选,谓之铺例者不下数十千。至如召保官之类,费尤不赀。参选已如此,况注拟邪?②

隆兴二年(1164),吏部侍郎叶颙也在奏疏中指出:"选人改官依条承直郎至修职郎用六考,迪功郎七考,举主应格,方许磨勘。近多嘱托吏史,为弊非一。"③在以皇帝的名义任命吏部侍郎左选官员的制词中,也公开承认:"二十四曹,惟侍左为烦剧,员多阙少,法弊吏谩。"④其实,这种现象在北宋已很严重,史载,"铨曹吏人奸弊最甚"⑤。

---

① 〔宋〕楼钥:《攻愧集》卷五三《静斋迁论序》:"叩钱公以亲党举削,公信其言而许之。彼以金为谢,才翁曰,乃欲以此污我耶? 白公不可与。公益高之。"顾大朋点校《楼钥集》本,杭州:浙江古籍出版社,2010 年,第 926 页。

② 〔宋〕赵鼎:《乞措置吏部参选事疏》,《历代名臣奏议》卷一六九,影印本,第 2215 页。按,不同于普通书店的宋代书铺,它是官方委托的民间法律文书制作的公证机关。〔宋〕赵升《朝野类要》卷五专有《书铺》一条记载:"凡举子预试,并仕宦到部参堂,应干节次文书,并有书铺承干。如学子乏钱者,自请举及第,一并酬劳书铺者。"第 103—104 页。

③ 〔清〕徐松辑:《宋会要辑稿》职官一一之四三,第 3336—3337 页。

④ 〔宋〕许应龙:《东涧集》卷四《史岩之除左司郎中制》,影印《四库全书》文渊阁本,台北:台湾商务印书馆,1986 年,第 1176 册,第 445 页。

⑤ 〔宋〕王栐:《燕翼诒谋录》卷一《吏铨主事用选人》条,第 9 页。

《桯史》就记载了一例被胥吏"索缗二千酬酢"而"得宰福之永福"的实例。① 甚至在临安还出现了卖阙专业户。南宋末年周密的《癸辛杂识》记载："昔有卖阙沈官人者,本吴兴之族,专以卖阙为生,膳百余指。或遇到部干堂之人,欲得便家见阙者,或指定何路,或干僻阙,虽部胥掌阙簿者,亦不过按图索骏。时方员多阙少,动是三五政十年,殊不易得,必往扣之。门外之履常满。彼必先与谐假邀物为质,或立文约,然后言某处为见阙,某处减两政。"②

胥吏舞弊索贿,书铺高昂的铺例,无疑给贫寒的选人带来很大的经济负担。即使如此,为了前程,选人往往也咬牙出血。前面引述的《桯史》的《部胥增损文书条》记载有人在分析胥吏能否办成时说道:"胥好炫诩,志于得钱。然亦有能了事者。不可信,亦不可却。"这句话既反映了急于升迁改官的多数选人的侥幸投机心理,也反映了他们的无奈。基于这样的心理,正如周密在《癸辛杂识》的《卖阙沈官人》中所言"虽有费不惮也"。

对此,孝宗朝的起居郎胡铨在上疏中痛切地指出:

> 今改官者,非五百千赂吏部主吏,虽有文字五纸,不放举主。士大夫至相谓:无五百千,莫近临安。而五纸文字,非二十年干求不能得。往往多是宰执、侍从关节,方始得之。不然孤寒之士,每纸文字须三百千经营乃可得,合五纸之费,为千五百缗。孤寒之士安得宰执侍从关节? 安得千五百缗? 势必枉道以媚当途权贵以求之,势必贪墨黩货以赂吏部之

① 〔宋〕岳珂:《桯史》卷五《部胥增损文书条》,吴企明点校,北京:中华书局,1981 年,第 53 页。
② 〔宋〕周密:《癸辛杂识》续集卷下《卖阙沈官人》,吴企明点校,北京:中华书局,1988 年,第 174 页。

士人走向民间:宋元变革与社会转型

吏,不然终身为选人,老死不得改官者多矣。①

胡铨所言,是自北宋而然的事实。《青箱杂记》就记载了一个因为没有贿赂胥吏而最终老死选调的选人:"嘉祐中,选人郑可度历十五考,举主仅满五人,内一人乃州北李少卿昭选。待次二年余,引见前一夕五更,昭选卒。其日值起居,朝堂中欢言州北李少卿夜来有事。铨吏知之,即以撼可度,愿得钱五千,寝其事。可度不与,吏竟白铨主。再会问罢引,可度遂老死选调。"②这个做了十五年选人的郑可度,好不容易凑足了五封推荐信,达到了改官的条件要求。没想到就在改官召见的前一天晚上,一个推荐人突然去世了,这就让其中的一封推荐信失效了。具体承办业务的胥吏得知这一消息后,乘机敲诈郑可度,索要五千钱,说给了钱就在召见前瞒下推荐人去世之事。由于郑可度没答应,那个胥吏就把推荐人去世之事告诉了主管官员,致使郑可度一直到退休也没能改官升任到京官。

胡铨在上疏中引述的南宋时期"无五百千,莫近临安"的谚语,其实是反映了自北宋以来的选调黑暗面。谋求改官,没有钱,想都不要想。从北宋仁宗时期到南宋孝宗时期,甚至受贿的定价都差不多。

多年的寒窗苦读,以高出现代社会许多资格考试的千分之一倍率而进士登第的士人,又要开始漫长的选海弄扁舟的生涯。忍受贫困,挨年熬月,小心翼翼地勤务,交结各色人等,发展人脉。这就是在政界无根无依出身低微的南宋选人的生活。

有了升迁改官的资格,觅求举主破白难,凑足五份举状合尖

---

① 〔宋〕胡铨:《论改官及兴水利营田疏》,《历代名臣奏议》卷四九,影印本,第665页。
② 〔宋〕吴处厚:《青箱杂记》卷八,李裕民点校,北京:中华书局,1985年,第84页。

更难。即便是千辛万苦,一切都齐全之后,还要受到胥吏及书铺的盘剥。不仅是胥吏以此赢利,有资格推荐的官僚也将举状视为借以牟利的奇货。

宁宗初年担任宰相的陈自强就曾将举状定价出售。据卫泾揭露,陈自强"遍移私书,多取空头举削,旋议价直,随其人之贫富与其势之缓急,有增至三千缗而后售者,有先受贿赂而后为之发书者"[1]。

还有好不容易得到举状,却由于吏部的胥吏从中杯葛,至死也未能改官的选人。一个进士出身的宗室选人赵师浔,"大资赵公彦逾素知其才,见其尽心赞画,受输决事,无不曲当,首授京削。参政又为之延誉,诸司交荐,仅二考而归。既调严州节度掌书记,为部胥所卖,再往都下。久之,得疾逆旅,遂以五年四月戊寅卒"[2]。

三、改官艰难背景下的士人流向

这样黑暗的状况,让士人自幼学习的圣贤理想黯然失色,贫寒的生活更让一生都苦苦奋斗的他们失望至极。人流亦如水流,此处拥塞,必然流向他处。那么,从南宋开始日益严峻的仕途现实,让通常以学而优则仕的观念为指引的士人流向何处了呢?

像杨万里那样退休了的高官,或者是饶有财力的士人,即使不是入朝做官,也可以成为显赫一方的地方领袖。但这显然不是

---

[1] 〔宋〕卫泾:《乞籍没陈自强家财状》,《历代名臣奏议》卷一八四,影印本,第2420页。
[2] 〔宋〕楼钥:《攻愧集》卷一〇四《赵深甫墓志铭》,第1921页。

家世寒微的选人和一般士人的流向。多数选人在选调中蹉跎，最终老死选海。科举的激烈竞争，选人的难出选调，这样令士人寒心的现实，可以说让不少士人早早抽身。无法在仕途出人头地，只好别走他途。

对于绝意科举的士人，在南宋，人们也给予了充分的理解，也并未因其拒绝参加科举而贬低其存在价值。南宋中晚期，与罗大经同榜进士的李昂英，就记载了一个叫田知白的士人绝意科举，专心理学，而被人视为书生的领袖。① 对于给人以无限光明梦想的科举生厌，正是由于难以实现梦想的严酷现实。

士人无法往高处走，为了生计，他们只好无可奈何地沉入下层，就像水往低处流。金榜题名，锦衣玉食，士人这样辉煌的一面，在文献中比比皆是，但人往低处走的士人落魄的一面则很少见诸载籍。我主要从南宋的志怪小说《夷坚志》中考索到一些隐约的踪影。

选人待次例

《夷坚志》甲集卷七《章澄娶妻》条载：

> 临川士人黄则，字宗德，乾道五年登科，调监衡州安仁县酒税，待次乡居。②

由这一记载可知，选人即使是注阙，也不可能立即赴任，须待前任任满，空出职位，方可就任。在等待期间，一般都是"待次乡居"。联想到前面所述的罗大经进士及第后长达八年方赴任，当亦包括了待次的原因。

---

① 〔宋〕李昂英：《文溪集》卷五《书方右史请田知白作濂泉堂宾书后》，影印《四库全书》文渊阁本，台北：台湾商务印书馆，1986年，第1181册，第150页。
② 〔宋〕洪迈：《夷坚志》，第764页。

选人待阙与致仕后归乡买田例

《夷坚志》乙集卷一〇《刘晔做官》条载：

> 刘注官得韶州司户，当待六年阙。在临安，适与新太守同邸。邸吏云，司户原无正官，一在任，以忧去，及近后政者，则已死。刘遂之任。首尾凡五考，再调象山武仙令。阅考，亦如韶，尝摄倅、摄郡，归家买田，致仕改京秩，年几八十乃终。①

这是一部幸运的选人的简略的仕途生活史。第一句"注官得韶州司户，当待六年阙"，可以作为前一条"待次乡居"的注释。我们看到刘晔尽管注得韶州司户，但被明确告知须待六年阙。先行注官，然后待阙，这也是宋朝政府缓解员多阙少的一项惯用措施。但"待次乡居"并不能成为资历，这就要延宕选人的脱选时间。因此实际上是牺牲了选人的利益。这个刘晔幸运地提前获得赴任的机会，然后又顺利地摄倅、摄郡。尽管做了地位不低的州郡摄官，但也是直到晚年致仕之时方改京官，这样迟来的改官对一个奔竞于仕途的士人来说，实际上已经几乎失去了意义。不过，"归家买田"，做地主，过丰饶的生活，也是士人通过做官而达到的一个目的。

士人经营田产例

《夷坚志》戊集卷一〇《程氏买冠》条载：

> 浮梁臧湾士人臧庆祖，娶妻程氏，恩义甚笃。程年不及三十而亡，臧念之弗替。每日上膳灵几，必自设匕箸于侧，与相对饮馔，夜则寝其幄室，虽葬毕亦然。尝往田舍收租，祝之

---

① 〔宋〕洪迈：《夷坚志》，第873页。

日,我今出西庄,暂舍汝去,势须留一月。①

经营田产收租,并且要逗留一个月,可见规模不小。

士人家庭经营田产例

《夷坚志》丁集卷二《范之纲妻》条载:

> 会稽士人范之纲,居于城中,壮岁下世。有两子能谨畏治生,日以给足。其母早夜焚香敬祷天地百神,旦诵经五十遍,凡十余年未尝少辍。淳熙元年设三官位,供事甚勤。烛下一神人出现,语之曰,婆婆年来家道长进,两个儿子留意产业,孙男女五人,仍有奴仆,又老身安强无疾病,居于尘世,真不易得。②

这个士人虽然病故,但他打下的基础,在两个儿子的经营下,不仅日以给足,家道长进,还拥有奴仆。可见也具一定规模。由业儒而转为务农,在南宋仕途日狭的严酷现实下当为不少。杨万里就曾写道:"予观乡里士大夫之家,盖有儒其躬而农其子者矣,盖有儒其子而农其孙者矣,盖有儒其躬,儒其子,儒其孙,而农其曾孙者矣。"③

士人剃发出家例

《夷坚志》甲集卷一〇《陈体谦》条载:

> 南城陈氏子谦,字德光,始为士人,后出家削发,法名

---

① 〔宋〕洪迈:《夷坚志》,第 1129 页。
② 〔宋〕洪迈:《夷坚志》,第 981 页。
③ 〔宋〕杨万里:《诚斋集》卷八一《罗氏一经堂集序》,辛更儒《杨万里集笺校》本,第 3277 页。按,其中"盖有儒其子而农其孙者矣"一句原无,据《全宋文》卷五三二一,第 238 册,第 226 页补。

体谦。①

入仕无路而遁入佛门道观,可能也是部分士人的选择。明初宋濂《元莫月鼎传碑》载:

> 莫月鼎,讳起炎,湖州月河溪人。高祖俦,宋政和壬辰进士第一;祖庆,父濛,连起为显官。月鼎生而秀朗,肌肤如玉雪,双目有光射人。习科举业,三试于有司不利,乃绝去世故,从事禅观之学,胁不沾席者数年。已而着道士服,更名洞乙,自号为月鼎。②

士人教书例

《夷坚志》丙集卷五《董参政》条载:

> 庐陵董体仁参政德元,累举不第,用特恩得州助教。贫甚,无以自养,乃从富人家书馆。

丁集卷九《窦致远》载:

> 窦致远者,蔡州伏羌县人,所居曰甘谷堡,以聚生童自给。

以知识作为谋生之具,当是士人的一个现成而无须支出的自然选择。当然,在此之前的准备应举的漫长学习中,士人及其家族已经有了过多的支出。

黄宽重先生考察过南宋下层官僚孙应时的生平。从黄先生的考察可知,孙应时的父兄都四处漂泊,以教书谋生。其父乡试

---

① 〔宋〕洪迈:《夷坚志》,第792页。
② 〔明〕宋濂:《宋学士文集》銮坡后集卷一,徐儒宗等点校,杭州:浙江古籍出版社,2014年,第710页。

士人走向民间:宋元变革与社会转型

屡败,其兄则通过了乡试,都是典型的士人,无法走读书做官的仕进道路,只能用学到的知识糊口。[1]

士人经商例

丙集卷五《高子润》载:

> 文林郎高子润,淳熙庚子岁为真州判官,因被疾,夜梦神人告云:汝前生作官,误断公事,陷一平人于死。今虽隔世,犹日日伺隙,欲偿冤对。以吾卫护之故,未能前,然恐终不能庇汝。若能急纳禄,不独可以延年,兼此鬼亦不复为祟矣。高瘳,以告妻子,使治归装。明旦,白郡守,乞致仕,守留之甚力。高详举昨梦云:傥知而不去,恐不能脱死。守怆然,即从其请,上诸朝。时相嘉其恬退,奏令迁秩上更加一官。归秀州,居东门之外,一意治生,遂为富室。[2]

这个尚属于选人的士人,是否真的做了这样的梦,只有他自己知道,或许就是参透世情冷透心,出于升迁改官无望而找了个辞官的借口亦未可知。

《夷坚志》丁集卷四《林子元》条载:

> 福州闽清士人林子元,屡应乡试,未登名,淳熙十三年梦人谓己曰:君欲送荐,当俟贤兄来帅七闽可也。觉而记于牍。其兄自诚者,虽尝业儒,久已捐弃笔砚,为商贾之事矣。[3]

其实,除了务农,经营田产,拥有文化知识的士人选择经商当是一个不少的流向。这是在北宋就不难看到的仕途碰壁后的士

---

① 黄宽重:《孙应时的学宦生涯:道学追随者对南宋中期政局变动的因应》,台北:台大出版中心,2018 年,第39—42 页。

② 〔宋〕洪迈:《夷坚志》,第918 页。

③ 〔宋〕洪迈:《夷坚志》,第993 页。

人流向。范仲淹曾经推荐的王猎就是一例。"王猎,字得之,长垣人。累应进士不第,乃治生积钱。既而叹曰:'此败吾志也。'悉以班诸亲族。"①从王猎"此败吾志也"的感叹中,可以窥测到志向仕途的士人不得已转操他业那种违心逆志的痛苦心曲。而从"悉以班诸亲族"的记载看,转而经商的王猎,似乎也发了些财,获得了成功。在仕途僧多粥少而经济发达的南宋,像上述由儒入商的士人则远较北宋为多。

士人投身叛乱例

在北宋时期,便有广州进士黄玮、黄师宓参与依智高起事。② 南宋后期,官僚度正进对,在向理宗呈上的奏疏中也指出这样的情况:"近来放散忠义军及破落士人去为贼用。"他希望"士人在贼中者,亦宜招谕之"。理宗回答他说:"朝廷见如此施行。"③士人的这一流向,是朝廷最为担心的。当知识人与反政府势力相结合,所形成的能量要比单纯的草莽绿林不知大多少倍。所以,政府可以对其他方向的士人流向略不措意,但对投身反政府势力的士人则要采取怀柔政策。"欲得官,杀人放火受招安",对于仕途艰难的士人来说,这也许还是条危险的"终南捷径"。有道是"仕途捷径无过贼,上将奇谋只是招"④。这条危险的"终南捷径",在南宋初年政权初建招安盗贼扩充兵力时形成新的传统,

---

① 〔元〕脱脱等:《宋史》卷三二二《王猎传》,第 10445 页。

② 〔宋〕李攸:《宋朝事实》卷一六《兵刑》,北京:中华书局,1955 年,第 253 页。

③ 〔元〕佚名:《宋史全文》卷三一绍定二年九月壬申条,第 2652 页。

④ 〔宋〕庄绰:《鸡肋编》卷中:"建炎后俚语,有见当时之事者。如'仕途捷径无过贼,上将奇谋只是招'。又云:'欲得官,杀人放火受招安;欲得富,赶着行在卖酒醋。'"萧鲁阳点校,北京:中华书局,1997 年,第 67 页。又见于成书北南宋之际的张知甫《张氏可书》:"绍兴间,盗贼充斥,每招致,必以厚爵。又朝土子,多鬻酒醋为生。故谚云:'若要富,守定行在卖酒醋;若要官,杀人放火受招安。'"孔凡礼整理《全宋笔记》本,郑州:大象出版社,2019 年,第 177 页。两条记载显示一个事实,即降至南宋,士人流向反政府势力的倾向增大。与之相应,政府的招安力度亦在加大,故有如此谣谚之产生。

越来越为以后的士人所领悟与实践,小说《水浒传》便从一个侧面反映了这样的事实。

士人为吏例

《夷坚志》丁集卷九《潘谦叔》条载:

> 南康士人潘谦叔,世居西湖钓鱼台下,为人刚介初颇涉猎书传,亦常入官府,与人料理公事。①

"入官府与人料理公事",当是为吏。官与吏,尽管密切相关,但社会地位悬殊,业儒与业吏,也是泾渭分明。为吏不仅为传统的士大夫所不齿,亦为有生活保障的士人所不屑。但为生计所迫,拥有文化知识的士人从事吏职,则是无须投入的最为便利的选择,因而最大量的入官不得的士人流向当是为吏,在衙门口里讨生活。

在南宋,吏已成为专业户。在陈淳《北溪大全集》中,将官户、吏户、军户相提并论。② 在刘克庄《后村集》中,也提到了吏户的活动。③ 也许是过多的儒士入吏现象,使士大夫的传统观念也有所动摇。杨万里就予以了同情的理解,他说:"用儒变吏,与用吏变儒,孰可孰不可也?"④

有些人读书学习接受教育,原本就没指望去走难以通过的科举独木桥,而就是想拥有从事吏职的本事。这种倾向自北宋而然,至南宋而愈盛。李新指出,有的人送子弟去州县学校读书,目

---

① 〔宋〕洪迈:《夷坚志》,第 1042 页。
② 〔宋〕陈淳:《北溪大全集》卷四四《上赵寺丞论秤提会》,影印《四库全书》文渊阁本,台北:台湾商务印书馆,1986 年,第 1168 册,第 854 页。
③ 〔宋〕刘克庄:《后村先生大全集》卷四八《直秘阁林公》,辛更儒《刘克庄集笺校》本,北京:中华书局,2011 年,第 6453 页。
④ 〔宋〕杨万里:《诚斋集》卷七七《送罗永年序》,辛更儒《杨万里集笺校》本,第 3180 页。

的就是将来"与门户充县官役"①。

士人为吏,也有高低之分。高者连官僚也畏惧几分,甚至可以操纵选人的差注。这一点在前文已有所揭示。而低者则极为悲惨。前面援引时任福建安抚使的赵汝愚的一篇奏疏,提到在淳熙十一年(1184)报名参加抚州发解试的士人达一万六千人。由于宋代在路和州一级的考试中也导入了试卷誊录制,所以在这篇奏疏中提到了发解试所雇用的誊录试卷人数和具体状况:

> 所差誊录人,率用七八百人,并在旧屋数间之中,夜以继日,不容休息。每举常有疾病以至死者。②

胜任誊录试卷的,必是识字并且字迹写得工整的读书人。想象一下,几间敝屋,七八百人夜以继日地誊写上万人的试卷,常常累死病死其间,这是何等凄惨的景象。而这也是不少士人的真实命运。

四、士人流向与社会转型

关于科举,已经有了相当数量的研究成果。但对于科举登第成为选人的进士们,尤其是关于他们苦苦挣扎于"选海"的具体情形,则很少出现于研究者的笔下。有鉴于此,本章进行了简略考察。科举在诞生之后,逐渐演变成生产高级官僚的主要途径。特别是在宋代,科举的扩大与完善,不仅培育出大批高级官僚,还造就了士大夫政治。科举相对公平的竞争所带来的社会流动,让无

---

① 〔宋〕李新:《跨鳌集》卷二〇《上王提刑书》,影印《四库全书》文渊阁本,台北:台湾商务印书馆,1986年,第1124册,第563页。
② 〔宋〕赵汝愚:《论福建科场事疏》,《历代名臣奏议》卷一六九,影印本,第2227页。

数平民百姓看到了光明的希望。于是,世世代代千千万万的士人蜂拥而至,梦想获得他们所看到的金榜题名光宗耀祖的风光。殊不知熬过获取科名的难关之后,苦难还远远没有结束,甚至可以说是刚刚开始。这是仕途上选人们选海弄扁舟的艰辛开始。

尽管南宋的科举登第较以往的时代更为困难,但依然有成千上万的士人知难而进,乐此不疲。这是因为科举之途自创立以来就是一条崎岖的羊肠小道,士人对此有着足够的心理准备。但经历了千辛万苦之后,大量低微无势的选人却被死死地卡在了选人改官的葫芦口,只能终生在选海中打滚。这种设计上的问题,到了南宋尤为严重。严峻的现实给士人造成的心理打击是不可忽视的。像《儒林外史》中描写的范进式的人物,在举子中有,在选人中也有,但绝对不会是多数。人的本能是撞了南墙就回头的,顶多是再一再二,当意识到撞到头破血流也无法将墙撞破时,肯定会改弦易辙的。因此说,科举难加上改官难,是造成前节所述士人流向多元化的一个直接因素。

作为大的背景,我们还可以观察到,北宋覆亡后组建于动荡之中的南宋王朝,先天不足,中央集权一直处于弱势,包括收兵权在内,几度力图振兴也起色不大,相反地方势力与军阀势力强大。尽管罢了三大将,杀了岳飞,但依然避免不了蜀地的半独立、吕文焕之类的军队私家化。政治重心与经济重心合一,也没能够造成强势的中央政府,远较北宋发达的经济却滋养了强大的地方势力。在南宋后期,官僚在上奏中就慨叹"官弱民强"①。

---

① 〔元〕佚名:《宋史全文》卷三二端平三年六月甲辰条载:"右正言李韶言:'江西宪司奏吉州太和县豪民陈闻诗胁取乡民田产,殒死者数人,冒越省议,假手奏名。有司勘究,具得其实,事上于朝,尼而未行。官弱民强,渐不可长。乞将闻诗同进士出身驳放,仍照条坐罪。'从之。"第 2708 页。

如此背景之下，科举难加上改官难，就无可避免地将不少士人推向了地方社会。像杨万里那样致仕还乡的士大夫可以成为乡绅，像罗大经的父亲罗茂良那样未经科举没有官历的士人同样可以成为乡绅。① 明清时代的乡绅似乎可以溯源到南宋。成为高官的希望渺茫，但成为地方领袖则有着实际的可能。至少大量士人的加入，强化了地方势力，提升了地方势力的知识层次。许多选人在任职地任满之后，低微的俸禄居然使他们"贫不能归"，只能在任职地就地落籍定居。当然，流向地方的士人并没有可能都成为指麾一方的乡绅。如上节所述，相当多的士人利用自己的知识优势，在无望为官的情况下做了吏。在南宋人文集中出现的关于"吏户"的记载，就反映了这种状况。

在北宋，士人通过科举的方式走出地方，步入仕途，主要流动指向是向上向着中央流动。而南宋士人的流向则呈现出多元化，其中主要指向是向下向地方流动。这并不仅仅是出于现实谋生计出路的考量，流向的多元化，在士人内心，也并没有与平生秉持的理念相违背。既然致君行道的上行路线走不通，转向移风易俗的下行路线，也不失为实践理想的一个路径。因此可以说，流向多元，对于经历了失败、失意、失望的士人来说，并不存在过多的心理障碍。

在科举尚存的南宋，出于对科举难和改官难的望而生畏，已经有不少士人弃儒从吏了。元朝的停废科举，彻底堵塞了旧有的士人向上流动的通路。彻底绝望的士人只好一心一意谋求在地方的横向发展。

在多元选择中，为吏大概是最多的选择。这种选择也与元朝

① 参见本书第二编第三章《小官僚大投射——罗大经的故事》。

士人走向民间：宋元变革与社会转型

政府从胥吏中选拔官员的方向一致。因此,选择为吏不仅是士人利用知识优势的务实之举,这种选择还隐含了过去通过科举走向仕途之梦。

由熟悉行政业务的胥吏出身的"技术"官僚来管理行政,或许比科举出身的"道德"官僚要有效率,并且更能明察下情,不易脱离实际。陈恕"少为县吏",通过科举进士及第后,在担任地方官时,"吏多缘簿书干没为奸,恕尽擿发其弊,郡中称为强明,以吏干闻"①。如果陈恕没有曾经为吏的经历,恐怕也不会"长于吏事",成为北宋有名的三司使。②

宋朝崇文,顺应时代潮流,推行士大夫政治,但在实务方面,对吏人的经验与能力还是颇为重视的。早在北宋前期,太宗就曾"召三司吏李溥等二十七人对于崇政殿,询以计司利害",李溥等三司吏提出了七十一条建议,太宗采纳了四十四条。为此,太宗告诫三司使陈恕说:"若文章稽古,此辈固不可望;若钱谷利病,颇自幼至长浸处其中,必周知根本。卿等但假以颜色,引令剖陈,必有所益。"③的确,各级吏人由于"自幼至长浸处其中",长于实务。

其实,宋代虽由士大夫主导政治,但实际的行政具体运营是由各级胥吏来操作的。元代尽管停废科举,断了士人以文入官的一条路径,但行政实际运营的主体不仅没有变,反而更为强化。这就是以吏为官。

失去科举这一官僚再生产的工具,元代的胥吏再生产除了依赖于儒户,更主要是依赖于各级学校的教育。元代的书院多为官督民办,其余绪绵延至明清。元朝只是停废了在南宋已经让多数

---

① 〔元〕脱脱等:《宋史》卷二六七《陈恕传》,第9198页。

② 〔宋〕曾巩:《隆平集》卷五《陈恕传》,王瑞来校证,北京:中华书局,2012年,第181页。

③ 〔元〕脱脱等:《宋史》卷二六七《陈恕传》,第9200页。

士人绝望的科举,但教育事业并未中断。元代书院在科举长期停废的背景下反而兴盛,既反映了士人教书这一职业选择的一个流向,也依托于学子将来为吏为官的职业出路。[①] 有官就有吏,历代如此。但与官僚牢固结合,并且发挥强势作用的胥吏政治当是形成于元代,而南宋实已显现端倪。

结　语

我在自己的一些论著中比较过唐宋变革论与宋元变革论,我认为是"横看成岭侧成峰"。如果觉得"远近高低各不同"的话,实在是观察的视角所致。比如从政治史的视角看,以宋真宗朝士大夫政治的形成为标志,我赞同唐宋变革论的说法。[②] 因为仅从北宋太宗朝开始前所未有地扩大科举取士规模,到真宗朝完成从中央到地方的科举精英管理,形成士大夫政治的格局这一层面上,便可观察到唐宋之间有着极大的不同。然而,如果从社会史和经济史的视角看,我则主张宋元变革论。不过,这里还要重申,我说的"宋"是指南宋。

地方社会的崛起是时代变革的一个标尺。因此,我把唐、北宋与南宋、元相区别,认为到北宋为止与南宋以后的中国社会有着很大不同。根据前文的计算,即使在科举盛行的宋代,也只能有千分之一的幸运儿可以获得金榜题名的殊荣,而多数士人则与

① 参见陈雯怡《由官学到书院:从制度与理念的互动看宋代教育的演变》,台北:联经出版公司,2004 年;《元代书院与士人文化》,《中国史新论:生活与文化》,台北:联经出版公司,2013 年。
② 王瑞来:《宋代の皇帝権力と士大夫政治》终章第三节《唐宋変革論についての私見》。

之无缘。特别是在南宋，员多阙少日渐严峻。尽管南宋政府保证了科举取士的正常进行，却不得不在选调的葫芦口死死卡住。现实状况所造成的科举与改官的两道难关，让科举和官途同士人产生了疏离。流向地方的士人的知识资源与发达的商品经济所形成的经济实力，两者合流，促进了地方势力的发展。而元代科举在几代人几十年间的停废以及儒户的建立，又将士人彻底推向了地方。

俯观明清，虽然科举得到了完全的恢复和发展，但以乡绅为主流的多元而强势的地方社会业已形成，呈现出任何政治力量也无法改变的势态。究其始，溯其源，发端于南宋，壮大于元朝。日本学者将宋代称为"近世"，就是着眼于这个时代与以后时代的联系。从这一视点观察，我认为准确地说"近世"应当开始于南宋。本章所考察的南宋多数士人在科举改官时遭遇的境况——心态由失望、绝望而生出淡漠与疏离，形成的士人流向多元化，实在是催化宋元社会转型的众多因素之一。是为论。

第二编 走向民间与根植地方

杨万里等高官显宦在选人改官过程中的种种活动，以及罗大经的故事，折射了南宋毫无势力的普通下层选人官僚的普遍命运；曾安强及其家族的际遇，折射了地方势力的崛起与强盛；黄公望身处的时代背景与社会环境，昭示南宋的遗传基因在元代的放大，以及向明清乃至中国近代延伸的意义；管道升与赵孟頫由宋入元，他们的经历与从事的各种活动，无疑也是宋元变革社会转型中的一个缩影……在政治、经济、社会、文化等促因的综合作用之下，作为知识精英，走向民间的士人在无形之中引领了社会转型。

第一章
"内举不避亲"

本章提出杨万里这件个案，通过解读其书信，考察了包括退任者在内，高官显宦在选人改官过程中的种种活动。这些活动，显示了理想的制度设计在实际操作中会发生极大的变异。由此一隅，可以观察到中层以上官僚荣耀背后的辛酸，以及选人这些大量的下层官僚奔竞于仕途的艰难。这种状况使我们看到，宋朝的政治家们在制度设计上苦心积虑，在最大程度上保证了科举的公平，为普通平民百姓敞开了一扇通向仕途之门，却在下一道程序中，事实上恢复了一定程度的士族政治。异常严酷的仕途现实，导致多数士人绝望而却步，逐渐形成士人流向的多元化。透过这件个案，我们可以窥见促成宋元社会转型的多种因果关系之一面。

引　言

"金子，黄黄的，发光的，宝贵的金子！只要一点点儿，就可以使黑的变成白的，丑的变成美的，错的变成对的，卑贱的变成尊贵的，老人变成少年，懦夫变成勇士。"莎士比亚描述的，是金钱的魔力。如果我们把金钱置换为官位，则是中国传统社会的逼真写照。

隋唐肇始的科举，到了宋代规模骤大，人们从压抑的云层中看到了一线光亮，这是改变命运的光亮。并且在这光亮的映照下，不少人真的就改变了命运。从此，中国的士人便有了一个千年不灭的梦，随之也有了一个千年乐此不疲的圆梦之旅。科举之途，从此便人满为患，拥挤不堪。不仅士人头悬梁锥刺股，全家甚至全家族也倾财力支持。这是投资，是改变全家族命运的捷径。官位比金子还有诱惑力。因为官位不仅可以带来金子，还能带来地位与尊严。"书中自有黄金屋"，这句诗是不是宋真宗为鼓励士人向学所写并不重要，但毫无疑问，它清楚地表达出那个时代人们的普遍认识。小说《儒林外史》中范进的遭遇，更显现着逻辑的真实。

文献中有大量的史实记载着士人通往仕途的艰辛。不过，这种艰辛到了正史，便只剩下结果："登进士第。"漫长的排队买票时的焦虑、无奈、苦楚都看不到了，看到的，只是买到票后的喜悦，以及此后的经历。正史的缺失，更形成误导，入传的士大夫成为成功的榜样。幸亏有大量的野史在，至少让后世的研究者能体味到当年的艰辛。

苦读、竞争、入仕，对这一过程的研究连篇累牍。然而，士人在千分之一高倍率竞争中突围之后的命运，则很少有人关注。其实，这是更为重要的后科举研究。作为一个士人，人生的悲喜大剧才刚刚开场。科举登第，获得的，只是一张通往仕途的资格许可证，通俗点说，就是一张门票。过去被喻为人生四大喜之一的"金榜题名"，的确风光。不过，这种风光极为短暂。正如今天苦读考上了大学，以后的就职还充满着变数。因此，就像鲁迅关注娜拉出走以后怎样，我考察士人，更为关注的是金榜题名以后，这些人的命运如何。

《金榜题名后——"破白"与"合尖"》一章，以宽泛的视角，俯瞰了士人进士登第后的命运。从我列举的大量事实中可以看出，科举的最大意义在于刺激并推动了全社会的教育向学与文化提升,促进社会流动仅仅是与门阀贵族垄断仕途相比较而言,程度相当有限。金榜题名带给士人的,并不都是高官厚禄。能够享受肥马轻裘、钟鸣鼎食的,只是其中的极少数。科举登第,未见得就可以青云直上,仅仅是提供了一种可能而已。入仕后官僚的层级区别很大,待遇地位也不啻天壤之别。

在士大夫政治体制下,宋代士大夫为了保证精英治国,并防止官满为患,精心设计了官僚选拔制度。士人入仕后,首先成为选人,在选人七阶内循资磨勘考课,在当时人所说的"选海"之中翻滚,论资排辈,耗时费日。在此期间,选人必须忍气吞声,小心翼翼,接受地位与待遇低下的现实。对于选人来说,做到这些还不困难,此时的命运主要在自己手中把握。但脱离选海,升迁为京官,则犹如鲤鱼跃龙门,十分艰难,需要好风凭借力。

宋朝制度规定,选人改升京官需要有五份荐举信。这五份荐举信并不是随便找个官僚就可以写的,其中的三份必须要由选人直接主管的顶头上司来提供。有条件的五份荐举信是政府控制官员数量和质量的一道重要关口,也是下层官员通往光明仕途的必经瓶颈。这样的制度设计无疑是理想的。不过,正如无菌状态只呈现于真空一样,理想的制度设计,一旦投放到实际政治运作之中,便会变形走样。

在循资的基础上,五份荐举信是选人脱离选海升为京官的关键。因此,"有官君子,皆以举削为虑"①。在命运已不完全掌握在自己手中的状况下,成千上万选人的命运也是千差万别。历史在这一镜头之下,展示了许许多多人生的悲喜剧。这里充满低声

---

① 〔宋〕俞成:《萤雪丛说》卷上《以论语法言章句戏有官君子》,李伟国、孙鸢整理《全宋笔记》本,郑州:大象出版社,2019年,第283页。

下气,违心曲意,送贿索贿,官与吏的层层刁难。正心诚意、修身齐家、治国平天下,儒学的正面教育在这里全无踪影。除了少数春风得意者,多数选人脱出选海无望。严酷的现实,让在政界毫无人脉背景的选人及其亲属必须处心积虑,挖空心思,方有可能实现改官。请托无门而老死选调者,是选人中的绝大多数。

俗话说"朝中有人好做官",正是此意。不过,朝中要有什么样的人方能如愿以偿呢?并不是拥有一般能量的人就可以呼风唤雨的。即使是拥有相当地位的官员,为自己的子嗣亲戚谋得几份荐举信,也殊属不易,需要搭进人情,需要利益交换,需要动用人脉,需要摧眉折腰。然而,这尚属有路可走,比起那些求助无门的选人来,已经是一个天上一个地下了。

关于宋代选人的荐举改官,学界已经有了相当的研究积累,举其荦荦大者,有金中枢①、梅原郁②、朱瑞熙③、邓小南④等先生的研究。几代人的先行研究,对于制度的复原缕析,翔实而具体,已臻缜密。我在先行研究的基础上,从制度层面上跳出,观察制度框架内的实际演绎,以社会史的视点去透视历来着眼不多的制度背后的人生百态,试图对选人改官的社会意义投入较大的关注。

以下,拈出杨万里为自己子嗣亲戚寻求荐举、斡旋改官的事实,窥一斑以见全豹,通过透视选人改官之难,来观察宋代官场实

---

① 金中枢:《宋代的学术与制度研究》,台北:稻乡出版社,2009年。金先生20世纪60年代的研究成果体现在是书第三册《北宋举官制度研究(上):举官种类》、第四册《北宋举官制度研究(下):举官方法》之中。

② [日]梅原郁:《宋代铨选のひとこま:薦挙制度を中心に》,《東洋史研究》1981年第39卷第4号。梅原先生的研究成果后来被整理在其《宋代官僚制度研究》(京都:同朋舎,1985年)一书中。

③ 朱瑞熙:《宋代幕职州县官的荐举制度》,《文史》1986年第27辑。朱先生的研究研究成果又概括见于氏著《中国政治制度通史》第六卷《宋代》。

④ 邓小南:《宋代文官选任制度诸层面》,石家庄:河北教育出版社,1993年。

况,来考察严酷的仕途环境对下层士人的心理冲击与现实逼迫。正是这样的心理冲击与现实逼迫,无形之中,成为促进社会转型的众多推手之一。

且观我言。

一、杨万里的仕途经历

杨万里是南宋文坛四大家之一,名列《宋史·儒林传》,历仕高孝光宁四朝,孝宗称赞他有"仁者之勇",光宗亲自为他题写"诚斋"匾额,庆元四年(1198),以通议大夫、宝文阁待制致仕[①],死后赠官为从二品的光禄大夫。[②] 南宋黄升所辑《花庵词选》评价杨万里"以道德风节照映一世,实为四朝寿俊"[③]。

杨万里本人,可以说是在科举这条狭路上冲杀出的为数不多的幸运者之一。审视他的狭路奔波,22岁乡举失败,24岁再试,方得取解,但在25岁应试礼部,又名落孙山。不屈不挠,27岁再获乡解,遂于28岁以并不年轻的年龄终得登第。其间颇历曲折,备尝艰辛。是年为绍兴二十四年(1154),此时南宋尽管立国未满三十年,但仕途已显拥挤。

登第后,杨万里成为最低一级的选人左迪功郎,授以赣州司户参军。不过,由于僧多粥少,杨万里还不能立即赴任,待阙两年

---

① 〔宋〕杨万里:《诚斋集》卷一三三《通议大夫宝文阁待制致仕告词》,辛更儒《杨万里集笺校》本,第5136页。

② 〔元〕脱脱等:《宋史》卷四三三《杨万里传》,第12870页。

③ 〔宋〕黄升:《花庵词选》续集卷二,影印《四库全书》文渊阁本,台北:台湾商务印书馆,1986年,第1489册,第420页。

后,方携父母与家人赴任。32岁的杨万里在赣州司户参军任满,被授以零陵县丞,又经历一年多归乡待阙后,再次携父母与家人赴任。

选人地位低下,几近于胥吏,所以,担任零陵丞的杨万里在给施渊然的诗中这样写道:"我岂登名晚,今仍作吏卑。"[1]虽已入官,但由于仅为地位低下之选人,所以自称为吏。这也是北宋以来的习惯说法。沈括就称自己的选人时期为"十年试吏"[2]。杨万里赠诗的这个施渊然,在绍兴三十二年(1162)杨万里临时担任试官的湖南漕试中,取得了第一名的成绩。不过,从淳熙十二年(1185)杨万里的《淳熙荐士录》[3]记载看,后来进士及第的施渊然,在选海中沉浮了二十余年,方由杨万里的推荐脱离选海。

在零陵县丞任上,杨万里一直做到37岁。在此期间,杨万里十分幸运的是,结识了因贬谪居于永州的名臣张浚和他的儿子理学家张栻,从而得以师事张浚。此后政治形势逆转,高宗禅让,孝宗即位,起用主战派张浚出任宰相。大概张浚动用了其宰相的权力,以堂除的方式,将零陵县丞任满赴调的门人杨万里改秩左宣教郎,任命为临安府府学教授。[4] 从此,杨万里得以脱出选海。

在脱出选海之前,杨万里备尝选人的生活之清苦贫困。在零陵县丞任满后归乡筑室买田的杨万里,尽管在张浚推荐下脱出选海,但生活上还一时未能摆脱贫困。他在39岁丁父忧居家时,写下《悯旱》一诗,诗中描述了生活的贫困:"书生所向便四壁,卖浆

---

① 〔宋〕杨万里:《诚斋集》卷一《送施少才赴试南宫》,辛更儒《杨万里集笺校》本,第7页。

② 〔宋〕沈括:《长兴集》卷一《除翰林学士谢宣召表》,影印《四库全书》文渊阁本,台北:台湾商务印书馆,1986年,第1117册,第266页。

③ 〔宋〕杨万里:《诚斋集》卷一一三,辛更儒《杨万里集笺校》本,第4331页。

④ 〔宋〕胡铨:《杨君文卿墓志铭》载:"丞相尝荐其子,改秩左宣教郎,授临安府府学教授。"《全宋文》卷四三二六,第196册,第88页。《宋史·杨万里传》亦载:"(张)浚入相,荐之朝,除临安府教授。"第12863页。

逢寒步逢棘。还家浪作饱饭谋，买田三岁两无秋。一门手指百二十，万斛量不尽穷愁。小儿察我惨不乐，旋沽村酒聊相酌。更哦子美醉时歌，焉知饿死填沟壑。"①

二、杨万里的亲自斡旋

由于有过这种亲身经历，杨万里在官场具有一定的地位之后，便竭力提携帮助子嗣亲属尽早脱离选海。

杨万里文集，原题名为《诚斋集》，卷一〇四至卷一一一是尺牍，八卷尺牍共收录晚年家居的杨万里在绍熙三年（1192）至嘉泰二年（1202）间写下的351通书信。我将这350多通书信阅读后，粗粗统计，其中他为儿子、亲属或者门人请求破白、合尖等荐举状的书信，或是请求关照的书信，以及求得荐举状后的感谢信函，就达100多通，约占1/3。

对于并不太熟的人，杨万里要先去信套近乎，往往等到与对方有过两三次通信往复之后，方提出自己的请求。可见杨万里也是煞费心思。倘若将这些铺垫的书信也计算在内，这八卷尺牍中2/3以上都是具有请托意义的信件。此外，在《诚斋集》卷四九至卷六八的启与书中，也有不少这类信件。

可以说为儿子、亲属或者门人请托，几乎成了杨万里晚年家居的主要事情之一。由于是写给不同的人，所以他为了省事，用的几乎都是同样的词语。相比作为文学大家的身份，这八卷尺牍实在没有太大的文学价值。晚年的杨万里，身体并不好，右臂麻

① 〔宋〕杨万里：《诚斋集》卷三，辛更儒《杨万里集笺校》本，第141页。

痹,不能写字,就口述让儿子或女婿代笔。以晚年带病之身,写下几百封请托书信,也着实难为了杨万里。

杨万里有着诗人的狂放,性格倔强。不仅《宋史·杨万里传》说"万里为人刚而褊",他的友人葛天民也在诗中写道:"我与诚斋略相识,亦不知他好官职。但知拼得忍饥七十年,脊梁如铁心如石。不曾屈膝不皱眉,不把文章做出诗。"[1]杨万里自己也说:"士大夫穷达,初不必容心,某平生不能开口求荐。"[2]尽管是这样的性格,尽管张口求人难,数百封书信的事实表明,出于不得已的杨万里做到了勉为其难,这是为了子嗣亲朋。

经我统计,这上百封书信,全是为十个后辈向在任的中央或地方的官员,特别是向后辈任职的上司求情。这十个人的姓名与关系请看下表:

杨万里尺牍所见斡旋改官者一览表

人名	杨长孺	杨次公	杨幼舆	罗瀛	丁南隐	吴瑮	陈经	陈章	戴重熙	金元度
关系	长子	次子	幼子	妻侄孙	甥婿	长子妻兄	女婿	陈经兄(?)	同乡	家乡州学教授

杨万里的三个儿子自不待言,其他人也不是与杨万里毫无关系。他们之中,有的是杨万里妻子的亲属,有的是杨万里儿子的亲属,还有就是利益相牵的乡党。具有显赫名声的退休高官,居然也要低声下气地为了子嗣和亲属的举状求人。

尽管杨万里已经退休家居,但几十年的为官生涯,特别是他曾经在淳熙十二年(1185)担任吏部郎中期间,应宰相王淮请求写

---

① 〔宋〕陈起:《江湖小集》卷六七《寄杨诚斋》,影印《四库全书》文渊阁本,台北:台湾商务印书馆,1986 年,第 1357 册,第 519 页。
② 〔宋〕罗大经:《鹤林玉露》乙编卷四《雍公荐士》,王瑞来点校,北京:中华书局,1983 年,第 185 页。

下过《淳熙荐士录》，一口气提名推荐了60人。这些都成为杨万里退休后推荐子嗣亲属时可资利用的人情资源。

实际上，对于杨万里来说，在张口求人时，心理也很复杂。长子的妻兄求他向一位不认识的官员写信求荐，杨万里回信说："陈漕无半面，不曾通书，亦不曾作幼舆托庇之书。彼此无情分，岂可干求，谈何容易！不惜取辱，但无益耳。"①

前面讲到，杨万里为子嗣亲属同乡进行改官斡旋的书信达数百通之多，这里不遑一一引述。为了节省篇幅，我们先集中看杨万里为长子杨长孺斡旋的几封书启，然后再有选择地考察一下他为其他子嗣亲属同乡进行的斡旋。

卷一〇四《与江东万漕（元享）》：

> 某惶恐有恳：大儿长孺在中都时，尝令进拜年伯，蒙一见伟视。今官总司糟丘，幸得趋侍使华之末光。已书一考，前任有四考。今有益公、定叟、王枢使三章，最紧者职司合尖也。天惠孤寒，年丈来临。二紧之章，并在门下。东坡与王定国书云，吾儿即公儿也。惟年丈动心，一引手焉，不胜望恩愿赐之切。②

万元享名万钟，时任江东转运副使。杨万里的信可谓恳切之至，不仅呼唤往事记忆，还援引苏东坡之话，说我儿子就是你儿子，不容对方推脱。苏轼这句"吾儿即公儿"，有时写作"我儿即公儿"，是杨万里在为儿子请托时最频繁使用的一句话，我在杨万里

---

① 〔宋〕杨万里：《诚斋集》卷一〇八《答吴节推》，辛更儒《杨万里集笺校》本，第4094页。
② 〔宋〕杨万里：《诚斋集》，辛更儒《杨万里集笺校》本，第3831页。

的 10 通书信中都看到了引用。① "二紧之章"，即指以顶头上司身份写下的职司举状和最后一通"合尖"举状。

卷一〇四《与总领张郎中》：

> 某皇恐，辄有迫切之恳：大儿长孺，顷官湖外，得仰事玉节之下，蒙被国士之知。台斾之西，复欲辟置俱往。是时以宿诺郑总酒官之檄，不得承命，然荣耀至今也。长孺前任四考，今已得益公、王枢使、张定叟、刘户部京削四章，仍有职司，独少合尖之奏。兹事重大，幸逢先生长者总饷下车之初，敢望特辍一京状以成就之，八月便可两考成资。此儿通塞，济以今日，否以今日。望走在晋，舍此何适？脚色状一封，敬以申纳，仰惟财幸。②

张郎中，名张抑，绍熙四年（1193）以后为湖广总领。信中提及已得"京削四章"的人名，益公为周必大，王枢使为王蔺。据《宋宰辅编年录》卷一九所记，绍熙元年（1190）王蔺担任枢密使。③ 张定叟名张构，时为江东安抚使知建康府。刘户部名刘颖，庆元年间为户部侍郎。杨万里此信中列述周必大等四人，并无前信所致之万元享，反由此信请求张总领为最后的合尖之奏，或许前信所请，为万元享所拒亦未可知。"此儿通塞，济以今日，否以今日"，意即这孩子今后仕途通达与塞涩，就全仰仗您这次是否施以援手了。杨万里还随信附上了长子的履历书"脚色状"④，大有

---

① 分别见〔宋〕杨万里《诚斋集》卷一〇四《与江东万漕（元享）》《与新隆兴府张尚书（定叟）》、卷一〇五《答周监丞》之二、《答提举雷郎中》、卷一〇六《答权桂阳军斛通判》《与张寺丞》、卷一〇七《与隆兴府赵参议》之三、《与运使俞大卿》、卷一一〇《答隆兴府黄倅》之四、《答吴节推》。

② 〔宋〕杨万里：《诚斋集》，辛更儒《杨万里集笺校》本，第3912页。

③ 〔宋〕徐自明：《宋宰辅编年录校补》，王瑞来校补，北京：中华书局，1986年，第1271页。

④ 关于官员的履历书，参见〔宋〕赵升《朝野类要》卷三《脚色》，第67页。

不容对方不办的意味。

卷一〇四《与新隆兴府张尚书（定叟）》：

> 大儿长孺，首蒙论荐，又蒙推毂于耿漕，遂获改秩，此恩已不赀矣。临行穷空，又拜厚贶，度越属吏之常，诚为创见。不尔，几不能归。真东坡所谓我儿即公儿也。感服恩纪，言之万此，宁有足耶？

张构庆元三年（1197）二月为知隆兴府。耿漕，即耿延年，庆元二年（1196）七月为江东运判。此书为答谢之章。看来张构不光自己为杨长孺写了荐章，还动员耿延年写了一份，这便让杨万里感激逾望。因此，杨万里专门写信向耿延年致谢。卷一〇八《答江东耿运使》之四云：

> 大儿长孺，荷合尖之大恩，得俒改秩，之官南昌，行且一考。次公、幼舆为衡、澧税官，亦皆之官矣。并辱下问，尤感尤感。

有了耿延年这份合尖，总算凑齐了五通荐章，杨长孺得以改秩。看来杨万里所请托的万钟最终也没有写荐章。

还有一些书信，则是杨万里为知南昌县的长子杨长孺下一步升迁进行的操作，内容包括感情铺垫、婉转求荐与事后感谢。

根据制度规定，在五通举状中，顶头上司州府、监司长官的推荐信是必须要有的。在朝廷中，杨万里熟识的高官并不乏人。然而，年辈较浅的地方官员，杨万里则并不是都很熟悉。以上这些书信，表达多有不同。含蓄而间接的，表明杨万里对其人不甚熟识，或者说交情尚浅。比较直言不讳请求的，表明杨万里对该人相当熟悉，有一定交情，甚至是曾有恩于对方。请求对方，也属于寻求一种利益的回馈。

在杨万里的不懈斡旋之下，长子杨长孺终于在几年内连续升迁，脱离选海，踏上顺利的仕途。斡旋成功，还有扫尾工作要做。这就是必须向推荐者致谢。因为这并非一锤子买卖，杨万里还有其他儿子和亲友需要这些在任官僚的推荐。这样的书信不少，我们仅看其中的一封。

卷五七《答周丞相贺长男改秩幼子中铨》：

> 长男难矣，初临壮县之万家；幼子斐然，偶试吏部而一得。民之多幸，挟厥所元。緊我公头章破白之恩，及平日口讲拾青之诲。率俾先人之门户，未荒数亩之蓬蒿。藏之中心，感焉至骨。①

这一封是杨万里写给周必大的感谢信。关于这两个同乡间的关系，《宋史·杨万里传》提及这样一件事可以窥见："万里为人刚而褊。孝宗始爱其才，以问周必大，必大无善言，由此不大用。"尽管据罗大经《鹤林玉露》记载，在杨万里晚年还乡后二人交往亲密②，但于往事不可能毫无芥蒂。不过，性格倔强的杨万里为了自己儿子的前程，不得不硬着头皮求周必大写第一份推荐信来"破白"。在两个儿子分别因此而改官和中铨之后，还写信用了"感焉至骨"这样夸张的表达，表示刻骨铭心的感恩。

以上引述了杨万里为长子杨长孺改官斡旋的部分书信，以期展现一个官僚为子弟改官斡旋的全过程。包括上述援引在内，杨万里仅仅为长子一人，就写下了多达 20 封直接求情的书信。这是一个缩影，不仅仅是一件个案。

---

① 〔宋〕杨万里：《诚斋集》，辛更儒《杨万里集笺校》本，第 2573 页。
② 〔宋〕罗大经：《鹤林玉露》乙编卷二《二老相访》，第 210 页。

　　　　　士人走向民间：宋元变革与社会转型

我们再选录几通杨万里为其他子婿、亲朋改官斡旋的书信，来略加考察。

请求的举状有的是五封推荐信的第一封，即"破白"之章。这是最为重要的。

卷六一《谢赵德老大资举女婿陈丞京状启》：

> 顷不自量，乃窃有请。僭以东床之下客，控于北斗之鸿枢。恳陈鹊绕之依，仰祈鹗表之荐。敢谓观使大资相公，其应如响，有味其言。既称其禀不世之才，又重以行有用之学。使老仆当二语之宠，敢云披襟；岂后生蒙一字之襃，可不避席？而况扬清之公举，尤艰破白之首章。惟元勋钜德之相臣，欣为之唱；则使节州麾之执事，和者争先。是一纸之春风，兼五奏之秋实。岱宗造化，难方化笔之穹崇；渤澥波澜，莫测恩波之浩荡。感深次骨，言不写心。①

德老为赵彦逾之字。《宝庆四明志》记载赵彦逾"晚以资政殿大学士典乡郡"②。这是杨万里为自己的女婿求到"破白"荐章后的感谢信。从这通书启可见，连杨万里这样有地位的人都慨叹"破白"荐章之难得，"尤艰破白之首章"，认为正是这犹如春风一般的"破白"荐章，带来五封荐章之"秋实"般的收获。

卷一〇九《与权运使》：

> 某惶恐敬致迫切之恳：女夫子修职郎泰宁县丞陈经，赡于学问，工于词章。临民廉惠，遇事勤敏。蚤年登庚戌科第，前任为吉水主簿。今者适有天幸，乃获骏奔，趋事于卿月使

① 〔宋〕杨万里：《诚斋集》，辛更儒《杨万里集笺校》本，第3643页。
② 〔宋〕罗濬：《宝庆四明志》卷九，影印《四库全书》文渊阁本，台北：台湾商务印书馆，1986年，第487册，第141页。

星之末光。天其或者将与之插羽翰而云飞,脱泥涂而渊泳也。某过不自量其老退之迹,辄恃与台座前有同朝十五年之旧,后有邻邦二千石之芘。僭致古人内举不避亲之恩,上干笔端肤寸荐进之润。窃惟陈丞,前任未满而解官,今任通理至来岁之冬,乃成三考。妄意欲望台座特䟽嘉泰三年上半年一京削,以为破白之举。名贤一唱,诸台必和。倘辱未忘贫贱之交,尚笃金石之契,欢然收恤,仍乞来岁,先赐照牒,以慰老怀,信其有可望之期也。仰惟此不报之恩,泰华未为重,渤澥未为深,岂惟陈丞得出门下,实某得出门下也。一寸丹心,天实临之。①

杨万里的这通请求信,与前面引述的《谢赵德老大资举女婿陈丞京状启》一样,都是围绕着荐举自己女婿之事。此信的内容是请求首章破白推荐,前信是感谢破白推荐。从这一相关内容似乎可以推测出,尽管此信杨万里对明明是后辈的对方卑辞低眉,甚至说自己也是出其门下。为了让自己的亲属早日升迁,脱离选海,杨万里曾给他推荐的亲属写信说"不惜取辱",此亦可见选人升迁艰难与竞争激烈之一斑。不过,从前信感谢赵彦逾的破白推荐看,杨万里可能同时托付多人帮忙"破白",而权运使极有可能拒绝了杨万里的请求,至少是没有破白推荐,杨万里事实上得到的第一份"破白"荐章来自赵彦逾。

从杨万里的这通请求信中,我们还可以读出这样的信息。那就是杨万里的女婿陈经登第于宋光宗绍熙元年庚戌(1190),但至少到十三年后的宁宗嘉泰二年(1202)杨万里请求破白为止,依然是选人第六阶修职郎。可见选人升迁何其之缓。

---

① 〔宋〕杨万里:《诚斋集》,辛更儒《杨万里集笺校》本,第 4134 页。

士人走向民间:宋元变革与社会转型

卷一○四《与提举王郎中(南强)》:

> 某悚息再拜,敬问庭闱致政中大国夫人寿康无恙。某进
> 越有恳:妻侄孙分宁县主簿罗迪功瀛,少有俊声,早而擢第,
> 廉勤厥职,好修未已。某已尝面纳爵里,欲于新岁上半年职
> 状。破白之举,已蒙矜允。今专人拜赐,敢望不侵为然诺,不
> 胜寒士如天之福。①

这通是杨万里为远亲罗瀛请求"破白"职状的信函。从信中
所言看,王南强似乎曾经当面答应过杨万里写举状的事。杨万里
遣人持信去取,先是通过向对方的亲人问安以拉近关系,然后婉
转地希望对方不要食言。致信王南强之时,为庆元元年(1195)前
后②,此时长年家居的杨万里尚未正式退休。进士及第业已五年
的罗瀛③,尚为迪功郎、分宁县主簿,是选人中的最低层级,因而当
时求乞的"破白"职状,当为四等七资之内的循资需用。

从杨万里以后为罗瀛寻求京削的信件看,这次王南强并未食
言,杨万里如愿以偿。然而,由于成为京官才是走上坦途,杨万里
还要继续为罗瀛张罗。于是,又有了下述的书信。

卷一一一《答赣州张舍人》:

> 某属者行李还返,因之奏记,以谢嘉惠,且一再祈恩,以
> 妻侄孙罗令瀛为门下荐,乞特辍今年上半年首章京削,以为
> 破白之举。兹辱遣骑,坠以玉字之书,谂以金诺之实。大帅
> 之橐兜戟纛曾未西柄,而春风已先到河阳之桃李矣。庞恩特

---

① 〔宋〕杨万里:《诚斋集》,辛更儒《杨万里集笺校》本,第3926页。
② 〔宋〕陈骙:《南宋馆阁录 续录》卷八载,王南强(名容)于绍熙五年(1194)出任江西提举,
  张富祥点校,北京:中华书局,1998年,第281页。
③ 〔清〕谢旻修:《(雍正)江西通志》卷五○《选举志》载,罗瀛为绍熙元年(1190)进士,影印
  《四库全书》文渊阁本,第514册,第631页。

达,何异老身之亲得出于其门也?多言何足以写中心之感。①

观此信,与前信《与提举王郎中(南强)》一样,同是为了远亲罗瀛请求"破白"职状的信函。不过,此"破白"非彼"破白",这次是寻求京削的破白。杨万里还有一信。

卷一一一《答赣州张右史移广西帅》:

> 某今月十一日,已令书吏龚世荣,持斐然之文呈似矣。今辱遣骑下教,乃十六日之书,盖两不相值,偶然参差耳,计程当已上达也。恭审帝谋元帅,公应畴咨。自玉虹翠浪之乡,建罗带碧簪之纛。恭惟庆惬。某僭有至恳:妻侄孙从政郎灵川令罗瀛,既冠收科,能文敏政,幸得仰事诗书之帅。敢乞先生长者,特辍庆元七年上半年一京削,为之破白之荐。一经拈出,诸司必和。不翅某受此恩也,拳拳至扣。②

此信的收信人与前信为同一人,相隔时间亦未久。不过收信人已移帅广西。由于杨万里的前一信送出五天后就收到了回复,杨万里知道对方是在没看到他的前一封信时写的信,便又写了此信,重申前请破白之荐。把杨万里这三封都是为罗瀛请求的信联系起来看,第一封杨万里向王南强请求破白时,罗瀛尚是迪功郎、分宁县主簿,后面两信杨万里向张舍人请求破白时,罗瀛已升迁两阶,成为从政郎、灵川县令。不过,虽是升迁,依然还是在选海中打滚,所以杨万里还要有破白之请。其实,在卷一〇八,杨万里还有《答广西张经略》一信,为了罗瀛,说道"破白京削之诺,极知践言,必不侵为者",很担心张经略也变卦。不过这个张经略似乎

---

① 〔宋〕杨万里:《诚斋集》,辛更儒《杨万里集笺校》本,第4230页。
② 〔宋〕杨万里:《诚斋集》,辛更儒《杨万里集笺校》本,第4245页。

士人走向民间:宋元变革与社会转型

跟杨万里关系比较深,频有书信往来。杨万里不只为罗瀛请求破白,还曾为一个叫陈章的人写信请求破白。这封同样题为《答赣州张舍人》的信见于卷一○七:

> 某皇恐僭禀:陈干章绝识伟器,文学卓越,未冠擢第,借甚厥声。数年前为尉安福,贫则到骨而益廉,去则已久而见思。然孤寒无媒,蹉跎二十年矣。今幸遭一代之正人庄士、儒宗文师,一顾赏音,便价十倍。敢以荐诸箧椟未满之处,望特掇今岁上半年一京削,以为之破白。先生一唱,群贤毕和矣。知眷是恃,故敢于言。①

从名字看,这个担任"干办公事"这样路一级低层官僚的陈章,或许是前面提到的杨万里女婿陈经之兄。从此信看,陈章未冠登第,蹉跎二十年,尚未脱离选海。

除了为儿子、亲属请求破白之状,在《诚斋集》中,杨万里还有不少为儿子、亲属请求合尖之状。合尖之状是五封推荐信的最后一封,有了这一封,才不至于功亏一篑。

卷一○五《答本路赵不迁运使》:

> 某皇恐有恳:赐书之初,不应便引惹请谒,仰恃年契爱焉,敢尔不自外。妻侄(孙)分宁主簿迪功郎罗瀛,通经学古,文词俊发,早忝科第,吏事敏明。已蒙定叟、南强、帅仓二丈举以职令之章矣,合尖之恩,舍门下而谁望焉?亦已书两考,敢望台慈特掇今年上半年文字,以成就之,某实并受此荐也。②

---

① 〔宋〕杨万里:《诚斋集》,辛更儒《杨万里集笺校》本,第4058页。
② 〔宋〕杨万里:《诚斋集》,辛更儒《杨万里集笺校》本,第3951页。

前面备述杨万里为远亲罗瀛连写数信求职令与京削的破白之荐，此信则是为罗瀛求职令合尖之章。从信的内容看，转运使赵不迁是杨万里的晚辈，但为了求得这最后一纸关键的推荐书，杨万里在信中，居然谦恭地说，你推荐了他就像推荐了我一样。

卷一〇八《与澧州赵守》：

> 某惶恐敬致贱恳：推官吴承直璪，大儿之妻兄也。文词炳蔚，才识敏明。廉己勤民，足优世用。某淳熙己酉假守筠阳，渠为户掾，极得其助。是时尚未作亲也，首以京削荐之。今又有余丞相、顾守二章，唐宪亦许以职司之章。所大缺者，合尖之举也。适有天幸，乃获趋事载纛之末光。敢望台慈，特辍上半年一京削以成就之。似闻幕下宾赞多初官，未用得文字，计亦无争者。惟台座一洒荐墨，则五章之恩，并归门下。不然，则九仞亏一篑矣。其利害轻重大小，仁人必动心焉。①

此信则是杨万里为长子杨长孺的妻兄吴璪求京削合尖。此时吴璪业已升迁至选人的最高阶承直郎。《诚斋集》卷一二五收录有《知漳州监承吴公墓志铭》，是杨万里为吴璪父吴松年所作，写于绍熙四年（1193），文中就提及吴璪为承直郎。而杨万里此信则写于嘉泰元年（1201）前后。② 据杨万里信中说，此前的淳熙十六年（1189），杨万里任地方官时，曾经作为举主以京削推荐过尚未成为亲属的这个部下。但那次无疑没有成功，使吴璪在选人最高阶承直郎这个门槛延宕了十余年。由此亦可见，选人脱出选海之艰难。

---

① 〔宋〕杨万里：《诚斋集》，辛更儒《杨万里集笺校》本，第4093页。
② 此信写作时间由《诚斋集》本卷系年及前后信件的写作时间可以大体推知。

请谁写举状,杨万里并非像无头苍蝇那样盲目投书,而是事先打探调查,进行一种可行性研究。比如此信所云"似闻幕下宾赞多初官,未用得文字,计亦无争者"即是。估计"无争者",得状可能性很大,因而致书相求。

《朝野类要》在五纸推荐状中独独列举出第一份和第五份的破白与合尖,说明当时人认为这最前最后的两份最为重要。而杨万里此信也认为,尤其合尖,是为山九仞,若缺便功亏一篑。所以,杨万里既动之以情,说只要你写了这最后一章推荐状,便"五章之恩并归门下";又晓之以理,说就差这最后一章了,"利害轻重大小,仁人必动心焉"。这无疑隐含着你如不推荐你就不是仁人的意味。

卷一一○《与湖北唐提刑》:

> 某惶恐敬有贱恳:小儿幼舆,愚骏不才,初试吏于澧之慈利税官,幸得趋事玉节光华之下,敢望帱以仲尼上律之天,庇以子美万间之厦,训迪之,挈携之,全度之,有万其幸。再有禀白:先是上状,尝以澧推吴承直璪举主己及四员,政欠职司合尖一章。仰干台造,乞特辍今年下半年或来年上半年一京削,以成就其改秩之荣。更祈蚤赐剡发,至恳至扣。①

在此信中,杨万里不光托唐提刑关照自己的小儿子,主要是为前述长子的妻兄吴璪索求最后一份合尖的推荐书。前面引述的《与澧州赵守》一信便是为吴璪求合尖,为何杨万里又写信转求唐提刑呢? 也许是遭到了被求的哪一方的拒绝,也许是经历过不少失败而为了增加保险系数。这些都不得而知。但从前面考察杨万里同时向几个人求破白,并屡屡叮嘱对方不要食言的语意

---

① 〔宋〕杨万里:《诚斋集》,辛更儒《杨万里集笺校》本,第 4209 页。

看,像杨万里这样在政界有影响的人物为人寻找举主求得荐章亦非易事。

在卷一一一,还有一通《与湖北唐提刑》,再次为吴璪求合尖,其云:"以诸公间皆荐人来,那融未行,极知区处不易。今则上半年文字,已不敢希觊矣。某亦岂敢咄咄相逼。第吴推秩满近在,今冬考任过足,已有举主四员,所大阙者,所极紧者,正患未有职司与合尖之章也。"①从这段话可以推察到,其实当时在位的官员,在担任举主写推荐书这件事上,日子也不好过。"举主各有格法限员",即制度规定,根据官职和地域,每年举官有名额限制。② 僧多粥少,有限的名额给谁?无权无势的普通选人来相求时还好推脱,但来自政界有影响的大人物的请托就不好推却,"区处不易"。杨万里说是"岂敢咄咄相逼",但对于被求的人来说,无疑是充满了压力。左右权衡不当,甚至会影响到自己的前程。当然,不能否认有出于公心荐举人才的举主,但在书写举状上,实在是充满了利益权衡和私相交换。

三、显宦斡旋诸相分析

《续编两朝纲目备要》记载了宁宗朝的一件事。嘉泰三年(1203),潼川府路的转运判官王勋升任本路安抚使,同乡张演则接替王勋,担任了转运判官。"演之子绍曾监利州赡军酒库,演屡以举削恳于勋,不许。会勋为其子什邡丞驹干西宪傅伯成举削,

---

① 〔宋〕杨万里:《诚斋集》,辛更儒《杨万里集笺校》本,第4256页。
② 〔宋〕谢深甫监修:《庆元条法事类》卷一四《选举门·荐举总法》,第296页。

伯成答云：'此削总卿以嘱利州张监库，业既许之，若能举张，则可奉荐。'勋喜，即命吏书绍曾奏牍，且急飞书报演。已而知伯成所属乃监利州大军库张灿，非绍曾也，遂亟更奏牍。演以为狎己，大憾之。"①这场让两个官员产生怨恨误会的闹剧，清楚地揭示了举状背后的利益交换。

孝宗时的王质就曾指出过在荐举之际的四弊：

> 今夫某人操某人之书而谒于某人，此必有所挟也。挟之愈重，则应之愈速，谓之应副。其求者，又如执券之取偿，其应之也如取诸怀而予之也。有某章而不敢用，有某人而不敢举，曰后将无以应权势之请也，谓之准备。宁忍而不发，以俟夫急而应也。某人祷人而求荐某人，则某人亦祷某人而求荐某人，谓之换易。内有不酬，从而为辞曰，某人债未偿也。或委某人而治某事，则先令之曰，某事集则以某章荐。或以某人营某物，则阴嘱之曰，某物至则以某章荐。谓之酬劳。有不如其所欲，不特不荐而已，又加以罪焉。夫是四弊者，举内外流之失也。②

上述"利州张监库"的荐章误会闹剧，便是王质奏疏的绝好注脚之一。王质接着分析了上述四弊："应副之弊、准备之弊是生于畏而有所迫，换易之弊、酬劳之弊是生于爱而有所牵。"以上所述杨万里寻求举状的背后也一定有着所迫、所牵的利益交换。利益交换不仅造成了对制度的破坏，更是损害了无权无势的普通选人的利益。大约当时这样的风气很盛，理宗淳祐元年（1241）专门发

---

① 〔宋〕佚名：《续编两朝纲目备要》卷七嘉泰三年十二月，汝企和点校，中华书局，1995 年，第 135—136 页。
② 〔宋〕王质：《雪山集》卷二《论举能疏》，影印《四库全书》文渊阁本，台北：台湾商务印书馆，1986 年，第 1149 册，第 360 页。

出诏书加以制止："自今宰执、台谏、侍从不许发私书求举削,诸路监司、帅守宜体国荐贤,毋徇权要。"①

就连地位与名望相当高的杨万里都要低声下气地求人,甚至也有达不到目的失败之时,可见寻求举主之难。不过,此路不通走他路,条条道路通临安。最后,像杨万里这样在政界有一定势力与影响的官僚或退休官僚总能达成目的,完成对自己的儿子、亲属或者门人向政界高层的输送。

为了家声不坠,为了人脉延续,为了势力营造,杨万里的所作所为,其实是极为普通而可以理解的,这在当时的风气之下,也绝非特殊的个例。

朱熹在拒绝一个选人求荐的回信中写道："朝廷设官求贤,故在上者不当以请托而荐人。士人当有礼义廉耻,故在下者不当自炫鬻而求荐。平生守此愚见,故为小官时,不敢求荐。后来叨冒刺举,亦不敢以举削应副人情,官吏亦不敢挟书求荐。其在闲居,非无亲旧。在官亦未尝敢为人作书求荐。唯老成淹滞实有才德之人,众谓当与致力者,乃以公论告之。"②

杨万里在推荐朱熹时,就说过朱熹"性近于狷介"③。然而即使是"性近于狷介"的朱熹,其实同杨万里一样,也会碍于人情来推荐一些人。朱熹信中的"其在闲居,非无亲旧"便已透露出这一事实。至于被他拒绝的人,大概是还未能进入他的"亲旧"圈子。

秦桧的亲信杨愿,就曾为亲属谋求举状。"王公明与原仲为中表,原仲为之经营举削改官,得知蕲水县。"④楼钥记载李才翁

---

① 〔元〕佚名:《宋史全文》卷三三淳祐元年七月乙卯条,第 2746 页。
② 〔宋〕朱熹:《晦庵集》卷六四《答卓周佐》,郭齐、尹波《朱熹文集编年评注》本,福州:福建人民出版社,2019 年,第 3185 页。
③ 〔宋〕杨万里:《诚斋集》卷一一三《淳熙荐士录》,辛更儒《杨万里集笺校》本,第 4331 页。
④ 〔宋〕王明清:《挥麈录》后录卷一一,上海:上海书店出版社,2001 年,第 174 页。

"尝叩钱公以亲党举削"①。编写《职官分纪》的孙逢吉尚为选人时，与编纂《续资治通鉴长编》的知常德李焘会晤。一番谈话，李焘对孙逢吉颇为赏识，大有相见恨晚之感，居然给他写了举状，"亟以畀公"。李焘说："仪曹有京削，留以待乡人，今日不可失士。"②可见官居礼部侍郎的李焘，手中的举状原本是留给自己的老乡的。

《宋史·陈尧咨传》记载："旧格，选人用举者数迁官，而寒士无以进。"③鉴于这种状况，同判吏部流内铨的陈尧咨便"进其可擢者"，了解这种状况的仁宗也开方便之门，"特迁之"。然而，对于制度性的规定，少数人的破格并不能改变大的格局。近水楼台，向阳花木，有势者受荐易、脱选易，这种情况，在官场开始变得拥挤的北宋中期早已普遍。《清波杂志校注》举了两个北宋的例子：

> 昔有胡宗英者，该磨勘引见日，仁宗惊其年少，举官逾三倍。阅其家状，父宿见任翰林学士。乃叹曰：寒畯安得不沉滞！遂降旨止与循资。熙宁间一选人，以贵援得京官削十三纸。引见日，神宗云：有举状一十三纸者是甚人？特与改次等官。④

由此可见，官宦势家的子弟要想得到举状并非难事，丝毫不为所困，十三纸、十五纸也可以轻易入手，连宋仁宗都慨叹"寒畯安得不沉滞"，而普通选人得一举状却难若登天。仁宗慨叹的正

① 〔宋〕楼钥：《攻愧集》卷五二《静斋迁论序》，第 926 页。
② 〔宋〕楼钥：《攻愧集》卷九六《宝谟阁待制献简孙公神道碑》，第 1777 页。
③ 〔元〕脱脱等：《宋史》卷二八四，第 9588 页。
④ 〔宋〕周辉：《清波杂志校注》卷一，刘永翔校注，北京：中华书局，1997 年，第 18 页。

是当时的实际状况。

这种状况到了南宋愈演愈烈。楼钥就写道:"选人有力者初任或并取京状,有妨平进。"①南宋末年的梁成大指出:"改官举主五员,内用职司一员,始为及格。近奔竞巧取者,或用职司三四员,甚至五员,而寒畯终身不得职司合颖。"②南宋人方大琮在骈文书信中就这样形容:"矧惟职状,是真探虎穴觊得子之难。"③前述杨万里所求,亦多为职司举状。

选人为了获取举状,动尽心机,挖空心思。周密在《齐东野语》中记载一件逸事:

> 直斋陈先生云,向为绍兴教官日,有同官初至者。偶问其京削欠几何,答云欠一二纸。数月,闻有举之者,会间贺其成事,则又曰尚欠一二纸。又越月,复闻有举者,扣之则所答如前。余颇怪之。他日,与王深甫言之。深甫笑曰:是何足怪? 子不见临安丐者之乞房钱乎,暮夜号呼于衢路曰,吾今夕所欠十九文耳。有怜之者,如数与之,曰汝可以归卧矣,感谢而退。去之数十步,则其号呼如初焉。子不彼之怪而此之怪,何哉? 因相与大笑而罢。④

讲述者"直斋陈先生",或即编纂宋代著名解题书目《直斋书录解题》的陈振孙。他讲述的这个士人的伎俩,其实杨万里也使用过。杨万里同时向几个人寻求举状,常常提及一些高官的名字,说他们已经答应写了,或者说他们已经写了,只差您这一封

---

① 〔宋〕楼钥:《攻愧集》卷九八《龙图阁待制赵公神道碑》,第1820页。

② 〔元〕佚名:《宋史全文》卷三一绍定二年二月丙午条,第2642页。

③ 〔宋〕方大琮:《铁庵集》卷一一《上宪使留直院》,影印《四库全书》文渊阁本,台北:台湾商务印书馆,1986年,第1178册,第206页。

④ 〔宋〕周密:《齐东野语》卷八《嘲觅荐举》,张茂鹏点校,北京:中华书局,1983年,第150—151页。

了。这既无形中给了对方压力，同时又让对方产生成人之美做顺水人情的心理。

动这样的心机还不失为正人。越走越窄的仕途将选人逼向奔竞之路。南宋后期的伶人辛辣地讽刺了选人的奔竞之风与时政：

> 史丞相弥远用事，选人改官，多出其门。制阃大宴，有优为衣冠者数辈，皆称为孔门弟子，相与言，吾侪皆选人。遂各言其姓曰，吾为常从事，吾为于从政，吾为吾将仕，吾为路文学。别有二人出曰，吾宰予也。夫子曰于予与改，可谓侥幸。其一曰，吾颜回也，夫子曰回也不改。吾为四科之首而不改，汝何为独改？宰予曰："吾钻遂改，汝何不钻？"回曰："吾非不钻，而钻弥坚耳。"曰："汝之不改宜也，何不钻弥远乎？"①

楼钥也在《论风俗纪纲》的奏疏中指出士人"举削或以厚赂而后得"②。

我从《容斋随笔》中查到一条史料：

> 吏部员多阙少，今为益甚，而选人当注职官簿尉，辄为宗室所夺，盖以尽压已到部人之故。③

普通选人的官阙名额为宗室出身的选人所侵占，这便使得"员多阙少"的状况更为严重。据洪迈记载，这种状况至少在北宋后期便如此，而在洪迈写作《容斋三笔》之时，则是"今为益甚"④。

当时的选人为了获取举状，奔竞成风，但也有一些士人保持

---

① 〔宋〕周密：《齐东野语》卷一三《优语》，第 245—246 页。
② 〔宋〕楼钥：《攻愧集》卷二五，第 461 页。
③ 〔宋〕洪迈：《容斋随笔》三笔卷一三《宗室参选》，第 586 页。
④ 据洪迈自序，《容斋随笔》三笔完成于庆元二年(1196)。

着读书人的矜持与志节。方大琮在前引信中接着写道:"岂无垂涎之欲者,只恐取辱而辍焉。"另如《古今事文类聚》外集卷一五《不为秦客》载:"汪涓字养源,尉宣城,秩垂满,阙令职状一纸。知州秦梓意其必受,即荐之。涓终不屈。或问何不从内翰求文字升陟?曰:若为所荐,则终身为秦客矣,涓不辞再为判司一任。"①监崇明镇杜杲,与岳飞的孙子、上司淮东总领岳珂议事不合辞职,"珂出文书一卷曰:'举状也。'杲曰:'比而得禽兽,虽若丘陵,弗为!'"②杜杲引述孟子的话③,回绝了岳珂。朱熹赞扬游九言说:"如游诚之,但以误受举削之故,至今不为改秩计,已近十年。彼其人固多可议,而为学又非伯丰比。且其亲年已高,而身亦五十余岁矣,乃能断置如此,则其长处亦不可诬也。"④当然,为了前程,像汪涓、杜杲、游九言这样的选人是少之又少的。

　　宋朝皇帝鉴于历史教训,对宗室入官,特别是成为高官加以限制,但这方面在北宋后期已经开始松动。到了南宋,为了维系正统,兴旺赵氏皇族,采取了更多的优待宗室的政策。不仅有赵汝愚那样的手握大权的高官出现,还有更多通过科举等途径成为低级官僚选人的宗室子弟。宗室入官,加之历来就有的恩荫入官,与进士出身的选人合流,使得选海更为拥挤。势家出身的选人浮在选海的上层,宗室出身的选人浮在选海的中层,普通无权无势无背景的选人则沉淀于选海的底层,难以跃出海面。

①〔元〕富大用编:《古今事文类聚》外集,影印《四库全书》文渊阁本,台北:台湾商务印书馆,1986年,第929册,第315页。
②〔元〕脱脱等:《宋史》卷四一二《杜杲传》,第12381页。
③〔清〕焦循:《孟子正义》卷一二《滕文公章句下》:"御者且羞与射者比,比而得禽兽,虽若丘陵,弗为也。"沈文倬点校,北京:中华书局,1987年,第414页。
④〔宋〕朱熹:《晦庵集》续集卷一《答黄直卿》,郭齐、尹波《朱熹文集编年评注》本,第4670页。

结　语

　　星移斗转,时移世变。不过,人心的变化却最为缓慢。两千年前,司马迁在《史记·货殖列传》中就引述俗语说"天下熙熙,皆为利来;天下攘攘,皆为利往"①。从古至今,又何尝改变。背公为私,既是人性的弱点,也是本能。正因为有着太多的利来利往,才有了古代思想家的"公而忘私"的道德期许与教化,还有了历代历朝的法律制度约束。然而,正如马克思引用的英国经济评论家托·约·邓宁格所言:"一有适当的利润,资本就胆大起来。如果有10%的利润,它就保证到处被使用;有20%的利润,它就活跃起来;有50%的利润,它就铤而走险;有100%的利润,它就敢践踏一切人间法律;有300%的利润,它就敢犯任何罪行,甚至冒绞首的危险。"②不仅是资本主义社会,在任何社会,利益的驱动,都会使许多人心中那多年垒起的道德教化之墙不堪一击,轰然坍塌。越界犯规,以身试法,也层出不穷。

　　本来,写状荐举,并且注重主管上司的荐举,制度设计的初始用意并不错,这是一种保证官员质量的连带责任制。不过,程序一旦进入实际操作的领域,理想化的制度便产生了相当大的变异。

　　有私情便有舞弊,有舞弊自会曲法。这又正如南宋中期的员兴宗在《考绩荐举策》中所指出的那样:"天下无不弊之法。法而无弊,不在法也,在所以用之也。"③在这篇奏疏中,员兴宗还具体

①〔汉〕司马迁:《史记》卷一二九《货殖列传》,北京:中华书局,1959年,第3256页。
②〔德〕马克思:《资本论》第1卷,《马克思恩格斯全集》第23卷,北京:人民出版社,1972年,第829页。
③〔宋〕员兴宗:《九华集》卷一〇《考绩荐举策》,影印《四库全书》文渊阁本,台北:台湾商务印书馆,1986年,第1158册,第73页。

指出了荐举改官的不公平："士自入官不以举不升朝,法固然也。而举不以公者多矣。非父兄在职则不举,非赂遗越常则不举。甚者举削一及,则终身为举者之役。"

选人难脱选海状况的形成,一方面固然与政府控制改官数额有关,另一方面则是出于制度在执行过程中产生的流弊。在南宋前期议论改革选人改官制度时,洪遵等人就一针见血地指出:"选人改官之法,自祖宗以来行之二百年,法令章程灿然并具。至于今日,不能无弊者,非法之不善也,患在士大夫以私情汨之耳。"①

杨万里书信所折射的显宦斡旋,让我们看到了中层以上官僚荣耀背后的辛酸,看到了大量的下层官僚奔竞于仕途的艰难,看到了理想的制度设计在实际操作中的变形。

透过杨万里的书信,并阅读其他相关史料,我的认识是,宋朝的政治家们在制度设计上费尽心思,在最大程度上保证了科举的公平,为普通平民百姓敞开了一扇通向仕途之门。然而,在下一道程序里,却在事实上恢复了一定程度的势族政治。只不过这个势族不是魏晋南北朝时期的势族,而是由科举出身的高官所形成的新势族。的确,宋朝在科举制度方面彻底废除了公卷与公荐。但在选官制度上实行举主制,等于是在这个领域又恢复了公卷与公荐。这种举主制,为杨万里这样的官宦势家的子弟提供了便利,却给普通的士人带来了极大困难。

质变一定是源自量的积累。人心的质变也当是出于精神的决绝。不撞南墙不回头。屡撞南墙,自会改弦易辙。在科举之途,像小说《儒林外史》描写的范进那样偏执的坚持者毕竟是少数。南宋以降,艰难的仕途让大量士人望而生畏,忍痛割舍,与主

---

① 〔宋〕李心传:《建炎以来系年要录》卷一八三绍兴二十九年七月乙巳条,第3522页。

流政治产生疏离,不再目光向上,转而投身于地方社会,来谋求生路,来寻求自我价值的实现。这种状况,逐渐促成士人流向多元化。利弊互动,绝望带来新生。士人流向,作为众多因素之一,汇入涌动的变革潮流,推动中国社会在宋元转型。

第二章
民间士人样相个案观察
——杨万里集外佚文考释

《桃林罗氏族谱序》是南宋著名士大夫杨万里的一篇集外佚文，我在既有研究的基础上，结合多年来对南宋士人杨万里、罗大经的研究积累，从该序文的写作时间、作者署名官衔、序文内容的真实性几个方面进一步证实了《桃林罗氏族谱序》确实为杨万里的一篇集外佚文。本章在此基础上，聚焦序文中"士族"一词的内涵在南宋的演变，论述南宋未入仕士人在地方社会生活中的突出影响，并试图揭示这一现象与后世明清地方乡绅社会之间的联系。

引　言

我在网上看到一篇文章，披露了从《桃林罗氏族谱》中发现的杨万里集外佚文《桃林罗氏族谱序》。这是一篇首尾完整的论文，不过，遗憾的是，网上记作"匿名"，不知作者是谁。作者从杨罗两家的交往渊源、序文内容与风格、历代文人序文及文章署名等几个方面力证杨万里此文并非罗氏家族伪托。在此基础上，论述了此文可以增补杨万里文集，以及可供考察杨万里与庐陵文人的群体关系等价值。①

由于此文与我在1983年整理出版的《鹤林玉露》作者罗大经的家族直接相关，并且这四十年来我对罗大经家族的资料一直保持关注，先后写下过《罗大经生平事迹考》②《罗大经生平事迹补考》③和《小官僚大投射：罗大经仕履考析——宋元变革论实证研究举隅之三》④等相关文章，而这篇署名杨万里的《桃林罗氏族谱序》又提到了罗大经的父亲，所以引起了我的极大兴趣。

近些年来，杨万里的集外佚文陆续面世，多发掘自各种族谱，比如《周氏五修族谱》所载的《泥田旧序》⑤，《螺破萧氏族谱》中的《五一堂记》⑥，《罗塘许氏图谱》中的《罗塘许氏族谱序》⑦，还有这篇《桃林罗氏族谱序》。出于光大门楣或炫耀乡里等动机，族谱中托名闻人的序跋所在多有。这里提及的几篇杨万里佚文之中，《罗塘许氏族谱序》一经披露，便有人撰文斥其为伪作。⑧因此，对于族谱中发现的名人佚文需要审慎地加以鉴别，避免鱼目混珠，造成以假乱真的状况。那么，这篇《桃林罗氏族谱序》的真实性又如何呢？

通读这篇网上的论文《杨万里佚文考》，我认为其所考所论基本可信。也就是说，《桃林罗氏族谱序》作为杨万里的集外佚文大

---

① 文章题为《杨万里佚文考》，见 http://3e-ele.com/docx/83a97c6322659c0a.html.承友人华中师范大学林岩教授见教,此刊于南京师范大学《文教资料》2010年第21期,作者为浙江长征职业技术学院的杨瑞先生。后来在知网也看到有对此文的收录。

② 文载《鹤林玉露》附录1第350—361页;又载《学林漫录》五集,北京:中华书局,1982年。

③ 文载《鹤林玉露》2005年版附录4,第392—421页;又载《中国典籍与文化》2012年第2期。

④ 该文原载《文史哲》2014年第1期,后收入本书第二编第三章《小官僚大投射——罗大经的故事》。

⑤ 周远成:《〈周氏五修族谱〉泥田旧序——宋杨万里佚文一篇》,《衡阳师范学院学报》2016年第2期。

⑥ 萧东海:《新发现杨万里佚文〈五一堂记〉述考》,《文献》1990年第3期。

⑦ 胡建升:《杨万里佚文考》,《文献》2006年第2期。

⑧ 纪永贵:《杨万里佚文〈罗塘许氏族谱序〉辨伪》,《文献》2007年第1期。

致可以定谳。由于我对罗大经家族的资料相对熟悉,所以本章拟从谱主罗氏家族的视角,对杨万里此篇佚文的真实性略作一些补充考证。

一、杨万里佚文移录

杨万里此篇佚文篇幅不长,为了披露资料和读者阅读方便,更为了清晰考察,现将全文移录如下。

罗氏族谱序

吾郡多著姓,而印岗之罗,其一也。由印岗而之竹溪者,率称士族。竹溪有隐君子曰季温氏,余忘年友也,世有姻连之好,常相往复。见其族人心术皆良善,伦纪皆笃厚,习尚皆文雅,无流漓诡谲粗鄙之俗,其有以服季温之化德也。尝以谱牒之未修质言于余。谓以族之显晦不专系乎富贵贫贱,苟位极乎公卿,财雄乎乡邑,一时号称显族,数代之后而消歇,则昔之赫赫以显者,能保其不昧昧以晦耶? 晋之王谢、唐之崔卢是也。然何为使之常显而不晦? 曰:鲁叔孙穆子有云立德、立功、立言而已。夫言也者,表在天地间,久而不偾、不躄也。世之谱其族者不知其几,而称欧谱、苏谱者,何与? 以永叔、明允之言立故也。季温曰:"谨受教。"余不家食者十数年,季温益潜心于理学,著有《竹谷丛稿》若干卷,取正于余与丞相周公必大。观之所撰《畏说》,胥叹其有不可及处,此其言之立也。若夫德之立,足以尊族人,化乡里,贻后世,俾用于世功之立,不难矣。余谢事之暇,乃以所编之谱,嘱引其端。吁乎！先世之种德也深，后世之流芳也远。季温所造就有如是。是以赞其族之蕃衍昌大，常显而不晦矣，虽世守之可也，余复何言！《诗》曰："子子孙孙，勿替引之。"为其后者，能如季温氏之树立，斯谱为不朽矣，斯谱为不朽矣。嘉泰三年癸亥秋，宝谟阁直学士，通议大夫致仕、吉水开国伯、食邑七百户杨万里廷秀撰。①

二、制度与生平考证：佚文之真实性（一）

前面讲到，《罗塘许氏族谱序》一经披露，便有人撰文斥之为伪作。斥为伪作的主要证据之一，就是序文后面混乱的署名："大宋乾道六年岁次庚寅秋月□□谷旦赐进士第宣德郎中大夫焕章阁待制宝谟阁学士太子少保吉水杨万里诚斋甫顿首拜撰。"的确，制度的设置与作者的履历，是考证一篇文章作者真伪的硬指标。从这个角度来审视，真伪可以断定十之八九。以前，我就曾从制度设置与作者履历考证出文物专家所认定的范仲淹诗卷为伪作。② 那么，这篇《桃林罗氏族谱序》的署名是否经得住检验呢？我们来试加检验一下。

《桃林罗氏族谱序》的署名为"嘉泰三年癸亥秋，宝谟阁直学士，通议大夫致仕、吉水开国伯、食邑七百户杨万里廷秀撰"。

首先，我们考察一下杨万里宝谟阁直学士这一贴职的授予。

---

① 2017 年 10 月，我赴江西吉水参加纪念杨万里诞生八百周年学术研讨会，有机会与友人中山大学曹家齐教授一同前往吉水县盘谷镇白竹坑村，亦即竹溪村，目睹了罗大经后裔收藏的《桃林罗氏族谱》，实际确认了杨万里的这篇序文。
② 王瑞来：《范仲淹〈题叶氏卷〉诗当属伪作》，《中国文物报》，2011 年 3 月 9 日。

嘉泰三年癸亥为 1203 年，这一年杨万里致仕居乡。检视《诚斋集》卷一三三附录所收历官告词，正有《宝谟阁直学士告词》。告词云：

> 敕：直谅之臣，国家所赖。进陪论议，其言常有益于朝廷；归老江湖，当代亦想闻其风采。宜嘉异数，以耸群工。通议大夫、充宝文阁待制致仕、吉水县开国伯、食邑七百户杨万里，学欲济时，心常忧国。封章剀切，有贾谊、陆贽之风；篇什流传，得白傅、杜甫之意。凛乎难进而易退，浩然独乐而无求。身历四朝，年将八帙。有名一世，如尔几人？束帛蒲轮，未讲优贤之礼；幅巾藜杖，有嘉知止之高。爰升高士之华，以示老臣之贵。虽已挂冠于神武，此固傥来；依然列阁于西清，所期增重。往祗成命，益介寿祺。可特授宝谟阁直学士致仕。①

告词题下注云："嘉泰三年八月十六日，中书舍人王容行。"是年杨万里 77 岁，故告词云"年将八帙"。嘉泰三年（1203）八月中秋时节，杨万里被特授贴职宝谟阁直学士。过了不久，他便以此为署衔写下了这篇《桃林罗氏族谱序》，在时间上刚好吻合。不仅《诚斋集》附录的这篇告词可证，杨万里本人的文字也可以证明。被特授贴职宝谟阁直学士之前，杨万里曾接到过事先通气的文件尚书省札子，对此，杨万里曾上奏请求辞免："臣于七月二十五日，伏准尚书省札子，六月二十四日，三省同奉圣旨，杨万里历事四朝，年高德茂，除宝谟阁直学士者。臣闻命震惧，措躬颠危。……所有除宝谟阁直学士恩命，臣未敢祗受，欲望圣慈追寝成命，以安

---

① 〔宋〕杨万里：《诚斋集》卷一三三附录《宝谟阁直学士告词》，辛更儒《杨万里集笺校》本，第5138 页。

愚分。谨录奏闻,伏候敕旨。"①在接受正式任命之后,杨万里又按惯例写下《谢除宝谟直学士表》上呈。②

据前引告词,杨万里原为宝文阁待制,《宋史·职官志》记为从四品③,在此后嘉熙二年(1238)成书的不详撰人《重编详备碎金》④卷上记为从三品。宝谟阁直学士,《宋史·职官志》和《重编详备碎金》均无记载,然各种直学士,《宋史·职官志》记为从三品,《重编详备碎金》记为正三品。从时代接近的制度考量,宝谟阁直学士的官品当为正三品。《宋史·职官志》和《重编详备碎金》均无记载的原因应当是,宝谟阁作为放置宋光宗御制之阁,在嘉泰二年(1202)方设置,宝谟阁学士、直学士和待制之设也在同时。这也间接证明,《宋史·职官志》和《重编详备碎金》对南宋中期以后制度记载的疏略。

杨万里被特授宝谟阁直学士的时间,与这一贴职的出现相距不久,或许历事四朝的杨万里还是第一个荣获此职的官僚。其上奏辞免,一则是谦让,二则是当时之惯例。无论如何,嘉泰三年(1203)秋季之前,杨万里被特授贴职宝谟阁直学士之事实得以认证。

对于《桃林罗氏族谱序》所署爵位"吉水开国伯",我们也需要考察杨万里持有这一爵位的时间迄止断限。考察杨万里的生平,在嘉泰四年(1204)其进爵庐陵郡侯。《诚斋集》卷一三三附录所收历官告词,有《庐陵郡侯告词》。告词云:

---

① 〔宋〕杨万里:《诚斋集》卷七〇《辞免除宝谟阁直学士奏状》,辛更儒《杨万里集笺校》本,第2984页。

② 〔宋〕杨万里:《诚斋集》卷四七《谢除宝谟直学士表》,辛更儒《杨万里集笺校》本,第2361页。

③ 〔元〕脱脱等:《宋史》卷一六八《职官志》八,第4015页。

④ 〔宋〕佚名:《重编详备碎金》,天理:天理大学出版部,1981年。

敕：朕荐昭太室，奉瑄崇丘。怀翼翼之心，克备灵承之
典；降穰穰之福，靡闻专乡之私。肆畴紫橐之臣，均畀蓁萧之
泽。宝谟阁直学士、通议大夫致仕、吉水县开国伯、食邑七百
户杨万里，地负海涵之学，日光玉洁之文。皋陶陈谟，底三朝
之伟绩；祁奚告老，垂百世之清规。升邃宇之穿班，遂平泉之
雅志。属我禋祠之举，迄兹熙事之成。尔惟既膺解组之荣，
是以莫陪奉璋之列。缅怀旧德，用涣新恩。进之列爵之崇，
锡以爰田之入。既明且哲，已追山甫之风；俾寿而臧，更享鲁
侯之祉。可进封庐陵郡开国侯，加食邑三百户。①

据告词题下所识"嘉泰四年正月二十六日，中书舍人李大异
行"可知，杨万里因嘉泰三年（1203）年末朝廷行郊祀大礼而晋侯
爵加食邑之事实，出现于刚刚跨年的嘉泰四年（1204）正月。而告
词中所记杨万里此前的职衔"宝谟阁直学士、通议大夫致仕、吉水
县开国伯、食邑七百户"，正与嘉泰三年（1203）时点的《宝谟阁直
学士告词》和《桃林罗氏族谱序》所署完全相同。并且，在《诚斋
集》卷四七，尚收录有杨万里亲撰《谢郊祀大礼进封庐陵郡侯加食
邑表》。② 由此可知，杨万里"宝谟阁直学士、通议大夫致仕、吉水
县开国伯、食邑七百户"之职衔，仅存留至嘉泰三年（1203），翌年
便已晋爵为庐陵郡开国侯，并加食邑三百户。这一事实，也足证
《桃林罗氏族谱序》所记署衔时间之无误。

综上考证可知，结合杨万里的生平官历，《桃林罗氏族谱序》
所署官称和时间完全准确无误。这一考证便成为我们确认《桃林

---

① 〔宋〕杨万里：《诚斋集》卷一三三附录《庐陵郡侯告词》，辛更儒《杨万里集笺校》本，第
5139 页。
② 〔宋〕杨万里：《诚斋集》卷四七《谢郊祀大礼进封庐陵郡侯加食邑表》，辛更儒《杨万里集笺
校》本，第2364 页。

　　　　　　　　　　　　　　　　　士人走向民间：宋元变革与社会转型

罗氏族谱序》并非伪托的前提。

三、内容与事实考证：佚文之真实性（二）

《桃林罗氏族谱序》所述及的主人公，是杨万里称之为"忘年友"的罗季温。杨万里便是应罗季温"以所编之谱，嘱引其端"的请求，撰写了这篇《桃林罗氏族谱序》。

杨万里在序文开头首句便云："吾郡多著姓，而印岗之罗，其一也。由印岗而之竹溪者，率称士族。"同为罗氏一族的明代理学家罗钦顺（1465—1547），也写过一篇《桃林罗氏重修族谱序》，对罗氏一族的迁徙、分支及族谱之修有过比较详细的叙述。其中有云：

> 吾罗氏之在吾吉聚族而居者，良不为少。其世或远或近，而著闻于天下者往往有之。若吉水桃林之族，其一也。……其先盖出唐吉州刺史崱。崱卒于官，子孙遂留，家庐陵。后数传，有三十三承事者，始分居吉水。是为今樟树、下白、竹溪、桃林之共祖。又后七世曰忠文，始分居桃林。……在宋嘉定间，有竹谷老人茂良者，实始作谱。①

此外，比罗钦顺的生活时代还早的明初著名文人和政治家杨士奇（1365—1444），写过一篇《翠筠楼记》，也讲述了罗氏一族的源流。其云：

> 吉水之东，桐江之上，其地多竹，其里名竹溪。里之望为

---

① 〔明〕罗钦顺：《整庵存稿》卷九，影印《四库全书》文渊阁本，台北：台湾商务印书馆，1986 年。

罗氏。罗氏之秀,有曰同伦,于竹尤笃好。……罗氏,邑故家。始自印冈徙桃林,又自桃林徙竹溪。吾闻宋有号竹谷老人者,高尚绝俗之士也。子大经及其弟应雷,皆理宗朝进士。大经著书有鹤林玉露,传于世,文献代有足征。要之罗氏之尚乎竹者远矣。同伦,竹谷之九世孙,于鹤林为八世。①

两篇明人的文字,在所述事实上,可与《桃林罗氏族谱序》相互印证之处颇多。《桃林罗氏族谱序》所记"由印岗而之竹溪",由杨士奇之文"自印冈徙桃林,又自桃林徙竹溪"得到印证。且杨士奇之文还多出从印冈到竹溪之间桃林这一中间迁徙环节,这也正是《桃林罗氏族谱序》之"桃林"印记。

两篇明人的文字提及的"竹谷老人",正是《鹤林玉露》著者罗大经之父。罗大经本人在《鹤林玉露》中,尽管没有直呼父名,但也屡屡提及"家君竹谷老人"或"先君竹谷老人"。而这位名叫罗茂良的"竹谷老人",就是杨万里在《桃林罗氏族谱序》中称之为"忘年友"的罗季温。并且《桃林罗氏族谱序》讲到,罗季温著有《竹谷丛稿》,曾将所著此书拿去向杨万里和周必大请教。《竹谷丛稿》书名中的"竹谷",也与罗茂良的自号"竹谷老人"联系了起来。此亦足证《桃林罗氏族谱序》一文的真实性。作为旁证,宋人胡知柔所编《象台首末》卷三收录一首同样也见于《鹤林玉露》的七绝,署名即作"竹谷罗茂良"②。

证明《桃林罗氏族谱序》真实性,序文本身还有一处极为重要的证据。这就是序文所提到的罗茂良所撰《畏说》一文。对于《畏说》一文,罗大经在《鹤林玉露》中专立"畏说"一条,做了近乎全

---

① 〔明〕杨士奇:《东里文集》卷一,刘伯涵、朱海点校,北京:中华书局,1998 年,第 7 页。
② 〔宋〕胡知柔编:《象台首末》,影印《四库全书》文渊阁本,台北:台湾商务印书馆,1986 年。

文的长篇幅援引。作为获得极高评价的罗茂良存世不多的重要文献,这里移录如下:

> 先君竹谷老人,早登庆元诸老之门,晚年以其所自得者,著《畏说》一篇。其词曰:"大凡人心不可不知所畏,畏心之存亡,善恶之所由分,君子小人之所由判也。是以古之君子,内则畏父母,畏尊长,《诗》云'岂敢爱之,畏我父母',又曰'岂敢爱之,畏我诸兄'是也。外则畏师友,古语云'凛乎若严师之在侧',逸诗曰'岂不欲往,畏我友朋'是也。仰则畏天,俯则畏人,《诗》曰'胡不相畏,不畏于天',又曰'岂敢爱之,畏人之多言'是也。夫惟心有所畏,故非礼不敢为,非义不敢动。一念有愧,则心为之震悼;一事有差,则颜为之忸怩。战兢自持,日寡其过,而不自知其入于君子之域矣。苟惟内不畏父母尊长之严,外不畏朋侪师友之议,仰不畏天,俯不畏人,猖狂妄行,恣其所欲,吾惧其不日而为小人之归也。由是而之,习以成性,居官则不畏三尺,任职则不畏简书,攫金则不畏市人。吁!士而至此,不可以为士矣,仲尼所谓小人之无忌惮者矣。夫人之所以必畏乎彼者,非为彼计也,盖将以防吾心之纵,而自律乎吾身也。是故以天子之尊,且有所畏,《诗》曰'我其夙夜,畏天之威',《书》曰'成王畏相',孰谓士大夫而可不知所畏乎!以圣贤之聪明,且有所畏,《鲁论》曰:'君子有三畏:畏天命,畏大人,畏圣人之言。'孰谓学者而可不知所畏乎!然则畏之时义大矣哉!余每以此自警,且以效切磋于朋友云。"[1]

《鹤林玉露》的援引,证明了《桃林罗氏族谱序》所云"观之所

---

① 〔宋〕罗大经:《鹤林玉露》甲编卷三,第43—44页。

撰《畏说》"并非子虚乌有。这一事实则又反证了《桃林罗氏族谱序》的真实性。《鹤林玉露》在援引了《畏说》之后，还大段援引了罗大经同年进士欧阳景颜所撰的跋语。其云：

> 余同年欧阳景颜跋云："造道必有门，伊洛先觉，以持敬为造道之门，至矣，尽矣。盖敬，德之聚也。此心才敬，万理森列。此身才敬，四体端固。繇勉强至成熟，此心此身，敛然法度中，可以为人矣。然世之作伪假真者，往往窃持敬之名，盖不肖之实，内虽荏，而色若厉焉，行无防检，而步趋若安徐焉。识者病之，至有效前辈打破敬字以为诮侮者，又有以高视阔步，幅巾大袖，而乞加惩绝者。一世杰立之士，欲哀救之而志不能遂。近世叶水心作《敬亭后记》，至不以张思叔之言为然，谓敬为学者之终事。仆深疑焉。近因校文至澧阳，谒竹谷罗先生，以所著《畏说》见教，仆醒然若有所悟。呜呼！畏即敬也，使人知畏父母，畏尊长，畏天命，畏师友，畏公论，一如先生所言，欲不敬，得乎？每事有所持循而畏，则其敬也，莫非体察在己实事，见面盎背，临渊履冰。以伪自盖者，能之乎？高视阔步，幅巾大袖，假声音笑貌以为敬，求之于父母兄长师友之间，多可憾焉，人其以敬许之乎！盖先生以实而求敬，故其敬不可伪。世人以虚而求敬，故其敬或可假。是说也，羽翼吾道，其功岂浅浅哉！至此，则敬不可伪为，而攻持敬者，当自息矣。"[①]

这段跋语不仅高度评价了《畏说》一文，还讲述了欧阳景颜亲谒"竹谷罗先生"，以及罗茂良"以所著《畏说》见教"的事实。这又可以与《桃林罗氏族谱序》所云《竹谷丛稿》书名中的"竹谷"以

---

① 〔宋〕罗大经：《鹤林玉露》甲编卷三，第44—45页。

及提到的《畏说》篇名互相印证。并且欧阳景颜跋语对《畏说》的高度评价，不仅是对罗大经所述其父"先君此说出，一时流辈潜心理学者，咸以为不可易"这一事实的印证，更是印证了《桃林罗氏族谱序》所云"观之所撰《畏说》，胥叹其有不可及处"。

从序文署衔、写作时期及所述内容来看，《桃林罗氏族谱序》确为杨万里所作之事实当不容置疑，今后可以放心地收录于杨万里的文集补编之内。

四、序文内容发覆

杨万里的这篇《桃林罗氏族谱序》，其实是借作序之由，发自己的议论，浇自己胸中之块垒。对于自称门人的罗茂良，作为长辈的杨万里以教诲的口吻讲道："族之显晦不专系乎富贵贫贱，苟位极乎公卿，财雄乡邑，一时号称显族，数代之后而消歇，则昔之赫赫以显者，能保其不昧昧以晦耶？晋之王谢、唐之崔卢是也。"就是说，在杨万里看来，一个家族的兴衰跟富贵贫贱关系不大。对此，杨万里举出了具体事例，说位极公卿、财雄乡邑而号称显族的晋唐时代的王、谢、崔、卢，没过几代便衰落"昧昧以晦"了。

"何为使之常显而不晦？"就是说，如何能使一个家族昌盛不衰呢？接下来，杨万里自问自答："鲁叔孙穆子有云立德、立功、立言而已。"杨万里引述的是来自《左传》的典故："太上有立德，其次有立功，其次有立言。虽久不废，此之谓不朽。"[①]自从《左

[①]〔春秋〕左丘明：《春秋左氏传》襄公二十四年，〔清〕阮元校刻《十三经注疏》本，北京：中华书局，2009年，第4297页。

传》"立德、立功、立言"这样"三不朽"之说出现以后,便为有限生命的精神不朽树立了标尺。

对于古人所说的"三不朽",杨万里首先强调的是"立言"。这也反映了作为南宋文坛四大家之一的杨万里对文字的重视。他认为"夫言也者,表在天地间,久而不偾、不蹶也"。对此,杨万里也针对族谱之作举出了具体的事例:"世之谱其族者不知其几,而称欧谱、苏谱者,何与?以永叔、明允之言立故也。"宋代科举规模扩大,形成了士大夫政治。在这样的时代背景之下,一代科举出身的"新士族"崛起。赓续家声,光大门楣,族谱之修亦随之大盛。不过,在杨万里看来,当时编修族谱的很多,但为人所称道的则不多,说来说去,只有欧阳修和苏洵所纂的族谱为人赞扬。原因就在于,欧阳修和苏洵文以载道的文字要胜于芸芸凡常族谱。

杨万里很会写文章,为人作序,会充分考量对方的心理感受。说欧阳修和苏洵的文字可以传诸久远,这样的目标过于邈远,不世出的唐宋八大家只有这么几个人。设定这样的目标,追求起来,可望不可即,是会令人沮丧的。于是,杨万里笔锋一转,又回到了罗茂良身上。他说:"观之所撰《畏说》,胥叹其有不可及处,此其言之立也。若夫德之立,足以尊族人,化乡里,贻后世,俾用于世功之立,不难矣。余谢事之暇,乃以所编之谱,嘱引其端。吁乎!先世之种德也深,后世之流芳也远。季温所造就有如是。是以赞其族之蕃衍昌大,常显而不晦矣,虽世守之可也,余复何言。"

这段话说得极为巧妙得体。杨万里说,罗茂良能写出人所难及的《畏说》这样的文章,便是立言之证。而"尊族人,化乡里,贻后世"就是立德。由此发扬光大,则不难立功。把"三不朽"全用在了罗茂良的身上。先世种德,后世流芳,有了三不朽,罗氏一族便会蕃衍昌大,常显不晦,世代延续下去。

行文至此，文章本该收笔了，杨万里又奇峰突现，扶摇直上，说道"为其后者，能如季温氏之树立，斯谱为不朽矣，斯谱为不朽矣"。这样的表述，既是对罗茂良的高度赞扬，又是对罗氏后人的期待。文思高妙，受者和读者皆大欢喜。

对于序文内容的发覆，还应当包括杨万里这篇序文所折射的南宋社会。杨万里称罗茂良为"隐君子"，亦即未曾出仕为官之人。但又称罗氏一族为"士族"。可见包括杨万里在内的宋人对"士族"的界定，是不以出仕与否和势力大小为标准的。这是一个值得注意的认识。

此外，罗茂良作为未曾出仕为官的"隐君子"，既潜心理学，又著书立说。由此也可见除了显赫于世的士大夫官僚阶层，民间的江湖士人也是一个值得关注的群体。加上罗茂良的儿子罗大经虽入仕而不显，一生滞留于选人层级的低级官僚，也可以概见下层士人社会之一斑。①

南宋官场员多阙少，多数通过科举等方式入仕的士人难脱汪洋的"选海"，难以实现飞黄腾达的向上流动，无法追求治国平天下的宏大政治理想。这种状况导致士人流向多元化，并与原本不曾入仕的士人层合流，构成庞大的地方士人群体，在地方上具有相当的能量。杨万里十分郑重而褒扬地写作，其实也能折射出罗氏家族在当地所拥有的势力。

无法追求治国平天下的宏大政治理想，退而求其次，便是在格物致知、正心诚意、修身齐家上下功夫。杨万里观察到，罗氏"其族人心术皆良善，伦纪皆笃厚，习尚皆文雅，无流漓诡谲粗鄙之俗"。杨万里把这种状况的形成归结为"其有以服季温之化德

---

① 参见本书第二编第三章《小官僚大投射——罗大经的故事》。

也"。就是说,这是罗茂良齐家教化的结果。从敦族齐家出发的宗族建设也是地方建设的一环。按杨万里在序文中所言,"尊族人"必然会"化乡里"。

自南宋发轫的宋元社会转型,活跃于地方的士人起到相当大的推动作用。从杨万里、周必大到罗茂良、罗大经,无论在地方的势力大小,都构成了地方基层社会的主导力量。明清时代的乡绅社会皆可从南宋社会寻觅到遥远的投影。

余　论

由于整理《鹤林玉露》的关系,我一直留意罗大经家族的资料。2008 年,借《鹤林玉露》重新印行之机,我根据陆续收集的资料,写下了《罗大经生平事迹补考》一文,附录于书后。在那篇文章中,我终于考证清楚了多年前在《罗大经生平事迹考》一文中一直未能弄清的罗大经之父名叫罗茂良的问题。而这篇杨万里佚文《桃林罗氏族谱序》的发现,则让人更可以具体得知罗大经之父名茂良,字季温。温良恭俭让,温与良的名与字意义正相应。此外,从季温还可以推测的是,伯仲叔季,罗大经之父茂良兄弟排行当为第四。的确,罗茂良还有兄弟。证据是,杨万里尚有《送安成罗茂忠》[①]一诗。这个罗茂忠,极有可能便是罗茂良的兄弟。顺便提及,今人所编《全宋文》,竭尽搜讨之功,搜集到包括上面引述的《畏说》等罗茂良的两篇文字,不过却将罗茂良的字误作"学温",而据杨万里的这篇佚文《桃林罗氏族谱序》,则可以证明"学温"

---

① 〔宋〕杨万里:《诚斋集》卷三九《送安成罗茂忠》,辛更儒《杨万里集笺校》本,第 2043 页。

当为"季温"之讹。

最后还有一个问题是,在《鹤林玉露》中,罗大经大量记述了其父与杨万里、杨长孺父子交往的事实,甚至还披露有"余年十许岁时,侍家君竹谷老人谒诚斋"①的经过,但令人疑惑的是,为何在《鹤林玉露》中对杨万里为其族谱作序之事连只言片语的记录都没有呢?思忖之下,大约结论只有一个,罗大经对此事一无所知。从罗大经宝庆二年(1226)登进士第推测,22年前杨万里为罗氏族谱作序之时,恐怕罗大经才刚刚出生没几年,甚至是还未出生。连罗大经都不知道之事,以上钩玄索隐,发覆认定,亦足以自豪,且对杨万里、罗氏家族及庐陵地方社会研究不为无益。

---

① 〔宋〕罗大经:《鹤林玉露》乙编卷四《月下传杯诗》,第183—184页。

第三章
小官僚大投射
——罗大经的故事

本章依据以前对宋人笔记《鹤林玉露》作者罗大经生平、家世以及交游的考证成果,进一步考察了罗大经的一生仕履。考察意外显现出这样的事实:作为选人的罗大经,进士及第后,迟迟八年未能注阙获得差遣。后来通过走父辈友人的后门,在他们的援助之下,方在遥远的广西开始了为官生涯。然而由此过去了十八年,罗大经依然挣扎于"选海",未能脱离。不仅如此,后来还为上司之间的政争所波及,彻底出局,无奈中断了本来就坎坷的仕途。罗大经这件个案并非个例,他的经历折射了南宋毫无势力背景的普通下层选人官僚的普遍命运。透过罗大经这件个案可以窥见,选人不仅向京官升迁行路艰难,从金榜题名开始,七阶选人的长途跋涉也很艰难。碰壁迂回的本能,让不少士人舍弃了充满诱惑的仕途,从而流向多元化。在政治、经济、社会、文化等促因的综合作用之下,作为知识精英,走向地域的士人在无形之中引领了社会转型。

引　言

"金榜题名时",在过去被当作人生的几个大喜之一。《钱塘遗事》就这样写道:"两觐天颜,一荣也;胪传天陛,二荣也;御宴赐花,都人叹美,三荣也;布衣而入,绿袍而出,四荣也；亲老有喜，足慰倚门之望，五荣也。"①的确，在千分之一的高倍率竞争中突围，进士登第，犹如鲤鱼跃龙门，诚为人生快事。这不仅仅限于金榜题名那一刻的短暂喜悦，更是喜在今后的人生有了光明的前途。无论是当时人，还是后世之人，大都是如此解读"金榜题名时"。

这样的解读，对于当事人来说，既有前人无数美好传说的影响，又有经历寒窗苦读后的心理期待。而对于后世之人来说，则与文献的误导有很大关系。特别是正史的列传，在"登进士第"这样寥寥数字的记载之后，大多记载的是一帆风顺、扶摇直上的宦历。或许是出于锦上添花的心理，或许是出于激励后学的意识，金榜题名便可以钟鸣鼎食、光宗耀祖地载籍渲染，无疑装点着和支撑着无数渴望改变命运的人们的梦境，使其坚信"书中自有千钟粟""书中自有黄金屋""书中车马多如簇"和"书中有女颜如玉"②，坚信金榜题名后，人生一片亮色。

然而，亮色的背后是阴影。历史舞台的聚光灯投射不到这些阴影之处，金榜题名后的多数人，其实并非风光无限，而是仕途充满蹇涩。这一大群人的命运一直被漠视，很少见诸载籍。宋代是科举的鼎盛时期，两宋有将近十一万人获得了金榜题名的殊荣。不过，这十一万人当中，金榜题名后，享有高官厚禄者寥寥无几，进入《宋史》列传，青史留名的，更是凤毛麟角，绝大多数都沉没于官僚金字塔的底层，默默无闻，湮没于历史的长河之中。

为何会出现这种状况？在这里有必要首先解释一下宋代的

---

① 〔元〕刘一清：《钱塘遗事》卷一〇《赴省登科五荣须知》，王瑞来《钱塘遗事校笺考原》本，北京：中华书局，2016年，第353页。
② 〔元〕黄坚：《古文真宝》卷一《真宗皇帝劝学》，服部宇之吉校订本，东京：富山房，1972年，第2页。

官僚体制与制度规定。在北宋元丰改制后,宋朝文官系统分为三个大的层级。高级官僚为朝官,中级官僚为京官,下级官僚为选人。进士登第,除了前三名,成百上千的登第进士,都进入选人序列。在元丰改制前称作幕职州县官的选人,主要在地方担任主簿、县丞、县尉等低级州县佐官。作为选人,要从迪功郎到承事郎七阶内循资升迁。一考为一年,进士出身的选人要二任四考才能升迁一阶。[1] 因此,选人七阶内的升迁,宋人称为"选海",经过多年循资也不易熬出头。而由选人升迁为京官就更为困难。为了防止官员数量过多,每年由选人成为京官的名额,朝廷大致控制在百人左右,对各地有名额分配。并且制度规定,选人升为京官要有五名高官推荐,其中还必须至少要有两名主管上司。加入人的因素,就会掺杂各种人际关系与利益考量的因素。可以说,进士考试,还主要依靠本人的努力,而选人升为京官这一环节,选人的命运其本人已经无法掌控。大量出身低微的选人由于缺少门路,在选人七阶内终老仕途,淹死于选海。[2] 这就是金榜题名后多数登第进士的命运。

南宋较之北宋,领土少了三分之一,员多阙少,而科举及恩荫补官等渠道还源源不断地向官场输送选人,竞争就变得异常激烈。选人升为京官自循资始,但在南宋就连低级州县佐官的位置也很难获得,需要等待空缺,这就使升迁之路变得更为漫长。

尽管都说人往高处走,但严酷的现实让金榜题名后的士人无法走向高处,只能如水一般,往低处流。壅塞的仕途,造成了士人对主流政治的疏离,流向也由单一而转为多元。加上南宋地域社

---

[1] 朱瑞熙:《中国政治制度通史》第六卷《宋代》,第 670—673 页。
[2] 关于宋朝选人制度以及制度性的壅塞所形成的选人改官困难状况,参见第一编第一章本书《金榜题名后——"破白"与"合尖"》。

会强盛与商品经济发达等因素,中国传统社会,从此开始转型。士人是社会走向的引领者,士人流向多元化的形成,无疑是社会转型的重要因素。关于主要由于仕途壅塞而发生的士人流向多元化,需要进行细致而缜密的研究,而个案的考察尤为必要。鉴于迄今为止的研究,很少涉及这一领域,本章提出罗大经这件仕途个案,期待引起研究者的关注。

罗大经其人,对于研究宋史或宋代文学甚至是中国古典文学的人来说,并不陌生。他写的笔记《鹤林玉露》颇为生动有趣。甚至清乾隆皇帝都曾写下过这样的诗句:"批黄稍暇无余事,静读《鹤林玉露》篇。"①该笔记不仅耐看,也是重要的研究史料。1983年,我将《鹤林玉露》点校整理出来,列入中华书局的《唐宋史料笔记丛刊》出版。在整理的同时,我对原本记载不详的罗大经生平事迹进行了考证,并将考证结果附在了书后。2005年,我又根据新发现的史料,对罗大经的生平事迹进行了补考,并纠正了以前考证的错误。这篇也附在《鹤林玉露》重印版书后的补考,还解决了以前未能考证清楚的一些问题。重大收获是,终于考清了在《鹤林玉露》中罗大经屡屡提及的父亲"竹谷老人"的名字为罗茂良。② 这对我下面的考察极为重要。

为什么我会单独提起罗大经?因为罗大经与我相关系列研究涉及的杨万里有着密切的关系。③ 罗大经与杨万里同为江西吉水人,罗大经的父亲罗茂良是杨万里的门人。④ 罗大经十来岁时

---

① 〔清〕蒋溥等:《盘山志》卷首三《盘山十六景》之二《太古云岚》,影印《四库全书》文渊阁本,台北:台湾商务印书馆,1986年,第586册,第27页。

② 王瑞来:《〈鹤林玉露〉著者罗大经生平事迹补考》,《中国典籍与文化》2012年第2期。亦见罗大经《鹤林玉露》,王瑞来点校,北京:中华书局,1983年初版,2005年第3次印刷本《附录》4。

③ 参见本书第二编第一章《"内举不避亲"》。

④ 《四部丛刊初编》影印本《诚斋集》于各卷卷末均有两行刊记:"嘉定元年春三月男长孺编定/端平元年夏五月门人罗茂良校正。"

曾跟着父亲拜见杨万里。① 罗氏为当地大族,杨万里的夫人也是罗姓。② 罗大经与杨万里是否有比较近的亲属关系不敢肯定,但可以肯定的是罗大经与杨万里的长子杨长孺有着犹如师生般的亲密关系,《鹤林玉露》记录有很多杨长孺教诲罗大经的文字,如甲编卷四《清廉》、甲编卷四《蝶粉蜂黄》、乙编卷一《高宗配享》、乙编卷四《文章邪正》、乙编卷五《肴核对答》、乙编卷五《初筮谒郡》、乙编卷五《二老相访》、丙编卷二《文章有体》、丙编卷三《江西诗文》、丙编卷四《诚斋夫人》等十余处,均述及了杨长孺。这十余处所记录的杨长孺与罗大经的对话,都属于长辈对晚辈教诲的内容。罗大经与杨万里一家的密切关系是我自然而然想起他的一个原因,或者说是一个诱因。而更主要的则是,罗大经的经历与我考察宋元变革诸多促因之一的选人命运有着密切的关系,可以为考察选人命运提供一个具体而清晰的范例。

一、待次注阙:金榜题名后的蹇涩

我根据江西几种地方志的记载,得知罗大经登进士第在宋理宗宝庆二年(1226)。又根据罗大经在《鹤林玉露》中"余初任为容南法掾"的夫子自道和广西地方志的记载,考证出罗大经的初仕时间为端平元年(1234)前后。

联系罗大经的登第时间,我最初觉得他的初仕时间有些难

---

① 〔宋〕罗大经:《鹤林玉露》乙编卷四《月下传杯诗》云:"余年十许岁时,侍家君竹谷老人谒诚斋。"第183—184页。

② 〔宋〕罗大经:《鹤林玉露》丙编卷四《诚斋夫人》,第309页。

解。于是我在旧作《罗大经生平事迹考》中写道："端平元年距罗大经登第的宝庆二年已有八年之久。进士及第，逾八年方授官，于情理上似难说通。因此，尽管《鹤林玉露》中没有反映出罗大经在官容州之前曾任何官，但罗大经做容州法曹掾，当非初仕，而是由他官迁转至此。"①

现在看来，我的这个推测是错误的。而造成错误的原因是，由于不清楚宋代，特别是南宋选人待阙授官的困难性，想当然地认为进士登第便会立即授官。《宋史·选举志》载："绍定元年，臣僚上言，铨曹之患，员多阙少，注拟甚难。自乾道、嘉定以来，尝命选部职官窠阙各于元出阙年限之上与展半年用阙，历年浸久，入仕者多。即今吏部参注之籍，文臣选人、武臣小使臣校尉以下，不下二万七千余员，大率三四人共注一阙，宜其胶滞壅积而不可行。"②宋人周煇也写道："选人改秩，今当员多阙少时，须次动六七年，成六考无玷阙，方幸寸进。夏夏乎难哉！"③而《续编两朝纲目备要》则明确记载"侍左选人用六年阙"。④ 所以说，罗大经登第后迟迟得不到注授差遣，并不是他一个人的遭遇。

北宋范仲淹在《答手诏条陈十事》中讲："咸平已后，民庶渐繁，时物遂贵。入仕门多，得官者众。至有得替守选一二年，又授官待阙一二年者。"⑤宋祁也在范仲淹稍前上书，指出当时"三冗"的状况。⑥ 宝元、庆历年间，还仅仅是北宋中期，仕途已见拥挤。

---

① 王瑞来：《〈鹤林玉露〉作者罗大经考》，《学林漫录》五集。此文又题为《罗大经生平事迹考》，收录于《鹤林玉露》附录1。

② 〔元〕脱脱等：《宋史》卷一五八《选举志》铨法上，第3716页。

③ 〔宋〕周煇：《清波杂志校注》卷一，第31页。

④ 〔宋〕佚名：《续编两朝纲目备要》卷七宁宗嘉泰二年四月辛卯条，第126页。

⑤ 〔宋〕范仲淹：《范文正公政府奏议》卷上，王瑞来校点《儒藏（精华编）·范仲淹集》本，第408页。

⑥ 〔宋〕宋祁：《景文集》卷二六《上三冗三费疏》，影印《四库全书》文渊阁本，第1088册，第224—226页。

不过，范仲淹所说的"得替守选一二年，又授官待阙一二年"，比起前面引述文献所说的南宋情况和罗大经的遭遇，真是不算什么。南宋入官者如果只有两三年的等待，那简直会喜出望外。

北宋的仕途壅塞，直接遗留给了国土被削去三分之一的南宋，使得南宋的选人入官变得异常艰辛。早在南宋初期的绍兴七年(1137)，中书舍人赵思诚就指出："孤寒之士，名在选部，皆待数年之阙，大率十年不得一任。"如此看来，罗大经进士登第后待阙八年，实在是没有太大背景的士人的极为普通的遭遇。当时，赵思诚还预测道："将见寒士有三十年不得调者矣。"①罗大经生活的时代，又距赵思诚上言的时代过去了将近一百年，有史料表明，赵思诚的预测已经部分地成为了仕途现实。② 如此严峻的现实，让罗大经不得不另辟蹊径来进入仕途。关于这一点，我会在下一节具体展开。

二、远之广西：选人注阙下的秘辛

在《罗大经生平事迹补考》中，我对罗大经的宦游交友进行了考证。于是，一个引人注目的现象，在罗大经初任容州司法参军时便浮现出来。

根据《鹤林玉露》的记载，罗大经在任容州司法参军期间，主

---

① 〔元〕脱脱等：《宋史》卷一五九《选举志》铨法下，第3733页。
② 〔宋〕戴栩《除架阁谢丞相》云："第太常者十七年，绝企腾黄之步。课考功者岁六稔，仅收破白之章。"《全宋文》卷七〇三二，第308册，第128页；此外，〔宋〕李刘《四六标准》卷一九《代回王文思》亦云："不谓二十年之间，未脱六七阶之选。聊为破白，何必谢青。"《全宋文》卷七二八一，第317册，第351页。这些表述都折射出入官之艰难。

要与三个人有密切的交往,这三个人都比罗大经官位高,属于上下级关系。

第一个是范应铃。范应铃,字旂叟,号西堂先生,丰城(今江西丰城市)人,开禧元年(1205)进士。传见《宋史》卷四一〇。罗大经在《鹤林玉露》中以"西堂先生范旂叟"尊称之。在南宋的官僚中,范应铃多少有些知名度。《名公书判清明集》中收录范应铃法律判例多达22篇。《宋史》本传引用当时"人以为名言"的官员徐鹿卿的话,说"应铃经术似儿宽,决狱似隽不疑,治民似袭遂,风采似范滂,理财似刘晏,而正大过之"①,对范应铃给予了相当高的评价。

罗大经与范应铃交往,是在范应铃担任广南西路提点刑狱期间。《鹤林玉露》丙编卷一《槟榔》和卷二《不谈风月》两条集中记载了罗大经与范应铃的交流。特别是《不谈风月》条记载:"余初任为容南法掾,才数月,偶留帅幕。旂叟忽袖中出职状一纸畀余。余辞以未书一考,不当受。旂叟曰,固也,子亦漫收之,若书一考,而某未以罪去,则可以放散。不然,亦聊见某具一只眼耳。"②

根据宋代选人升迁改官制度,选人升迁改官所必需的五份推荐书中,第一份破白与第五份合尖固然重要,但作为主管上司的职司推荐书则是必不可少。范应铃给罗大经的职状就是这样一份推荐书。我曾经考察过,选人要想得到举主的推荐书是极为困难的一件事,甚至像杨万里那样有影响有地位的人求索,都有不如愿的时候。而从范应铃主动给罗大经职状的这一记载看,范应铃对罗大经相当器重。然而,作为有推荐资格的官员,所请托者多,而每年可以推荐的名额十分有限,给谁当举主,恐怕不能单凭

---

① 〔元〕脱脱等:《宋史》卷四一〇《范应铃传》,第12347页。
② 〔宋〕罗大经:《鹤林玉露》丙编卷二《不谈风月》,第263页。

第二编 走向民间与根植地方
137

被推荐人的能力、才华以及政务业绩决定，这背后有着复杂的人际关系和利益考量。究竟是什么原因使范应铃对罗大经如此垂青呢？答案我们暂且按下，先来看罗大经与另外两个人的交往。

第二个人是赵师恕。罗大经在容州担任司法参军时，过从最为亲密的，就是赵师恕。在《鹤林玉露》中，甲编卷二《心脉》，乙编卷二《野服》，丙编卷三《观山水》、卷四《诚斋夫人》、卷五《南中岩洞》五条，记载了罗大经与赵师恕的对话与交流。对赵师恕，罗大经以字"季仁"尊称之，所以在《鹤林玉露》中见不到"师恕"之名。据赵季仁的友人黄榦《勉斋集》①卷二一《赵季仁乡饮酒仪序》中"吾友赵君师恕"的记载，考知赵季仁之名当作"师恕"。关于赵师恕的事迹，明人张鸣凤的《桂胜·桂故》卷五也有记载："赵师恕，字季仁，端平初以朝请大夫、直焕章阁知静江，勒诗穿山，乃其去官，与僚属别者。……罗大经曾从师恕游栖霞洞赋诗。师恕，闽之长乐人。"②明人编纂的《广西通志》卷七于"知静江府"之下载："赵师恕，端平元年以朝请大夫、直焕章阁任。"③《粤西丛载》载："端平丙申七月长乐赵师恕不以将受代眷此岩壑之胜、僚佐之贤，上浣日邀庆元刘椿寿卿、莆阳王太冲元邆。"④可知赵师恕知静江府在端平元年到端平三年（1234—1236）之间。

第三个人便是上面提到的王太冲。《鹤林玉露》中《酒有和劲》一条，作为制酒勾兑技术的史料屡屡被援引。在这一条中记载："厥后官于容南，太守王元邆以白酒之和者、红酒之劲者，手自

---

① 〔宋〕黄榦：《勉斋集》，影印《四库全书》文渊阁本，台北：台湾商务印书馆，1986 年，第 1168 册，第 234 页。

② 〔明〕张鸣凤：《桂胜·桂故》，杜海军、阎春校点，北京：中华书局，2016 年，第 315 页。

③ 〔明〕林富、黄佐纂修：《广西通志》卷七《知静江府》，《四库全书存目丛书》史部·地理类第 187 册，影印明嘉靖刻本，济南：齐鲁书社，1997 年，第 91 页。

④ 〔清〕汪森编：《粤西丛载》卷二《穿山题名》，影印《四库全书》文渊阁本，台北：台湾商务印书馆，1986 年，第 1467 册，第 377 页。

剂量,合而为一,杀以白灰一刀圭,风韵顿奇。索余作诗,余为长句云……"①检《四库全书》收录刘克庄《后村集》卷三一《跋王元邃诗》中"元邃使君长余三岁"及"使君王氏为太冲元邃是也"等句,知王元邃名太冲。罗大经避开直呼其名,以"元邃"尊称之。此外,据《粤西丛载》卷二所载《穿山题名》中"端平丙申七月,……莆阳王太冲元邃"之石刻,知福建莆阳出身的王太冲在端平三年(1236)前后曾担任容州知州。

一般说来,一个人的交友圈大多形成于勤务或生活的地域范围。那么,上面三个人,不是旧交,而是罗大经到广西担任容州司法参军后才开始的新知吗?深入考察这三个人的仕履,则发现并非如此。这一发现则揭开了罗大经远赴广西任官的秘密。

还是按照上面的顺序,先说范应铃。范应铃曾在罗大经的家乡担任过吉州知州。《宋史》卷四一○《范应铃传》载:"时江右峒寇为乱,吉州八邑,七被残毁,差知吉州。"②又据《(万历)吉安府志》记载,"范应铃,知吉州,嘉定中任"③。考嘉定间的吉州知州,除了嘉定三年(1210),各年的知州均可凿实,可知范应铃知吉州当在嘉定三年。④ 根据我对罗大经生平的考证,是时罗大经尚是十五六岁的少年。⑤ 因此,作为知州的范应铃在当时不可能与罗大经有直接交往。但受命于危难之际的范应铃,极有可能是与作为乡贤的罗大经父亲罗茂良结谊。即使这一推测不能凿实,范应铃与罗大经之父罗茂良的友人杨长孺关系非同一般也是事实。

① 〔宋〕罗大经:《鹤林玉露》丙编卷四,第298页。
② 〔元〕脱脱等:《宋史》卷四一○《范应铃传》,第12345页。
③ 〔明〕余之祯总修,王时槐纂修:《(万历)吉安府志》,汪泰荣点校,北京:中华书局,2018年。
④ 李之亮《宋两江郡守易替考》将范应铃知吉州系于嘉定二年至三年(1209—1210),成都:巴蜀书社,2001年,第423页。
⑤ 王瑞来:《〈鹤林玉露〉作者罗大经考》,《学林漫录》五集。

杨长孺与后来担任广西转运使的范应铃曾先后推荐同一个选人，便表明了这种关系。《宋史·冷应澄传》："冷应澄，字公定，隆兴分宁人。宝庆元年进士，调庐陵主簿，即以廉能著。有诉事台府者，必曰，愿下庐陵清主簿。尤为杨长孺所识拔。调静江府司录参军，治狱平恕，转运使范应铃列荐于朝。"[1]

网络就是这样连接的。在杨长孺家乡任官的冷应澄，为杨长孺所赏识推荐。任满后调任广西静江府司录参军，大约也是杨长孺向转运使范应铃荐送的。这表明，范应铃或许是由于吉州任官的经历，与杨长孺早有交谊。而罗大经无疑也是在杨长孺的设计下，走了与冷应澄同样的路径。这就是范应铃在任广南西路提点刑狱期间为何独独对仅仅是一个属下的司法参军罗大经格外器重的秘密。

我们再来看赵师恕。考察赵师恕的仕履，发现他在端平元年（1234）出任知静江府之前的绍定五年（1232）到端平元年（1234）间，在袁州担任过三年知州。[2] 袁州与吉州相邻，南宋时同属江南西路。罗大经在《鹤林玉露》丙编卷四《诚斋夫人》条记载："东山病且死，无衣衾，适广西帅赵季仁馈缣绢数端。东山曰，此贤者之赐也，衾材无忧矣。"由此可知，赵师恕与号东山的杨万里之长子杨长孺是好友，而罗大经的父亲罗茂良既是杨万里的门人，又与杨长孺是好友。

朋友的朋友就是朋友，人际交往并不仅限于直线联系，更多的是间接交往，由此构成一张巨大而复杂的社会关系网络。因此，且不说赵师恕在与吉州相邻的袁州任官给罗茂良创造了交往

---

① 〔元〕脱脱等：《宋史》卷四一六《冷应澄传》，第 12480 页。

② 〔明〕严嵩等纂修：《袁州府志》卷六，《天一阁藏明代方志选刊》影印明正德九年（1514）刻本，上海：上海古籍书店，1982 年，第 8 页。

　　　　　　　　　　士人走向民间：宋元变革与社会转型

的机会,仅就罗茂良与杨万里和杨长孺的亲密关系,也足以使赵师恕成为罗茂良的朋友。

最后再看王太冲。《四部丛刊初编》收录的旧抄本《后村先生大全集》卷一五五载有《礼部王郎中墓志铭》,详细记载了王太冲的生平事迹。① 据墓志可知,王太冲于嘉定元年(1208)进士及第后,曾在罗大经的家乡吉水县担任过知县。对于王太冲在任期内的善政,墓志记载"罗君茂良歌之",直接记载了罗大经的父亲罗茂良与王太冲的交往。

考察至此,其实谜底已经揭开。

罗大经在进士及第后,经历了漫长的等待,迟迟未能铨注差遣。到了第八年,可谓天赐良机,与罗大经的父亲罗茂良有着非同一般交往的范应铃、赵师恕、王太冲三个人都先后到了广南西路,担任握有一定权力的知州以上的官员。那么,他们与罗大经初任广西容州司法参军又有什么直接联系呢?

在"员多阙少,一官至数人共之"②的南宋,进士及第后的注官也要排队等待。罗大经就饱尝了八年等待的煎熬。可见如果没有特别的关系,要想很快在吏部获得铨注差遣,希望是微乎其微的。但与罗大经的父亲罗茂良的朋友范应铃、赵师恕、王太冲同时在广南西路任官,则给了罗大经一线新的光明。

原来,朝廷对到边远的南方任官,尤其是任官广西有着特别的规定,淳熙五年(1178)周去非在《岭外代答校注》中记载:

> 定拟:广西去朝廷远,士夫难以一一到部,令漕司奉行吏
> 部铨法,谓之南选。诸郡之阙,吏部以入残零,一月无人注

---

① 按,刘克庄文集,《四库全书》与《四部丛刊》所收版本不同,多寡有异。此篇《礼部王郎中墓志铭》便不见于《四库全书》本。
② 〔宋〕赵汝愚:《论福建科场事疏》,《全宋文》卷六一八八,第274册,第10页。

授,却发下漕司定拟。待次士夫拟得一阙,先许就权吏部考其格法无害,则给告札付之,理前月日为任。①

接着,周去非还对这项政策及士人的反应评论说:"南中士夫甚乐之。广西经任人多不欲注曹官,唯欲授破格职官。初任人不欲授监当簿尉,唯欲授破格曹官。谓如吏部注中州四选,阙率一官而四人共之,唯广西阙无人注授,及发下定拟,唯许寄居随侍。曾任本路人参选,员少阙多,率是见次选人,于此可养资考,岂吏部注拟之所常有者?故落南士夫,多不出岭,良以此也。"②

在北宋时,"川、峡、闽、广阻远险恶,中州之人多不愿仕其地"③,因而施行被称为"远州铨"的铨选制度。除了知州,对成都府、梓州、利州、夔州、两广、福建八路,北宋允许官员指射差遣,由转运使司上报给审官东院或流内铨,正式颁发告敕。这就是熙宁以后形成的所谓"八路定差法"④。

进入南宋以后,这项政策继续施行于川广六路,但在名目上依然称作八路定差法。知州官阙归吏部,还有部分官阙由转运使司申报后颁发差札的所谓"部阙"。此外的本司阙则是"漕使得专予夺",制司阙也由该司自行辟差。⑤ 特别对两广专有"非次阙""经使阙""季阙""残零阙",由漕司以字号定差,申报吏部和御史台,"各注于簿"⑥。由于有这样的权力下放的政策,两广的差注

---

① 〔宋〕周去非:《岭外代答校注》卷四《法制门·定拟》,杨武泉校注,北京:中华书局,1999年,第166页。

② 〔宋〕周去非:《岭外代答校注》卷四《法制门·定拟》,第166页。

③ 〔元〕脱脱等:《宋史》卷一五九《选举志五·远州铨》,第3721页。

④ 关于八路定差法,参见[日]渡边紘良《宋代的八路定差法与使阙》,漆侠主编《宋史研究论文集:国际宋史研讨会暨中国宋史研究会第九届年会编刊》,保定:河北大学出版社,2002年。

⑤ 〔宋〕祝穆撰,祝洙增订:《方舆胜览》卷五一《总论四路定差》,施和金点校,北京:中华书局,2003年,第900—901页。

⑥ 〔清〕徐松辑:《宋会要辑稿》职官八之二四,第3244页。

官阙相对其他地区要容易一些。

尽管大量选人一阙难求,但有势力背景、有资格注阙的选人还是挑肥拣瘦,不愿到条件艰苦或是难于治理的地方去。周必大就说他的家乡,亦即罗大经的家乡吉水难于治理,"吏部南曹榜阙于门,选人过之,侧晲不敢就"①。这便是在南宋广西漕司自行铨注的优惠政策得以持续的背景之一。

虽然有广西漕司自行铨注这样的南选政策,但如果在广西漕司没有熟人,广西以外的待阙人也无缘享受这项优惠政策。而罗大经因为有了范应铃、赵师恕、王太冲这三个父辈的友人,便无须担忧得不到广西注阙了。

由于有些走后门之嫌,因此我们在《鹤林玉露》中找不到有关罗大经对其为何远赴广西的只言片语的说明。不过,从范应铃、赵师恕、王太冲与罗大经父亲罗茂良的交往关系看,罗大经远赴广西如果与这三人没有任何关系,罗大经在广西与这三个父辈的友人相遇交往也纯粹是一种偶然,反倒是令人难以置信的。

可以基本成立的推测是,由于父辈友人的推荐铨注,罗大经便成为南选政策的受惠者。由此可见,在南宋,即使士人是千辛万苦科举及第,也依然需要托关系谋出路。

三、梦断抚州:政争意外波及选人

在众多的选人中,罗大经也许还算是相当幸运的一个了。虽说不是出身于显宦之家,也没有杨万里那样的过硬靠山,但毕竟

---

① 〔宋〕周必大:《周文忠公集》卷一九《题吉水宰陈臧孙邑计录》,王瑞来《周必大集校证》本,第 274 页。

还是得到了父辈的三个朋友关照。从范应铃主动给罗大经职状看,在所需的五份推荐书中,罗大经至少可以轻易地得到三份。不过,即使是有这样的幸运,罗大经最终还是没能脱离选海。

罗大经在《鹤林玉露》的丙编自序中提到他在淳祐十二年(1252)时"为临川郡从事逾年"。检明弘治十六年(1503)编纂的《抚州府志》,在卷八八《公署》"军事推官题名"栏,找到了罗大经的名字,并且在名字之下还可以见到这样的注语:"从事郎,淳祐十一年。"①时间上,此记与罗大经的自序相合,当为可信。

这条注语为我们讲述了这样一个事实:从端平元年(1234)任容州司法参军到淳祐十一年(1251)任抚州军事推官,其间过去了十八年,罗大经仅从选人初阶的迪功郎前进了三阶,只走到七阶选人中间的从八品从事郎,离脱出选海还遥遥未有穷期。此时,距罗大经宝庆二年(1226)登进士第,则已经过去了26年。

晚年的罗大经还算幸运的是,得到了距离家乡不远的抚州差遣。不过,由于一个意外事件的牵连,让在选海中挣扎了二十六年的罗大经彻底出官梦断。

在《鹤林玉露》的丙编自序中,罗大经写道:"余为临川郡从事逾年,考举粗足,侍御史叶大有忽劾余罢官。"②侍御史叶大有为何对一个地位很低的选人发难呢?其原因我在《〈鹤林玉露〉作者罗大经考》的考证文章中已经揭示,相关考证移录如下:

> 罗大经在做了一年左右的军事推官后,被弹劾罢官。罗
> 大经为何被弹劾?一个堂堂的侍御史为什么要对一个区区
> 的州郡属官大动干戈?初想似不可理解。细考此段史事,才

① 〔明〕杨渊等纂修:《弘治抚州府志》,《天一阁藏明代方志选刊续编》影印明弘治十六年(1503)刻本,上海:上海书店出版社,1990年。
② 〔宋〕罗大经:《鹤林玉露》丙编自序,第237页。

知道罗大经是受到朝廷中官僚之间的矛盾斗争波及而被罢官。这场斗争的直接焦点是谏议大夫叶大有和右司郎中徐霖二人。《续资治通鉴》卷一七三宋理宗淳祐十二年七月载："右司郎中徐霖疏言谏议大夫叶大有阴柔奸黠，为群憸魁，不宜久长台谏，并追论赵与篲聚敛。帝不悦。乙酉，帝谕辅臣曰：'徐霖以庶官论台谏、京尹，要朕之必行，殊伤事体，已批除职予郡。'吴潜等请更赐优容。"接下来便记载"徐霖出知抚州"①。《宋史》卷四二五《徐霖传》所记略同。《宋史》本传还记载了徐霖知抚州后，"祠先贤，宽租赋，振饥穷，诛悍将，建营寨。几一月而政举化行。以言去，士民遮道不得行"。《续通鉴》把徐霖调离抚州记在淳祐十二年十月内。就是说，徐霖知抚州仅三个月。《宋史·徐霖传》中的"以言去"，当是朝廷中叶与徐斗争的继续。可见在徐霖知抚州后，叶大有并未放过他，而是继续加以弹劾。罗大经自序中"侍御史叶大有忽劾"，即指此事。从《宋史》和《续通鉴》看，徐霖的步步败北波及了许多人，作为抚州知州的幕职官，罗大经亦自不能免。这就是一个小小的从八品属官被弹劾罢官的原因。②

罗大经在抚州军事推官任上的长官知州徐霖，由于在朝廷时与谏议大夫叶大有之间的矛盾纠纷，在被逐出中央政府后被继续追及。矛盾斗争殃及池鱼，与知州在业务上关系密切的军事推官罗大经也被牵连罢官。③

---

① 我于2005年所作《罗大经生平事迹补考》指出《续资治通鉴》所记此事，系转录自《宋史全文》卷三四，第2816页。

② 王瑞来：《〈鹤林玉露〉作者罗大经考》，《学林漫录》五集。

③ 〔元〕脱脱等：《宋史》卷一六七《职官志》记载军事推官的职掌云："掌裨赞郡政，总理诸案文移，斟酌可否，以白于其长而罢行之。"第3975页。

"忽劾"一词,似乎反映了罗大经对莫名其妙便被罢官的困惑。不过,这已是无可改变的事实。从"考举粗足"的话来看,罗大经似乎已经有了跳出选海改官的希望,但意外的牵连还是把罗大经推向仕途的绝境。

"功夫在诗外。"绝意仕途的罗大经,"还山数月,丙编遂成"[1],在"山静日长"的旧居,完成了《鹤林玉露》的写作。这或许可以说是仕途之外的收获,为后世留下了一部精彩的著作。对于还乡后的生活,包括《鹤林玉露》的写作,罗大经在《鹤林玉露》中有一段极为精彩的描述:

> 余家深山之中,每春夏之交,苍藓盈阶,落花满径,门无剥啄,松影参差,禽声上下。午睡初足,旋汲山泉,拾松枝,煮苦茗啜之。随意读《周易》《国风》《左氏传》《离骚》、太史公书及陶杜诗、韩苏文数篇。从容步山径,抚松竹,与麛犊共偃息于长林丰草间。坐弄流泉,漱齿濯足。既归竹窗下,则山妻稚子,作笋蕨,供麦饭,欣然一饱。弄笔窗间,随大小作数十字,展所藏法帖、墨迹、画卷纵观之。兴到则吟小诗,或草《玉露》一段。再烹苦茗一杯,出步溪边,邂逅园翁溪友,问桑麻,说粳稻,量晴校雨,探节数时,相与剧谈一饷。归而倚杖柴门之下,则夕阳在山,紫绿万状,变幻顷刻,恍可人目。牛背笛声,两两来归,而月印前溪矣。[2]

根据这段描述的意境,明代才子唐伯虎还专门画过《山静日长图》,被赞誉"《玉露》中妙境,固非此妙笔,不能传神写照耳"[3]。

---

① 〔宋〕罗大经:《鹤林玉露》丙编自序,第 237 页。
② 〔宋〕罗大经:《鹤林玉露》丙编卷四《山静日长》,第 304 页。
③ 〔清〕孙承泽:《庚子销夏记》卷三《伯虎山静日长图》,白云波、古玉清点校,杭州:浙江人民美术出版社,2019 年,第 78 页。

士人走向民间:宋元变革与社会转型

罗大经归去之后的生活,较之仕途上焦虑的奔波,人际关系的紧张险恶,不知惬意多少倍。如果生活可以自给自足,官场上的富贵对读书人的吸引力恐怕不会太大。因此,仕途的壅塞便让士人的流向满溢于各处。

选人在选海翻滚,遇到有势力有影响有权力的高官提携,就像杨万里际会张浚那样,实在是一种幸运。[①] 然而,事情还有另一面,倘若与提携者一同卷入朝廷政治斗争的漩涡,则会变为不幸。就像罗大经那样,政治生涯将被提前,甚至是彻底终止。

罗大经的仕途命运,并不是个别的现象。通过杨万里的叙述,我们还可以看到另一个被卷入政治斗争漩涡的选人遭遇。一个叫黄世永的选人,先是被监司辟为县令,但当他得知那个位置有人已经整整等了三年,便决意不夺人之美。此后,他在京城等待选调时,大概是气有不平,指责势家子超迁,结果又得罪了御史。尽管有高官推荐,还是被该御史告到高宗那里,说他"沽名躁进",致使他"自是偃蹇江淮间"。后来,好不容易在孝宗即位后,被重新起用成为宰相的张浚推荐,担任枢密院编修官。不过,还未赴任,便因推荐者张浚的去位而受到牵连,"亦复论罢",郁郁而殁。死时官位还挂在选人七阶中的左从政郎。[②]

结　语

选人跃出"选海",冲出形同葫芦口一般的选人到京官之间的

---

① 参见本书第二编第一章《"内举不避亲"》。

② 〔宋〕杨万里:《诚斋集》卷四五《黄世永哀辞》,辛更儒《杨万里集笺校》本,第 2305 页。

狭小颈口,走向光明仕途,需要很多因素。在进士及第后将近三十年的仕途中,毫无家世背景的罗大经,凭借父辈以及自己所编织的关系网,在选调的路途上风尘仆仆地奔波,不惜背井离乡,前往远恶小州。能够得到这样的窠阙,还算是罗大经的幸运,因为三个父执友人刚好凑在了一处,可以对他施以援手。不然,罗大经进士及第后的待阙或许不止八年。

小人物罗大经犹如一滴水珠,有着形形色色的折射。选人升迁京官要有业绩、官历及过硬的背景与关系,在达到这一阶段之前,也是备尝艰辛。拥有业绩、官历的前提是要得到窠阙。职业职业,无职从何谈业?然而,透过罗大经的经历,我们可以看到,在南宋官多阙少的严峻现实之下,普通选人就连获得注阙的机会都极为困难,甚至要动用各种人脉关系,不计条件好坏,才能实现。而即便是有一点小小的幸运,得到了窠阙,在漫漫仕途之上,还可能会遭遇种种意想不到的险恶。在选调路上跋涉了二十六年之久的罗大经,最后竟因上层政治纷争的波及,仕途戛然终止于壮年。若不是留下一部《鹤林玉露》,罗大经就是湮没在选海中成千上万选人中的一个。长期科举应试准备之时编织的飞黄腾达之梦,以及金榜题名之际的凌云壮志,都被一点一点地磨灭,在汪洋选海之中折戟沉沙。

命运际会,宦海沉浮。罗大经的同榜进士,也不乏春风得意者,如江万里,甚至官及相位。① 不过,相对绝大多数选人的遭际,春风得意者毕竟如凤毛麟角般稀少。

罗大经的经历,是一件个案,却不是个例,折射的是无数选人的普遍命运。

---

① 〔元〕脱脱等:《宋史》卷四一八《江万里传》,第 12525 页。

在南宋，不少以科举起家的势家与田连阡陌的大族子弟，甚至不愿头悬梁锥刺股地奔走科举之途，父祖余泽与出钱出粟，都可以达到寒窗苦读进士及第后的选人地位，而在下一轮的竞争中，势力背景又使这部分人独占优势，把本来狭窄的仕进之路变得更为拥挤，多数像罗大经这样的选人，注定出头无望。

出头无望而改弦易辙，无论前程光明与否，每个人都要寻找自己的生路。在这一促因之下，入官的选人与向这条路上张望的士人，开始寻求其他道路。在经济、文化、社会等多种因素的综合影响之下，士人流向逐渐产生多元化，显现多种面相，向地域社会形成广角而多层渗入。包括士大夫在内的广泛意义上的士人，是社会精英，引领着社会走向。于是，中国社会在南宋开始渐进转型，从近世迈向近代。

讲述罗大经的故事，意正在此。

第四章
科举家族与地域网络
——由周必大《曾南夫提举文集序》切入的考察

　　本章以周必大《曾南夫提举文集序》为线索,考察了《宋史》及《宋史翼》均未立传的北宋后期官僚曾安强及其家族的实际状况。从曾氏家族的仕途际遇,可以窥测到南宋前夜仕途的艰辛。这种北宋因素,自中期以来开始积淀,至南宋在特殊的背景、特殊的场域之下,终于开始发酵,士人中的多数不再涌向仕途,出现流向多元化的势头。而从曾经贵为宰相的周必大为当地的曾氏家族写下为数不少文字的行为来看,地域势力在当时乡党间的人脉经营相当受到重视。这也从一个侧面折射了地域势力的崛起与强盛。而这种地域势力的崛起与强盛则成为宋元变革的强有力的推手之一。

引　言

　　从名声上讲,曾安强默默无闻,周必大如雷贯耳。从地位上讲,曾安强官位仅至路一级的提举常平,周必大是位极人臣的宰相。从时代上讲,曾安强生活于北宋后期,周必大则活跃于南宋中期。把两人捆绑在一起,犹若相声所说关公战秦琼,彼此不搭界。不过,毕竟还是有东西将睽隔百年以上的两个人联系了起来。这就是周必大写下的《曾南夫提举文集序》等一系列文章。宋人见于《宋史》列传者,仅为荦荦要者,未收录者甚夥。晚清陆心源,有鉴于此,辑纂《宋史翼》,稍补缺憾,然亦难尽网罗。读周必大《平园续稿》卷一二《曾南夫提举文集序》①,可以概见北宋晚期人物曾安强事迹。曾安强于《宋史》《宋史翼》皆无传记,因以周序为主,参检其他记载,略加钩稽事迹。而钩稽事迹过程中所观察到的曾安强家族的仕途遭遇,以及周必大与曾氏家族的关系,结合到南宋的政治现实和地域社会的状况来加以思考,颇有可玩味之处。

一、曾安强事辑

曾安强,字南夫,吉州泰和人。据《曾南夫提举文集序》云"此吾先大父秦国公元符庚辰同年进士也",可知曾安强登进士第在北宋元符三年(1100)。清《(雍正)江西通志》卷四九亦于"元符三年庚辰李釜榜"之下记有曾安强之名,且于名下施注云:"泰和人,舒州法曹。"于此可见曾安强早期宦历。《(雍正)江西通志》于同卷"元祐二年丁卯解试"之下记有曾安强之名。从元祐二年(1087)至元符三年(1100),时光已逝去13年,可见曾安强的科举之途并不平坦。《(雍正)江西通志》卷七五《人物》记载曾安强"登乙科",说明他成绩也不是很好。②

《(雍正)江西通志》引述旧籍,尚记有曾安强一些早年事迹,不见于其他载籍。卷九九《列女》于"吉安府"之下载:

> 温氏,泰和人。曾安强既定其聘,后以读书快阁,广帅过

①〔宋〕周必大:《周文忠公集》卷五二,王瑞来《周必大集校证》本,第782页。
②〔清〕谢旻修:《(雍正)江西通志》,影印《四库全书》文渊阁本,第515册,第583页。

而奇之，欲妻以女，曾安强从之。温闻之，自缢而死。

这里记载的是一个悲剧。泰和女子温氏已与曾安强订婚，后来曾安强在泰和的名胜快阁读书时，被路过的广南东路转运使看中，要把女儿许配给这个有为的青年，业已订婚的曾安强居然答应了下来。消息传到未婚妻耳中，竟然导致她自杀身死。宋代没有了贵族世袭，士大夫为了保持家声不坠，不仅着力培养自己的子弟走上仕途，还尽可能地选择有前途的青年招为女婿，为自己的家族输入新鲜血液，并且把关系网的编织向下一代延伸。这个高官择曾安强为婿，就反映了宋代新士族家族建设的努力。

卷一六二载：

> 曾安强为舒州法曹，母丧归葬。值江水暴涨，舟遇石将摧，曾安强以帛系枢，誓与同溺。俄有驾大舰者救之，回视原舟，裂为三矣。人以为孝感。

《（雍正）江西通志》引述的旧籍，包括明人所修之《（万历）吉安府志》。在《（万历）吉安府志》卷一八立有《曾安强传》[1]，所记上述事迹较《（雍正）江西通志》为详，且强调重要不同：

> 登乙科，调舒州法曹。会母丧，归，途值江涨，舟遇石将摧，篙工计急，欲迁之小舟。安强以帛系枢，誓与俱溺。俄有驾大舰者，共救之。有顷，船裂，安强得免。

清人修《（雍正）江西通志》，更强调孝道，可见礼教观念在社会的深入浸透。此为曾安强任舒州司法参军时的事迹。"母丧归葬"，表明曾安强是携带其母赴任的。进士登第授阙，父母跟随赴

---

① 〔明〕余之祯总修，王时槐纂修：《（万历）吉安府志》卷一八，第 257 页。

士人走向民间：宋元变革与社会转型

任,这在下层士人中比较常见。与曾安强同一乡里的杨万里,就曾携父母赴赣州司户参军任。[1]

《(雍正)江西通志》卷七五《人物》记载曾安强"调舒州法曹,后提举成都路常平"。舒州法曹还属于低级官僚选人,成都路提举常平则已成为中级官僚,这中间也一定还有不少宦历。果然,检《(万历)吉安府志·曾安强传》,载有可以补充的宦历:

> 服除,为潭州司理,差权内香药库,有旨出局中西乳香市之,安强执不可,恐生后患,时韪其言。

《曾南夫提举文集序》记载了曾安强始任成都路提举常平的明确时间:"政和三年(1113),擢使益部。"

曾安强任成都路提举常平,《(雍正)江西通志》卷七五《人物》记载有三件事迹。

其一曰:

> 后提举成都路常平,至则民诉旱,决灌口水以灌田,岁因大穰。士民刻石江上,号《均水记》。

按,此事《(万历)吉安府志·曾安强传》所载,相当详尽:

> 除提举成都府路常平,至则民诉旱,求决灌口水者以千数。问其故,曰:"官司惮修筑,且恐水决陷及州县。"安强曰:"民既急矣,吾当独任。"趣诣水所,恣百姓疏决。僚吏或申前议,安强曰:"吾已任,不累公等矣。"数日,诸郡水告足,富者捐财,壮者出力,仍筑塞之。岁因大穰,著为式,士民刻石江上,号《均水记》。

---

① 辛更儒《杨万里集笺校》本附录4,第5337页。

《(雍正)江西通志》所记完全看不到的曾安强勇于担责任事的一面，在这段记载中充分展现了出来。

其二曰：

> 先是，庐肆多火，无以潴水。曾安强按地为沟三百所，或病之。俄得断碑，乃张咏《疏渠积水记》，中一一如所经画。

这段记载跟《(万历)吉安府志·曾安强传》所载基本一致，然明人的记载在最后多出了结果"遂复旧"一句。

其三曰：

> 时朝廷遣中人督上供帛，有邓述者，挟持尤甚，市物不中意，辄焚毁。曾安强疏其事，徽宗斥述不用。

按，此事由《曾南夫提举文集序》所述可以印证："中贵人邓述市物无艺，不如意辄焚之。公疏其害民十事，徽宗亟为斥述。"不过，据周必大所记，曾安强也为此付出了代价："廉访王竦惧其并害己也，诬公失察典吏受赇，坐谪监当。"对此，《(万历)吉安府志·曾安强传》也有可为补充的事实："会廉访王竦与述昵，心害安强，即中以微文，遂谪监耀州淳化县酒税。"据此可知，这个廉访使者王竦与邓述关系很好，所以用别的事情中伤了曾安强。由此可见人际关系的复杂性。曾安强左迁所任的监当官，明人的记载也很具体，为"监耀州淳化县酒税"。

曾安强任成都路提举常平时的事迹，上述之外，《(万历)吉安府志·曾安强传》还记载有不见于《(雍正)江西通志》的三件事。

其一曰：

> 上供绣作院，岁科民户出钱，顾男女杂作，监守者夤缘隐匿。安强奏乞散令制造，立限送纳，从之。

曾安强便民的请求,得到了朝廷的批准。

其二曰:

> 州岁下县织花罗一匹,费七十缗,吏辄市一取十以馈权要。安强檄有司具上供实数晓谕,使户知之,遂绝额外之扰。

曾安强的做法,杜绝了胥吏的营私扰民。

其三曰:

> 尝过僧寺,见暴骨不葬,多远宦无归者。因差官遍诣境内,录得三千余柩,悉葬漏泽园,置碣识之。一夕,梦数千人泣拜而去。

安葬"远宦无归者"的遗骨,无疑也体现了一样是"远宦者"的曾安强的同病相怜,他做了这件在过去看来是积德的善事并不奇怪。

《(雍正)江西通志》略去曾安强被中伤左迁之事实,径记此后事迹:

> 会户部议籴东南粟百万,顾左右未知所对。上曰:"曾安强可。"遂除河南常平。居七月即罢,卒于家。

检《曾南夫提举文集序》,再度除提举常平,是在左迁之后很久:"久之,上思其劲直,复起使两浙、湖南,滋不改其操。"据此,可知通志所记"河南"不确,当为"两浙、湖南"两地。审通志前句云"议籴东南粟百万",可知所记"河南"或为"湖南"之音近而误植。《(万历)吉安府志》也误作"河南"。递修的方志,虽然在记事上互有增减,但史源是相同的,因此同误,而另外来源的《曾南夫提举文集序》则可以起到证误的作用。

在上述事实上,文集序与方志所记可以互为印证、补充之外,文集序还有一些有价值的记载。比如：

> 时禁旧学,颁新义。公作《读资治通鉴》诗百余言,卒章
> 有"何当释书禁,新学破盲聋"之句,其气何如也。

曾安强的诗是反潮流而发,平允地主张解除书禁,让新旧学
自由竞争,认为或许新学可以战胜旧学。文集序是以赞赏的口吻
引述并评论了曾安强写于徽宗时代的诗句。这也折射出南宋中
期周必大写作文集序时的政治倾向。"新义"是指王安石的《周官
新义》等《三经新义》。

南宋初期,痛定思痛,朝野大多认为,北宋亡于王安石新法,
因此长时期对王安石予以否定性的评价。但到了南宋中期,这种
一边倒的局面逐渐改变,对王安石又开始重新认识,有了予以肯
定的声音。这个时代,李壁为王安石的诗作注就反映了这种倾
向①,而周必大在引述了曾安强的诗句之后说"其气何如也",无
疑也流露出他在王安石评价上倾向于肯定的立场。

《文集序》还记载有曾安强八岁时写的一联五言诗：

> 生才八年,赋《白鹭》诗云:"外洁临清流,中贪鱼虾求。"
> 人已骇伏。

外表高洁的白鹭,来到清澈的河流。高洁的白鹭与清澈的河
水可谓相映成趣,给人以清高之美。不过,白鹭来到河上的目的
却并非显示高洁,而是为了求河里的鱼虾。一个 8 岁的孩子,
能有这样的观察,写出这样的诗句,的确令人"骇伏"。《文集序》
仅记载下曾安强这首诗其中的两句,意外的是,《(万历)吉安府
志·曾安强传》却完整地记载下了全诗和当时人的评论：

---

① 〔宋〕王安石撰,〔宋〕李壁笺注:《王荆文公诗笺注》,北京:中华书局,1958 年。

八岁时，赋《白鹭》诗："其外殊洁白，俯风临清流。其中乃贪秽，尽日鱼虾求。"识者已知其有清修嫉恶之志。

两相比较，文集序仅仅是概括了这首诗的大意，并非原句。《（万历）吉安府志》的记录自然是有所援据。检宋人编纂的《舆地纪胜》，便有这样的记载："曾安强，太和人。登第后，坐邪党。安强八岁时赋《白鹭》诗云：'其外殊洁白，俯风临清流。其中乃贪秽，尽日鱼虾求。'识者器之。"①

曾安强诗文集没有存世，这样的诗句借周必大之序而保留下来，十分可贵。由此想到，隐含于大量宋代文献中的诗词或残句不知凡几，《全宋诗》的编纂已极尽搜讨之功，不过大概还有辑佚补阙之空间存在。

二、曾安强家族

《曾南夫提举文集序》还对曾安强的家庭情况有所涉及：

其父肃，字温夫。山谷黄公宰乡县，以清高处士目之。生四子，皆践儒科。仲安止，著《禾谱》五卷，东坡苏公所为赋《秧马歌》者。公乃其季也。

关于其父曾肃，《（雍正）江西通志》卷七五《人物》也有记载：

曾肃，字温夫，泰和人。性纯孝，居父丧，庐墓侧，有慈乌来巢之祥。黄庭坚知泰和时，嘉其行，称为清高处士云。

---

① 〔宋〕王象之：《舆地纪胜》卷三一《江南西路·吉州·人物》，赵一生点校，杭州：浙江古籍出版社，2012年，第1019页。

关于《文集序》所云曾安强兄弟四人，南宋徐鹿卿《清正存稿》卷五《文溪曾氏五君图赞并序》所载颇详：

> 西昌曾肃温夫，嘉祐进士，山谷宰邑，以清高处士目之。有子四人。长安辞长吉，三举，与大观三年特奏名。辟室以居。绘古逸士十人于壁，而徜徉其间，号十一居士。次安上（止）移忠，熙宁中两中第，仕止彭泽令，号屠龙君。尝著《禾谱》，东坡所为作《秧马歌》者。次峰舜和，元符二年进士，仕止清川丞，号青城山人。次曾安强南夫，第元和（符）三年一科，仕止湖南常平使者，号秀溪居士。是为文溪曾氏五君子。其曾孙待举绘为图，求赞。

> 赞曰：超然一翁，四子仪之。孝友之风，见于须眉。穷不失义，达不离道。问胡为然？从吾所好。落落难合，皓皓易污。岁晚松桧，独不我疏。父子一家，矩矱千古。勖我云仍，祖乃厥祖。①

徐鹿卿此文详细记载了曾安强兄弟四人的情况。长兄安辞很有趣，他在自己的房间墙壁上画了十个古代逸士像，犹如"对影成三人"，自称为"十一居士"，作为特奏名出身的他，这种行为无疑是流露出对仕途的失意。

二兄安止所著《禾谱》，凡五卷，《宋史》卷二〇五《艺文志》也有著录。陈振孙《直斋书录解题》卷一〇载："《禾谱》五卷，宣德郎温陵曾安止移忠撰。东坡所为赋《秧马歌》也。谓《禾谱》文既温雅，事亦详实，惜其不谱农器，故以此歌附之。安止熙宁进士，

---

① 〔宋〕徐鹿卿：《清正存稿》卷五《文溪曾氏五君图赞》，影印《四库全书》文渊阁本，台北：台湾商务印书馆，1986 年，第 1178 册，第 917 页。

尝为彭泽令。右丞黄履安中志其墓。"①检《苏轼诗集》卷三八《秧马歌引》所云，诚如陈振孙所记。② 不过，东坡称之为"宣德郎致仕曾君安止"，可见当时安止已致仕还乡。徐鹿卿记安止"两中第"也值得注意。据明人陈谟《海桑集》卷六《曾学程应征序》讲述，原因是"以乙科不足荣，再试中甲科乃仕"③。这说明安止很有实力与自信。由于兄弟四人五次登科，《（雍正）江西通志》在曾安强传中引述时人郭知章挽其母刘氏诗曰："一门十捧乡老书，四子五折东堂桂。"科举研究应当深入到细部，这种因成绩不满意中第之后再度应试的现象，似乎研究者还注意得不多。

兄弟四人皆有很有趣的别号：十一居士、屠龙君、青城山人、秀溪居士。不仅其父与黄庭坚有交往，其兄安止也与苏轼有往来。据明人何乔新《椒邱文集》卷一八《跋苏颖滨帖》，曾安强跟苏辙也有书信往来。跋文讲述了苏辙与曾安强通信的缘由："右颖滨先生答司法庐陵曾君曾安强书一通。先生归自岭表，道庐陵而北，司法君兄弟见之，且致书求教。此先生之书所为答也。"④

这篇跋文还从两个方面着眼，称赞了曾安强的人品：

> 三复此书而有感焉，先生见忌于时宰，台谏乘风排击，远窜瘴疠必死之乡。当是时，门生故吏皆畏党祸，无敢通音问者。而司法君乃能款接无所顾，诚哉所谓贤者也。世之为士者，勤学好问，为利禄计耳。一登第，则视故所业若敝屣然，其习至今犹然也。司法君登第且有官矣，而知王氏新学之

① 〔宋〕陈振孙：《直斋书录解题》，徐小蛮、顾美华点校，上海古籍出版社，2015年，第296页。
② 〔宋〕苏轼：《苏轼诗集》卷三八，孔凡礼点校，北京：中华书局，1982年，第2051页。
③ 〔明〕陈谟：《海桑集》，影印《四库全书》文渊阁本，台北：台湾商务印书馆，1986年，第1232册，第634页。
④ 〔明〕何乔新：《椒邱文集》，影印《四库全书》文渊阁本，台北：台湾商务印书馆，1986年，第1249册，第307页。

非,犹欲求益于先生,不贤而能如是乎? 即是二事,可见其卓乎不可及也。

其一是从时代背景着眼。在当时严酷的党争之下,众人对旧法党人避之唯恐不及,曾安强却不畏党祸,主动与苏辙来往。其二从学问着眼。在进士登第之前,人人勤学好问,不过是为了考取功名,为利禄计,一旦登第,多数人便抛弃了学问这块敲门砖。这在何乔新所处的明代也是同样。对于已经为官的曾安强还虚心向苏辙问学的行为,何乔新感到难能可贵,是贤者之行。

前引《舆地纪胜》,说曾安强"坐邪党",似乎曾被列入元祐党籍。但检核元祐党籍名单,并无其名。大概是根据曾安强表现出的思想倾向,作者想当然地记载。

关于曾安强的子孙,周必大则有另文吐露。《文忠集》卷四九《平园续稿》九《题曾南夫集序》云:"曾公提举生二子:长伯和讳埙,次仲和讳籁。伯和生弥泰,有子曰寅亮。予既畀公集序,今仲和之子曰镶、曰琏来求别本,复书以遗之。"

三、曾氏家族个案引发的思考

以上以周必大序文为线索,考述了曾安强的基本事迹。通过曾安强及其家族的事迹,还可以得出普遍性的认识。

曾安强一家父子五人,皆业儒,把走上仕途作为人生的目标。其父曾肃可以说在这条路上失败了,因此他把希望又寄托在四个儿子身上。何乔新的《跋苏颍滨帖》中就讲到:"温夫讳肃,尝举进士不第,归而读书教子不复仕,司法君之父也。"像曾安强父亲这样,落第绝望而"不复仕",在科举成功率为千分之一的宋代绝非少数。

此外,观察曾安强兄弟四人的仕途,长兄曾安辞虽然算是比其父幸运,有了出身,不能说是完全失败,但获得的只是三次落第之后作为安慰奖的特奏名出身,没有资料提及其为官,大概最终也没有走上仕途。二哥曾安止很努力,也很有志气,不满足中进士乙科的成绩,再度应试,为的是将来会有更为光明的前途,再试虽然如愿,进入了甲科,但最终也只是做到了当年陶渊明所做过的彭泽令。宋代县令还多为选人,不是京官。不过,从东坡称之为"宣德郎致仕曾君安止"看,安止到底还是升迁到了中级官僚的京官。然而,据我推测,从安止仅做到彭泽令看,这个京官宣德郎,大概也是致仕之时给的安慰奖。因为南宋有这样的制度规定,选人七阶中层级较高的文林郎以上者,可以关升京官致仕。这也是周必大在奏疏中提及之事。① 三哥曾峷虽然也是进士出身,但一直没有脱出"选海",最后官位仅至县丞。兄弟四人,只有曾安强还算是比较成功,做到了路一级的提举常平,算是进入了中级官僚的层级。

由曾安强一家的仕途遭遇可见,除了其父未中进士便已改弦易辙,兄弟4人均通过科举取得了那个时代所能得到的最好的出身,这也是通过千分之一的高倍率竞争所获得的。不过,朝思暮想的金榜题名实现之后,是不是飞黄腾达、风光无限了呢?从前述的兄弟4人的仕途经历看,可以说现实绝对没有满足他们梦想中的期待值。金榜题名后的严酷仕途现实,已经由这四兄弟的遭遇显示得十分清楚。进士登第后的绝大多数人,只能停滞在七阶

---

① 〔宋〕周必大:《周文忠公集》卷一三四《论选人关升后致仕白札子》,王瑞来《周必大集校证》本,第 2107 页。

选人的低级官僚的层阶。少数比较幸运的选人,在各种机遇、人脉、时局等综合因素作用下,才能突破选人的瓶颈,走上比较顺畅的仕宦坦途。他们兄弟四人当中,只有曾安强获得了这种幸运。不过,天不假年,正当还可以在仕途上大展宏图之时,曾安强55岁便去世了。

曾安强兄弟四人的经历是一个缩影。这是北宋后期的情况。北宋后期所积淀的因素,降至南宋愈加发酵。南宋的疆域只剩下北宋的2/3,但政治重心和经济重心却合二而一,从北宋承续下来的仕途现实更加严酷。像曾安强父亲那样因绝望知难而退的士人应当为数不少。北宋已有的迹象,在南宋更加普遍。许多士人不再不屈不挠,撞了南墙也不回头,而是知难而退,在繁荣的地域社会寻求出路,改变了单一而艰难的仕途指向。

四、周必大与曾氏家族:地域社会的折射

北宋时代开始建设经营地域的新士族,到了南宋,在商品经济发达的江南,业已在各个地域盘根错节,相当强盛,既有经济实力,又有政治影响力,还拥有世代编织的无所不在的庞大人脉网络,成为不可忽视的地域社会的主导性势力。

以曾安强事迹试想一下,周必大原为一人之下万人之上的宰相,退归乡里之后,曾安强的曾孙来求他为早已死去的曾祖父的文集写序,后来另一房的孙子又来让周必大把那序文也给他们一份,于是周必大又誊抄给了他们。不能不写,不能不抄,为敬慕前人也好,为人情人脉也好,周必大都必须要做。因为曾氏在庐陵

并非无名小户,而是有势力的世家望族。周必大在一篇文章中称求他写序的曾安强曾孙曾寅亮为"故人",意即老朋友,通过曾寅亮的介绍,他还为别人写了《太和县仰山二王行祠记》。[①] 此外,周必大还应担任衡州耒阳县令的曾安止侄孙曾之谨之请,写过《曾氏农器谱题辞》[②]。据周必大庆元四年(1198)所撰《朝议大夫赐紫金鱼袋王君镇墓碣》[③]可知,曾之谨还是朝议大夫王镇的女婿。这些事实,都表明了曾氏家族在当地的影响力。

地域势力不是单一势力,而是多种势力的结合,包括宗族、官宦、胥吏、富民、乡绅等,并且各种身份交织。同时,地域势力又并非仅在一地发生影响,庞大的人际关系网,可以声气相应,相互作用。曾氏家族未见得就比周必大强势,但从周必大的行动来看,他绝对对曾氏家族予以了充分的重视。这种重视,既有现实的需要,更有未来的期许。"但存方寸地,留与子孙耕。"[④]人脉也是一种精神财富。或许,对周必大为曾氏家族写作《曾南夫提举文集序》等文章一事,可以做如是解读。

结　语

本章以周必大《曾南夫提举文集序》为线索,考察了《宋史》及《宋史翼》均未立传的北宋后期官僚曾安强及其家族的事迹。

---

① 〔宋〕周必大:《周文忠公集》卷五九,王瑞来《周必大集校证》本,第879页。
② 〔宋〕周必大:《周文忠公集》卷五四,王瑞来《周必大集校证》本,第800页。
③ 〔宋〕周必大:《周文忠公集》卷七七,王瑞来《周必大集校证》本,第1119页。
④ 〔宋〕杨时:《杨时集》卷二六《跋贺仙翁亲笔诗》,林海权整理,北京:中华书局,2018年,第696页。

从曾氏家族的仕途际遇,可以窥测到南宋"前夜"仕途的艰辛。这种北宋因素,自中期以来开始积淀,至南宋在特殊的背景、特殊的场域之下,终于开始发酵。士人中的多数人不再涌向仕途,而出现流向多元化的势头。而从曾经贵为宰相的周必大为当地的曾氏家族写下为数不少文字的行为来看,当时乡党间的人脉经营相当重视地域势力。这也从一个侧面折射了地域势力的崛起与强盛。

第五章
写意黄公望
——由宋入元：一个人折射的大时代

　　分断于海峡两岸的《富春山居图》，其作者生活在什么样的时代？其生平事迹又折射出什么样的时代特征？对于出生在南宋江南的元代著名山水画家黄公望，本章考证其仅记录于《录鬼簿》的模糊不清的家世与生平事迹，并且以其生平为线索，打破王朝界限，在同一个帝国的视野下，展示黄公望身处的时代背景与社会环境，揭示历来被忽视的从南朝到南宋的历史连续性，强调成为经济、文化重心后的江南对于中国历史的重要性，从而昭示南宋的遗传基因在元代的放大，以及向明清乃至中国近代延伸的意义。窥一斑而见全豹，试图透过这件个案考察，来具体阐述宋元变革。

引　言

　　题为《写意黄公望》，并非讨论黄公望的山水写意画，而是让黄公望入画，走进他一生钟情的飘逸山水，走进他流连不舍的富春山居，为画家本人作一幅大写意。不过，这幅写意并非使用画笔，也不需纸帛，而是用文字来勾勒。为何不直称生平考述，或绘事评述，而叫写意呢？

　　尽管黄公望晚年名声已显，后世备受推崇，俨然被尊为文人画新开山，连古稀天子都为之倾倒。但历来仅仅借画成名者,其生平事迹多语焉不详,远不如以位显赫、以文名世者被详细载录。重其画,忽其人,根砥在于传统观念的排斥,认为薄技小艺,难以入流。正史不载,要人只能入录鬼之簿。后世名声如雷贯耳的黄公望,生平事迹朦胧如雾中山水。

黄公望在《写山水诀》中写道:"远水无痕,远人无目。"[1]黄公望的生平,便如一流远水,难着细痕。黄公望,你在云雾远山中,被我们眺望,看不清你的眉目。所以,无法绘一幅纤悉毕具的工笔画,只能勾勒山水朦胧人朦胧的大写意。

长寿的黄公望,几乎与元朝相始终。这个特殊的时代,便是这幅写意画的底色,便是黄公望徜徉寄情的山水。真正的传统写意画,尽管有浅绛、有青绿、有金碧,但是并非十分注重色彩,而在达意。我虽然表面上借写意之名,实际却要浓墨重彩,来书写铺垫黄公望置身的时代底色。

一、"风景旧曾谙"[2]:黄公望的时代底色

13 世纪中叶,一支剽悍的铁骑,在漠北高原勃然而兴,不数十年,横扫欧亚。汉人失去了江山,中国内陆成为大元帝国的中心区域。对此,汉人有过激烈反抗,有过默默抵触,但毕竟生活还要继续,绝大多数人接受了这一无情的事实。

时光的流水会冲淡感伤,会抚平创痛,还会让人淡忘苦楚。黄公望生当宋末,10 岁那年,大宋的旗帜伴随着陆秀夫负帝蹈海,

---

① 〔元〕陶宗仪:《南村辍耕录》卷八,徐永明、杨光辉整理,杭州:浙江古籍出版社,2014 年,第316 页。

② 〔唐〕白居易:《白居易集》卷三四《忆江南》,顾学颉校点,北京:中华书局,1979 年,第 775 页。

已经彻底淹没于崖山的狂涛之中。再过 10 年，黄公望成年之时，多数人已经看惯了宽脸高颧的蒙古人和金发碧眼的色目人，熟悉了达鲁花赤这样别嘴的官称。生活归于平静，社会归于平静。

黄公望生长的江南，至少从魏晋南北朝时期开始，经济富饶与文化兴盛，已有了上千年的历史。以孙吴的江南开发为端绪，西晋永嘉南渡，大规模移民，东晋的百年经营，南朝的持续繁荣，使江南俨然成为取代中原的正统所在。五胡十六国中，奉东晋正朔的为数不少。而北朝对南朝仰慕效法的结果，竟达到"衣冠士族，尽在中原"①的程度。

近四百年的江南发展，使得隋唐再度实现全国统一后，即便是政治中心重归中原，经济重心也已在江南确固不移。在中国，政经逐渐分离，走向二元化，因此才会有大运河的修筑。

从隋唐到北宋，在王朝一统的长期统治下，聚光灯一直打在政治中心，江南的经济重心虽被极度依赖，重要性却被淡化、被遮蔽。江南，独自悄然繁华。直到女真压迫，宋朝立国江南，才将南朝与南宋的连续性重新揭示。其实，地域变化的缓慢，一直让这种连续性潜伏在人们的视线之下。

> 东南形胜，三吴都会，钱塘自古繁华。烟柳画桥，风帘翠幕，参差十万人家。云树绕堤沙。怒涛卷霜雪，天堑无涯。市列珠玑，户盈罗绮、竞豪奢。重湖叠巘清佳。有三秋桂子，十里荷花。羌管弄晴，菱歌泛夜，嬉嬉钓叟莲娃。千骑拥高牙，乘醉听箫鼓，吟赏烟霞。异日图将好景，归去凤池夸。②

北宋柳永的词让完颜亮对富饶美丽的江南垂涎不已，雄心勃

---

① 〔宋〕司马光：《资治通鉴》卷一五三，北京：中华书局，1975 年，第 4766 页。
② 〔宋〕罗大经：《鹤林玉露》丙编卷一《十里荷花》，第 241 页。

勃地写道:"万里车书尽混同,江南岂有别疆封。提兵百万西湖上,立马吴山第一峰。"①不过,完颜亮没有足够的实力与幸运,"提兵百万西湖上"的,是成吉思汗的子孙。

蒙古的江南征服,对少数激烈抵抗的城市实行屠城政策,而对不进行抵抗的地域,实行的则是怀柔政策。《宋季三朝政要笺证》卷四和《平宋录》卷上分别记载了咸淳十年(1274)伯颜征伐复州时的劝降和宋人降伏后的对处。可以印证的是,正如《宋季三朝政要笺证》卷六所言:"大元兵锋所至,降者不杀。"②

幸运是江南。不流血征服的客观意义极为重要,这使得千年繁华的江南社会结构与生产力没有受到重创,更使得经济重心的作用不仅在有元一代,在明清乃至今日,一直发挥着,不可或缺。南宋以降近代以前,说到中国,主要是指江南。至少,是江南支撑着中国。

生于兹,长于兹,黄公望就游走于山清水秀的江南。

江山易帜,大漠风沙席卷江南。在大宋王朝,黄公望仅仅度过了童年时代的十年。或许有人认为,孩提的十年,不会给黄公望留下什么记忆。通常的承平时代也许不会,但黄公望经历的是一个特殊的时代。且不说大背景的改变,就是他本人也遭遇了我在后面提到的生父死亡、母亲改嫁这样重大的生活变故。磨难催人早熟。自幼聪颖的黄公望,作为养子,在进入家道殷实的黄家之后,勤奋学习。南宋江南浓厚的文化氛围也于无形之中熏陶塑造着黄公望。尽管此后的生活环境一直是在元代,但犹如一种遗传,黄公望的基本文化底蕴已在幼年的南宋最后几年形成。

---

① 事见〔宋〕罗大经《鹤林玉露》丙编卷一《十里荷花》,第 241 页。诗见〔宋〕岳珂《桯史》卷八《逆亮辞怪》,第 95 页。

② 王瑞来笺证:《宋季三朝政要笺证》卷六,北京:中华书局,2010 年,第 508 页。

硝烟散去,血色暗淡,生活又恢复了正常。务农的盼丰收,经商的盼盈利,读书的想做官。江山鼎革,王朝更替,对此关心的主要是帝王将相、王公贵戚。普通百姓对政治的关心程度,比知识人描述的要低得多。上层的政治变动对百姓的生活影响甚微,纳税缴粮任何时候都躲不掉。

以往人们看历史,过于看重王朝兴亡,朝代更替。其实,这只是整体历史中的一个个自然段,并不反映历史演进的逻辑关系。欧美学者研究中国史,用他们的习惯,超越王朝畛域,一般将中国历史分为帝国初期、帝国中期、帝国后期。

从这样的历史分期可以受到的启发是,中华帝国始终是一个整体,改朝换代,不过犹如现在的政府换届。执政者的出身、民族都不对帝国的运营产生本质性的影响。前朝的法律如果没有明令废除,到了新朝也一样生效。比如伴随着焚书坑儒,于公元前213年颁布的秦朝挟书律,直至公元前191年方被废除①,此时汉王朝已经建立了二十余年。挟书律废,人们方敢将隐藏的诗书百家语公开拿出来晒太阳。北宋第三代皇帝真宗朝距离北宋建立,已经几十年了,五代十国时期的逃赋还在追征。② 汉承秦制,唐承隋制,《宋刑统》依照唐律模样画葫芦。三公九卿制,超越王朝更替实行了上千年。三省六部制,更是历经唐宋元明清,又实行了上千年。

由此可见,无论是普通老百姓的体认,还是决策者的意识,都丝毫没有怀疑政体的连续性。金木水火土,五行相生相克,宣示的不过是王朝正统,就像现在的民选政府一样,那是神选王朝。

---

① 〔汉〕班固:《汉书》卷二《惠帝纪》于惠帝四年三月载:"除挟书律。"北京:中华书局,1962年,第90页。

② 〔宋〕李焘:《续资治通鉴长编》卷四二至道三年十一月丙寅条,第888页。

在这样世代沿袭的传统之下,改朝换代,犹如改头换面,新瓶装旧酒,换汤不换药,导致的是普通民众政治意识的淡漠,同时也让他们对体制的恒久不变深信不疑。

黄公望,就是这样一个帝国治下的子民,其意识也与常人一样。

二、"生死两茫茫"①:生父死亡,母亲再嫁

与黄公望相识的钟嗣成,在《录鬼簿》中,对黄公望的早年有寥寥数笔的记载:"黄子久,名公望,乃陆神童之次弟也,系姑苏琴川子游巷居。髫龄时,螟蛉温州黄氏为嗣,因而姓焉。"②曾接受过黄公望所作《南村竹堂图》的陶宗仪,也在《南村辍耕录》中记载:"黄子久散人公望,自号大痴,又号一峰,本姓陆,世居平江之常熟,继永嘉黄氏。"③由此可知,公望本姓陆,童年时过继给黄氏,方名黄公望。

为何要过继黄氏?似乎还没人追究原因。清乾隆年间再订之《江南通志》,于卷一六八载:"元黄公望,字子久,号大痴道人,本常熟陆氏,少丧父,母依永嘉黄氏,遂因其姓。"④《江南通志》初成于康熙二十二年(1683),再成于雍正九年(1731),三成于乾隆元年(1736)。方志不同于其他史籍,由于递修的特点,史

---

① 唐圭璋编:《全宋词》录苏轼《江城子》词,北京:中华书局,1965 年,第 300 页。
② 〔元〕钟嗣成:《录鬼簿》卷下,王钢校订,北京:中华书局,2021 年,第 96 页。
③ 〔元〕陶宗仪:《南村辍耕录》卷八《写山水诀》,第 314 页。
④ 〔清〕伊继善、黄之隽等修纂:《江南通志》,影印《四库全书》文渊阁本,台北:台湾商务印书馆,1986 年,第 511 册,第 832 页。

士人走向民间:宋元变革与社会转型

源久远,晚出亦多可信。据此可知,公望非正常过继,而是父亲去世后,母亲贫无所依,携其嫁入黄家。这跟北宋范仲淹的情形相似。范仲淹二岁而孤,其母携其改嫁,范仲淹遂冒朱姓,连进士及第使用的都是朱说之名。①

过继后黄公望名字的由来,《录鬼簿》卷下所述为众所周知:"其父年九旬时方立嗣,见子久乃云:黄公望子久矣。"②即使黄公望继父并非90高龄,当亦年纪不小。无子之黄氏,与其说再娶,不如说是收子,冲着聪敏的黄公望而来,其母倒成了陪伴。黄公望母亲再嫁的事实,也让"烈女不嫁二夫"道学观念在宋末的普及程度大打折扣。

黄公望生父因何而亡,似乎也可推测一二。推测,须放眼时代的大背景。

在黄公望6岁的南宋德祐元年(1275),据《宋季三朝政要笺证》记载,由于宋军的顽强抵抗,陷落后的常州遭到元军屠城,史籍所述状况十分惨烈:"常州不下,士良(即王良臣)役城外居民运土筑堡,土至,并人填陷其中。又杀常州之民数百人,煎膏取油,作炮掷于牌权上,以火箭射之,其火自发。十一月,常州粮尽,刘师勇以八骑突围,出奔平江。遂破常州,屠其城。知州姚訔死之,生获将军王安节,不屈而死。"③

屠城事件与"髫龄时,螟蛉温州黄氏为嗣"的时期比较接近,而常州与常熟在南宋同属两浙西路,相距不远。黄公望生父死于常州屠城之际,也不是完全没有可能。不管怎么说,生计无着的母亲带着黄公望改嫁的原因是丧夫。

① 〔元〕脱脱等:《宋史》卷三一四《范仲淹传》,第10267页。
② 〔元〕钟嗣成:《录鬼簿》卷下,第96页。
③ 王瑞来笺证:《宋季三朝政要笺证》卷五,第417页。

三、"唯有读书高"[1]:谁习神童业

对于黄公望早年生平事迹,《录鬼簿》所云黄公望原本"乃陆神童之次弟",亦不知何据。

明人朱谋垔《画史会要》载:"黄公望,字子久,其父九十始得之,曰黄公望子久矣,因而名字焉。号一峰,又号大痴道人,平江常熟人。幼聪敏,应神童科。经史二氏九流之学无不通晓,开三教堂于苏之文德桥,后隐于富春。"[2]

明人所述,当有所本。检元人夏文彦《图绘宝鉴》载:"黄公望,字子久,号一峰,又号大痴道人,平江常熟人。幼习神童科,通三教,旁晓诸艺,善画山水。"[3]

同为元人所记,不当信彼非此。至少可备一说的是,习神童科者乃黄公望。

髫龄之幼的黄公望习神童科,当是随改嫁之母进入黄家之后。黄家当属殷实之家,所以黄公望能够接受良好的教育,以致后来"经史二氏九流之学无不通晓"。

智力超常、出类拔萃的孩童,代不乏人。因此,早在唐朝便有童子科之设。《新唐书》记载了唐朝对童子科的规定:"十岁以下能通一经及《孝经》《论语》,卷诵文十,通者予官;通七,予出身。"[4]

历史进入宋代,科举规模的扩大,形成了士大夫主导政治舞

---

① 〔宋〕汪洙:《神童诗》,引自北京师大中文系《神童诗批注》,《北京师大学报(社会科学版)》1974年第5期。

② 〔明〕朱谋垔:《画史会要》卷三,影印《四库全书》文渊阁本,台北:台湾商务印书馆,1986年,第816册,第504页。

③ 〔元〕夏文彦:《图绘宝鉴》卷五,影印《四库全书》文渊阁本,台北:台湾商务印书馆,1986年,第814册,第620页。

④ 〔宋〕欧阳修、宋祁:《新唐书》卷四四《选举志》上,北京:中华书局,1975年,第1162页。

台的士大夫政治。在这种氛围之下，神童科也为之大振。据何忠礼先生《南宋科举制度史》的统计，从北宋太宗朝到仁宗朝，童子科取士便达27人。① 著名文人杨亿、晏殊均出此选。神童出身者，年龄最小的只有3岁。大中祥符八年（1015），范仲淹进士及第的同一年，3岁的蔡伯俙，在召试时，因吟诵御制歌，让真宗皇帝龙颜大悦，不光授官，且挥毫赐诗："七闽山水多才俊，三岁奇童出盛时。"②

到了南宋，应童子科者大增。制度规定也臻于完善。南宋中期以后的宁宗朝，下诏规定童子科每年录取三人，"为定制焉"③。

科举造成的社会流动，让千百万平民也看到了地位提升的光亮。犹如今日督子用功，早日开发天资聪颖的孩子，应神童科，实在是节省成本的有利之为。这一定也是黄公望继父的一个梦。

不过，黄公之梦也不顺畅。其实，早在黄公望出生四年前的南宋度宗咸淳二年（1266），便已下诏废止了童子科。④ 但这并没有让几年后得到养子的黄公梦碎，因为自从童子科发端之后，几百年间，常有兴废，屡废屡兴。黄公坚信必会再兴，而民间针对童子科，职业性的应试指导，也未因这道诏令而停止，甚至都未因江山鼎革而中辍。

因此，黄公望在宋末的最后几年乃至入元之后，一直锲而不舍，"习神童科"。

---

① 何忠礼：《南宋科举制度史》，北京：人民出版社，2009年。
② 〔宋〕王明清：《挥麈录》后录卷五，第114页。
③ 〔元〕马端临：《文献通考》卷三五《选举考》童科，北京：中华书局，2011年，第1020页。
④ 〔元〕脱脱等：《宋史》卷四六《度宗纪》，第896页。

四、"林风惊断西窗梦"①:科举停废之后

隋朝肇始的科举制度,对中古以后的中国社会产生了无可估量的重要影响。经唐历宋,科举大盛,成为社会流动的重要管道,给了千千万万读书人一个温馨的梦。伴随着寻梦,社会文化也得到了极大的普及和提升。

蒙古人入主华夏,在社会经济结构没有受到重创的江南,抛开民族情绪,人们对此的一般认识也不过是改朝换代。政治体制虽有变异,但更多的是遗传。甚至地方官,除了多几个洋面孔,还多是老模样,似曾相识。这让多数人深信,一切没有大变化,科举也会重开。毕竟,任何王朝各级政府都需要管理人员。几百年来,官僚多由科场出。这便是入元后惊魂甫定的黄公望继续习神童业的动机,也是"望子久矣"的黄公显扬家声的期待。

不过,高龄喜得继嗣的黄公也许怀着期待离世,如果继续存留世间,后来的事实一定会让他失望至极。这个蒙古人的王朝迟迟不开科举,并且丝毫没有重开的迹象。延宕几十年,让千百万士子科举梦碎。后来勉强重开,终元之世,取士不过千把人,不及宋朝有时的一科取士数量。象征意义大于实际效果。

在制度上,这是元朝的变异。那么,元朝的官员从何而来呢?元朝以吏为官。停废科举,这是变异。以吏为官,则又是在深层意义上的遗传。

元朝优礼士人,怀有保护这些社会精英的意图。不过,目的并不是通过他们来恢复往日的士大夫政治,而是根据胥吏行政管理普遍形成的现实,将这些文化人作为胥吏的预备队而加以保护

---

① 〔宋〕寇准:《寇忠愍公诗集》卷中《秋》,《四部丛刊初编》本,上海:商务印书馆,1919年。

的。在停废科举的时期,许多士人的确也加入了胥吏的队伍。

对于这样的事实,择取数例移录如下,以见当时之潮流。

元人程钜夫在《闽县学记》中指出了当时士人的状况:"科举废,后生无所事聪明,日以放恣,诗书而刀笔,衣冠而皂隶。小有材者溺愈深,居近利者坏愈速。"①

与黄公望有过交往的危素写于顺帝至元四年(1338)的《送陈子嘉序》记载:"大梁陈君子嘉,工举子业,使群进于有司,可得高第。既而科废,学官荐为六安府史。陈君曰,古之圣且贤者,盖有为委吏者焉,有为乘田者焉,有为抱关伶官者焉。府史,与上官谋议政事者,随其所得为而致其力学者之事也。乃来江宁省其亲而后去。"②

元人唐元撰写的《唐处士墓志铭》记载:"公年益茂,忍贫苦学,授徒村塾,生计萧然。或曰,吏术,时尚也。君舍方册而从刀笔可乎。自是,始探讨科条,举口成诵。县有大狱疑谳,资君勘治。然持心宽厚,不忍深刻,志竟不干禄公家,故贫。"③从这一记载看,唐处士这个士人,在科举废止的时代,大约是金榜题名之梦未泯,最初仍有一种坚持,"忍贫苦学",并以教授村塾的学童为生。最后终因生计难济,也顺乎当时的潮流,做了刀笔吏。不过,"不干禄公家"那份书生的清高,让他依然贫困。

从上述史料可以观察到,士人"舍方册而从刀笔",以"吏术"为业,已成为众所趋之的"时尚"。

---

① 〔元〕程钜夫:《雪楼集》卷一一,影印《四库全书》文渊阁本,台北:台湾商务印书馆,1986年,第1202册,第137页。
② 〔元〕危素:《说学斋稿》卷二,影印《四库全书》文渊阁本,台北:台湾商务印书馆,1986年,第1226册,第698—699页。
③ 〔元〕唐元:《筠轩集》卷一二,影印《四库全书》文渊阁本,台北:台湾商务印书馆,1986年,第1213册,第581页。

在这样一个士人流向多元化的时代,黄公望走向了何处?

五、"效官刀笔间"①:胥吏生涯

黄公望的幼年经历与同时代的陈栎很相似,自幼习神童业,"经史二氏九流之学无不通晓"。不过,在继父去世后,黄公望一是可能没有不事生计专心儒学的财力,二是以吏为官已成为新形势下光宗耀祖的唯一路径,所以,黄公望也未能免俗,而是顺应潮流,"舍方册而从刀笔",加入了胥吏大军。

《录鬼簿》记载黄公望"先充浙西宪吏,以事论经理田粮获直"。明嘉靖《浙江通志》黄公望小传则传达了更为明确的信息:"元至元中,浙西廉访使徐琰辟为书吏,未几弃去。"有元之世,两次使用"至元"年号。根据黄公望生年,此处的"至元"当为他二十六岁时的前至元,而不可能是六七十岁时的后至元。根据今人胡艺《徐琰、张闾与黄公望》②一文的考证,徐琰便是《元史》卷一四八《董文用传》、卷一六〇《王磐传》所见的徐琰,也是清人所修《元诗选》收录的徐琬。综合诸书所记,胡艺认为黄公望为徐琰所辟担任书吏是在至元二十八、二十九年前后。是时,黄公望二十三四岁。

从如此年轻的情形看,为徐琰所辟担任书吏,似乎是黄公望初次出道为吏。具体职责范围是《录鬼簿》记载的"经理钱粮"的"宪吏"。

---

① 〔宋〕朱熹:《朱文公文集》卷一《述怀》,郭齐、尹波编注《朱熹文集编年评注》本,第58页。
② 胡艺:《徐琰、张闾与黄公望》,常熟市文联编《黄公望研究文集》,南京:江苏美术出版社,1987年。

我还注意到《录鬼簿》对黄公望记载中的一句赞美诗句："浙西宪吏性廉直,经理钱粮获罪归。"这句揭示的第一层面的事实是,黄公望因经理自己职责范围内的工作而获罪。或是得罪了地方权势,或是得罪了顶头上司。明人王鏊《姑苏志》即云黄公望"补浙西宪掾,以忤权豪弃去"①。其结果是,黄公望初次为吏的生涯被迫中断,过早结束。

而揭示的第二层面的事实则是,黄公望人格光辉,性廉且直。廉者,清廉、廉洁、不受贿赂、不受诱惑、不取不义之财。直者,一根筋、秉持理念、宁折不弯。这样的性格与人格,在任何时代都不适于在官场生存。黄公望后来自号"大痴",也有讲述自己缺少官场应有圆滑的意味。郑元祐的诗以黄公望的口吻写道:"众人皆黠我独痴,头蓬面皱丝鬓垂。"②这便是黄公望形象与性格的如实写照。因此说,在需要狡黠心机的官场,耿直的黄公望获罪而归,势所必然。

今天研究胥吏,大多描述的是胥吏欺下瞒上、鱼肉百姓的负面形象。这样的记载,充满了作为载笔者的士大夫的偏见。其实,行政管理胥吏化,在一定程度上说是政治的进步。古代的胥吏,可以说就是一批技术官僚。比之科举出身的"道德"官僚,由熟悉行政业务的胥吏出身的"技术"官僚来管理行政,在多数情况下或许更有效率。

初次的官场失利,或许是还没到让黄公望彻底失望的地步,或许是生活所迫而不得已,总之,黄公望在痛定之后,还是选择了

---

① 〔明〕王鏊:《姑苏志》卷五六,影印《四库全书》文渊阁本,台北:台湾商务印书馆,1986 年,第 493 册,第 1057 页。

② 〔元〕郑元祐:《侨吴集》卷二《黄子久山水》,影印《四库全书》文渊阁本,台北:台湾商务印书馆,1986 年,第 1216 册,第 442 页。

从事胥吏的行当。《录鬼簿》继"先充浙西宪吏"之后，又写道："后在京，为权豪所中。"在京，指在元大都。具体做什么呢？元人王逢在《题黄大痴山水》诗前小序有所透露："大痴名公望，字子久，杭人，尝掾中台察院，会张闾平章被诬，累之，得不死，遂入道云。"[1]中台察院即大都御史台。在中央的御史台为吏，看似风光，其实很清苦。元人丁复《桧亭集》卷五有首《送翟彦敬升中台察院书吏》诗就写道："名彦登乌府，清门可雀罗。"相信黄公望是为生计所累，才又在过了不惑之年北上赴任的。元人郑元祐还有首《黄公望山水》诗似乎也披露出一些事实："勇饥驱东阁，肯为儿女资。不惮北游行万里，归来画山复画水。"[2]

根据前述元人王逢《梧溪集》诗序的线索，黄公望受张闾所累而入狱。据胡艺《徐琰、张闾与黄公望》一文推测，黄公望当是张闾在至大四年（1311）任江浙行省平章时辟为书吏的，次年（1312），张闾回京师任中书省平章政事，黄公望可能也随之入京。张闾因在江浙推行经理田粮，"以括田逼死九人"被逮捕审讯，黄公望亦受累入狱。胡艺的说法是，"黄公望作为张闾下属的掾吏，此时必然随之南下，为之经理田粮"。

检《元史》卷二五《仁宗纪》，"以括田逼死九人"者乃为张律。此张律是否就是彼张闾，还很难说。元人虞集撰写的《御史中丞杨襄愍公神道碑》载："中书平章政事张闾以妻病，谒告归江南，据河渡地，夺民力，公以失大臣体劾之，张闾罢。"[3]明人胡粹中《元

---

① 〔元〕王逢：《梧溪集》卷四，影印《四库全书》文渊阁本，台北：台湾商务印书馆，1986年，第1218册，第709页。

② 〔元〕郑元祐：《侨无集》卷三，影印《四库全书》文渊阁本，第1216册，第457页。

③ 〔元〕虞集：《道园学古录》卷一六，影印《四库全书》文渊阁本，台北：台湾商务印书馆，1986年，第1207册，第232页。

史续编》亦于延祐二年（1315）下记载"张闾罢为江浙平章"①。

　　或许"以括田逼死九人"之张律,真为张闾,但黄公望不大可能因此事直接受累。因为黄公望为中台察院吏人,张闾为中书省平章政事,后来又为江浙平章,即使黄公望最初真的是张闾采用的,后来不在同一部门,特别是御史台属于相对独立的部门,黄公望更不会被张闾驱使,从大都前往江浙。最大的可能则是,不管张闾因何事被罢免,受有知遇之恩的黄公望,在御史台利用职务之便,采取某种方式,为张闾辩诬回护,因此而入狱。

　　《录鬼簿》说黄公望在浙西宪吏任上"经理钱粮获罪归",还在另一处直接记为"经理田粮"。经理田粮当是张闾提议实行的,是在黄公望再次为吏之时,《录鬼簿》所记似乎有误。不过,《录鬼簿》说黄公望两次为吏当属事实。

六、"超然于物表"② :绝意荣势

　　在没有科举的时代,士人的入仕路径,只剩下为吏一途。"学而优则仕"的古老传统,金榜题名命运改观的既有现实,让多数的士人试图通过为吏来实现梦想。相对于南宋以来的科举路艰,他们可能会觉得直接为吏更为便捷。元人杨维桢在《西湖竹枝词》中说黄公望"少有大志,试吏弗遂"。在这个以吏为官的时代,"试吏弗遂"而绝意仕途的士人大有人在。元人杨翮《佩玉斋类稿》就

---

① 〔明〕胡粹中:《元史续编》卷八,影印《四库全书》文渊阁本,台北:台湾商务印书馆,1986年,第334册,第514页。

② 〔清〕卞永誉:《书画汇考》卷一七录黄公望《跋李倜临右军帖》,影印《四库全书》文渊阁本,台北:台湾商务印书馆,1986年,第827册,第768页。

记载一个叫陈泽民的士人说:"泽民稍出试吏,弗合于时,即弃归,自是绝意荣势。"①

延祐二年(1315),黄公望已经47岁。此次被捕入狱,对黄公望的打击,比上次罢归更大,他对官场彻底心灰意冷,如《梧溪集》诗序所云"得不死,遂入道云"。

儒与道,入世与出世,看似截然相反,迥然不同,其实是中国传统士人思想中不可分割的一体,对立而统一。得意之时入世,失意之时出世,精神总有寄托的场所。正因为有这样巧妙的精神调剂理论的存在,传统文人因精神崩溃而自杀者绝少。归隐林泉,是传统士人恪之难舍的神往。

这种思想无疑也存在于黄公望的头脑中。他在《跋李倜临右军帖》中写道:"立身宦途,而志趣常超然于物表,此吾所以起敬者也。"这既是赞美官居二品的李倜,无疑也是自白。仕途蹇涩,让黄公望无缘"立身宦途",而志趣常超然于物表,留给他的,只有林泉一途。

在身陷囹圄之时,黄公望就给他的朋友杨载写过一首诗。这首诗虽已无法看到,但杨载的《次韵黄子久狱中见赠》诗,可以折射出黄公望意欲出世的念头:"解组归来学种园,栖迟聊复守衡门。徒怜郹坞开金穴,欲效寒溪注石尊。世故无涯方扰扰,人生如梦竟昏昏。何时再会吴江上,共泛扁舟醉瓦盆。"②

上述这首诗,多为研究者所瞩目。披检文献,发现杨载还有一首诗触及了黄公望出狱后的生活状态与心态。诗载《杨仲弘诗集》卷四,题为《再用韵赠黄子久》。诗如下:

---

① 〔元〕杨翮:《佩玉斋类稿》卷五《送陈润民教谕序》,影印《四库全书》文渊阁本,台北:台湾商务印书馆,1986年,第1220册,第95页。

② 〔元〕杨载:《杨仲弘诗集》卷六,《四部丛刊初编》本,第6页。

自惟明似镜,何用曲如钩。未获唐臣荐,徒遭汉吏收。悠然安性命,复此纵歌讴。石父能无辱,虞卿即有愁。归田终寂寂,行世且浮浮。不假侪群彦,真堪客五侯。高人求替沰,末俗避喧啾。藜杖常他适,绳枢每自缪。与人殊用舍,在己寡愆尤。济济违班刻,伥伥远匹俦。能诗齐杜甫,分道逼庄周。达饮千钟酒,高登百尺楼。艰危仍蜀道,留滞复荆州。鹤度烟霄阔,龙吟雾雨稠。东行观海岛,西逝涉江流。自拟需于血,何期涣有丘。古书尝历览,大药岂难求。抚事吟梁父,驰田赋远游。堂名希莫莫,亭扁效休休。槛日迎东济,窗风背北飕。鸣琴消永昼,吹律效清秋。雅俗居然别,仙凡迥不侔。多闻逾束皙,善对迈杨修。进有匡时略,宁无切己忧。尘埃深灭迹,霜雪暗盈头。始见神龟梦,终营狡兔谋。雪埋东郭履,月满太湖舟。急景谁推毂,流年孰唱筹。凌波乘赤鲤,望气候青牛。好结飞霞佩,胡为淹此留?

从这一五言排律长韵中,我们可以窥见到一些事实。"自惟明似镜,何用曲如钩"两句,讲述了黄公望宁折不弯的刚直性格。"明似镜"既隐喻明镜高悬的监察机构中台察院,又意指担任属官的黄公望襟怀坦白。"未获唐臣荐,徒遭汉吏收"则似指未得到张闾更多的关照,反倒还受到了连累,因其而入狱。"悠然安性命,复此纵歌讴。石父能无辱,虞卿即有愁。归田终寂寂,行世且浮浮",这几句则讲述黄公望安全出狱,在担忧受辱之后归隐田园。此后的诗句则以他适远游,鸣琴吹律,吟赋诗文,达饮纵歌为主,描述了黄公望出狱后的自由生活。从"能诗齐杜甫",我们可以了解到除了绘画成就,同辈人对黄公望的诗作也评价极高。而"分道逼庄周",则反映其皈依全真教的事实。从"达饮千钟酒,高登百尺楼",我们可知黄公望浮白善饮,更有太白风骨。

清人所编《元诗选》①,收录有黄公望几十首诗。另一部清人所编《宋元诗会》,则评价黄公望"诗仿晚唐"②。观黄公望诗,多吟咏山水之作。如果说黄公望的山水画是画中之诗,那么他的诗便是诗中之画,两者相映成趣,相得益彰。正如元人贡性之《题黄子久画》所云:"此老风流世所知,诗中有画画中诗。"③

　　不过,黄公望之诗少涉民生,不见现实,唯有山水。涉及历史上政治人物的,仅有《西湖竹枝词》中"岳王坟上有猿吟"④一句,并且几乎不带感情色彩。或许有人会认为这是出于元朝统治下,"避席畏闻文字狱"⑤,黄公望有意回避。其实并非如此。从关汉卿等杂剧作家借古讽今自由地嬉笑怒骂来看,元代的政治环境相当宽松。激烈的民族对立,严酷的政治高压,多是明代以后文人政治想象的产物。黄公望的诗文不涉政治,那是因为他本身就不具有强烈的政治意识。

　　前引郑元祐《黄公望山水》诗所云"不惮北游行万里,归来画山复画水",或许讲的就是黄公望出狱回到江南故乡,从此,黄公望真正寄情山水,开始了作画生涯。或许该感谢黄公望的仕途蹇涩,让官场少了个官僚,画坛多了位巨匠。

---

① 〔清〕顾嗣立:《元诗选》,影印《四库全书》文渊阁本,台北:台湾商务印书馆,1986 年,第 1470 册,第 457—464 页。

② 〔清〕陈焯:《宋元诗会》卷九五,影印《四库全书》文渊阁本,台北:台湾商务印书馆,1986 年,第 1464 册,第 691 页。

③ 〔元〕贡性之:《南湖集》卷下,影印《四库全书》文渊阁本,台北:台湾商务印书馆,1986 年,第 1220 册,第 29 页。

④ 〔清〕陈焯:《宋元诗会》卷九五《和铁崖竹枝词》,影印《四库全书》文渊阁本,第 1464 册,第 691 页。

⑤ 〔清〕龚自珍:《咏史》,钱仲联主编《清诗纪事》道光朝卷,南京:凤凰出版社,2004 年,第 2410 页。

七、"归来画山复画水":晚年学画辨

在论述黄公望绘画生涯时,论者多云黄公望50岁学画大器晚成。这种说法,自元已有。元人唐棣写于至正十年(1350)的题跋就说:"一峰道人晚年学画,山水便自精到。"①今人龚产兴《大器晚成——简析黄公望的山水画》一文,更是明确指出:"赵比黄大十五岁。从黄子久的作品看,确实受到赵孟𫖯的影响。由此推算黄子久学画的时间大概在五十岁。"②

然而,明人汪砢玉《珊瑚网》则载:"子久《设色山水》绝似高房山。山中屋宇相向流泉,山凹有兰若作霞气。款云大痴辛丑秋七月写为子茂清玩。"③黄公望生于宋末己巳(1269),卒于元末甲午(1354),平生只历一辛丑,那便是大德五年辛丑(1301),是年黄公望33岁。

据清人陆时化《吴越所见书画录》,第二年,34岁的黄公望还作有《深山曲坞卷》。④

又据清人吴其贞《书画记》,黄公望36岁那年作有《游骑图》。对此画,吴其贞评论道:"画法苍老,唯失于韵。"⑤缺乏韵味,可见此时的黄公望在作画上尚未臻于成熟。

而据明人张泰阶《宝绘录》载,41岁时,黄公望有《临李思训

---

① 〔明〕朱存理集录:《铁网珊瑚校证》画品卷三《赵魏公二帖》,韩进、朱春峰校证,扬州:广陵书社,2012年,第778页。
② 龚产兴:《大器晚成——简析黄公望的山水画》,常熟市文联《黄公望研究文集》,第9—17页。
③ 〔明〕汪砢玉:《珊瑚网》卷四四,影印《四库全书》文渊阁本,台北:台湾商务印书馆,1986年,第818册,第833页。
④ 陈履生:《黄公望绘画年表》,常熟市文联编《黄公望研究文集》,第256—259页。
⑤ 陈履生:《黄公望绘画年表》,常熟市文联编《黄公望研究文集》,第256—259页。

员峤秋云图》。^①

上述史料,足可证明黄公望学画之时并非已届晚年。

从前面对黄公望两次从事吏职的考述看,黄公望两次从事吏职,第一次是在 20—30 岁之间,第二次则是接近 50 岁。30—40 岁左右,是黄公望履历中的一个空白。或许在第一次"经理钱粮获罪归"之后,他便开始了学画,出于哀怨自己因"廉直"而仕途受挫,是时开始自号大痴,亦属合情合理。晚年方名声大振的黄公望,长寿得享天年,老而弥坚,作画不辍,画风成熟且不断创新,因而给人们造成了晚年学画的错觉。

除了作画,终结为吏的黄公望,从事有多种职业。明人所编《姑苏志》载:"黄冠野服,往来三吴,开三教堂于苏之文德桥。三教中人,多执弟子礼。"^②这是黄公望从事宗教活动的记录。

加入全真教的黄公望,与教友来往较频。著名的《富春山居图》就是为教友无用师而作。此见于黄公望于画上自识"至正七年,仆归富春山居,无用师偕往,暇日于南楼援笔写成此卷"。现在已经十分清楚,无用师并非通常所认为的和尚,而是道士。元人陈高《不系舟渔集》卷一四《散木轩铭》文中除了有"上清道士郑无用"之语,还有"有郑樗氏,老子之徒"的话。^③ 可知郑樗字无用,号与室名皆为散木。名与字皆典出庄子《逍遥游》。元人邵复孺《蚁术诗选》卷一也有《全真师郑无用北游》^④一诗。

《录鬼簿》说黄公望"以卜术闲居",打卦算命大概也是黄公望的谋生手段之一。《大清一统志》卷五九黄公望小传,说松江

---

① 陈履生:《黄公望绘画年表》,常熟市文联编《黄公望研究文集》,第 256—259 页。
② 〔明〕王鏊:《姑苏志》卷五六,影印《四库全书》文渊阁本,第 493 册,第 1057 页。
③ 〔元〕陈高:《不系舟渔集》,影印《四库全书》文渊阁本,台北:台湾商务印书馆,1986 年,第 1216 册,第 258 页。
④ 〔元〕邵复孺:《蚁术诗选》,《四部丛刊三编》本,上海:商务印书馆,1934 年,第 4 页。

士人走向民间:宋元变革与社会转型

"其地有精《九章算术》者,盖得其传也"①。打卦算命,需要精通算学。

《录鬼簿》还记载黄公望"善丹青,长词短曲,落笔即成,人皆师事之"。最后"人皆师事之"一句,表明黄公望曾讲学授徒。有学者认为,黄公望的《写山水诀》,就是教授绘画的提纲。

尽管黄公望从事过各种职业,其早年长时期从事的,还是吏职。元人萨都拉在《雁门集》卷四题为《为姑苏陈子平题山居图黄公望作》的诗中写的"尘途宦游廿年余"②,指的当是黄公望。黄公望的友人张雨《戏题黄大痴小像》云:"全真家数,禅和口鼓。贫子骨头,吏员脏腑。"③看来,长期为吏的生涯,在黄公望身上打下了深深的烙印。

结　语

从政治、经济中心再度合一的角度看,南宋犹如回到了南朝,经济重心的作用发挥得尤为显著。而"员多阙少"的政治现实,又将多数士人推向了地域,展现出多元化的势态。元朝取代南宋,科举的停废,以吏为官,则加速了自南宋以来的社会变化。社会变化的基础是经济结构。蒙古的不流血征服江南政策,保全了经

---

① 〔清〕穆彰阿、潘锡恩等纂修:《大清一统志》,影印《四库全书》文渊阁本,台北:台湾商务印书馆,第475册,第186页。

② 〔元〕萨都拉:《雁门集》,影印《四库全书》文渊阁本,台北:台湾商务印书馆,1986年,第1212册,第645页。

③ 〔元〕张雨:《句曲外史集》卷八,彭万隆点校《张雨集》本,杭州:浙江古籍出版社,2015年,第441页。

济结构的完整。

汉人尽管在军事角力中失去了政治江山,却从不曾失去文化江山。并且,由于多元因素的进入,这个江山更为多彩多姿,风光秀丽。从思想文化的层面看,在南宋崛起的道学,走入元代,终于一统天下。到南宋为止,儒释道还在一定程度上存在着非此即彼的排斥、游移、观望,但进入元代的自由空间后,逐渐汇流在中国文化的大河。黄公望开三教堂,便是合流的显现。这样的哲学基础,这样的理论底蕴,为在各个领域,为在当时后世,产生巨人提供了潜在的前提。黄公望,应运而生。

元朝大部分时期科举停废,全面造成士人流向的多元化。出而为吏虽为主流,但并非全部。观察士人的流向,黄公望本人就是一个绝好的缩影。与元代相始终的黄公望,顺应时代潮流,长期为吏,此后又入教、教书、算卦,从事多种职业。

黄公望不仅仅是个画家,他还是典型的传统文人。也可以说是生不逢时,遭逢了科举停废的时代,不然,他或许也会金榜题名,春风得意马蹄疾,成为又一个苏轼、陆游。不过,黄公望又可以说是生逢其时,遇到了政治高压与思想钳制不多的时代。没有酷烈的党争,没有黑暗的文字狱。宽松自由,让黄公望的身与心肆意翱翔。与西方文艺复兴同时期,在中国的艺术天空中,也同样展翅翱翔着一只骄人的鲲鹏。

以上利用零散史料,对黄公望的生平进行了简单考证。这种考证,实在就像是一幅"远人无目"的写意画,完全是在时代背景底色下的勾勒点染。滴水映日,写意传神,透过黄公望个案,我们看到的,不仅仅是一个人的喜怒哀乐,还是一个时代的云涌风动,是裹挟着无数浪花的大河奔流。

第六章

管道升的世界

——诗情画意中凸显的社会性别

管道升是中国审美文化史、艺术文化史上一个卓有成就的女性,她与赵孟頫,不仅是佳偶绝配,在诗词书画上也是义兼师友。本章通过展现管道升的世界,凸显了她的社会性别,不仅展现了一个贤妻良母式的典范女性,而且揭示了中国社会性别制度下传统女性的超越范式,走出闺房之外,内闱之外,厅堂之外。中国文化的大美江山,是由男女两性协同合作,代代发扬,承前启后继往开来的。从女性视角观察,管道升与赵孟頫由宋入元,他们的经历与从事的各种活动,无疑也是宋元变革社会转型中的一个缩影。

引　言

尔侬我侬,忒杀情多。情多处,热似火。把一块泥,捻一个尔,塑一个我。将咱两个一齐打破,用水调和。再捻一个尔,再塑一个我。我泥中有尔,尔泥中有我。我与尔生同一个衾,死同一个椁。①

这首管道升写给夫君赵孟頫的《我侬词》,感情炽烈,视角别致,被誉为描述爱情的杰作。曾有人怀疑,中国古代没

---

① 〔清〕徐釚编:《词苑丛谈》卷一一《赵管词》,唐圭璋校注,北京:中华书局,2008 年,第 291 页。

有真正的爱情。无须寻找更多的例证，仅仅例举管道升与赵孟頫的爱情生活，便足以证明这样的怀疑难以成立。

历史有时需要宏观俯瞰，放眼山势走向、大河奔流。有时也需要微观细察，近视草木枯荣、浪花闪烁。尽管二者均属重要，但我更倾心于后者，希望用放大镜，甚至是显微镜来观察社会的纹路和生活的肌理。具体构成一般，形形色色的人与事构成色彩斑斓的大千世界。管中可窥豹，滴水足映日。一个个具体的人的喜怒哀乐，起伏着时代的脉搏。一件件具体的事的起承转合，铺垫着历史的进程。宋元变革的社会转型，透过管道升与赵孟頫这对夫妇的活动，有着可感可触的折射。

以上述的那首《我侬词》为主，管道升与赵孟頫的爱情生活被今人屡屡称道，耳熟能详，我似乎已经没有必要再赘述。不过，正如一句话所说的那样，世界上没有同样的两片树叶。通过对管赵二人爱情生活和艺术成就的事实整理，管道升，这一特出的女性，像一束别样的熹微，透过几百年的时光，映射给我们的是，一向缺少话语权，几乎被完全遮蔽的另一半世界：女性世界。

一、"玉镜离台空掩月"

请允许我通过倒叙的方式展开话题。

延祐六年五月十日（1319 年 5 月 29 日），管道升病逝于归乡途中的船上，58 年的多彩生涯戛然终止。[①] "玉镜离台空掩

[①]〔元〕赵孟頫《松雪斋集》外集《魏国夫人管氏墓志铭》载："延祐四年，余入翰林为承旨，加封魏国夫人。五年冬，旧所苦脚气疾作，上遣太医络绎胗视。六年，增剧，闻于上，得旨还家。四月廿五日发大都，五月十日行至临清，以疾薨于舟中，年五十八。"钱伟强点校《赵孟頫集》本，杭州，浙江古籍出版社，2012 年，第 292 页。

士人走向民间：宋元变革与社会转型

月"①是友人张雨《魏国赵夫人管君挽诗》中的一句。

是年,体弱多病的赵孟頫已经 66 岁。管道升遽然病逝之时,赵孟頫与次子在侧。我们来看一下管道升遽然离去之后,赵孟頫的反应。

赵孟頫存留的书信,多次提及管道升的病逝和他的心境。我历来相信,个人私下间的书信,较之官样文章,有更多的心曲流露。因此,可以视为研究人物心态的最好史料之一。

在《与进之书》中,赵孟頫这样写道:

> 孟頫去家八年,得旨暂还,何图酷祸!夫人奄弃,触热长途,护柩南归,哀痛之极,几欲无生!②

在《与中峰和上书》的几通书信中,赵孟頫更是分别反复写道:

> 孟頫得旨南还,何图病妻道卒,哀痛之极,不如无生!

又写道:

> 孟頫自老妻之亡,伤悼痛切,如在醉梦。当是诸幻未离,理自应尔。虽畴昔蒙师教诲,到此亦打不过。盖是平生得老妻之助整卅年,一旦哭之,岂特失左右手而已耶?哀痛之极,如何可言!

在管道升刚刚去世之际,赵孟頫的反应是痛不欲生。

如果说多年的夫妻遽成隔世,痛不欲生也属人之常情。那么这种悲痛会持续多久呢?赵孟頫在《与中峰和上书》的其他书信中写道:

---

① 〔元〕张雨:《句曲外史集》卷五,彭万隆点校《张雨集》本,第 178 页。
② 〔清〕卞永誉编:《书画汇考》卷一六《赵子昂八年帖》,影印《四库全书》文渊阁本,第 827 册,第 726 页。

孟頫与老妻不知前世作何因缘,今世遂成三十年夫妇。又不知因缘如何差别,遂先弃而去。使孟頫栖栖然无所依,今既将半载,痛犹未定。①

在《与袁伯长书》中也写道:

孟頫出都至临清,不幸病妻道卒。触暑护柩,哀告荼毒,到家始腊,至今犹未复常。……终日茕然独处一室,无复生意。②

妻子病逝半年之后,赵孟頫"犹未复常",还是"痛犹未定""无复生意"。从病逝之际的痛不欲生,到半年之后的悲恸犹在、无复生意。到了第二年,还亲手写佛经为亡妻超度,还在亡妻忌辰之前与寺院协商做法事。③ 于此备见赵孟頫对妻子管道升的感情依恋。世界给男人的天地很广,男人要做的事情很多,但赵孟頫竟会因为妻子的离世而不想苟存于世活下去,除了爱之深,情之切,似乎没有更好的解释。

管道升,你是一个怎样的女性,可以让赵孟頫对你如此一往情深,对你如此依恋不舍,对你如此刻骨铭心?

存留的史料会述说,管道升的诗文书画会回答。

二、"天上人间此佳偶"

至元二十六年(1289),28 岁的管道升嫁入赵家。

---

① 〔清〕卞永誉编:《书画汇考》卷一六《赵文敏与中峰十一帖》,影印《四库全书》文渊阁本,第827 册,第 742 页。
② 〔元〕赵孟頫:《赵孟頫集》补遗,钱伟强点校,杭州:浙江古籍出版社,2012 年,第 352 页。
③ 以上事实均见《赵孟頫集》补遗《与中峰和上书》,第 356—362 页。

我很想给她的年龄减去 10 岁,好说她结婚之时处于豆蔻年华,岁始及笄,年方二八。但赵孟𫖯在《管公楼孝思道院记》中明确记载的就是:"至元廿六年归于我。"[①]并且还不是孤证,赵孟𫖯在《魏国夫人管氏墓志铭》中记载他与管道升的最早来往时也说:"廿六年,以公事至杭,乃与夫人偕至京师。"[②]

28 岁成婚,无论在现在,还是在当时,均属大龄。而这一年,赵孟𫖯也已经 36 岁,年近不惑。不过,无论是从赵孟𫖯自己写下的《魏国夫人管氏墓志铭》,还是从门人杨载撰写的赵孟𫖯行状[③]来看,赵娶管氏,当是初婚。并且从已知的赵孟𫖯长子赵亮早卒、次子赵雍生于 1291 年来看,也与赵管结婚生子的时间相合。此亦足证赵管均是初婚。

赵、管何以会如此晚婚?

先从赵孟𫖯角度来观察。他虽然出身显赫,为宋太祖十一世孙,父亲亦曾担任过临安府,但在他 11 岁时,父亲便已去世。此后动乱相仍,江山鼎革,在宋朝拥有一定特权的宗室家族,进入元朝,亦成为一介平民。宋末未成年便以父荫入官的赵孟𫖯,入元后,按欧阳玄写的墓志铭说,也是"浮沉乡社间"[④]。又据《元史·赵孟𫖯传》记载,刚刚进入大都在元朝为官的赵孟𫖯,生活还很贫困。为此,欣赏他的才华的元世祖忽必烈还"闻孟𫖯素贫,赐钞五十锭"[⑤]。因此,可以推测,家贫当是赵孟𫖯迟迟未娶的主要原因。

---

① 〔元〕赵孟𫖯:《松雪斋集》卷七,第 193 页。

② 〔元〕赵孟𫖯:《松雪斋集》外集《魏国夫人管氏墓志铭》,第 293 页。

③ 〔元〕杨载:《大元故翰林学士承旨荣禄大夫知制诰兼修国史赵公行状》,《赵孟𫖯集》附录三,第 525 页。

④ 〔元〕欧阳玄:《圭斋文集》卷九《元翰林学士承旨荣禄大夫知制诰兼修国史赠江浙等处行中书省平章政事魏国赵文敏公神道碑》,《四部丛刊初编》本,上海:商务印书馆,1919 年。

⑤ 〔明〕宋濂:《元史》卷一七二《赵孟𫖯传》,北京:中华书局,1976 年,第 4020 页。

此外,赵孟頫身为宋朝宗室,进入元朝,身份微妙,与这样的人家结亲,亦恐有惹祸上身的不虞之险。这当是赵孟頫年近 40 未能成家立室的深层原因。

再从管道升的角度来观察。

赵孟頫的《管公楼孝思道院记》载:"按《吴兴志》,管夷吾之后有避地于此者,人因名其地曰栖贤,今乌程栖贤山是也。其裔散处郡邑,迄于今不绝。吾妻仲姬,所自出也。"①据《大清一统志》记载,栖贤山位于乌程县西 20 里处。② 这是管道升与赵孟頫生长的地方。

我们先看一下管道升的家庭。前引《管公楼孝思道院记》载:"仲姬名道升,父讳伸,字直夫,倜傥尚义,晚节益自熹,乡里称之曰管公。"《魏国夫人管氏墓志铭》亦载:"管公性倜傥,以任侠闻乡间。"两处记载,描述的都是管道升之父的人格形象。

现存赵孟頫的书信中,有一通是写给岳父的复信,抬头称岳父母为"丈人节干、丈母县君"③。如果不是客气的谀称,而是实指的话,说明管父在宋朝曾担任过一定地位的官职。"节干",当是宣抚司干办公事的别称,为仅次于参议和参谋官的高级幕僚。南宋宰相崔与之就在知扬州任满后被举荐为江淮宣抚司参谋官④,可见地位不低。此外,称其岳母为"县君",也显示了其父曾有的地位。据《宋史·职官志》载:"升朝官已上遇恩,并母封县太君;妻,县君。"⑤南宋的升朝官至少在正八品。由此可知,管道升

① 〔元〕赵孟頫:《松雪斋集》卷七,第 193 页。
② 〔清〕穆彰阿、潘锡恩等纂修:《大清一统志》卷二二二,影印《四库全书》文渊阁本,第 479 册,第 114 页。
③ 〔明〕朱存理集录:《铁网珊瑚校证》书品卷三《赵魏公二帖》,第 267 页。
④ 〔宋〕崔与之:《宋丞相崔清献公全录》卷四《辞免秘书少监乞赴宣幕》,张其凡、孙志章整理,广州:广东人民出版社,2008 年,第 42 页。
⑤ 〔元〕脱脱等:《宋史》卷一七〇,第 4085 页。

的父亲管公是官宦退居故里的乡绅，"任侠闻乡间"，则表明管公为拥有一定势力的地域领袖。这符合南宋以来退休士大夫投身地域社会建设的实况。"晚节益自憙"，憙，通亮，此语似乎反映了管公入元后并未出仕的事实。

从常人的价值思维来考量，这样一个在乡里有势力的家族，最初自然不会看上已经败落的前朝贵族赵孟頫。

而管氏家庭还有自身的特殊状况。《管公楼孝思道院记》载："无丈夫子，仲姬特所钟爱。"《魏国夫人管氏墓志铭》更是详细记载道："夫人生而聪明，公甚奇之，必欲得佳婿。"由上述事实可知，管公无男，家皆女娃，但在女孩中，管道升聪明过人，让管公分外喜爱，当作公子来培养，发誓一定要给她找个好人家方肯罢休。或许正是这样的想法，使管道升的婚事延宕下来，迟迟难以出嫁。

那么，管道升为何最终还是嫁入赵家了呢？这是缘于赵孟頫自身境况的改变。至元二十三年（1286），行台治书侍御史程钜夫奉诏搜访江南遗逸，赵孟頫被推荐，引对称旨，因得授官。[1] 这就是赵孟頫在《魏国夫人管氏墓志铭》所云"至元廿四年，世祖圣德神功文武皇帝召孟頫赴阙，自布衣擢奉训大夫、兵部郎中"。同住一乡的赵孟頫，身份与地位的顿然改变，让对他一直并不看好的管公不禁刮目相看。因此，可以推测，提亲订婚当在此后。而赵孟頫在《魏国夫人管氏墓志铭》所云"予与公同里闬，公又奇予，以为必贵，故夫人归于我"，不过是一种自我解嘲式的事后倒叙。

管道升，字仲姬。古人字与名，多有意义上的关联。比如，班固字孟坚，许慎字叔重之类。但道升与仲姬之间，似乎看不出任何意义上的关联。因此，我猜测道升原本无字，是嫁给赵孟頫之

---

① 〔明〕宋濂：《元史》卷一七二《赵孟頫传》，第 4018 页。

后，由赵孟頫所拟。字仲姬，虽与名本身无关，也实在是巧妙至极。仲字，表示道升排行第二，在《与丈人书》中，赵孟頫就以"二姐"指代道升。[①] 不仅如此，还与先祖管仲的仲联系到了一起。而姬字，既是女子美称，又与其母姓周暗合，周乃姬姓。如此巧思，盖非才子赵孟頫莫属。

至元二十六年（1289），赵孟頫乘出差机会，从京城回到家乡，管赵二人成婚。这就是赵孟頫在《魏国夫人管氏墓志铭》所云"廿六年，以公事至杭，乃与夫人偕至京师"。具体公事乃是《元史·赵孟頫传》所载"至元钞法滞涩不能行，诏遣尚书刘宣与孟頫驰驿至江南，问行省丞相慢令之罪"[②]。

从此，管道升跟随赵孟頫，居住京城，游宦四方，备尽辛劳，同时也伴随着夫贵妇荣，享受到了荣华富贵。随着赵孟頫官位的升高，管道升先后被封为吴兴郡夫人和魏国夫人。在宋代，封为国夫人，丈夫须得位至宰相。赵孟頫在元朝，官为翰林承旨，妻子便被封为魏国夫人，虽与他已官居一品有关，但主要的是，赵孟頫早已受知于太子时代的仁宗。并且新皇帝仁宗一反其兄武宗的政策取向，大加重用汉人文臣。

管道升嫁入赵家，几十年间，前后为赵孟頫生了9个孩子，3男6女。除了第一个孩子夭折，其他8人都健康地成长起来。

结婚生子，尽职夫家，这是传统女性的使命。对于这些，管道升做得让赵家极为满意。赵孟頫在《魏国夫人管氏墓志铭》中说，"夫人天姿开朗，德言容功，靡一不备"。在墓志铭中，赵孟頫还有具体评价："能处家事，内外整然。岁时奉祖先祭祀，非有疾，必斋明盛服，躬致其严。夫族有失身于人者，必赎出之。遇人有不足，

---

① 〔明〕朱存理集录：《铁网珊瑚校证》书品卷三《赵魏公二帖》，第267页。
② 〔明〕宋濂：《元史》卷一七二《赵孟頫传》，第4019页。

必周给之无所吝。至于待宾客,应世事,无不中礼合度。"①这是一个合规中矩的标准的贤妻良母,道德女性。

贤妻之贤,还表现在孝顺公公婆婆。在《三希堂法帖》释文一一中,收录了管道升两通《与亲家台夫人书》,当是写给公婆的。信移录如下。

其一:

> 道升跪复亲家太夫人尊前:道升久疏上状,不胜驰仰。二哥来,得书,审即日履候安裕,深用为慰,且蒙眷记,以道升将有大都之行,特有白番布之惠,祇拜厚意,感激无已。旦夕即行,相去益远,临纸驰恋,余唯加餐善保,不宣。道升跪复。

其二:

> 道升跪复尊亲家太夫人妆前:道升久不上启,伏想淑候清安。二哥久出,兹喜锦还,计唯尊亲家均此欣慰。兹因遣人到宅上,漫有紫栗十斤、冬笋十斤、宽椒饼百枚、白菜三百窠〔棵〕拜纳。乡里荒凉,无佳物可以寄意,辱一笑幸甚。正寒,伏冀保爱不宣。道升跪复。②

管道升对公婆的殷殷关切、拳拳孝心,流露于字里行间。

因此,当管道升去世之时,墓志铭写道:"夫人之亡,内外族姻皆为之恸。"

对于管道升的去世,作为丈夫的赵孟頫最为悲痛。这里面除了感情因素,还因为管道升主内,是一个庞大家庭的不可或缺的好管家。欧阳玄撰写的赵孟頫墓志铭也提及管氏"治内有才

---

① 〔元〕赵孟頫:《松雪斋集》外集《魏国夫人管氏墓志铭》,第293页。

② 〔清〕陈焯:《三希堂法帖释文》,影印本,北京:中国书店,1987年。

具"[①]。在前引书信中,赵孟𫖯称管道升去世,让他"失左右手"。赵孟𫖯所说的"失左右手",是有具体内容所指的。前引《与袁伯长书》中就写道:

> 自老妻之亡,家务尽废。最是两儿妇皆不曾成就,事事无人掌管。

《魏国夫人管氏墓志铭》的"铭"部分也写道:

> 夫人云亡,夫丧贤妇,子失慈恃,家无内助。呜呼夫人,古之列女!仁智贤明,偻指莫数。

请注意,此"列女"非彼"烈女",不是后世贞节的牌坊,而是汉代刘向《列女传》中所记述的优秀女性。明末清初的钱谦益便在《观管夫人画竹并书松雪公修竹赋敬题短歌》一诗中,半是羡慕半是感叹地写道:"天上人间此佳偶。"[②]

作为一个贤内助,管道升无可挑剔,称职至极。然而,如果仅仅就是一个贤内助的角色,那就与几千年来千千万万的传统女性没有任何区别了。管道升作为女性的意义,并不仅仅在于她的自然属性与传统角色。她让赵孟𫖯一往情深刻骨铭心的,一定是他们之间更高层次的交流。

三、"山妻对饮唱渔歌"

赵孟𫖯自云总角学书,诗词书画俱佳。带着在宋代积淀的文

---

① 〔元〕欧阳玄:《圭斋文集》卷九《元翰林学士承旨荣禄大夫知制诰兼修国史赠江浙等处行中书省平章政事魏国赵文敏公神道碑》,《四部丛刊初编》本。
② 〔明〕钱谦益:《牧斋有学集》卷一,钱仲联标校,上海:上海古籍出版社,1996年,第2页。

化底蕴,在元代相对自由的天空下,终于蔚成一代大家。管道升作为富裕家庭中的女公子,自然也接受过一定的教育。当然管道升所受的教育,完全无法与出身宗室的赵孟頫相比。不过,聪颖过人的管道升,在育子持家的同时,勤奋钻研揣摩,最终同样诗词书画俱佳。从艺术造诣的全面来看,管道升超越历史上此前此后多数才女,几乎可以说是空前绝后。

天资聪慧,加上几十年的修炼,管道升终于成为不世出之非凡才女。只有这样的才女,才适足与大才子赵孟頫相匹配。这不是传统的才子佳人的概念。自古文人多风流。"陶学士有桃叶、桃根,苏学士有朝云、暮云"①,翻检为数甚多的野史笔记,赵孟頫没有。他守着管道升30年,直到管道升离去。联系他们的,不仅仅是夫妻人伦,更在于精神交会、灵犀相通。

欧阳玄撰写的赵孟頫墓志铭中说管道升"工词翰,善画",而在管道升墓志铭中,赵孟頫说她"翰墨词章,不学而能"。这里的"不学",并非说生而知之,而是指管道升在以前没有受过这方面的训练。自然这也是得意且欣赏的夸耀。赵孟頫在《子昂渔父词其二》中更是具体地写道:"吴兴郡夫人不学诗而能诗,不学画而能画,得于天然者也。"②的确,艺术除了勤奋,更需要天分,需要悟性。而管道升就有这样的天分与悟性。

我们来看一下管道升自己是怎么说的。她在《修竹图自识》中写道:

> 墨竹,君子之所爱也。余虽在女流,窃甚好学。未有师承,难穷三昧。及侍吾松雪十余秋,傍观下笔,始得一二。偶遇此卷闲置斋中,乃乘兴一挥,不觉盈轴,与余儿女辈玩之。

---

① 〔清〕徐釚编:《词苑丛谈》卷一一《赵管词》,第291页。
② 〔清〕卞永誉编:《书画汇考》卷四六,影印《四库全书》文渊阁本,第829册,第40页。

仲姬识。①

这几句短短的夫人自道，充满了谦逊。不过，由此我们也可得知，管道升的艺术造诣，是在赵孟頫的熏陶下奠基的，是在好学的努力下提高的。记载管道升成长历程的自我诉说，类似的题记还存留下一篇《管仲姬竹卷后跋》，见载于《六艺之余录》续编卷一三：

> 操弄笔墨，故非女工。然而天性好之，自不能已。窃见吾松雪精此墨竹，为日已久，亦颇会意。因大丞相不忽夫人之命，敬写一卷，鄙拙可愧耳。②

"天性好之"便是"自不能已"的动力，便是产生艺术敏感的源泉。情感神交又沟通艺术会意，交相作用。你看，管道升屡屡称自己的夫君"吾松雪"，是多么亲切。

管道升与赵孟頫的艺术交流，早在他们正式成婚以前便开始了。留存至今的赵孟頫《摹黄庭经并写羲之换鹅图题记》写道：

> 予内人得古拓《黄庭经》，请予作图，复临一过。至元戊子春三月五日，赵孟頫识于欧波亭。③

在前述《管公楼孝思道院记》中赵孟頫明确写道"至元廿六年归于我"。至元戊子为至元二十五年（1288）。当时，赵孟頫正在江南出差。盖此时二人已订婚，正式成婚则是赵孟頫自记的至元二十六年（1289）。也就是说，管赵二人的精神交流从婚前便已开始，并与他们的婚姻相始终。

---

① 〔清〕陈焯：《三希堂法帖释文》卷三四，影印本。
② 〔清〕倪涛：《六艺之余录》，影印《四库全书》文渊阁本，台北：台湾商务印书馆，1986年，第838册，第680页。
③ 〔清〕张照：《秘殿珠林石渠宝笈合编》，影印本，上海：上海书店出版社，2011年。

说像这样的精神交流贯穿他们婚姻始终，是由于有不少史料可以支持，所以我敢断言。赵孟頫在《题管道升梅竹卷》中写道：

> 道升素爱笔墨，每见余尺幅小卷，专意仿摹，落笔秀媚，超逸绝尘。此卷虽是小景，深得暗香疏影之致。故倩予品题，聊缀小诗，以记一时之兴云。大德二年九月既望，吴兴赵孟頫书。[①]

题记之前是七律一首：

> 握笔知伊夺化工，
> 消闲游戏墨池中。
> 寒梅缀学香生月，
> 疏竹凝烟叶倚风。
> 小径幽然临石砌，
> 斜蹊清雅护苔封。
> 炉香袅袅茶烟外，
> 逸兴飘然岂俗同？

"暗香""疏影"是用宋人林逋的《山园小梅》诗中典故："疏影横斜水清浅，暗香浮动月黄昏。"这两句可谓是千古名句，说管道升之作"深得暗香疏影之致"，可谓称许之至。题记"落笔秀媚"与诗句"握笔知伊夺化工"，是说管道升之作不仅清秀，而且是巧夺天工。这是极高的评价。赵孟頫阅尽古今名作，品鉴能力超凡。作出如许评价，当非过誉。

此时，面前的管道升，已不是他的妻子，而是一个品画论诗的挚友。并且他们不是一般的挚友，"超逸绝尘"的题记与"逸兴飘然岂俗同"的诗句，写出了他们超凡脱俗的境界。"跃上葱茏四百

---

① 〔元〕赵孟頫:《松雪斋集》补遗，第 393 页。

旋"，拥有这样的交流，不能不视为管道升女性角色的升华——已经由内及外，由形而下跃入形而上。

自然，我们还从赵孟頫的评价中读出了温馨爱意。大德二年（1298），是两个人结婚十年后。

以上两例，都是管道升请夫君赵孟頫品题。史料中，还有赵孟頫请夫人管道升作画的记录。这也是管道升自识。明人董斯张撰《吴兴备志》载：

> 管夫人画竹卷前书竹赋，字清劲潇洒。后书：至大（原阙）年四月二日，余奉松雪于欧波亭观雨，颇有清兴。松雪谓余曰，不可无记。遂作此卷。①

"欧波亭观雨""游戏墨池"，相互酬和，管赵二人的精神世界是如此的充实与超脱。

不只作画品题，诗词酬唱也是他们的生活。在《与师孟书》中，赵孟頫不无得意地向朋友展示了他的诗：

> 山妻对饮唱渔歌，
> 唱罢渔歌道气多。
> 风定云收中夜静，
> 满天明月浸寒波。②

信中在给朋友录下这首诗之后，还连连询问："此诗如何？如何？"可见赵孟頫对他与妻子管道升的精神交流是何等的惬意。

管道升也对与夫君赵孟頫的精神交流颇为自豪。《吴兴备志》卷二五记载说"管夫人画与文敏争重"，并记管道升画兰幽绝

---

① 〔明〕董斯张：《吴兴备志》卷二五，影印《四库全书》文渊阁本，台北：台湾商务印书馆，1986年，第494册，第523页。
② 〔清〕陈焯：《三希堂法帖释文》卷一一，影印本。

题诗云：

> 赵管才高柳絮风，
>
> 水晶宫里画幽丛。
>
> 秋来纫在夫君佩，
>
> 笑杀回文漫自工。

"柳絮风"用的是《世说新语》的典故："俄而雪骤，公欣然曰：'白雪纷纷何所拟?'兄子胡儿曰：'撒盐空中差可拟。'兄女曰：'未若柳絮因风起。'公大笑乐。"从此"柳絮风"便用以形容女子拥有卓越的文学才能。"回文"则用的是前秦苏蕙以回文锦绣璇玑图的典故，来表达她与赵孟𫖯的爱情。

作为赵孟𫖯说管道升"不学诗而能诗"的佐证，《石渠宝笈》载有管道升画竹款题诗云：

> 暮嶂远含青，
>
> 春光空带碧。
>
> 细看风前枝，
>
> 抛书枕萝石。①

清人孙承泽的《庚子消夏记》亦载有管道升的题画诗：

> 春晴今日又逢晴，
>
> 闲与儿曹竹下行。
>
> 春意近来浓几许，
>
> 森森稚子石边生。②

管道升的诗词书画不仅是与夫君唱和交流的媒介，还是她用

---

① 〔清〕张照：《秘殿珠林石渠宝笈合编》，影印本。

② 〔清〕孙承泽：《庚子消夏记》卷二《管夫人墨竹》，影印《四库全书》文渊阁本，台北：台湾商务印书馆，1986年，第826册，第23页。

以教育子女的一环。这里的"闲与儿曹竹下行",与前引题记中"与余儿女辈玩之"的画竹,都是如此。在这样的艺术氛围中,她的两个儿子赵雍、赵奕都是成就非凡。为后来文人津津乐道的一件事,在赵孟𫖯写的管道升墓志铭中最初被记载下来:

> 天子命夫人书千文,敕玉工磨玉轴送秘书监装池收藏,因又命余书六体为六卷,雍亦书一卷,且曰:令后世知我朝有善书妇人,且一家皆能书,亦奇事也。

家有"善书妇人"的熏陶指点,"一家皆能书"并非"奇事"。管道升墓志铭还记载道:

> 又尝画墨竹及设色竹图以进,亦蒙圣奖赐内府上尊酒。尝谒兴圣宫皇太后,命坐赐食,恩意优渥,受知两宫,可谓荣矣。

可以说,管道升所获得的殊荣,是一般男性文人都难以企及的。艺术成就以政治承认的形式被予以肯定。

艺术自是艺术,政治权势的肯定并不重要。毕竟管道升的艺术成就在当时和后世,都被予以极高的评价,也不限于夫君赵孟𫖯的欣赏。

元人虞集题管道升画竹时写道:

> 魏公书画工,
> 夫人工书画。
> 眷此庭上竹,
> 双双玉相亚。[①]

不仅仅是评价,还充满了欣羡。

---

① 〔清〕张照等:《石渠宝笈》卷八,影印《四库全书》文渊阁本,第 824 册,第 223 页。

古人好事，每每喜欢将这对艺术家夫妇作比较观。

明人汪砢玉撰《珊瑚网》所载元人陆源之《管仲姬着色兰花卷》的题跋评价道：

> 善画兰者，故宋推子固，吾元称子昂，堪为伯仲。兹卷管夫人所绘，非固非昂，复有一种清姿逸态，出人意外。且以承旨手笔，六法并臻，尤称双璧。得未曾有，以余仲蔚蓬蒿而获击此于目，顿觉埃垢尽洗，五体俱香矣。往复披玩，不能释手，敬识而归之。①

的确，鉴赏艺术精品，不啻于进行一次精神洗礼。

《珊瑚网》同卷收录徐绲的题记云：

> 管夫人画竹与大士像恒多兰，亦仅见一斑。今于李梦然获观六种。种种精妍，碧叶丹英，玉茎水石掩映，葳蕤荏苒，恍若翩翩于湘江楚畹间，幽芬可挹，堪与盈川赋、子昂书争工。

《珊瑚网》卷四四载明人金文鼎评管仲姬《长明庵图》云：

> 墨气高古，无儿女子态。

清人卞永誉编《书画汇考》卷四六载明人董其昌跋语云：

> 管夫人画山楼绣佛图，与鸥波公在伯仲间。至其书棱行楷，殆不可辨同异，卫夫人后无俦。此卷竹枝，纵横墨妙，风雨离披，又似公孙大娘舞剑，不类闺秀本色。奇矣！奇矣！

前引清人孙承泽的《庚子消夏记》卷二《管夫人墨竹》条除了载有管道升的题画诗，还将管道升与赵孟頫进行了比较，说管道升"字法似子昂"，并说：

---

① 〔明〕汪砢玉：《珊瑚网》卷三二，影印《四库全书》文渊阁本，第818册，第614页。

管夫人画竹风格胜子昂，此帧凡三竿，极其苍秀。

连乾隆皇帝，也在《管道升枯木竹石》中如是评价道：

爱他写意闺中秀，宛尔传神林下风。[1]

除了诗书画，管道升的散文也清新可人，秀色可餐。《石渠宝笈》卷一四在记载管道升《碧琅庵图》的同时，还录有墨画卷后管道升自书的《碧琅庵记》，文不长，具录如下，以为共飨：

天下奇峰峭岭，惊波怒涛。千章之木干霄，百尺之材蔽日。凭览登眺，啸咏歌呼。乐兹胜概，快彼旷游。此皆奇丈夫之所有事也。予辈拥编闺阁，握管帏房，迹不能遍名山大川，目不能尽奇观异境，惟是跬步之间，足为拔奇领秀者，流览娱情，自不得当吾意而失之耳。予郡北关三十里外，有所谓小梅渚者，幽僻清旷，山林淡远，地边震泽，居人多喜植竹。修竿拥翠，劲箨摇青，一望葱葱菁菁者数里。含藻凝烟，濯枝滴雨。既萧萧而逗月，复泠泠而来风。天和景明，一时游人士女，徘徊其下，或移日也。时有尼师素雪者，游览登陟，俯仰瞻眺，幽思中来，素心相触，结庵其中。但觉绿叶参差，碧柯零乱，萧疏声应乎清川，戛击韵流乎泽国。缘以名之曰碧琅云。谓非素怀玄对，雪腑冰肝，与修枝翠叶瘦质清标相辉映乎？素师玄谈霏霏，玉节落落，雅与予善。偶造其庵而契之，因写碧琅庵图以赠并记。管氏道升识。

纵观历代对女性艺术家管道升成就的评价，一个综合性的参照值就是她的夫君赵孟頫。这既是现成的参照值，也是把管道升与男人等量齐观的评价。

---

① 〔清〕弘历：《御制诗集》初集卷四四，影印《四库全书》文渊阁本，台北：台湾商务印书馆，1986 年，第 1302 册，第 649 页。

的确,作为社会人,管道升已经走出传统的内闱,在当时已在她所接触的艺术圈子之内进行了交流。可以说,赵孟𫖯的朋友,也同样是生性开朗的管道升的朋友。比如,据清人《历代题画诗类》卷八〇的收录,管道升的《竹窝图》,就有黄公望、高克恭的题诗,而所画之墨竹,就有陈基、倪瓒、丁立、熊梦祥、郑东等人的题诗。①

管道升的过世,据赵孟𫖯写的墓志铭记载,"尝与余游者,莫不流涕,则夫人之德可知已"。元人张雨更是写下了《魏国赵夫人管君挽诗》:

> 曾谒西池阆殿春,
> 赐封大国宠疏频。
> 择婿当年郗太傅,
> 能书今日卫夫人。
> 玉镜离台空掩月,
> 宝衣堆桁暗凝尘。
> 千秋乡中名不没,
> 墓有通儿书老银。

由于管道升的儿子赵雍曾为母亲撰写了圹志,所以诗中用了欧阳率更子通书母夫人墓铭的典故,其母夫人讳老银。卫夫人,据讲是书圣王羲之的启蒙老师,这首诗将管道升称作是"今日卫夫人",评价已经高到不能再高。诗句"千秋乡中名不没",也是相当高的评价。不过,"名不没"并非仅止于乡里,管道升,不仅属于历史,还属于女性,不仅属于中国,更属于世界。

---

① 〔清〕陈邦彦编:《历代题画诗类》,影印《四库全书》文渊阁本,台北:台湾商务印书馆,1986年,第1436册,第240—241页。

四、"浮利浮名不自由"

前一节引录的赵孟頫的一首诗中有这样一句:"山妻对饮唱渔歌。"他们伉俪唱的是什么样的渔歌呢?在管道升画的一幅《渔父图》上,写着管道升与赵孟頫所作的《渔歌子》。

我们先看管道升之作。

其一:

> 遥想山堂数树梅,
> 凌寒玉蕊发南枝。
> 山月照,晓风吹,
> 只为清香苦欲归。

其二:

> 南望吴兴路四千,
> 几时回去霅溪边。
> 名与利,付之天。
> 笑把渔竿上画船。

其三:

> 身在燕山近帝居,
> 归心日夜忆东吴。
> 斟美酒,脍新鱼,
> 除却清闲总不如。

其四:

> 人生贵极是王侯,

浮利浮名不自由。

争得似,一扁舟,

弄月吟风归去休。

我们再看赵孟頫的酬和,赵孟頫的和词只存两首。

其一:

渺渺烟波一叶舟,

西风木落五湖秋。

盟鸥鹭,傲王侯,

管甚鲈鱼不上钩!

其二:

侬在东南震泽州,

烟波日日钓鱼舟。

山似翠,酒如油,

醉眼看山百自由。

除了唱和数首,真迹上尚存赵孟頫跋语。这个跋语至少反映了赵孟頫对管道升四首词的理解。这对于我们解读管道升的思想很有裨益。跋语云:

吴兴郡夫人不学诗而能诗,不学画而能画,得于天者然也。此渔父词,皆相劝以归之意,无贪荣苟进之心。其与老妻强颜道“双鬓未全斑,何苦行吟泽畔,不近长安”者异矣。皇庆二年十二月十八日,子昂书。①

① 〔明〕张丑:《清河书画舫》卷一〇下,影印《四库全书》文渊阁本,台北:台湾商务印书馆,1986 年,第 817 册,第 417 页。

皇庆二年（1313）为元仁宗即位的第二年。由于仁宗支持兄长海山，使得海山在激烈的政治角逐中获胜，成为元武宗，因此武宗依照约定，在即位的同时，立仁宗为皇太子。在位仅三年半的武宗采取滥任官僚、改革币制以及拒绝汉化等政策，给元朝的政治带来了危机。尽管仁宗的即位，是元朝历史上第一次和平的帝位继承，但即位后，仁宗进行了大幅度的拨乱反正。这种拨乱反正，不仅是在政策层面上，还伴随着大规模的血腥清洗。自幼接受儒学教育的仁宗可以读写汉文，并能够鉴赏书法绘画。具有这种背景的仁宗即位，加速了元朝的汉化，并恢复了科举考试。

赵孟頫在管道升墓志铭中写道："今上皇帝在春宫，遣使召孟頫，除翰林侍读学士，夫人亦同至阙下，至大三年冬也。"这表明，仁宗的即位，对于犹如潜邸旧僚的赵孟頫很有利。应该说此时的赵孟頫正是"好雨知时节"，正可以"好风凭借力，送我上青云"，处于春风得意之时。在这样的大好局面下，管道升对赵孟頫"相劝以归"，劝其急流勇退，放弃一切，是不是不识时务，不合时宜呢？

二十几年的共同生活，并且一直有着深层次的精神交流，二人早已从普通的夫妻升华为神契心通的挚友。所以，赵孟頫能读懂管道升。

首先，赵孟頫读懂了管道升这几首《渔歌子》词的表层意思，是"相劝以归"。此外，赵孟頫对管道升的相劝表示了认同，他在跋语中写的"其与老妻强颜道'双鬓未全斑，何苦行吟泽畔，不近长安'者异矣"，是说管道升不同于通常所见的那些妻子，总是板着脸勉强丈夫说"你还没老，为何退隐，不求荣华富贵"。赵孟頫认为妻子管道升"无贪荣苟进之心"，这样的理解则是一种深层次的理解。

世俗的男人追逐荣华富贵，世俗的女人更是贪恋荣华富贵。所以像薛宝钗那样劝男人追求功名者多，劝丈夫急流勇退者寡。其结果是，男人在名利场中殒身，女人同样失去很多。所以过后每每有"悔教夫婿觅封侯"之慨叹。

那么，管道升呢？她的认识与意识通过上述的几首小词，全盘托出。

在这几首词中，管道升在第一首中先是描述家乡故居绽放的寒梅，铺垫出归意，说在山月晓风之下，"只为清香苦欲归"。

在第二首中，她遥遥南望四千里外的故乡吴兴，慨叹不知何时可以回到那熟悉的雪溪之畔。明确表示要把"名与利，付之天"，抛到九霄云外，然后悠然自在地画船垂钓。

第三首，她写道，"身在燕山近帝居"，尽管拥有荣华富贵，可依然"归心日夜忆东吴"。她怀恋什么呢？"斟美酒，脍新鱼。"美酒与夫君和书画的朋友们同斟，新鱼也是与知音共享。她把京师与家乡的生活相比较，说在京师除了清闲，什么都不如家乡。那是因为，她看到了，在京师，赵孟頫在很大程度上犹如装点的花瓶。并且离开了钟秀的江南山水，管赵的艺术灵感都像是枯竭了源泉。他们的根在江南。大都尽管繁华，但他们不习惯，赵孟頫曾描述过他伏在北方大炕上写字的辛苦。而在家乡，则可以自由进行他们的文化创造，所以说"除却清闲总不如"。

最后一首，境界升华到了最高。她在词中写道"人生贵极是王侯"，然后笔锋一转，深刻地指出"浮利浮名不自由"。这一句"浮利浮名不自由"，不仅力透纸背，入木三分，并且是看破红尘，参透世情。

管道升的难能可贵，就是她能滤去浮名浮利，看透名利场中的一切。而赵孟頫的难能可贵，则是他对管道升的理解与认同。

我读赵孟頫的和词，觉得从用韵到内容，和的都是管道升的第四首。请看，他写的"盟鸥鹭，傲王侯，管甚鲈鱼不上钩"，正与"人生贵极是王侯"相呼应。而整首"侬在东南震泽州，烟波日日钓鱼舟。山似翠，酒如油，醉眼看山百自由"，则呼应"浮利浮名不自由"，道出自由之所在。

　　同声相应，同气相求，"嘤其鸣矣，求其友声"。王安石说得好，"人生乐在相知心"。赵孟頫对管道升理解、欣赏与赞赏，是因为他们在认识上有着深层次的共鸣。所以他对管道升的词，不仅在跋语中赞许，还对最足以表达管道升思想认识升华的第四首大和特和。不仅如此，几年后，他还以健康原因为借口，真的付诸实行，退出政治圈，扬舟三千里，夫妻双双把家还。他们不屑于政治场上的浮名浮利，他们要为自己的文化江山植树添葩。

　　前面引述钱谦益对管赵充满感慨欣羡的那句"天上人间此佳偶"之后，还有一句，写作"齐牢共命兼师友"。钱谦益可谓深通管赵之心。的确，管道升与赵孟頫，不仅是佳偶绝配，在诗词书画上也是义兼师友。几十年的共同人生，几十年的精神交流，真的已经达到水乳交融，同呼吸，共命运，像管道升形容的一块泥一样，已经难分彼此。

　　管道升对"浮名浮利不自由"的认识，使她的视野超越了传统女性的内闺家室，伸展到一个社会角色所驰骋的广阔天空。她的诉说，她的呼唤，超越国家民族，跨越古今时空，讲的是普世真理，破的是千古迷障，让今人听来，也足以振聋发聩。不仅赵孟頫曾赞叹管道升的画"超逸绝尘"，与她相知颇深、交往甚多的中峰和尚（释明本），在《管夫人竹石图卷》的题跋中也说管道升"了无一点尘世情"①。管道升，你的清逸，你的超越，让多少男人显得渺

---

① 〔清〕卞永誉编：《书画汇考》卷四六，影印《四库全书》文渊阁本，第829册，第42页。

　　　　　　　　　　　　　　　士人走向民间：宋元变革与社会转型

小，让多少女人自惭形秽。

人都是特定时代的人。更为深层地审视，无论是管道升的"浮利浮名不自由"，还是赵孟頫的"盟鸥鹭，傲王侯"，他们共同的价值观，无疑带有时代的痕迹。南宋开启的宋元变革，让很多读书人对政治产生了疏离。我们看他们的画家朋友黄公望，不仅以画笔徜徉山水，留下的几十首诗也完全没有治国平天下的豪情壮志，政治意识淡漠，艺术承载的文化创造了永恒。相比较险恶的政治江湖，岁月静好、亲情温馨的地方社会生活更令人向往。在地方无拘无束，还有更为广泛的交游圈子可以自由往来。地方社会生活的强烈吸引，让他们放弃高官厚禄与荣华富贵，决意回归。

五、"未破当年一块泥"

本章开头援引的管道升《我侬词》，据清人徐釚《词苑丛谈》卷一一记载，尚有如下背景：

> 管仲姬，赵子昂夫人也。子昂尝欲置妾，以小词调管夫人云：

> 我为学士，你做夫人。岂不闻陶学士有桃叶、桃根，苏学士有朝云、暮云，我便多娶几个吴姬、越女，无过分。你年纪，已过四旬，只管占住玉堂春。

对此，管道升以词曲的形式作答，于是便产生了这首动人的《我侬词》。为了语境的连贯，恕我再度引用：

> 尔侬我侬,忒杀情多。情多处,热似火。把一块泥,捻一
> 个尔,塑一个我。将咱两个一齐打破,用水调和。再捻一个
> 尔,再塑一个我。我泥中有尔,尔泥中有我。我与尔生同一
> 个衾,死同一个椁。

此词之后,《词苑丛谈》记载了结果:"子昂得词,大笑而止。"才情洋溢的管道升,没有直接表示自己反对与否的意见,而是用一个别致的比喻,描述了两个人水乳交融般的爱情,便让赵孟頫就此打住,真是聪明绝顶。

这首《我侬词》的产生,背景究竟是不是像《词苑丛谈》记载的那样,我们无法考证,也大可不必较真。不过,"生同一个衾,死同一个椁",倒的确是管道升的愿望。

管道升去世后,葬于德清县东衡山之原。赵孟頫在墓志铭中写道:"东山之原,夫人所择,规为同穴,百世无易。"由此可知,德清县东衡山之原的墓地,是管道升自己选择的,选择时便已约定,死后同穴。这样的选择与约定,充满深深的爱意。

赵孟頫依照管道升的愿望,将夫人葬在了自己选择的墓地。几年后,赵孟頫去世,他们的孩子依照双亲的遗愿,也把他们埋葬在一起。关于这件事,欧阳玄的赵孟頫墓志铭有明确记载:"薨之年九月,葬德清县千秋乡东衡山之阳,管氏附。"因为管道升去世下葬在先,所以准确地说,应当是赵附管氏。不过,两个人已经视为同一块泥,我们也不必强分彼此。

清人吴绮在《管夫人砚》一诗中这样写道:

> 秘阁才人管仲姬,
> 琉璃砚匣玉圭携。
> 看来尚作连环样,

未破当年一块泥。①

砚为泥烧，以泥入诗，自然妥当。其实，这里潜藏的典故，正是《我侬词》的"把一块泥，捻一个尔，塑一个我。将咱两个一齐打破，用水调和。再捻一个尔，再塑一个我。我泥中有尔，尔泥中有我"。而管赵最终实现了"生同一个衾，死同一个椁"的事实，正是"未破当年一块泥"。

"未破当年一块泥"，管赵之爱，画上了一个完美的句号。

六、"笑杀回文漫自工"

管道升从 28 岁嫁入赵家，到 58 岁去世，为赵孟頫生育了 3 男 6 女。在管赵共同生活的 30 年间，按常识来想，这 9 个孩子应当是在前 20 年生的。20 年生 9 子，生育数量之多和频度之密也令人吃惊，几乎是在 20 年间一个接一个孕育出生的。尽管后来赵家的生活比较优裕，但对管道升的身体和精神来说，无疑也是巨大的负担。

孩子，历来是传统女性用来维系家庭的重要手段。为人母者要做良母。这一点，管道升做到了。除了长子夭折，其他 8 人都健康成长起来。让孩子健康成长，仅仅是最基本的义务。而管道升还给了子女们文化教育和艺术熏陶。对此，前面已有提及。所以，她是合格的良母。

持家，则是传统女性用来维系家庭的另一个重要手段。为人

---

① 〔清〕吴绮：《林蕙堂全集》卷二二，影印《四库全书》文渊阁本，台北：台湾商务印书馆，1986年，第 1324 册，第 652 页。

妻者要做贤妻。赵家由贫到富，除了赵孟頫官位升迁收入渐丰，还与管道升的善于持家有关。管道升对公婆的孝敬，对夫君的体贴，对亲属的关照，不仅人无间言，而且备受称赞。以致她的离世，让赵孟頫觉得顿失左右手，让"内外族姻皆为之恸"。这是标准的贤妻。

不过，在传统的中国社会中，贤妻良母并不乏人。所以，管道升做得再好，在她的内心中仍然存有一种紧张与焦虑。随着环境地位的改变，古往今来，陈世美并不少见。传统的中国社会对男人很宽容，给予了很大的空间。况且，当时元代的道德约束，还远没有达到明清时代那样的男女大防授受不亲。赵孟頫诗词书画俱精，倜傥潇洒，往来无白丁，都是些风流名士。这不能不给管道升带来紧张与焦虑。

如何守住自己的夫君，守住精心维持的家室？妒火燃烧会失贤，河东狮吼会乏淑，仅仅做到贤妻良母还显平淡。管道升明智聪慧，她从传统女性的角色中跳出窠臼，从精神层面与夫君进行沟通，寻求心灵贴近。

赵孟頫屡屡说管道升"翰墨词章，不学而能"，"不学诗而能诗，不学画而能画"，并认为这是由于管道升天资过人，"得于天然者也"。其实，他没有窥测到管道升的良苦用心，也没有过多留意管道升为此付出的辛勤。不过，赵孟頫说"道升素爱笔墨，每见余尺幅小卷，专意仿摹"，可知他也看到了管道升的努力。我们再回顾一下管道升的自述。她说"侍吾松雪十余秋，傍观下笔"，还说"窃见吾松雪精此墨竹，为日已久，亦颇会意"。十几年如一日，"傍观下笔"，"专意仿摹"，最终达到"亦颇会意"，达到朝廷史官评价的"工词翰，善画"，这是何等的不懈努力，哪里是"不学而能"。

在研习诗词书画的过程中,管道升自然不会说她是出于紧张焦虑,说她目的是守住夫君。那么,她是怎么解释的呢?前面援引过她的自述。一句是"余虽在女流,窃甚好学",一句是"操弄笔墨,故非女工。然而天性好之,自不能已"。

非女性所为而为之,这正是一种具有一定明确意识的从自然性别走向社会性别的抗争。

管道升不容易,20 年间她要一个接一个地孕育生子,要操持一个大家。她有她的烦恼。在《与中峰大禅师书》中,她流露说"每日人事扰扰,不能安静"①。即便如此,她最终还是达到了足与夫君匹敌的"工词翰,善画",达到了可以游刃有余地与夫君面山对饮,面水唱和,相互品题,神契心合。

清代著名文人王士禛在《居易录》中记载:"赵松雪管夫人手写《璇玑图诗》,五色相间,笔法工绝。"②管道升为何要写《璇玑图诗》?王士禛在这句评价之后录有管道升的跋语:

> 苏蕙,字若兰,陈留令武功苏道质第三女也。年十六岁,归扶风窦滔,甚敬爱之。符坚寇襄阳,以滔为安南将军,留镇襄阳,携宠姬赵阳台往。苏氏怨之,不肯与俱,而滔竟与断音问。后苏氏悔恨,因织为回文锦以寄滔。滔览之,感其意,于是迎苏氏来襄,而归阳台于关中,恩好愈笃焉。

从管道升题跋讲述的五胡十六国前秦时期的苏蕙回文诗锦故事,我们可以窥见到管道升隐含的深意,其中也透露了管道升内心的焦虑。苏蕙的故事,也一定给了管道升启示,使管道升在精神层面与夫君赵孟頫交流的意识更为自觉。

---

① 〔清〕陈焯:《三希堂法帖释文》卷一一,影印本。
② 〔清〕王士禛:《居易录》,影印《四库全书》文渊阁本,台北:台湾商务印书馆,1986 年。

管道升成功了。她博得了赵孟頫的激赏,获得了文人交游圈的惊羡,留下了"工词翰,善画"的定评。成功后的管道升,如此写道:"秋来纫在夫君佩,笑杀回文漫自工。"这是何等的自豪与自信。此时,她没有了焦虑,没有了紧张。

　　管道升的成功,让人深思,予人启迪,夫妇之间,靠什么来维系? 如何做,方能让爱情之树常青?

结　语

　　对于管道升努力的意义,成功的意义,甚至她本人都不会有明确认识。因为这种意义是一种客观显现。它并不仅仅在于博得了赵孟頫的激赏,获得了文人交游圈的惊羡,留下了"工词翰,善画"的定评,而在于凸显了管道升的社会性别,在男人的世界中,不只是占有一隅之地,而是占据了"一览众山小"的高地。指点江山,激扬文字,漫道女子不丈夫。

　　然而,又不能说管道升对自己的努力本身完全没有明确意识,"余虽在女流,窃甚好学","操弄笔墨,故非女工。然而天性好之,自不能已",都是明明白白的自觉,我的天地横贯内外,艺术的天空中也有我的星座。20世纪的中国不少妇女还没有名字,几百年前的管道升已经是署名有字,识地有望,巾帼哪让须眉。守内兼外,管道升的天地同男性一样广阔。

　　管道升,你告诉世界,你昭示未来:闺房之外,内闱之外,厅堂之外,如影随形,如响呼应,同样有着男性另一半的构成,另一半的存在。并且这另一半,也同样精彩亮丽,不可或缺。如果没有这另一半,世界就失去了活力,失去了色彩。

管道升自身的意义,不仅仅体现在她的诗词书画成就璀璨夺目,可以傲视男性世界,发出巾帼女性的声音,那样至多不过是个独行侠的角色,如此理解管道升就降低了她的意义;管道升的意义,更主要在于她一生的艺术活动和爱情生活,所显示的启示意义。说到这一点,便不能缺少她的另一半:赵孟頫。管赵二人在艺术活动和爱情生活中所体现的协作范式告诉我们,中国文化的大美江山就是这样创造和传承的。这一点,管赵承前启后。刚柔相兼,和衷共济,没有男权女权之分,数千年的文明史由男女共同书写。历史的苍穹星汉灿烂,管道升、赵孟頫便是耀眼的双子座。

自南宋开始的社会变革,并未因江山鼎革而终止。恰恰相反,元代特殊的政治背景,以及科举基本废止的现实,发达的商品经济,丰富的社会生活,诸多因素让多数士人牢固地附着在地方社会,把地方社会作为广阔的舞台,展开了各种活动,宋元社会变革更为深入。从上面的叙述可以看到,以管道升、赵孟頫夫妇为中心,形成了一个具有相当规模的文人圈子。伴随着赵孟頫出仕中央,又回归地方,这个文人圈子遍及朝野,几乎把那个时代有名的文人都网罗在内。

诗词歌赋,琴棋书画,各种活动有声有色。文化疏离了政治,贴近生活,更显得精彩纷呈。在宋元变革的脉络之下,充满人间烟火气的文化,更显得生机勃勃。覆盖族群,超越王朝,经历了宋元变革的中国文化涅槃新生,获得了永恒的生命力。管道升、赵孟頫夫妇这一绝好的个案,为我们生动地展示了这一过程。而作为女性的管道升的活动,也不是历来构筑的程朱理学钳制下的"存天理,灭人欲"的虚像,我们看不见授受不亲的男女大防,无疑也是宋元变革、社会变革中女性活动的实态具现。

第三编 观念变化与社会转型

在社会转型的背景下，由"学而优则仕"到"读书不求官"显示出读书的价值取向的转变；南宋初期的"等贵贱"口号，折射了发达的商品经济模糊了身份贵贱的界限的现实，繁荣了平民文化，因而产生了身份平等的诉求；"乡评"对知识精英的名誉、地位乃至家族利益都有重要影响，从中可以捕捉到的是，作为明清时代乡绅前身的南宋士人士大夫在地方社会建构活动之一斑；由"同年"到"同乡"的观念转变，则体现了士人不再执着于向上发展，而注重在地方的横向经营，这种观念的转变，使知识精英的地方认同意识得到前所未有的增强；元代停废科举考试几十年，将士人从习举业的束缚中解脱出来，将大部分士人推向地方社会，加速了士人流向的多元化，促进了明清时代强势的乡绅阶层的形成。

第一章
"读书不求官"
——宋元社会转型背景下的观念变化溯源

在儒学经典"学而优则仕"的指引下,在士大夫政治形成主宰力量的北宋,读书做官是多数士人的必由之路。不过,同样从这条道路走上仕途的一代文豪苏轼,却发出了"读书不求官"的呼声。其背后当存在社会变化的潜流。南宋政治、经济乃至文化重心合一,中国历史开启了继唐宋变革之后的新一轮宋元变革。地域社会强盛,商品经济发达,士人流向多元化,诸多因素让潜流显现,苏轼的"读书不求官"获得广泛的共鸣。而在科举长期停废的元代,"读书不求官"更为士人所普遍践行。从"学而优则仕"到"读书不求官",其间折射的是观念的变化。应和儒学八条目的"读书不求官",并非离经叛道,而是在新的历史背景下显示出读书的多种价值取向,因而一直受到重视。

引 言

北宋形成的士大夫政治,从先秦诸子的著作中汲取了很多经典资源。这些经典资源不仅成为制衡专制政体下君权的思想利器,还建构了士大夫政治的理论基础。[①] 在北宋近百年的士大夫政治实践过程中,在既有的基础上,宋代士

---

① 王瑞来:《将错就错:宋代士大夫"原道"略说——以范仲淹的君臣关系论为中心的考察》,《学术月刊》2009 年第 4 期。

大夫又不断从事新的理论建设，以理学、文学等多领域的综合发展为标志，形成了新的士大夫文化。这种新的士大夫文化，显示出不同于以往的全新观念。这种新的观念，作为一种思想资源，又为以后的时代所吸收，成为人们行为的观念引导，在南宋以降新的社会转型期中产生很大的影响。新的观念并非都呈现为完整的理论建构，往往更多是吉光片羽般的思想折射，却有着超越时代的影响力。以下，我想透过苏轼的一句诗，来略窥这一种新的观念及其影响。

一、苏轼及其北宋时代

苏轼有首五言诗，是写给他的两个侄子的，诗的开头四句为：

治生不求富，读书不求官。譬如饮不醉，陶然有余欢。①

诗有多联，清人王文诰辑注苏诗就施以按语说："起四句该通篇之意。"②王文诰的理解准确，这四句的确概括了全诗的主题。诗的意思很直白，不难理解，就是说，经营家业谋生计不追求巨富，读书不谋求做官，就像饮酒处于不醉的状态，最为适意。

在这四句中，让我最为瞩目的是"读书不求官"一句。北宋从太宗朝开始扩大科举规模，这一在各种综合背景下持续的技术操作，终于形成了士大夫政治，打破了官场的贵族或武人垄断，造成

---

① 〔宋〕苏轼：《苏轼诗集》卷三〇《送千乘千能两侄还乡》，第1604页。
② 〔宋〕苏轼：《苏轼诗集》卷三〇《送千乘千能两侄还乡》，第1604页。

了一定程度的社会流动。为了吸引知识精英加入到宋王朝"彀中"①，从皇帝开始，便有"书中自有黄金屋"的利益诱导。② 社会宣传也应和这种诱导。《神童诗》开篇就是："天子重英豪，文章教尔曹，万般皆下品，唯有读书高。"成功地通过科举改变命运的士大夫还如是劝谕乡人："乡人莫相羡，教子读诗书。"③政坛所呈现的，也是"满朝朱紫贵，尽是读书人"。

的确，读书求官，不只在宋代是主流，甚至也是传统社会的主流。明代一个文人在《重刻梦溪笔谈后序》中就写下过自己的经历："吾少喜聚书，十年来既无志进取，益聚书为乐，家有刻板，专用以新易故，每僦居迁徙，累日不能尽，家人辈潜相诋诮：'读书不求官，多奚以为？'"④意思是说，你读书不求做官，要这么多书干什么？

苏轼和他的父亲、弟弟也正是通过科举登第走出巴山蜀水，成为士大夫的翘楚的。在士大夫政治成为主宰的时代，苏轼走过的道路，可以说是多数士人的必由之路。苏轼是通过读书求得官位而走上仕途的，那么他为什么还告诫他的侄子们"读书不求官"呢？并且，这样的说法，是不是与时代潮流相悖，甚至与儒学经典"学而优则仕"的教诲相违呢？

运用学到的知识参与政治，体现了回馈社会的责任感，这在任何时代都不过时，也没有错。"读书不求官"，苏轼的这种认识看上去与主流认识颇为疏离，其实是折射了时代潜在的变化。南宋政治与经济重心合一，商品经济发达，地域社会强盛，平民文化

---

① 〔五代〕王定保：《唐摭言》卷一："（唐太宗）私幸端门，见新进士缀行而出，喜曰：'天下英雄入吾彀中矣！'"阳羡生校点，上海：上海古籍出版社，2012年，第4页。

② 〔元〕黄坚：《古文真宝》卷一《真宗皇帝劝学》，服部宇之吉校订本。

③ 〔宋〕王辟之：《渑水燕谈录》卷七引范仲淹诗，吕友仁点校，北京：中华书局，1981年，第89页。

④ 〔宋〕沈括：《梦溪笔谈》附录之《序跋选录》崇祯本序《重刻梦溪笔谈后序》，第339页。

繁荣,仕途行路难导致士人流向多元化,诸种因素,让南宋开启了中国历史的新一轮社会转型——宋元变革。①

　　然而。任何社会转型都不是在一个早上突然发生的变化,一定经历有相当长时期的潜流运行。就像在北宋造成士大夫政治的科举规模扩大,其实也是适应了唐末五代以来崇文的潜流的结果一样;在南宋开启的宋元变革,在北宋便逐渐积蓄了各种变革的因素,最后才终于在各种契机交织的综合作用之下得以形成。

　　各种变革的因素也包括观念的变化。"读书不求官",便体现出一种不同于传统的观念变化。士大夫政治所呈现出的社会流动,让读书所追求的目的变得过于单一狭隘,而社会的需求其实是多种多样的,人生的选项并不仅仅是从政。或许苏轼是出于对侄子们科举落第加以安慰的用意,但"读书不求官"无疑折射了读书应当拥有多种面相的意识。这种意识不会是天才的苏轼灵光闪现,而是基于他对社会的观察所形成的思考。苏轼观察到的正是包括士人流向多元化在内的在南宋显像化的各种因素的北宋潜流。

　　值得注意的是,通过诗句讲"读书不求官"的,并不仅仅是苏轼一个人,与苏轼同时代的文同吟诵唐人崔觐的诗句云:"读书不求官,但与耕稼亲。"②文同的诗与苏轼完全相同的表述,则反映了

---

① 参见本书《绪论:从近世走向近代——宋元变革论述要》。

② 〔宋〕文同:《丹渊集》卷一五《崔觐诗》(原注:大中时人):"崔觐者高士,梁州城固人。读书不求官,但与耕稼亲。夫妇既已老,左右无子孙。一日召奴婢,尽以田宅均。俾之各为业,不用来相闻。遂去隐南山,杂迹麋鹿群。约日或过汝,所给为我陈。有时携其妻,来至诸人门。乃与具酒食,啸咏相欢欣。山南郑余庆,辟之为参军。见廉使就职,漫不知吏文。已复许谢事,但谓长者云。补阙王直方,本觐之比邻。文宗时上书,召见蒙询询。荐觐有高行,用可追至淳。诏授起居郎,裒斜走蒲轮。辞疾不肯至,高风概秋旻。我昨过其县,裴回想芳尘。访问诸故老,寂无祠与坟。斯人久不竞,薄夫何由敦?此县汉唐时,诸公扬清芬。刻诗子坚庙,来者期不泯。"影印《四库全书》文渊阁本,第1096册,第642页。

当时对这一认识的普遍认同。由此可见,读书做官的主流选项之外,读书还有许多目的取向。这些潜流意识,到了时代变革的南宋,便应和社会转型的气候,获得了显著的共鸣。

二、社会转型的南宋迄元

社会意识一定是社会存在的反映。南宋吕祖谦受孝宗之命编《宋文鉴》,他在苏轼众多的诗作中,居然也选入了"读书不求官"这一首。① 这可以看作是社会意识为朝廷主流认识所认可。这是朝廷主流认识的认可,那么社会下层是如何接受的呢?

南宋中期,曾经撰著过有名的笔记《独醒杂志》的曾敏行被这样记载:"年二十遇疾,弃举子业,叹曰:'治生不求富,读书不求官',东坡此诗似为余发也。于是博观群书,上自朝廷典章,下至稗官杂家、里谈巷议,无不记览。访收法书、名画,多所订正。字画祖米元章,人谓得其笔法。又仿章伯益飞歧墨戏,亦曲尽其妙。颇喜阴阳五行推测吉凶之说,如郭景纯、李常容所论著,研深尤精。假日纵谈,逆定时人穷通得丧,皆如其言。"② 从记载看,放弃走科举之路的曾敏行,从事了各种文化事业,也包括了给人打卦算命这样的下层职业。他说苏轼的"治生不求富,读书不求官"这句诗,就像是写给他的,可见苏轼"读书不求官"的影响力了。

南宋后期,与文天祥同乡并有交往的刘振道,一生未曾入仕,被称为"隐君子",元代大儒吴澄为其写的墓志铭这样记述道:"酒

① 〔宋〕吕祖谦编:《宋文鉴》卷一八《送千乘千能两侄还乡》,齐治平点校,北京:中华书局,1992年,第257页。
② 〔宋〕樊仁远:《浮云居士曾公行状》,《全宋文》卷五四〇八,第242册,第121页。

酣兴适,浩歌东坡'治生不求富,读书不求官。譬如饮不醉,陶然有余欢'之句,拊掌击节,殆不知世间有荣辱事。执谦自牧,好学友善,耆德先达、名人胜流相与如伯仲。"①未曾入仕,并不妨碍他与宰相章鉴、文天祥等名流交往。

南宋士人地方化的趋势,既模糊了士人与士大夫的界限,也淡化了仕与不仕的意识。与政治的疏离,让苏轼的"读书不求官"获得了更多的共鸣。南宋陈模在《怀古录校注》中评价"读书不求官"等佳句为"立意高卓,而辞又足以达其意"②。说苏轼辞达其意,其实是陈模以当世的感怀,说苏轼道出了他的心声。

南宋的士人余苢舒,"临卒,口吟东坡'治生不求富,读书不求官'之句,以告后人"③。临终之时不是对子孙交代后事,而是吟诵"治生不求富,读书不求官",可见苏轼所传达的观念,在南宋人那里已经是刻骨铭心。

元代长时期停废科举,进一步促进了士人流向多元化,因而"读书不求官"更变为已然之事实。不过尽管不求官,但书还是依然在读。这样读书的目的反而更为纯粹。元代王恽写诗以一个教书先生的口吻记载了一个商人之家:

> 贤哉禹城霍,传家惟永图。一身坐服贾,二子使业儒。虚馆致师范,捐金买诗书。所愿士行列,所愿德依于。利达非素望,爵禄非所觊。厥修日有来,此心得安舒。我职宣教责,东行式其间。二子出拜我,朴厚中若虚。呼前试讲说,固

---

① 〔元〕吴澄:《故梅埜逸士刘君墓志铭》,李修生主编《全元文》卷五二〇,南京:凤凰出版社,1998 年,第 613 页。

② 〔宋〕陈模:《怀古录校注》卷上,郑必俊校注,北京:中华书局,1993 年,第 26 页。

③ 〔清〕黄宗羲原撰、全祖望补修:《宋元学案》卷八九《介轩学案》之《余氏家学·余息斋先生苢舒》,陈金生、梁运华点校,北京:中华书局,1986 年,第 2975 页。

觉回不愚。我因嘱乃父,义利不并居。顿首谢使者,行将带经锄。祝阿几万家,从古礼义墟。爰自兵革来,锥刀众为趋。潇潇枳棘间,一朝见鹓雏。孝悌道甚迩,色怡步徐徐。圣贤事不难,经训即灾畬。二者有余裕,文章自华腴。要知特达举,张本德与誉。切戒作而辍,又慎终匪初。勤苦天不负,流芳子孙濡。或只称善人,已为舜之徒。读书不求官,此语闻大苏。譬如饮不醉,陶然欢有余。贤哉霍君心,能与坡意符。因之训二子,此诗不可无。①

诗中直指"读书不求官"来自苏轼。写一个商人请先生,买诗书,希望孩子能够跻身于士人之列。作者认为这种做法很符合苏轼的意愿,所以告诉商人的这两个孩子,苏轼的诗很重要,不可或缺。这是对儒学的向往,也是对知识的崇尚。王恽还记载过一个北方人"燕士张君文季读书不求官,治生不务富,稍有赢余,即购求古器、书画为事"②。

曾站在元朝的立场撰写过《平宋录》的刘敏中,也写过一首题为《许文仲余欢堂》的诗:"生不治而馁,书不读而愚。此外富与官,有命不在吾。一堂俯仰吾愿足,不羡六印归来金钱撑破屋。"这首诗实际是反过来说,治生是为了温饱,读书是为了避免愚昧。在这一目的以外,能否富与官则是命数。恬淡的心态,让士人有一室安居便可满足,并不钦羡高官与巨富。这首诗有诗人自注云:"取东坡先生'治生不求富,读书不求官'之诗也。"③在宋元社

① 〔元〕王恽:《秋涧先生大全文集》卷三《贤哉霍生行》,杨亮、钟彦飞点校《王恽全集汇校》本,北京:中华书局,2013年,第108页。
② 〔元〕王恽:《秋涧先生大全文集》卷八《商鼎歌》序,第297页。
③ 〔元〕刘敏中:《中庵集》卷二《题燕山许文仲余欢堂》,影印《四库全书》文渊阁本,台北:台湾商务印书馆,1986年,第1206册,第23页。

会转型的时代,苏轼的这句诗让读书拥有了更为广泛的意义。

元代的刘因,写诗记载了一个金朝末年的农民:"教子读书不求官,归来素发家山前。天理不随陵谷变,坐看老树生苍烟。只今图画对公像,回首兵尘一慨然。谁能生死太平日,白石共煮西山泉。""教子读书不求官"无疑也是从苏轼的诗句化来。这首诗是一首题画像诗,诗前小序云:"蠡吾王翁,世为农家,多蓄粟。金源贞祐初,宣宗南渡,河朔大饥,翁于是发之,全活者甚众。时乡豪在所皆自树慕义者,咸欲推公为首,翁不许,挈家避地,扶沟余二十年而汴亡,天下萧然,荡为丘墟,翁家独无恙而归。子孙读书,不求禄仕,三世皆以寿终,殆不偶然也。"[1]三世读书,不求禄仕,皆以寿终,并非书能养生,而是读书所带来的智慧,可以让人幸存于乱世。如同一切历史都是当代史,文亦为时而发。借一幅画像,刘因抒发的是元代的现实观感。

曾代表元廷到江南征辟宋朝士大夫入官的程钜夫也写诗这样吟咏道:"关右山水邦,窦氏烟霞人。读书不求官,为乐得其真。孤亭抗林表,嘉树蔼氤氲。野色雨余远,天香风定闻。见月为素秋,逢花即芳春。诗成寄远客,酒熟分比邻。闲云时独留,驯禽日相亲。一与物情遣,安知贱与贫。"[2]读书为了自娱,精神充实便会不在意身份的低贱与家境的贫困。从求官的单一追求中摆脱出来,读书的天空则变得更为广阔。

元人程端礼还这样写友人戴与善:"客有戴与善,家世今移居。读书不求官,富贵浮云如。爱山事远游,衡岳至匡庐。会稽

---

① 〔元〕刘因:《静修集》卷一四《蠡吾王翁画像》,影印《四库全书》文渊阁本,台北:台湾商务印书馆,1986年,第1198册,第591页。

② 〔元〕程钜夫:《雪楼集》卷二九《真乐亭》,影印《四库全书》文渊阁本,第1206册,第436—437页。

探禹穴,著论准《潜夫》。"①游览山川,著书立说,苏轼或许不曾想到,他写给侄子的诗句,在后世宋元社会转型的潮流中,改变了很多人的世界观。

从地域上看,一代文豪苏轼的这句诗也超越了宋朝的疆域。金朝人杨云翼也有诗云:"名利走朝市,山居良独难。况复山中人,读书不求官。东岩有佳致,书室方丈宽。彼美元夫子,学道如观澜。孔孟泽有余,曾颜膏未残。向来种德深,直与山根蟠。"②

从时代看,苏轼的这句诗在身后上千年间一直有着遥远的回响。清人张问陶有诗云:"读书不求官,此意吁可知。男儿重孝义,貂蝉何足奇。鹤盖集吾门,鸿文骇我目。不如君子人,可以慰幽独。君有贤子孙,留诗子孙读。"③晚清名臣曾国藩甚至对苏轼这几句诗还有补作:"治生不求富,读书不求官。修德不求报,为文不求传。譬如饮不醉,陶然有余欢。中含不尽意,欲辨已忘言。"④通过补作,曾文公对读书作文进行了更为意义深远的道德阐发。

结　语

尽管有社会变化潜流影响作用其中,但在士大夫政治鼎盛时

① 〔元〕程端礼:《畏斋集》卷一《送戴与善》,影印《四库全书》文渊阁本,台北:台湾商务印书馆,1986年,第1199册,第618页。

② 〔金〕元好问编:《中州集校注》丁集第四礼部杨公云翼《李平甫为裕之画系舟山图闲闲公有诗某亦继作》,张静校注,北京:中华书局,2018年,第1115页。

③ 〔清〕张问陶:《船山诗草》卷一一《赠吴寄庐》,北京:中华书局,1986年,第272页。

④ 〔清〕曾国藩:《曾国藩全集》日记之一咸丰九年十二月十一日载:"忆苏子瞻诗云:'治生不求富,读书不求官。譬如饮不醉,陶然有余欢。'吾更为添数句云:'"治生不求富,读书不求官。修德不求报,为文不求传。譬如饮不醉,陶然有余欢。中含不尽意,欲辨已忘言。'"长沙:岳麓书社,2012年,第495页。

期,读书人纷纷涌向读书做官的上行路途之时,苏轼能写下"读书不求官"的诗句,实在是难能可贵,并且颇有些惊世骇俗。思想意识与价值观念等精神层面的变化,并非一觉醒来的骤然突变,而是有一个"润物细无声"般缓缓潜行的变化过程。这一变化过程在很长时期内并不明显地显现出表象。

宋元变革,是传统中国走向近代的滥觞。从时代断限来说,虽然开启于南宋,但社会转型因素在北宋便已逐渐在酝酿、积蓄和发酵,苏轼"读书不求官"之诗所表达的意识,正是体现了这样的观念变化。在商品经济繁荣、地域社会兴盛的背景之下,"学而优则仕"已不再是唯一的人生追求的目标。伴随着士人流向多元化,价值取向也同样显现出多元化。正因为如此,"读书不求官"这句诗,在宋元的社会转型背景下,从南宋历元到明清,获得了更为广泛和长久的共鸣,改变了许多读书人的世界观。

其实,从广阔的视野观察,从北宋的理学到南宋的道学,宋代士大夫重新发掘和弘扬的儒学八条目"格物、致知、诚意、正心、修身、齐家、治国、平天下"本身,就并不是仅仅落在治国平天下的政治指向,而是互有关联又各自独立,涵盖有多种价值观,具有广泛的适用性。苏轼的"读书不求官"正可以纳入这样的视域加以阐释。

第二章
两个对立的"等贵贱"

历史上曾出现过两个文字完全相同的词语——"等贵贱",然意指则截然相反。一个是维护阶层秩序的贵贱分等,一个是诉求打破阶层秩序的贵贱平等。两个"等贵贱"的出现与存在,都有其历史渊源与社会环境。而诉求贵贱平等的"等贵贱",则是南宋初年由底层的贫困农民明确喊出的口号。通过深入考察可以发现,魏晋隋唐以来世家大族衰亡,北宋以来伴随着科举扩大化,庶民由贱而贵登上政治舞台,发达的商品经济模糊了身份贵贱的界限,平民文化繁荣。这些长期积淀的宋元变革的内在因素,则是这一主张明确提出的时代背景。

引言 全新"等贵贱"横空出世

众所周知,"等贵贱,均贫富"是南宋初年钟相、杨幺农民暴动时提出的口号。南宋史学家李心传在《建炎以来系年要录》记载:

> 相,武陵人,以左道惑众,自号天大圣。言有神灵与天通,能救人疾患。阴语其徒,则曰:"法分贵贱贫富,非善法也。我行法,当等贵贱,均贫富。"持此语以动小民。故环数百里间,小民无知者,翕然从之。备粮谒相,谓之拜父。如此者二十余年。相以故家资巨万。及湖、湘盗起,相与其徒结集为忠义民兵,士大夫避乱

者多依之。相所居村有山曰天子岗，遂即其处筑垒浚濠，以捍贼为名。会孔彦舟入澧州，相乘人情惊扰，因托言拒彦舟以聚众。至是起兵，鼎、澧、荆南之民响应。相遂称楚王，改元天战，立妻伊氏为皇后，子子昂为太子，行移称圣旨，补授用黄牒，一方骚然。①

《建炎以来系年要录》的记载，完整地叙述了暴动的经过，其中就提到了"等贵贱，均贫富"这一口号的来源。钟相的这句话是说，分贵贱贫富的法律不是好的法律。如果我立法，一定让贵贱平等，贫富均等。历来研究农民暴动的学者，对这一口号评价很高，特别是对这一口号的前一句"等贵贱"，更是极为重视，认为暴动农民的要求已经从财富均等上升到身份平等。

一、"等贵贱"历史溯源

然而，检视文献，发现"等贵贱"这一短语已经有着很久的历史了。相传为孔子的学生所作的《子夏易传》就有云："天地节寒暑而成岁，圣人等贵贱而设制度。"②《大戴礼记·盛德》亦云："凡弑上生于义不明。义者，所以等贵贱、明尊卑。贵贱有序，民尊上敬长矣。民尊上敬长而弑者，寡有之也。"③后来西汉力倡"推明孔氏，抑黜百家"的董仲舒，在《春秋繁露·保位权》中也如是说：

---

① 〔宋〕李心传：《建炎以来系年要录》卷三一建炎四年二月甲午条，第721—722页。
② 〔春秋〕卜商：《子夏易传》卷六，影印《四库全书》文渊阁本，台北：台湾商务印书馆，1986年，第7册，第86页。
③ 〔汉〕戴德：《大戴礼记》卷八，影印《四库全书》文渊阁本，台北：台湾商务印书馆，1986年，第128册，第483页。

　　　　　　　　　　　士人走向民间：宋元变革与社会转型

"圣人之治国也,因天地之性情,孔窍之所利,以立尊卑之制,以等贵贱之差。"①

不过,同样是"等贵贱",此"等"非彼"等"。两个"等"字都是动词,但由于用法的不同,造成了语义的差异。钟相说"等贵贱"的"等",是平等,形容词活用作动词,属于使动用法,意思是"让贵贱不分,人人平等";而历代各种儒学典籍中的"等贵贱"的"等",是等级,名词活用作动词,属于意动用法,意思是"按贵贱分等级"。可见,同样的三个字,表达的意义完全不同。

儒学典籍中的"等贵贱",正是礼制的反映。"刑不上大夫","礼不下庶人",君君,臣臣,父父,子子,等级分明,秩序森严,便是礼的核心内容。西周周公制礼作乐,建立的就是"等贵贱"的秩序与协调秩序的和谐关系。礼的精神灌注到法的领域,就成为制约社会的规范。等级、阶层、阶级意识,都是由此而生,并逐渐强化,成为一种普遍的社会意识。

然而,钟相语境中意指全然不同的"等贵贱",也不是他的发明,同样也有较长的历史。西汉大儒扬雄在《法言·君子篇》中就以设问的方式写道:

> 或曰:人有齐死生,同贫富,等贵贱,何如?
> 曰:信死生齐、贫富同、贵贱等,则吾以圣人为嚚嚚。②

《广雅·释训》云:"嚚嚚,虚也。"宋人吴秘注释《法言》这句话:"若信是言,则吾以圣人六经之旨为嚚嚚之虚语耳。"据此可知,这句话的意思是,有人问道,如果人人生死寿命都一样,贫富

---

① 〔汉〕董仲舒:《春秋繁露》卷六,影印《四库全书》文渊阁本,台北:台湾商务印书馆,1986年,第181册,第735页。

② 〔汉〕扬雄:《法言》卷九,影印《四库全书》文渊阁本,台北:台湾商务印书馆,1986年,第696册,第345—346页。

也相同,贵贱也平等,会怎么样呢?扬雄回答说,如果真是寿命一样,贫富相同,贵贱平等,那我认为圣人所主张的就成为空言了。

扬雄在《法言》中说的"等贵贱",与钟相所宣传的"等贵贱",用语意思完全相同。不过,尽管用法相同,但并不能认为扬雄已经具有了这样的平等意识了。其实扬雄不过是以设问的方式,来强调圣人主张的礼制的重要性,强调不能让礼制成为空言。作为底层民众的钟相提出的"等贵贱",则是有着另一种历史谱系。

向前追溯,在东汉的黄巾起义首领张角用以号召民众的《太平经》中,就有"人无贵贱,皆天所生"这样的表达;唐末黄巢自号"天补平均大将军",表明要替天弥补人间财富的不均;北宋王小波、李顺暴动,也有"吾疾贫富不均,今为汝辈均之"的宣传;北宋末年方腊起义号召民众,则利用摩尼教中"法平等,无有高下"的教义来鼓动民众。这些主张尽管多是强调财富分配的公平,但也从财富平均指向身份平等。钟相的口号"等贵贱"后面的"均贫富",就是把二者结合到了一起。而钟相口号比以前的主张有所发展的是,把"等贵贱"放在"均贫富"前面,加以刻意强调。

当代历史学家李锡厚先生有篇短文指出:"长期以来,历史学家都把钟相的上述主张解释为农民所追求的'平等'理想。然而,既然农民不可能于封建制度之外创造出一个更为先进的社会制度来,他们又如何能够摆脱等级观念的束缚,提出一种'平等'主张呢?钟相自号'老爷',亦称'天大圣'。在鼎州,无识小民备糈相谒,旁午于道,谓之'拜爷'。纵观钟相所作所为,哪里有半点'平等'意思。"最后,李先生归纳道:"'等贵贱'实际上是要重新确立尊卑贵贱的等级结构。"[①]当然,这样的解释也不失为一家之

[①] 李锡厚:《"均贫富""等贵贱"释义》,新法家网:http://www.xinfajia.net/7295.html.

说。不过,根据前面的考察,我觉得李先生还是过于执着于强调维护等级秩序这一层面的词语意指,而对"等贵贱"这一底层民众诉求的明显意指有所曲解。至于李先生以钟相所作所为的事实来说明不平等,也与历史实际有所偏离。《中国大百科全书》在解释"等贵贱"时就指出过这样的事实:"北宋末南宋初,钟相领导的农民起义军,内部互称'爷儿',体现不分贵贱的平等关系。"①同样是著名的历史学家赵俪生先生,作为农民战争史专家,则认可"等贵贱"的身份平等这一意指,在一次访谈中甚至这样说:"'等贵贱、均贫富'是我一辈子的思想。"赵先生这句句意鲜明的话语后来被《澎湃网》转载时用作了访谈文章的题目。②

仔细分析前面所援引的《建炎以来系年要录》"以左道惑众,自号天大圣,言有神灵与天通"的记载,联想到方腊起义利用摩尼教来动员民众,几乎同时代的钟相,无疑也利用了宗教。就是说,"等贵贱"的主张,除了有历史谱系可以追溯,宗教因素也应该纳入考察视野。

钟相、杨幺暴动的南宋初年,女真人入侵,宋朝政权体制功能丧失,军阀与勤王势力蜂起,乘着这样的混乱,钟相、杨幺一时间坐大,称王称帝。不过,尽管暴动的时间是南宋初年,但暴动并不是突然间地应时而起。据《建炎以来系年要录》记载,"环数百里间,小民无知者,翕然从之。备粮谒相,谓之拜父,如此者二十余年"。可见钟相、杨幺暴动是酝酿准备了相当长的时间的。在南宋初年爆发,不过是因时因势而已。

---

① 孙引撰写,朱家桢改写:"等贵贱、均贫富"词条,《中国大百科全书》(第二版),引自中国大百科全书数据库。
② 王学典、蒋海升:《从"战士"到"学者"——访老辈史学家赵俪生先生》,《山东社会科学》2006年第3期。澎湃网:https://www.thepaper.cn/newsDetail_forward_11404025.2021-02-20.

二、宋元变革视域下的"等贵贱"时代因素

钟相、杨幺暴动，从准备到爆发，时间节点与时代背景值得注意。这也是探讨这次暴动何以会提出"等贵贱"这一口号时，必须注意到的时代因素。

从唐宋变革论的视点观察，北宋把唐代的因素发展到了极致。而由于科举规模扩大的客观的技术性因素，造成的士大夫政治，则是北宋以来新的时代因素。前所未有的大规模科举，几乎人人皆可参加，"以程文为去留"，一切由成绩说了算，让普通民众有了出头之日，官场不再由贵族垄断，在一定程度上促进了社会流动。这种士大夫政治，影响到了社会，便模糊了高贵与凡庶的界限。从北宋开始，社会平民化的趋势加速。加上商品经济的发达，社会潜流润物无声般地酝酿着新一轮社会变革。

北宋的殿中侍御史赵抃曾针对宰相陈执中家动用私刑打死奴婢的事件，愤怒地上奏说："臧获虽贱，其如性命非轻。"[1]"臧获"，是古代对奴婢的贱称。这句话的意思是说，奴婢虽然地位卑贱，生命也同样贵重。陈执中家虐待奴婢是件个案，但个案无疑也反映了一般，即当时家奴命运悲惨的普遍性现实状况。然而面对这样的现实，像赵抃这样的一些宋代士大夫已经超越贵贱的等级意识，从对生命的重视来看待奴婢的境遇。这种认识的升华，一方面来自儒学民本思想的熏陶，一方面也是社会现实的反映。科举规模的扩大，社会流动的加速，商品经济的繁荣，自耕农的增加，使得当时的人们对待奴婢问题的认识也发生了变化。

女真人的突袭，打碎了北宋王朝的国家机器。不死鸟涅槃，

---

① 〔宋〕赵抃：《清献集》卷六《奏状乞一就推究陈执中家女使海棠非理致命》，影印《四库全书》文渊阁本，台北：台湾商务印书馆，1986年，第1094册，第837页。

宋朝在江南重建。以隋朝开凿大运河为标志,魏晋南北朝以来的开发,让江南成为中国的经济重心。统一后的隋唐乃至北宋,尽管政治中心回归中原,但对江南形成极度依赖。南宋立国江南,将原本二元化的政治和经济重心合一。历史发展的这种偶然性,使南宋仿佛回到了南朝,让潜行中的变革因素凸显出来,新一轮社会转型开启,这就是宋元变革。

南宋不仅承继北宋的帝制,士大夫政治也依然处于主宰。士大夫的再生产工具科举也一直在发挥着作用。而在富庶的江南,经济那只看不见的手,与科举的作用结合在一起,平民的"富"可以藐视地位的"贵",经济的支撑又让更多的平民走入仕途。富贵贫贱的逆转不再难如登天,而成为司空见惯的日常。精英与凡庶的界限也不再泾渭分明。社会流动的现实,也让来自不同阶层的士大夫拥有了一定的平等意识。这可以说就是"等贵贱"这一口号产生的深层时代因素。比钟相稍早,南宋抗金首领王善也讲过类似的话:"天下大变,乃贵贱贫富更替之时。"[1]由此看来,"等贵贱"应当是人们在这一时代比较普遍的诉求。

儒学思想中的"等贵贱",是在特定的历史背景下产生的。在彼时彼地的时空下,未见得就不具有一定的合理性。康有为的《孔子改制考》卷四《诸子改制托古考·淮南子托古》引述《淮南子·览冥训》时就说昔时黄帝治天下:"别男女,异雌雄,明上下,等贵贱,使强不掩弱,众不暴寡,人民保命而不夭。"[2]

来自下层民众寻求身份平等的"等贵贱",与利用了儒学思想的统治者强调区别等级的"等贵贱",不仅形成鲜明的对比,也对

---

① 〔宋〕李心传:《建炎以来系年要录》卷一九建炎三年正月庚子条,第448页。

② 〔清〕康有为:《孔子改制考》卷四《诸子改制托古考·淮南子托古》,北京:中华书局,2012年,第94页。

后者造成了强烈的冲击，对阶级意识起到一定的淡化作用。有学者认为，儒学与民主是一对天敌。我想这一结论是针对原始儒学的礼制等级的"等贵贱"而发的。钟相"等贵贱"后面跟着的"均贫富"，也是拥有民本意识的儒家原始思想原本所具有的。孔子就讲过"有国有家者，不患寡而患不均，不患贫而患不安。盖均无贫，和无寡，安无倾"。意思是说，诸侯和大夫，不担心人口少，而担心财富不均；不担心贫穷，而担心不安定。因为财富均衡就没有贫穷，和睦就不觉得人口少，安定就不会有亡国的危险。不过，孔子的"均贫富"的主张，目的还是在于维持社会结构的安定，也就是儒家思想主张的"等贵贱"，维护上下阶层的森严秩序。

然而，原始儒学历经千载，在社会转型的历史脉络中，经历了汉学、玄学，走到理学、道学，其间还融合有佛、道等多种思想元素，已经有了很大变化。这种变化，其实从战国时期的社会剧烈动荡开始，已经开其明显的端绪。被称为亚圣的孟子阐述的"人皆可以为尧舜"，就可以说拥有着一定的平等意识。因此，从思想史的轨迹来看，来自下层民众的"等贵贱"，还有其产生的内在因素。

社会存在决定社会意识。以前零星孤立的思想资源，含混模糊的政治诉求，在时代因素的作用之下，被重新激活，变得豁然明确。因此说，钟相、杨幺暴动所提出的"等贵贱"，并不仅仅是对以前有过的主张的简单复述，而是包含着这个时代所具有的新的因素在内。

由南宋迄元的宋元变革，成为中国走向近代的滥觞。社会转型必然伴随着观念的变革。具有强烈的现代意识的寻求身份平等的"等贵贱"，出现在这个时代，并不是偶然的，而是社会转型的必然。

南宋官位僧多粥少，仕途路难行，但地域社会强盛，商品经济发达，多数读书人着力于地方发展，经营生计。这种状况几十年、上百年地持续，随着时间推移，也逐渐改变了人们的贵贱观念。南宋初年农民暴动提出"等贵贱"的主张，无疑是显现了社会转型背景下的观念转变的苗头。而此后的一百多年的时光，让人们超越政治看待贵贱的意识愈发牢固地树立起来。

据说元朝实行所谓"四等人制"，即政治地位按蒙古人、色目人、汉人、南人来排列。汉语记载以外似乎找不到"四等人制"的相应记载，近年来学界有人怀疑其存在的真实性。不管明确的法律上的规定有无，这种区分显然体现了蒙古统治者的意志。作为统治者的蒙古人，在全人口中只占极少数，所以要拉上与中原和江南人相比体貌特征差别较大的中西亚人和欧洲人来充实其统治阶层。即便这样，蒙古人与色目人加起来也不过占总人口的3%，所以对世代居住在中原和北方的原来辽金治下的汉族也予以重用，来统治新征服的江南南宋广阔区域的汉族人，即南人。这种统治意志下的人群区别合乎历史逻辑。

然而，所谓的"四等人制"只是出于统治需要的政治划分，与实际生活中人们长期形成的贵贱观念这一社会意识显然不是同一层面的概念范畴。元代的江南地域，人们的价值取向依然完全承继南宋，贵贱观念无疑也不例外。观念变革是宋元变革的重要内容。伴随着宋元变革的开启，在南宋初年提出的"等贵贱"口号，昭示了身份平等意识的萌发。主张身份平等的"等贵贱"，对历来强调阶级意识的传统的"等贵贱"形成强烈的冲击。这种主张身份平等的"等贵贱"意识，在社会转型过程中不断被明晰、强化，江山鼎革的政治变局并没有中断社会层面的观念，由元入明清，精神的觉醒便与近代有了接点。

结语 "等贵贱"的意义

任何观念一旦形成,都会逐渐固化,长期存在,变化的增幅或是减幅都相当缓慢。近代以后,两种"等贵贱"都交织存在社会之中。在当代社会,尽管没有明确的三六九等区分,但在人们的意识深层,无疑还或多或少存在着标记贵贱的地位或阶层意识,而这种意识则会在特定诱因的作用下激发社群仇视与对立。从这个意义上审视南宋初年提出的主张身份平等的"等贵贱",实在难能可贵,可以说是在宋元变革社会转型过程中产生的积极因素。

回顾这一全新观念的生成史,对于摒除强调阶层差别的陈腐"等贵贱",强化主张身份平等的"等贵贱"精神,促进观念变化,应当说不无裨益。

第三章
"乡评不可掩"
——时代变革中的南宋地方社会

  宋元变革社会转型在南宋开启,士人流向呈现出多元化的势态。较之走出乡里,向上流动,士人更注重在地方上的横向发展。在这样的背景之下,犹如作用于政治场的士论,地域社会的乡评,对士人士大夫的名誉、地位乃至家族利益都产生着重要影响。乡评的性质为何?谁握有乡评的话语权?乡评的影响是否仅仅局限于乡里?透过南宋中期宰相周必大的乡评书写,这些问题可以获得清晰的具现。从而可以进一步捕捉到的是,作为明清时代乡绅的前身南宋士人士大夫在地域社会建构活动之一斑。

引　言

  传统社会的政治场,极为重视士论。特别是在士大夫政治主宰下的宋代,代表主流话语权的士论,极大地左右了政治决策乃至实施。那么,在政治场之外,传统社会里的人们重视的是什么呢?当我们把目光投向开启宋元变革社会转型的南宋,在周必大的笔下,就可以观察到,在乡里社会,人们极为重视乡评。

  乡评可以说由来已久。周必大在一篇文章中提到的东汉有名的月旦评,就是一种仪式化的乡评。周必大写道:

"汉许劭兄弟俱有高名,好共核论乡党人物。每月辄更品题,故汝南俗有月旦评。"①置于东汉特定的历史背景来看,许劭兄弟这种仪式化的月旦评,其实是在科举选官制度出现之前的一种政治化行为,与当时举孝廉等选官考察有着密切的关联。反映了在行政体制未臻完善之时,地方势力对政治的干预。周必大追溯的这种月旦评,其实跟乡里舆论虽有一定关系,但还不是一种相对客观的舆论反映。

南宋的乡评,置于宋元变革背景下审视,就是地域社会场中的"月旦评"。乡评由谁来做? 一定是在地域社会拥有较高的地位,拥有一定的权威,掌握话语权的人。在任何时代、任何地域社会,都有类似东汉许劭兄弟这样的人从事像"月旦评"一样的乡评。这样的乡评具有很大的权威性。被评者乃至其家族在地方的地位与利益无疑会受到很大影响。在周必大文集中,留下不少周必大关于乡评的记录,从他所居庐陵一隅,我们可以看到南宋地域社会的士人、士大夫势力状况,由此可以对明清时代乡绅的前身南宋地方士人的活动获得一定的认识。

对于南宋地域社会中的乡评,似乎迄今尚无专文研究,本章以周必大文集为主,对周必大笔下的个案略加考察,以期对乡评的表现形态、内容、意义,乃至由此透射出的地域社会中的士人、士大夫活动,获得一个清晰的认识。

一、周必大笔下的本邦乡评

周必大的乡人邹时飞去世后,其子在已经有了别人为其父所

---

① 〔宋〕周必大:《周益国文忠公集》卷一八《省斋文稿》一八《跋倪求己所作邹时飞行状》,王瑞来《周必大集校证》本,第 255 页。

作的行状之后，还打算另求人撰写墓志铭。绍熙元年（1190），还乡的周必大就对其子说："尔家再世为卢溪、诚斋诸儒先所与，未尝改评，则其是非可考矣。矧倪丞甚文而贤，乃父必赖以传，奚必他求哉？"意思是说，乡里大儒王庭珪、杨万里对你们家两代都评价很高，这种评价一直也没有改变，没有争议，现在的行状写得也很不错，因此没有必要再另求撰写墓志铭了。于是其子便听从了周必大的劝告。周必大在卷一八这篇《跋倪求己所作邹时飞行状》中指出："夫人之善恶，惟乡评不可掩。"

如此看来，乡评差不多就是对于过世的同一乡里人物的盖棺论定。而主持乡评的人，一定是这一地域具有较高威望的士大夫。比如对邹时飞作出乡评的，就是南宋中期文坛四大家之一的杨万里和撰有《卢溪集》等多种著述的庐陵当地闻人王庭珪。

卷二三《答李监酒次鱼启》，是写给同乡李次鱼的一封信。这个李次鱼早于周必大十多年，于绍兴十年（1140）登进士第。在这封信中，周必大写道："吉语播扬，乡评称惬。"①那么，李次鱼其人事迹如何，"称惬"的乡评又来自哪里？杨万里《诚斋集》卷一二六有《刘处谦墓志铭》，其中记载："仲兄枢有女择对，处谦以妻吉水名儒桃源县丞李次鱼直卿。"②杨万里笔下记作的"吉水名儒"便是一种乡评。周必大所说的"吉语播扬"，也是指的这一乡评。

乡评的确定，其实并不仅仅出于一两个权威人士的主观判断，还在有形无形之间接受来自各个方面的评价影响。比如对李次鱼，清修《吉水县志》引述明代方志云："李次鱼字直卿，吉水人。绍兴乡举，为长沙酒正。博学力行，名其公馆曰复斋，退食则读书其中。朱晦庵赠以诗曰：'请看屏上初爻旨，便识名斋用意深。'张

---

① 〔宋〕周必大：《周益国文忠公集》卷二三，王瑞来《周必大集校证》本，第346页。
② 〔宋〕杨万里：《诚斋集》卷一二六《刘处谦墓志铭》，辛更儒《杨万里集笺校》本，第4909页。

南轩诗曰：'请君细看复斋记，直到羲爻未画前。'观二公诗，其人可知矣。"①

士人、士大夫具有地域性，但又不是局限于狭隘的特定地域。科举、仕宦、学术、社团乃至姻戚等各种关系，让士人、士大夫拥有着超越地域的网络联系。从上述记载可见，并非同一地域的朱熹与张栻的评价，无疑增重了李次鱼的名望。而这种来自外部的评价又反馈到乡里，影响到地域的乡评。乡里乡外，交互影响。晚年担任杭州知州的赵抃就这样在鹿鸣宴上勉励士人们："初闻素履称乡闾，终起英名动缙绅。"②素履称于乡，名声响于外。因此说，同乡的杨万里称李次鱼为名儒，便不仅仅是他自己的认知，还有地域以外的影响。

士人通过科举考试登第，走出乡里，走向仕途。除了后来少数人徙地别居，大多数人还是守着故乡。北宋苏轼在写给退休之际的赵抃的信中就讲："窃谓富贵不为至乐，功名非有甚难。乐莫乐于还故乡，难莫难于全大节。"③故乡是根，走出乡里的士人、士大夫化不开"离人念故乡"④的情结。不仅是致仕退休后要落叶归根，仕宦过程中，或因官职迁转升降待阙，或为祠禄官闲职，或是丁忧服丧，都往往会回到家乡居住，家乡就是士大夫的大本营。比如说周必大一生仕宦，就多次因各种原因回到家乡，或小住，或长居。因此，在外的士人、士大夫也同样在意乡评。周必大在写给同乡新科进士的卷二四《回新进士启》中就勉励这些新科进士

---

① 〔清〕彭际盛等修，胡宗元等纂：《（光绪）吉水县志》卷三六，光绪元年（1875）刻本，第1—2页。
② 〔宋〕赵抃：《清献集》卷二《杭州鹿鸣宴示诸秀才》，影印《四库全书》文渊阁本，第1094册，第791页。
③ 〔宋〕苏轼：《贺赵大资少保致仕启》，孔凡礼点校本《苏轼文集》卷四七，北京：中华书局，1986年，第1346页。
④ 〔宋〕赵抃：《清献集》卷二《和戴天使重阳节前一夕宿长沙驿》，影印《四库全书》文渊阁本，第1094册，第750页。

士人走向民间：宋元变革与社会转型

说："尚撷贤业,迄副乡评。"①这句话其实也是在强调,走出乡里的士人、士大夫也需要在外面取得成就,与家乡的乡评产生良好的影响互动。并且,乡评也是士人自己贯穿一生的道德经营。前引北宋赵抃给新科进士写有"初闻素履称乡闾"的诗句,这意味着,士人平素的品行一定要在乡里拥有好评。

同卷中,周必大写给同乡前辈李发的《回李秀实发启》也说："推乡评而有自,修谢牍以未遑。"②关于李发,清修《(光绪)江西通志》引述明代《吉州人文纪略》载："李发字秀实,吉水人。重和举特恩,赴集英试,补鼎州司理参军,摄黄陂令,调零陵。正豪民猾吏欺隐田粮二万五千余亩。移永兴,通判横州,摄守于宾。广俗诱民童男女易翠羽于蛮中,其初一丁值二羽,仅半岁掠买至数百人,多烹以祭鬼。发奏请禁之。高宗恻然命焚翠羽,自是无敢有以人易羽者。胡忠简公称其长于吏事,三为邑,五典郡,皆遘方余地,未究其才。"③李发在外地为官的政绩,得到了以抗争权相秦桧而赢得鼎鼎大名的庐陵同乡胡铨的乡评。于是,不仅周必大对李发的乡评是有根据的,而且这一乡评还被记载到了乡邦文献之中。

卷七一《宣义郎致仕赐金紫鱼袋胡公(昌龄)墓志铭》是为跟胡铨年纪差不多的胡铨侄子写的墓志铭。同处乡邦,又有胡铨这一层关系,周必大跟胡昌龄有不少交游和文字酬唱,墓志铭云:"余与公游久矣,侄绎实娶公仲女,不幸偕亡,而公念旧弗替。年过八十,犹岁以诗遗余。"④的确,检视周必大文集,卷四有写于乾

---

① 〔宋〕周必大:《周益国文忠公集》,王瑞来《周必大集校证》本,第 353 页。

② 〔宋〕周必大:《周益国文忠公集》,王瑞来《周必大集校证》本,第 362 页。

③ 〔清〕曾国藩修,刘绎纂:《(光绪)江西通志》卷一四五,光绪七年(1881)刻本,第 25 页。又,〔明〕林庭㭿修,周广纂:《(嘉靖)江西通志》卷二八尚载:"胡铨虽以荐发,坐去,犹念之不忘,移书责当路云,诸公皇皇,市骏骨而使老骥伏枥耶?"嘉靖四年(1525)刻本,第 40 页。

④ 〔宋〕周必大:《周益国文忠公集》,王瑞来《周必大集校证》本,第 1035 页。

道二年(1166)的《胡长彦母解氏挽词》①,卷五有写于乾道八年(1172)的《次胡长彦司户韵为其生日寿长彦新授桂椽》②,卷七有写于淳熙六年(1179)的《次张钦夫经略韵送胡长彦司户还庐陵》③,卷一八七还有淳熙十二年(1185)写给胡长彦的书信。④ 墓志铭记载胡昌龄在张栻手下任官,张栻对他很信任,评价很高:"帅守张敬夫儒宗吏师,不轻许可,咨公以府事,洁廉正平,阖府称美。"墓志铭尚记载胡昌龄对"族姻不能自存者,周急无少靳",还讲到胡昌龄治学:"自幼至老,学日益富。每著书援证古今是是非非,下笔不休。喜藏异书,手自雠校。有文集五十卷。"有来自上司张栻的外部评价,以及同处乡邦的耳闻目睹,周必大在墓志铭的最后一句就这样写道:"谓铭不信诹乡评。"就是说,如果不相信我写的墓志铭,那就去调查乡评吧。其实,周必大写的胡昌龄事迹已经体现了乡评,所以周必大很有底气地这样讲。

卷七一《宋故连州彭史君(尧辅)墓志铭》,列举了彭尧辅的许多任官政绩:"隆兴二年试文冠南铨,拟右迪功郎,柳州马平尉簿。桂帅中书张舍人孝祥数委以事,每称其能。去为静江府司理参军,用举者升从政郎。淳熙元年,移赣州录事参军。狱囚危有志,罪不当死,邻郡贡士黎实为仇家,诬以当死,提点刑狱皆欲杀之,至盛怒临道夫,道夫坚持不可,卒直其枉。官军捕茶寇,间俘平民,道夫悉平反之。他不以权执移,不为嘱托私者尚十余事。荐章交上,四年改宣教郎,七年知赣之石城县。逾岁,为部使者以私意劾免。时留丞相作州,诵言非辜,使者寻悔悟谢,他日言官亦

---

① 〔宋〕周必大:《周益国文忠公集》,王瑞来《周必大集校证》本,第49页。
② 〔宋〕周必大:《周益国文忠公集》,王瑞来《周必大集校证》本,第75页。
③ 〔宋〕周必大:《周益国文忠公集》,王瑞来《周必大集校证》本,第101页。
④ 〔宋〕周必大:《周益国文忠公集》,王瑞来《周必大集校证》本,第2852页。

以是摘其过，道夫遂起知江陵府枝江县。县在水中央，岁罹巨浸，乃用工二十四万，大为堤防，水不能啮。又以招籴易和籴，四境帖帖，则葺县庠，教养生员，仍即三乡各立小学，士民歌舞之。十五年，赐绯衣银鱼。绍熙元年，通判兴国军。旧科黄河埽岸衣绢，其后均之正税匹钱六千五百。道夫力言于本路转运林湜，为裁其数，匹准五千，而以漕计代输其余，人两贤之。纲马道出属邑之永兴，敷刍粮扰甚，道夫请括逃田充其费。大冶县三山产铁，为私铸窟，奸盗云集，道夫请调江州军二百人驻漳源樊口，其徒遂解散。"这些都是实打实的政绩。

墓志铭也写到居乡的彭尧辅："善与人交，尤尚义周急，故居乡无间言。"在外有政绩，居乡无间言。所以在墓志铭的最后，周必大也这样写道："乡评喟然，以劝其他。"①意即不是仅仅我周必大这样讲，乡评也感慨称赞，并用彭尧辅来劝谕乡人。

获得乡评，在无形中也有一个标准。我们来考察一下卷七二《葛先生（澡）墓志铭》所记述的周必大笔下的葛澡。周必大写道："吉为士之邓林，乡评所推，今有人焉，葛先生是已。"那么，葛澡的乡评出自什么呢？我们具体看周必大是怎么写的。"徙家庐陵。曾祖日宣，祖敏求，考经俱有文行。叔祖遵岷先生敏修，擢元祐三年甲科。受知苏文忠公、黄太史，先生坐上书入党籍，学者宗之。"这是讲家世。"先生四岁而孤，又七年母亡，依仲父唐州录事参军，苦学忘寝食，手抄书巨万，无一字行草。"这是讲个人的苦学。"贯通经子历代史书，端醇详雅，士大夫子弟争愿从之。胡忠简公及其群从号儒先甲族，竞以书币延致，亦尝不鄙过予家塾。晚即所居讲授。八邑暨傍郡秀民著录盈门。先生迪以行谊，非但

① 以上引文见〔宋〕周必大：《周益国文忠公集》，王瑞来《周必大集校证》本，第 1035—1037 页。

章通句解而已。后多登第游宦，荐春官者不论也。"这是讲作为乡先生教书的成绩，以及由此所建立的乡里人脉。"录参老而贫，同产滋流落湖湘，娣媵居，先生并迎归奉养，罄束脩毕其婚嫁，常产阙如也。导岷既无子，录参为之继，先生亦谓录参鞠育不可忘，身主其祭，孝友类此。"①这是讲周济家族所显示的个人品德。家世有背景，个人有学问，于家族有恩德，于乡里有贡献。正因为如此，才为"乡评所推"。

当然，获得乡评推崇也无须满足多项标准。只要有一项突出，便可以获得乡评。卷七五《彭孝子（千里）墓表》所讲述的乡邦吉州士人彭千里，如题"孝子"所示，以孝道闻名。彭千里在庆元元年（1195）去世后，其子拿着县令所写的传记，来请求退休乡居的周必大也写一篇文章。周必大先是推脱，说既然县令已经撰写了传记，我就没必要写了。其子固执地说，传记像谥号一样，不是放在家族的墓地，子孙没法看到。被其子说服的周必大，由此还想到了他自己所经历的一件往事。在整理刊刻欧阳修文集时，文集中有一篇为一个孝子写的墓表，京、浙、闽、蜀各地所刊刻的欧阳修文集都存姓脱名，周必大认为这种状态不仅无法实现子孙彰显先祖之心意，也让欧阳修的墓表失去了"垂劝来世"的教育意义，于是周必大花了很大的气力，将人名考证清楚，补入了墓表。

将这一经过写进《彭孝子（千里）墓表》的周必大，还在墓表中讲道，欧阳修喜欢司马迁的《史记》"善传奇伟，使人喜读，欲学其作"，后来编纂《新五代史》，辞气便与司马迁相仿佛。周必大接着说道，我喜欢欧阳修的文章，就像欧阳修喜欢司马迁的书一样，欧阳修能为远在他乡的孝子写文章，彭孝子就在我的乡邦，我崇

① 以上引文见〔宋〕周必大：《周益国文忠公集》，王瑞来《周必大集校证》本，第1053—1054页。

拜欧阳修,因此不能不为彭孝子写几句话。①

在这样讲述写作经纬之后,周必大记述了出身于四代业儒的士人家庭的彭千里的尽孝事迹:"君四岁而孤,每闻母孺人周氏语及其父,辄号绝久之。自是事母尽孝,母年八十余,始终如一日。盖于生也致养竭其力,死也送终极其哀。若所谓视膳尝药,扶持左右,负土庐墓,事亡如存者。"而"宗族仪之,强暴化之",在周必大看来,则是彭千里尽孝对乡里所产生的积极的社会意义。除了依据县令所写的传记叙述,周必大还补充写道:"君醇实寡言笑,平居于人无睚眦之怨。惟喜读书教子。"即彭千里对外邻里关系好,对内向学教子。彭千里最终以86岁的高龄去世,周必大便看作是"积善之报"。

周必大撰写的墓表,主要依据彭千里之子提供的传记。之所以转述县令所撰写的彭千里传记,周必大认为,"凡传所载,殆出于乡评,予亦不得而略也。"就是说,传记的记述出自乡评,因此不能节略。于此,我们可以看到乡评对于一个人的重大意义。

能够获得很好的乡评,不仅在于个人本身的嘉言懿行,还包

---

① 以上所述,是归纳自《彭孝子千里墓表》以下原文:"庆元元年十月癸丑,吉州永新县彭孝子卒,卜以三年十月癸酉,葬禾山乡石峰之原。邑令张大正为之传,其子一衰绖踵门,复求予一言。予谓人之行莫大于孝,令既传而赞之,尚何求?一之曰:'节以壹惠,传犹谥也,不表氏族于墓,后嗣奚观?'予闻仁宗朝有太常博士周君居夏表,倚庐三年不饮酒,不食肉,言必戚,哭必哀。丧母癯然,盖久而后复。当时,欧阳文忠公为作墓表,极论古今丧礼之废,推为笃行君子。惜乎岁久,石本莫传,而京、浙、闽、蜀所刻公集,概书曰某州某县人,三代讳某,此犹可也。并其人亦曰,名某字某。如此则其子孙切切亲之之志荒矣,亦岂公表于金石垂劝来世之意耶?予每叹息于斯。及考志文,知其为天圣二年进士。然是岁周姓登科者不一,莫知孰是。又考其宦游多历湖广,而墓在道州之永明,窃意为道之贤者也。亟求春陵郡志视之,本郡果有周尧卿字子俞,行义与公所书合,于是刻之定本,使其名字昭昭于不朽,予心庶几焉。昔公尝自云,喜传人事,尤爱司马迁善传奇伟,使人喜读,欲学其作。厥后著《五代史》,辞气遂与迁相上下。若予者,爱公之文,犹公爱迁书也,特不能学公文如公之能学迁耳。然公犹远取他邦之孝子如尧卿者为发明之,今彭君近在同郡,苟无一言,非希颜者也,乃为记次不辞。"〔宋〕周必大:《周益国文忠公集》,王瑞来《周必大集校证》本,第1099—1100页。以下此墓表引文亦见于所示页内。

括对乡梓有贡献。周必大应一个叫李谦的人之请，为同乡的彭元亨写墓志铭。李谦在写给周必大的信中讲到彭元亨的事迹："会岁大祲，郡督劝分。君产中下，首发廪为倡，乃克有济。"以有限的财力赈灾救荒，就是对乡梓的贡献，所以李谦说"彭君乐易，信于乡里"。"信于乡里"就是最好的乡评。这样乡评的获得，则主要是由于彭元亨在赈济中的贡献。由于有这样的乡评，周必大便应允写下了《彭元亨墓志铭》①。

二、周必大笔下的他邦乡评

除了以乡评述说本邦人士，周必大还记述其他地域的士人。卷四二《平江颜侍郎度挽诗》写道："底用镌碑纪廉直，乡评正自不消磨。"从诗的首句"吴门自古俊英多"②可知颜度为苏州人。范成大《吴郡志》卷二八，进士题名于绍兴二十七年（1157）王十朋榜记有颜度之名③，可知颜度是晚于周必大一榜的进士。据元人陆友仁《吴中旧事》载："颜度字鲁子，兖国公五十三世孙。由唐鲁公之兄子仕常熟，遂为吴人。举进士，以文章政事名一时，仕至工部侍郎。孝宗尝谓度每出一言，不动如山。"④据此可知，颜度出身显赫，家世远可上溯到先秦的颜渊，近可追踪到唐代的颜真卿。在宋代，宋孝宗对颜度评价很高。《郑忠肃奏议遗集》卷上载有郑

---

① 〔宋〕周必大：《周益国文忠公集》，王瑞来《周必大集校证》本，第 1045 页。
② 〔宋〕周必大：《周益国文忠公集》，王瑞来《周必大集校证》本，第 624 页。
③ 〔宋〕范成大纂，汪泰亨增订：《（绍定）吴郡志》卷二八，《宋元方志丛刊》影印本，北京：中华书局，1990 年，第 1 册，第 904 页。
④ 〔明〕杨循吉等：《吴中小志丛刊》，陈其弟点校，扬州：广陵书社，2004 年，第 17 页。

兴裔的《荐举颜度状》，其中提到颜度担任县令的政绩："臣伏见长兴县令颜度学术深纯，品行端方。一任幕寮，两宰剧邑。遇事慈恕，谳狱周详。民来佛子之称，吏有神明之颂。"①岳飞之孙岳珂编纂的《金佗粹编》卷九记载颜度曾于淳熙四年（1177）为岳飞请谥②，明人董斯张《吴兴备志》卷五记载颜度"与朱熹友善"③。

朱熹、周必大都属于同一个朋友圈，周必大能为颜度写挽诗，自然也是圈内的朋友。不过，周必大说颜度"乡评正自不消磨"，并不仅仅是出于私谊，而是基于上述的政绩。正是由于这些政绩，在周必大看来，即使在颜度的家乡，乡评也会像丰碑一样，不会消磨。

对于乡邦以外的人，周必大还在卷四七《跋焦伯强与潘简夫帖》中提及潘简夫的三个儿子。其中对第三子，这样写道："文虎，字叔山，亦尝魁荐，乡评推焉。"④周必大可能并不了解潘文虎，说"乡评推焉"，应当是出于推测或耳闻。潘简夫是焦伯强的女婿，焦伯强跟欧阳修交游很多，周必大编辑刊刻欧阳修文集，对焦伯强的事迹很熟悉。潘简夫的孙子到庐陵公干，拿来了焦伯强与潘简夫的十多封通信。由于这几层关系，周必大写下了这通题跋。

卷六〇的《杜氏潜光堂记》讲到北宋名臣杜衍后代杜裒的儿子时写道："妻张氏处为孝女，嫁为孝妇，相与力教诸子。思恭既擢第，余皆蹈义向方，见推乡评。"⑤这个杜思恭跟周必大的朋友陆游关系很好，陆游把杜思恭建的堂命名为潜光堂，所以来请周必大写了这篇《杜氏潜光堂》。此外，还有一层关系是孙应时《烛

① 〔宋〕郑兴裔：《郑忠肃奏议遗集》，影印《四库全书》文渊阁本，第1140册，第204页。
② 〔宋〕岳珂编：《鄂国金佗粹编续编校注》，王曾瑜校注，北京：中华书局，1989年，第818页。
③ 〔明〕董斯张：《吴兴备志》，影印《四库全书》文渊阁本，第494册，第310页。
④ 〔宋〕周必大：《周益国文忠公集》，王瑞来《周必大集校证》本，第705页。
⑤ 〔宋〕周必大：《周益国文忠公集》，王瑞来《周必大集校证》本，第891页。

湖集》卷一二《宜人宣氏圹记》透露的，即杜思恭曾在周必大的家乡担任过吉州左司理参军。① 杜褒的几个儿子"见推乡评"，或许出于周必大的耳闻，但他写下的证据就是"蹈义向方"，就是说，他们都遵循礼义，走正道。

卷七八《通判舒州沈君（焕）墓碣》，写于周必大去世前一年（嘉泰三年，1203）。关于这篇墓碣的写作缘由，周必大说："追思立朝不能推贤扬善，予愧叔晦。"意即惭愧在任时没有推荐沈焕，所以一定要写这篇墓碣。墓碣是依据其子拿来的全州知州杨简、太学正袁燮所撰圹状、行实写的。从墓碣所述内容看，只有寥寥数句言及居家居乡事迹，"天性孝敬，父在时，每对客必拱侍燕集，竟席乃退。晚奉母尤至诚"以及"友爱其弟，抚养孤侄。家虽贫，一毫不敢假于人"②，此外皆为沈焕在朝在地方的各种政绩的记载。但周必大说他所依据的杨简、袁燮所撰圹状、行实是"诹乡评"所形成的，就是说是在咨询乡评的基础上撰写的。由此可见，乡评不仅是对士人、士大夫在乡的评论，在内容涵盖上，还超越了乡邦对本邦出身者的评价。这种评价，有的是只强调一项，有的是全面评价。

三、周必大乡评书写隐衷探微

不为谁写，为谁写，必须为谁写？周必大无疑有着不便明确

---

① 〔宋〕孙应时：《烛湖集》卷一二《宜人宣氏圹记》载："三女：适进士苏涛；奉议郎、知宁国府太平县陈潜；从事郎、吉州左司理参军杜思恭。"影印《四库全书》文渊阁本，台北：台湾商务印书馆，1986 年，第 1166 册，第 674 页。

② 〔宋〕周必大：《周益国文忠公集》，王瑞来《周必大集校证》本，第 1132—1133 页。

士人走向民间：宋元变革与社会转型

言说的内心考量。对于周必大乡评书写的隐衷,我们透过上述的书写考察,其实是可以窥见一二的。我们具体来看一下。

周必大写《跋倪求已所作邹时飞行状》,附和杨万里和王庭珪对邹时飞的乡评,不仅是见解的认同,也有维护与乡邦闻人杨万里和王庭珪的关系的考量。周必大《答李监酒(次鱼)启》赞扬同乡李次鱼"吉语播扬,乡评称惬",也与杨万里的"吉水名儒"互为呼应。而李次鱼又被大儒朱熹、张栻评价很高,周必大的称赞也就隐含了他与朱熹、张栻的这层关系。

周必大《回李秀实发启》,云"推乡评而有自,修谢牍以未遑",也不是一般对来信迟复为歉的客套话。因为庐陵乡邦名人胡铨颇为看重李发,而周必大与晚年还乡的胡铨又过从甚密。周必大书写《宣义郎致仕赐金紫鱼袋胡公(昌龄)墓志铭》的墓主胡昌龄,不仅本人跟周必大交往甚多,又是胡铨的侄子,还被张栻高度评价,多重关系促成了这篇墓志铭。我特别注意到,在胡昌龄墓志铭的开头,周必大这样写道:"江西多名士,吉为冠。自吉言之,庐陵胡氏为大族,群从百数,多通经工文章,守礼典。"[1]其中"庐陵胡氏为大族"一句,颇可透露出周必大为胡昌龄写墓志铭的私下考量。胡氏大族在庐陵拥有相当的能量与势力,周必大对此有着明确的认识。所以他既是出于与胡昌龄的交谊考虑,也是出于笼络乡绅势力的利益考量,痛快地答应了撰写墓志铭,并且极其赞扬,还用了"乡评"来凸显墓志铭所述事实的客观性。

《宋故连州彭史君(尧辅)墓志铭》的墓主是彭尧辅,墓志铭写道:"彭氏世家吉州之庐陵。道夫讳尧辅。曾祖皇任朝奉郎,赠左正议大夫,讳衍,妣硕人萧氏。祖皇任左朝请大夫、尚书户部郎

---

① 以上引文见〔宋〕周必大:《周益国文忠公集》,王瑞来《周必大集校证》本,第1034—1035页。

中，总领湖广、江西、京西财赋，赠金紫光禄大夫，讳合，妣文安郡
夫人刘氏、通义郡夫人李氏、太宁郡夫人曾氏、蕲春郡夫人黄氏。
父皇任右迪功郎、南雄州保昌县主簿，赠奉直大夫。"可见彭氏属
于庐陵的一个历代多为显官的世家大族。因此，不管曾经的交往
如何，致仕退居乡里的周必大一定要写这篇墓志铭。

从周必大《彭孝子（千里）墓表》的叙述看，世代业儒家庭出
身的彭千里没有出仕做官，甚至都没有科举应试的经历。对于这
样普通的一个布衣士人，周必大郑重地写下墓表，不仅仅是像他
自己所讲述的效法欧阳修的写作经纬，来表彰推崇孝道，其实也
是由于当地官员已经先写了传记。周必大迎合写作，注重的是当
下的现实人脉关系。这应当是周必大之所以写作《彭孝子（千里）
墓表》的隐衷。

对庐陵以外的他乡的乡评书写，也包含有周必大的复杂考
量。比如，在去世前一年（1203年），垂垂老矣的周必大，写下《通
判舒州沈君（焕）墓碣》，也不全是出于没有在身居高位时推荐所
抱有的歉意，应当还有自己的私下考量。为沈焕写圹状、行实的
全州知州杨简、太学正袁燮，都是有声望的在任官僚。淡出政坛
之后，又遭受庆元党禁等挫折的周必大，接着他们的写作，无疑也
是为自己、为家族考虑，来巩固和维持与在朝势力的联系。

结　语

周必大在《华文阁直学士赠金紫光禄大夫陈公居仁神道碑》
的开头就指出："士大夫行谊著于乡，文章显于朝，岂弟布于郡国，

有一焉,已为名臣。"①在这里,周必大列举了三项士大夫可以成名的业绩,其中的第一项是"行谊著于乡"。只有"行谊著于乡",方能获得很好的乡评,才能在地域社会立足。可见周必大最为重视的就是乡评。没有这个起点,一切都谈不上。

一般言评,都是两面,或是好评,或是恶评。不过,就乡评来说,我们观察上述周必大的各种讲述,则皆为好评,即来自乡邦的高度评价。对此,其实周必大不仅有着清楚认识,还有明确定义。在《葛先生(潥)墓志铭》中,周必大这样写道:"若乃德行道艺修之身,信于人,虽曰未遇,而无智愚大小,生则推尊之,没则追思之,是谓乡评。"②生者褒扬,死者盖棺论定。既面向本人,又面向家族。乡评,其意甚重甚广。因为无论走得多远,故乡是牵着高飞的风筝的那根线。乡有家族,有亲人,这是士人、士大夫的根基。所以对于士人、士大夫,乡评很重要,也被高度重视。

在地域社会中,乡评尽管往往会由强势的乡绅主导,施加影响,但也具有一定的客观性,可以说是一种不具形式的泛化"月旦评"。这种乡评的指向,意义基本不在于像东汉"月旦评"那样,作用于士人的出仕、向上流动,而是横向在乡里弥散影响力,来提升和巩固被评者在乡威望,并且会为其家族带来有形或无形的利益。

不分时代,乡评一直存在于地域社会之中。我们看北宋的赵抃在诗中这样写他的同乡:"桐江郡政居优课,柯岭乡评占上游。"③"桐江郡政"是在外面的政绩,"柯岭乡评"是在家乡衢州的

① 〔宋〕周必大:《周益国文忠公集》,王瑞来《周必大集校证》本,第946页。
② 〔宋〕周必大:《周益国文忠公集》,王瑞来《周必大集校证》本,第1054页。
③ 〔宋〕赵抃:《清献集》卷四《送郑琰大夫赴建昌军》,影印《四库全书》文渊阁本,第1094册,第795页。

口碑。此外，赵抃在《送张唐英司理赴渝州》中写张唐英"纯孝于亲里共推"①。这是说张唐英以对父母"纯孝"的行为在乡里获得了一致的好评。周必大在宋元变革社会转型的背景下强调乡评，其实也是一种复古。取其相似性，周必大极为赞赏儒学经典中记载的西周时期的宾兴。他在《葛先生（溧）墓志铭》的一开头就写道："古者宾兴之士，论定于乡，是以上不失人，下无遗才。"《周礼·地官·大司徒》载："以乡三物教万民而宾兴之。"郑玄注云："兴，犹举也。民三事教成，乡大夫举其贤者能者，以饮酒之礼宾客之。既则献其书于王矣。"②这是西周的举贤之法，谓乡大夫自乡小学荐举贤能而宾礼之，以升入国学。宾兴由乡大夫主持，荐举的标准是贤能。也就是说，要根据品行来举贤能。品行来自个人，但评价则是超越个人的外化。与后来的乡评很相似。

周必大赞赏西周的宾兴，心目中参照的是现实。在《葛先生（溧）墓志铭》中，他比较西周的宾兴，抨击科举制实行后唯考试成绩为标准的乡试发解说："后世升黜，一以程文。贤能不皆进，愚不肖未必退，往往出于偶然，曰此公举也，而乡评不在焉。"比较乡试发解与乡评，周必大说："彼犹可幸得，而此不容力致。"③通过个人努力可以取得考试的好成绩，而获得发解，但好的乡评则不是个人想获得就能获得的，这是来自外部的评价。

伴随着宋元变革的社会转型，士人流向呈现多元化势态。在基本消解单纯的向上流动之后，士人根植于地方，经营于地方，于是乡评便对生于斯长于斯的地方社会的所有人，形成一种有形与无形的集体道德约束，从而成为乡绅进行地方社会建构的重要一

---

① 〔宋〕赵抃：《清献集》卷三，影印《四库全书》文渊阁本，第 1094 册，第 775 页。
② 〔清〕阮元校刻：《周礼注疏》，《十三经注疏》影印本，北京：中华书局，2009 年，第 1523 页。
③ 〔宋〕周必大：《周益国文忠公集》，王瑞来《周必大集校证》本，第 1054 页。

环。生活在地方社会的每个人都无法无视乡评。当然,就像先秦"礼不下庶人"一样,乡评的对象主要是士人、士大夫这些地域社会的精英。书写于碑状墓志中的乡评,还是一种盖棺论定,不仅关系到死者的评价,还影响到后人。

周必大针对庐陵的状况,如上文所引述说,"吉为士之邓林,乡评所推,今有人焉。""吉为士之邓林",就是讲吉州是士人荟萃之处。而拥有话语权的地方有力者,也通过主导乡评,在主观上强化权威,在客观上推行教化。于是,乡评便成为儒学伦理投射在个人身上的外化具现。在庐陵地区,晚年退休乡居的周必大无疑就是当地乡评的一个主导者和发布者。无论是主持乡评,还是记录乡评,其行为本身,自然也是当事者在多重考量权衡之下,做出的一种增强和扩展地域网络联系,并维持自身权威的努力。

宋元变革是中国社会走向近代的滥觞。周必大笔下的乡评,展示了这一社会转型的一隅。不限于庐陵地区,在宋元转型开启后,各个时代的士人、士大夫,在各个地域社会,都十分重视打造个人形象与家族声望,而乡评则正是这种形象与声望的标尺。在明人的诗中,我们也可以看到这样的表述:"堪夸世范传儒素,已许乡评占胜流。"[1]从这首诗的其他诗句"修竹老翁何所求,紫芝歌动傲王侯。逃名岂羡金门贵,学礼仍看玉树稠"可以看出,这是对一个并未做官、经营于地方的乡绅的赞扬。这个乡绅"学礼",以儒学传家,拥有极好的乡评。从南宋到明清,乡评作为地域印记,一直是重要的存在。

---

① 〔明〕顾璘:《山中集》卷三《寿姚孟恭七十》,影印《四库全书》文渊阁本,台北:台湾商务印书馆,1986 年,第 1263 册,第 197 页。

第四章
从同年到同乡

在士大夫政治的背景之下，北宋科举出身的士大夫重视同一榜进士登第的同年关系，以此为纽带，在政界互相提携扶持。历史进入南宋，政治、经济、文化重心在江南合一，中央赖以支撑的地方势力强盛。科举登第难、仕途升迁难等严峻状况让士人流向多元化，不执着于向上发展，而注重在地方的横向经营。这样的宋元社会转型，使知识精英的地方认同意识得到前所未有的增强。科举登第之际的活动，从传统的同年会转向同乡会，便折射了这一时代变化。

引言　从《朝野类要》的一条记载说起

南宋布衣士人赵升的官制小词典《朝野类要》最后一条为《同年乡会》，如是写道：

> 诸处士大夫同乡曲并同路者，共在朝及在三学，相聚作会曰乡会。若同榜及第聚会，则曰同年会。①

这条短短的记述讲了京城中的两种聚会，一是同乡会，一是同年会。

"同榜及第聚会"是后者，这是自唐代曲江宴饮雁塔题名以来的习惯。到了北宋，伴随着科举规模扩大而形成了

---

① 〔宋〕赵升：《朝野类要》卷五《同年乡会》，第 107 页。

士大夫政治。作为一种政治联系,同年关系受到分外重视,登第后的同榜聚会便是在这种背景下的重要活动。聚会的关键词是同榜。

前者"乡会"的参与者则与同年会不同,是从同乡扩大到同一区域出身的官僚士大夫,以及官僚的预备队,即外舍、内舍、上舍在学的太学生。聚会的关键词是同乡。

这种聚会并不是无由头的,也与科举有关。《朝野类要》中还有一条《题名》,其中写道:"进士及第,各集乡人于佛寺,作题名乡会。此起于唐之慈恩寺塔也。若官司州县厅事,各立题名碑者,盖备遗忘尔。"①这条记载的历史溯源尽管糅合了两种聚会,但还是写明了聚会的缘由与聚会地点。

一、文献的印证

不只是赵升的独家记载。在主要反映南宋后期历史事实的元人刘一清的《钱塘遗事》中,也可以看到这样的记载:"越四五日,乡人之官于朝者为乡会,以待乡中之新第者。"②《钱塘遗事》强调的是乡会的主持者是在中央为官的乡人,缘由也是宴请同乡的新科进士。

关于聚会地点,除了佛寺,也有城中的酒楼。这见于南宋末周密所撰《武林旧事》记载:"丰乐楼旧为'众乐亭',又改'耸翠楼',政和中改今名。淳祐间,赵京尹与筹重建,宏丽为湖山冠。又甃月池,立秋千梭门,植花木,构数亭,春时游人繁盛。旧为酒

①〔宋〕赵升:《朝野类要》卷一《题名》,第 36 页。
②〔元〕刘一清:《钱塘遗事》卷一〇《置状元局》,第 373 页。

肆,后以学馆致争,但为朝绅同年会拜乡会之地。"①

综合以上互有补充的有关同乡会的史料可知,同乡会是在新科进士登第后不久,由高官召集在朝的同乡官僚,对来自同一乡里的进士进行的宴请。宴会地点或在佛寺,或在酒楼。这既是唐代以来科举同榜进士同年会的缩小版,也是扩展版。说是缩小版,是因为仅限于同一乡梓的进士。说是扩展版,是因为除了新科进士,还有不少在朝的同乡官员参与进来。

二、同乡会习俗形成的时代

那么,这种为新科进士举办同乡会的习俗是什么时候形成的呢?尽管缺少明确记载,但从上述三种文献产生的时代还是可以作出推断的。《朝野类要》的赵升自序写在南宋后期理宗时期,《武林旧事》的撰者周密生活在由宋入元的时代,《钱塘遗事》则是署名刘一清的元代书坊杂纂南宋史料而成。就是说,这三种文献的来源都定位在南宋。

对这一习俗形成的时代认定很重要。时代很能说明问题。需要追问的是,为什么不是北宋,而是南宋?这一习俗在南宋完全形成,折射出了时代的变化。

北宋科举规模扩大这一技术性的无意操作,打破了官位垄断,普通贫穷人家的子弟通过寒窗苦读,也有了步入仕途的机会,从而促进了社会流动。由人数众多的登第进士组成的科举官僚,

---

① 〔宋〕周密:《武林旧事》卷五《湖山胜概》,范荧整理《全宋笔记》本,郑州:大象出版社,2019年,第63页。

形成了从中央到地方的政治掌控，士大夫政治一统天下。以科举出身的士大夫为主，形成了新士族。

三、北宋士人重视同年关系的历史回顾

士大夫政治没有为新士族提供世袭的特权。为了家声不坠，新士族或以知识优势，让子弟读书出世这样的实力传家，或以士大夫间联姻强化家族势力，或榜下择婿挑选优秀士人作为潜力股。士大夫政治也沿袭了旧有的传统，给了新士族最大的利益维护，为官僚子弟辟有恩荫入官一途。然而，为了保证士大夫政治不会走向腐朽没落，制度设计在官僚升迁等方面，让优秀的科举官僚处于有利地位，舆论宣传也让科举出身者远较恩荫入官者荣耀。

不过，无论科举出身，还是恩荫出身，在入官后的升迁过程中，都在一个跑道上奔逐。人数众多的非科举入官者的存在，对科举出身者无疑形成了一种竞争压力。于是面对压力，科举出身者便产生了抱团意识。承继传统的同年会，可以强化同榜进士的同年关系，在此后的仕途上互相提携，政治上互相援助，利益上彼此共享，也成为一种义务。科举与生俱来的这种无须明言的联盟，在宋代的政治场发挥着重要的作用。对此，何冠环的《宋初朋党与太平兴国三年进士》[①]、祁琛云的《北宋科甲同年关系与士大夫朋党政治》[②]，以及拙著《宰相故事：士大夫政治下的权力

---

① 何冠环：《宋初朋党与太平兴国三年进士》，北京：中华书局，1994 年。
② 祁琛云：《北宋科甲同年关系与士大夫朋党政治》，成都：四川大学出版社，2015 年。

场》①都有很具体的揭示。

这是北宋以来同年会兴盛的主要因素。作为制度乃至传统的惯性沿袭，进入南宋以后，这种同年会依然被维持下来，同年关系也在一定程度上得到重视。存世的《绍兴十八年同年小录》②以及《宝祐四年登科录》便是印证。③不过，从北宋到南宋，历史的时空毕竟发生了极大的变化。

北宋科举规模的扩大造成了士大夫政治，辉煌的前途也吸引了大量士人奔竞于科举之途，以期实现青云直上之梦。然而，从乡试到礼部试接近千人取一的高倍率竞争，又让大量士人名落孙山，被拒于官场门外。即使是侥幸脱颖而出的登第士人，又主要囿于制度性的限制，长期滞留于被称为"选海"的仕途底层。选人升迁到中层官僚京官不仅需要年限、政绩，更需要包括顶头上司在内的五人高官推荐，完全失去了自我掌控命运的能力。这种科举难、升迁难的现实，已经让多数士人黄粱梦醒，不再执着于入仕一途。这种在北宋中后期已逐渐显现出的状况，又遗留到了南宋。

四、南宋开启的社会转型

北宋在最为繁华的鼎盛时期，遭遇女真人的突袭而灭亡。女真人的压迫，让政治场发生位移，宋王朝在江南重建，南宋起步。政治场南移，形同历史的重演。气候变化，五胡乱华，西晋灭亡，

① 王瑞来：《宰相故事：士大夫政治下的权力场》，北京：中华书局，2010年。
② 〔宋〕佚名：《绍兴十八年同年小录》，《宋史资料萃编》第三辑《南宋登科录两种》，影印本，台北：文海出版社，1981年。
③ 〔宋〕佚名：《宝祐四年登科录》，《宋史资料萃编》第三辑《南宋登科录两种》，影印本。

东晋以及嗣后的宋齐梁陈立国江南,将近二百年开发的江南,成为统一后的隋唐不得不依赖的经济重心。在五代十国的短暂分裂之后统一的北宋,跟隋唐一样,维持了政治、经济重心的二元化格局。靖康之变开启历史大变局,南宋仿佛回到了南朝,政治、经济重心重归于一,政治、经济支撑下的文化也不再处于分散状态。在帝系与制度同一的表面形态之下,北宋积蓄的诸多因素发酵,继唐宋变革之后的新一轮社会转型发轫,这就是宋元变革。

北宋科举规模的扩大,促进了全社会的向学,提升了平民文化水准。被认为是唐宋变革的重要指标之一的社会平民化趋势,在南宋发达的商品经济之下走得更远。其中造纸技术改良后新媒体印刷业的繁荣也是重要的推手。南宋领土仅及北宋三分之二,官僚机构减缩,科举却是照常举行,北宋以来科举难、改官难的状况愈发严峻。这种状况让每年产生近万人的士人流向变得多元化,入仕做官已经不是士人唯一的选项。

五、地域崛起伴随的地方认同意识增强

经济依附的地方日益强盛,紧张的宋金对峙,大量国防养兵,中央政府也必须仰赖地方经济的支撑。知识精英不再执着地谋求走出乡里,向上发展,而注重于在地方的横向经营。入幕、为吏、教书、经商等众多职业,为士人活跃于地方提供了广阔的生存空间。对于士人来说,赖以生存的地方,是最为值得重视的。生存于地方,经营于地方,人际网络也构筑于地方。在这样的背景之下,地方认同意识,无论是在官的士大夫,还是在野的士人,都

有了前所未有的强化。生于斯长于斯的地方，就是他们承载利益的根系所在。

为了增强地方的凝聚力，在乡的士大夫、士人也进行了种种建构。在这个时代里，原来的先贤崇拜也逐渐转换为乡贤崇拜。入官的士大夫，无论走出多远，地位多高，故乡的一方土地一群人，也永远是他们值得信赖的后援。因此，联系朝野，入仕的士大夫要把从家乡走出进入仕途的士人笼络在一起，抱成一团，不只为嘘寒取暖，还为发光发热。

正是在这样宋元变革社会转型的背景之下，同乡会的活动蔚然成风，获得空前的重视。我们看《朝野类要》那条"同年乡会"，首先讲的就是聚集了所有在京城同乡的乡会，然后才顺便提了一笔传统的同年会，显然是将重点落在了时代变化后的当下。而前面所述《朝野类要》的另一条"题名"，不仅记述了在京城的乡会，还记述了在当地的官衙也立碑题名，用这种形式把每一榜进士所形成的人际网络固化。这一切都表明，在这样的时代变革的背景之下，知识精英人际网络的建构乃至维系，无疑已由过去的同年转变为同乡。

《朝野类要》的点校本是我整理的，日本东洋文库《朝野类要译注》研究班的"同年乡会"一条也是我承担译注的。在整理和译注之际，我曾有过迷惑不解，何以会在建立同榜进士交谊的聚会中加入同乡因素？这样的疑问，如果从宋元变革论的视角加以观察，便会恍然大悟、迎刃而解了。

结语　地方意识的影响

同年乡会是在同乡有地位的士大夫主持下形成的政治、经济乃至文化的社会联盟团体,联系着中央与地方。与原始的血缘关系最为接近的就是地缘关系,同一乡梓的亲切乡情就是结盟的最好理由。宋元变革下的社会转型所强化的地方认同意识,成为传统中国走向近代的最为强势的精神力量之一。我们看近代以来在异乡或京城设置的同乡会馆,我们看近代史上的各省自保,无一不是地方意识在起作用。而在外部刺激的特别情势之下,由故乡到故国,地方意识便顺理成章地转化为爱国情怀。

第五章
科举取消的历史
——元代士人的心态变化与职业取向

除了 1905 年科举考试被彻底废除，元代几十年间的停废，是上千年科举史中时间较长的一次，并且这次是随着江山鼎革而产生的停废。长达几代人的废止，几乎让人看不到科举再开的希望。这种由朝廷的政策分歧形成的状况，其内在因素当是延续南宋以来宋元变革社会转型，进入元代后，有效的吏职管理层的存在，减弱了对科举取士的迫切需求。科举的停废，一方面将士人从习举业的束缚中解脱出来，使其可以自由地从事学问钻研与诗文写作，另一方面也对期待通过科举入仕的士人造成很大心理冲击与现实打击，将大部分士人推向地域社会，加速了社会转型进程中的士人流向多元化，明清时代强势的乡绅阶层的形成，与元代的社会变化密不可分。

引　言

距离 1905 年科举被彻底废除的大约 600 年前，经历了极盛之后的科举一度被取消。说是一度，是因为后来又被恢复。但从取消到恢复，这中间，北方间隔了近 80 年，南方也间隔了近 40 年。几十年的时间，对于节奏变化很快的现代人来说，也许并不算很长，20 世纪似乎也就是一瞬间就过去了，以致人们还不习惯把它当作历史。但在节奏缓慢的传统社会，几十年则是一个很长的时段，它包含了好几代人的记忆。

在科举被废除 100 多年后，很多人都把视点聚焦在 1905 年，探讨科举的废除给读书人带来的冲击，给社会带来的变化，以及思索科举的利弊，并且考察这一制度本身。而我则想把景深扩大，把镜头延伸，投向 700 多年前的元代。试图通过考察历史上科举被废止的时代，而为人们考察 1905 年，提供一个参照系。

在科举的千年历史上，除了走向终点的 1905 年和明初一度废除，元代是唯一的实质上长时间废止过科举的时代。科举在蒙古人的政权下被废止，和后来在清政权下被废除，是两者在表层上的相似。不只是表层，科举被废止后，对士人的冲击，对士人的职业取向、对社会的影响，在这些深层面上，也有类似之处。

在这里，我无意对两者进行简单类比，只是想考察一下元代科举兴废的事实及士人动向、社会变化，并阐述我一直思考的与此相关的元代在中国历史上的位置问题。

一、科举在元代的废兴

1260 年，忽必烈即汗位，效仿中原王朝，建元"中统"。尔后，又于 1271 年，取《易经》中"大哉乾元"中的"元"字，改国号为"大元"。学界一般认为，元朝由此建立，而其前身，成吉思汗于 1206 年所建立的则为蒙古。然而，我们叙述科举在元代的兴废，则需要追溯到 1260 年以前。由于科举是中原以汉族为中心的王朝所实行的"公务员"选拔制度，所以这里又涉及一个非汉族政权的汉化问题。

非汉族政权入主中原之前的汉化程度，往往被研究者估计不足，包括清朝入关之前的状况。这里姑且不论清朝。简单看一下蒙古的状况。"靖康之变"，把宋朝一分为二。女真人的金朝占据了北部中国，赵氏后人只保住了南部的半壁江山。入居中原后的女真人迅速汉化，以至于后来的蒙古人在划分等级时，将原来金朝治下的臣民归入"汉人"，以此来区别灭南宋后的编户"南人"。

在成吉思汗之前，未统一的蒙古各个部落，大多臣属于金朝，每年向金朝纳贡。无论是金人的《大金国志》，还是宋人的《建炎以来朝野杂记》《续宋中兴编年资治通鉴》《续编两朝纲目备要》，都有成为成吉思汗之前的铁木真的入贡记录。[①] 受汉化程度很深的女真人影响，蒙古人中的一部分也逐步走向汉化。包括上述在内的不少史书，都记载了早在 1147 年蒙古的一个部落首领，效仿中原王朝，建元"天兴"，自称"祖元皇帝"之事。虽然这件事本身还有待认真考证，但蒙古人有着这样的汉化进程则是毫无疑义的。蒙古王朝和后来的元朝效法中原王朝的种种施策，也是极为自然的。

与科举直接有关，在元朝建立之前，窝阔台汗在位的 1238 年，在灭金后急需各级地方管理人才的背景下，窝阔台采纳契丹出身的谋臣耶律楚材的建议，举行了"戊戌选试"。这虽然是一次临时应急的权宜之举，但却是仿照科举考试来进行的。"命宣德州宣课使刘中随郡考试，以经义、词赋、论分为三科，儒人被俘为奴者，亦令就试，其主匿弗遣者死。得士凡四千三十人，免为奴者

---

① 〔宋〕宇文懋昭：《大金国志》卷一二，崔文印校证，北京：中华书局，1986 年；〔宋〕李心传：《建炎以来朝野杂记》卷一五六；〔宋〕刘时举：《续宋中兴编年资治通鉴》卷六；〔宋〕佚名：《续编两朝纲目备要》卷一三。

四之一。"①据《元史》卷八一《选举志》所记,中选者"皆一时名士"②。又据《元史》卷二《太宗纪》的记载,这次"戊戌选试"的中选者,被任命为"本贯议事官"③。不过,像这样的选试,由于在蒙古贵族集团中遭到反对,即所谓的"当世或以为非便,事复中止"④,在此后将近80年没再进行过。⑤ 这中间,1276年元朝攻占了南宋的都城临安,继而在1279年的广东海上的崖山一役,南宋彻底灭亡。

忽必烈正式建立元朝之时,在汉人宰相史天泽、翰林学士承旨王鹗等汉族官僚的推动下,以"戊戌选试"为先例,曾试图恢复科举,甚至以汉族官僚许衡,具体制订了"罢诗赋,重经学"的学校科举条制⑥,但最终也未能实现。全国统一后的元朝,许多制度都沿袭了宋朝,科举制度却迟迟没有恢复,在事实上被废止了。

74年后的延祐二年(1315),在科举史上是值得特别写上一笔的一年。这一年,元朝终于恢复了议论屡兴屡息的科举。皇庆二年(1313)十一月,深受汉族文化影响的元仁宗,批准了中书省的请求,专门下诏。现将诏书涉及具体事实的部分移录如下:

> 其以皇庆三年八月,天下郡县,兴其贤者能者,充赋有司,次年二月会试京师,中选者朕将亲策焉。具合行事宜于后:
>
> 科场,每三岁一次开试。举人从本贯官司于诸色户内推举,年及二十五以上,乡党称其孝悌,朋友服其信义,经明行

---

① 〔明〕宋濂:《元史》卷一四六《耶律楚材传》,第3461页。

② 〔明〕宋濂:《元史》卷八一《选举志》"科目条",第2017页。

③ 〔明〕宋濂:《元史》卷二《太宗纪》,第35页。

④ 〔明〕宋濂:《元史》卷八一《选举志》"科目条",第2017页。

⑤ 关于"戊戌选试",参见赵琦《金元之际的儒士与汉文化》第二章,北京:人民出版社,2004年。

⑥ 〔明〕宋濂:《元史》卷八一《选举志》"科目条",第2018页。

修之士,结罪保举,以礼敦遣,资[贡]诸路府。其或徇私滥举,并应举而不举者,监察御史、肃政廉访司体察究治。

考试程式:蒙古、色目人,第一场经问五条,《大学》《论语》《孟子》《中庸》内设问,用朱氏章句集注。其义理精明,文辞典雅者为中选。第二场策一道,以时务出题,限五百字以上。汉人、南人,第一场明经经疑二问,《大学》《论语》《孟子》《中庸》内出题,并用朱氏章句集注,复以己意结之,限三百字以上;经义一道,各治一经,《诗》以朱氏为主,《尚书》以蔡氏为主,《周易》以程氏、朱氏为主,已上三经,兼用古注疏,《春秋》许用《三传》及胡氏《传》,《礼记》用古注疏,限五百字以上,不拘格律。第二场古赋诏诰章表内科一道,古赋诏诰用古体,章表四六,参用古体。第三场策一道,经史时务内出题,不矜浮藻,惟务直述,限一千字以上成。蒙古、色目人,愿试汉人、南人科目,中选者加一等注授。蒙古、色目人作一榜,汉人、南人作一榜。第一名赐进士及第,从六品,第二名以下及第二甲,皆正七品,第三甲以下,皆正八品,两榜并同。所在官司迟误开试日期,监察御史、肃政廉访司纠弹治罪。

流官子孙荫叙,并依旧制,愿试中选者,优升一等。在官未入流品,愿试者听。若中选之人,已有九品以上资级,比附一高,加一等注授;若无品级,止依试例从优铨注。乡试处所,并其余条目,命中书省议行。①

我在这里之所以不避繁冗引述诏书的相关部分,是因为主要摘录自中书省上奏的科举条制的诏书,对于考试的方式、考试的内容和应试者的民族构成等,都规定得极为具体,可以说是一篇

---

① 〔明〕宋濂:《元史》卷八一《选举志》"科目条",第2018—2020页。

考察元代科举制度的重要文献。诏书所规定的元朝科举,不仅是以程朱理学为主要考试内容这一点,就连三级考试名称乡试、会试、殿试,也为明清两朝的科举考试所继承。根据这一诏书的宗旨,元朝的科举形成前代所无的特色,诸如以朱熹的《四书集注》作为考试定本,以及考试合并为进士试,不复分科,等等。

在延祐二年始开科举之后,尽管受政局不安的波及,小有停废,但总的来说,还是坚持下去了。特别是元惠宗时期①,领衔修辽、宋、金三史的宰相脱脱,通过政变从伯颜手里夺得权力之后,开启"至正更化",迎来了元朝最后回光返照似的安定,科举也得以顺利进行。从延祐二年开始,直至元末,共进行了 16 次科举考试,产生进士 1139 人。②

不过,尽管在延祐二年(1315)恢复了停废几十年的科举考试,但无论是对社会环境所产生的影响,还是对政权结构所发生的作用,上不逮唐宋,下不及明清。说句极端的话,元代的科举只是聊胜于无,或者说几等于无而已。以效果论,我认为元代科举尽管为元王朝制造了数量很少的身居高位的精英,但从广泛的社会面来看,在当时所起的政治作用甚微。前面提到,元朝总共 16科,取士仅 1139 人,而据《元典章》所记当时元朝的官员数则为26 690 人。两相对照,从科举出身的官员在全体官员中所占的比

---

① 元朝最后的皇帝惠宗,一般被称为顺帝。这是明朝赠予的庙号,意其顺从地从中国退出,而从中国本土退出的蒙古人王朝所赠予的庙号则为惠宗。

② 关于这一统计数字,参见萧启庆先生的《元延祐二年与五年进士辑录》(《台大历史学报》1999 年第 24 期)。现在的有关元代科举比较集中的资料,除了《元史》卷八一至八四《选举志》四卷,尚存有两科进士录,即《元统元年进士录》和《至正十一年进士题名记》。关于元代科举综合性的研究有森田宪司的《元朝的科举资料について:钱大昕的编著を中心に》(《東方学報》第 73 卷,2001 年)、陈高华的《元朝科举诏令文书考》(《暨南史学》2002年第 1 辑)、黄仁生的《元代科举文献三种发覆》(《文献》2003 年第 1 期)、渡边健哉的《近年の元代科举研究について》(《集刊東洋学》第 96 卷,2006 年)等。

例,也可以看出科举在整个政治系统中的地位。可以说元代的官僚再生产,主要依赖的并不是科举。

元末明初的叶子奇就一针见血地指出了这一事实,并且发问:"仕途自木华黎王等四怯薛大根脚出身分任省台外,其余多是吏员。至于科目取士,止是万分之一耳,殆不过粉藻太平之具,世犹曰无益,直可废也。岂时运使然耶,何唐宋不侔之甚也?"[1]然而,科举的停废与重开后的作用甚微这样一种客观现实,却对元代读书人的走向和元代及元代以后的社会产生了重要影响。

二、科举停废后的士人取向

江山鼎革,社稷易手,汉人的统治变成了蒙古人、色目人及服从他们的汉人的联合执政。科举这个官僚再生产的工具,平世也好,乱世也罢,汉族的血统不那么纯粹的隋唐也好,相对纯粹的赵宋也罢,从它出现的那一天起,就没有被废止过。所以,因易代而耽误了前程的士子一直在等待着,等到了白头的士子又辅导着子孙,期待着有一天科举的重开,来实现千千万万士人的同一个梦。

在依旧存在着士(族)庶(族)之争的唐代,科举及第后的"昔日龌龊不足夸,今朝放荡思无涯。春风得意马蹄疾,一日踏遍长安花"[2],抒发的仅仅是个人的喜悦与畅快。到了宋代,随着宋太宗朝扩大科举,至宋真宗朝已实现了士大夫政治,科举官僚虽说是所占比例不大,但大多位居显要。"满朝朱紫贵,尽是读书人",

---

① 〔明〕叶子奇:《草木子》卷四,北京:中华书局,1959年,第82页。
② 〔清〕彭定求等编:《全唐诗》卷三七四,孟郊《登科后》,北京:中华书局,1979年,第4205页。

于是,科举及第、金榜题名成了一个社会的向往。开蒙教材《神童诗》在第一首就宣称"万般皆下品,唯有读书高"。相传宋真宗也写诗说"男儿欲遂平生志,六经勤向窗前读"。经由科举而成为高官荣归故里的范仲淹,在劝谕乡人的诗中写道:"乡人莫相羡,教子读诗书。"①孔子的"学而优则仕",说的是"学而优应仕"的主观愿望,而宋代的士大夫政治则提供了以前所不具备的"学而优能仕"的政治保障与社会基础。②"取士不问家世"的宋代科举制度,打破了过去"上品无寒门,下品无世族"的贵族官位垄断,在机会均等的竞争机制之下,寒窗苦读的尽头有了一个光明的希望。

固然,平等是相对的,长期准备科举考试需要大量的财力,甚至是一个家族的投资,无力问津此途的学子自然不少。但也的确有不少贫家子脱颖而出,一跃龙门的。比如,读书期间连饮食都难以为继的范仲淹③,及第前窘迫到要刮下剑鞘上的饰银来过节的宋庠、宋祁兄弟④,后来,他们都位至卿相。

读书做官,对于士人来说并不仅仅是治国平天下的价值实现,更多的还是改变个人与家庭处境的现实考虑。士大夫政治主导的优礼政策,首先是对后者的满足。还是举范仲淹的例子。当他及第后,仅仅担任大理寺丞这样的正八品小官时,据他自己讲,一年的俸禄已相当于两千亩土地的收入了。⑤这对于面朝黄土背

---

① 〔宋〕楼钥编:《范文正公年谱》,王瑞来点校《儒藏(精华编)·范仲淹集》本附录,第612页。

② 关于宋代的士大夫政治,参见拙著《宋代の皇帝権力と士大夫政治》。

③ 关于范仲淹的事迹,参见笔者《宋代士大夫主流精神论——以范仲淹为中心的考察》,《宋史研究论丛》第6辑,保定:河北大学出版社,2005年。

④ 关于宋庠、宋祁兄弟的事迹,参见拙著《二宋年谱》,《中国典籍与文化丛刊》第10辑,北京:北京大学出版社,2008年。

⑤ 〔宋〕范仲淹:《范文正公集》卷八《上资政晏侍郎书》云:"某官小禄微,然岁受俸禄仅三十万。窃以中田一亩,取粟不过一斛。中稔之秋,一斛所售不过三百钱,则千亩之获,可给三十万。以丰歉相半,则某岁食二千亩之入矣。"王瑞来点校《儒藏(精华编)·范仲淹集》本,第149页。

朝天的农民是多大的诱惑！仅从这一点就可以理解屡败屡试的范进式的举子那份锲而不舍的执着了。

在宋代，习举业是许多士人的必由之路，读书做官的观念已融进血液，植入遗传。一个社会的梦想，并不因王朝更替而消失，因为从科举创立就没有过中断的先例。

然而，蒙古人建立的王朝粉碎了几代人的执着，让一个社会失望，从而转向变形。元朝大约一半时期的废止科举，对士人的冲击肯定是巨大的。然而记录这种精神冲击的心态史资料并不多，更多显示的是，科举废止后，经历了万般无奈之后的士人的兴趣变化与职业转向之事实。也就是说，只是记录了结果。

元人揭傒斯在《富州重修学记》中写道："时科举废十有五年矣，士失其业，民坠其教，盗贼满野，数十里不闻鸡犬声。陈侯大惧，遂修孔子庙，建小学，日集文儒故老，讲求治要，悉资以为政。不数月，境内大治。"[1]这里，揭傒斯把"民坠其教，盗贼满野"的社会风气与治安恶化均归咎于废科举，又把"境内大治"归功于"修孔子庙，建小学"，都是夸大其词。这种夸大其词，正折射了士人对科举的期待。而这里所说出的实况，只有"士失其业"。近世的14世纪，固然与已跨入近代的20世纪有极大的不同，但观察元代科举废止后士人的职业转向与兴趣变化之事实，实在是一种相形似的比较与参照。

我们先来看一看《元史·选举志》中的一段记载。这是谋求重开科举的翰林学士承旨王鹗等人在至元四年（1267）对元代科举废止后的士人状况所作的概括性的描述：

---

① 〔元〕揭傒斯：《文安集》卷一〇，影印《四库全书》文渊阁本，台北：台湾商务印书馆，1986年，第 1208 册，第 232 页。

　　　　　　　　士人走向民间：宋元变革与社会转型

贡举法废，士无入仕之阶，或习刀笔以为吏胥，或执仆役以事官僚，或作技巧贩鬻以为工匠商贾。①

《元史·选举志》对科举被废止的时代里士人的职业取向做了如上的概括。从这一概括看，一部分士人依然利用自己的知识优势，在各级政府机构中做了下层的职业官吏，即所谓的"胥吏"。一部分士人没完全脱离文墨，做了官僚的幕僚。正如由宋入元的林景熙所说，"科举废，士媒青云，犹假所业以自见"②。而另一部分士人则与其自幼所习基本脱离，学了一门糊口的本事，做了手工业匠人，还有一部分士人则做了历来被列为四民之末的商贾。

元人徐明善就说："科举废矣，珥笔可也。学校具文矣，衙前可也。"③就是说，没有了科举，也就无须习文了，学校名存实亡，就可以去做衙前之类的胥吏了。

诗书与刀笔，尽管都是舞文弄墨，却不可同日而语。诗书是圣贤书，只有士大夫与朝成为士大夫方向努力的士人才有资格翻弄，而刀笔吏所接触的文书，不过是日常公文或书启讼状，为士人所不齿。而衣冠或服饰就是身份的代名词，身着贵族或读书人的衣冠与身着黑衣吏服，社会地位历来天悬地隔。但时代变了，没有了机会均等的竞争，士人为了生计，也只好平身低头，从事过去不屑为而现在又不得不为的贱吏职业。

以上是科举停废后士人选择胥吏职业的状况。这当是当时士人所从事的最普遍的职业。至于做官僚的幕僚，也与做胥吏的

---

① 〔明〕宋濂：《元史》卷八一《选举志》"科目条"，第 2017 页。
② 〔宋〕林景熙：《霁山集》卷五《送松存序》，陈增杰笺注，杭州：浙江古籍出版社，2012 年，第 407 页。
③ 〔元〕徐明善：《芳谷集》卷下《冷东斋义役规约》，影印《四库全书》文渊阁本，台北：台湾商务印书馆，1986 年，第 1202 册，第 598 页。

情形相近,不过是想寻求一条更为快捷的进身之路。

古代的选官制度,在科举出现之前,就是汉魏两晋南北朝的乡荐察举。元朝停废科举,补充官吏只剩下荐举一途。在发达的商品经济已使人们变得不那么单纯的时日,荐举无疑大开奔竞之门。同样是由宋入元的刘辰翁指出:"乡里小儿起白身徒步,如蝇附骥,如隔墙取果,如维摩臂见异国,举津津焉动其心,谅无一人能安分白发者。"最后他忿忿地抨击说:"科举废而瓦缶鸣,官簿非而狗尾续也。"①

在只此荐举一途中,胥吏可谓是近水楼台先得月,占尽先机。而元朝政府也极为重视维持其末端统治与进行实际行政运作的胥吏。《四库全书总目》卷八四在史部政书类存目介绍元人编的《官民准用》时写道:"元初罢科举而用掾吏,故《官制》之下,即次以《吏员》。"②四库馆臣的理解没有错,庞大的胥吏阶层,就是元朝官僚的后备军。而胥吏的来源,绝大多数则是曾习举业梦想金榜题名的士人。关于这一点,我在下一节还会述及。

拥有文化知识的士人转向职业行政人员的胥吏,可以说是最为便捷的一条路。所以入元以后,在科举停废的时代,从事吏职,进而企望由吏入官,则是很多士人的选择。在上述王鹗等人在至元四年(1267)建议恢复科举的十多年后,丞相火鲁火孙与留梦炎等人再次上奏建议恢复科举时也说:"中书省臣奏,皆以为天下习儒者少,而由刀笔吏得官者多。"③由此可见,十多年间一直没有改变的"由刀笔吏得官",当是元代士人的主要出路。

----

① 〔宋〕刘辰翁:《须溪集》卷六《送人入燕序》,影印《四库全书》文渊阁本,台北:台湾商务印书馆,1986 年,第 1186 册,第 526 页。
② 〔清〕永瑢等:《四库全书总目》卷八四《官民准用提要》,北京:中华书局,1965 年,第 726 页。
③ 〔明〕宋濂:《元史》卷八一《选举志》"科目条",第 2017—2018 页。

士人走向民间:宋元变革与社会转型

除了因时而变做胥吏借以谋生借以进身,《元史·选举志》所说的"作技巧贩鬻以为工匠商贾"也没有错。元人揭傒斯也曾指出过"自科举废,而天下学士大夫之子弟,不为农则为工为商"①这样的事实。虽然《元史》这样记,元人这样说,但士人行商坐贩、力耕苦作的史料是少之又少,倒是发现几条士人转而行医的史料。虽说在传统观念中,医亦小道无足观,但医关涉民生疾苦病痛,在民众中地位高,并且一向就有大丈夫不为良相,即为良医之说。所以,士人向郎中转型,甚至没有向胥吏转型那样痛苦。同是揭傒斯,记载一个士人从医的经历:

> 安成有士而隐于医者曰奔氏,讳清甫,生宋宝祐间。九岁而孤,即强学自爱,视取高科、都美官如指掌。积勤十二年,而国亡科举废,又连遭大丧,征徭风火,巨室瓦解。乃尽弃其田畴,取神农、黄帝之书,日夜读之,心通理解,天授神设,以之察脉视疾,论生死、虚实、寒热,虽世业鲜能过之。四方无贵贱富贫,求者如归市,遂以名医闻。②

这是一个十多年勤学苦读,一心想登高第做美官的优秀士子。但元朝迟迟不开科举,无情地打碎了他的长梦,无奈转而学医,居然成为了名医。我还见到一个士人改学医术的例子:

> 里人严存性,年少而力学,博涉经史,旁及医药百家之言。方将以儒术取进士第,以是用于世,而科举废矣。于是

---

① 〔元〕揭傒斯:《文安集》卷九《送伊苏达尔齐序》,影印《四库全书》文渊阁本,第1208册,第227页。
② 〔元〕揭傒斯:《文安集》卷一二《奔清甫墓志铭》,影印《四库全书》文渊阁本,第1208册,第275页。

益取医家之书而读之,求尽其术,以游四方,而行其志焉。①

放弃举业改学医术都有如许之多的无奈与苦辛,要是从事其他职业,对士人的心理冲击就更是可想而知了。如果家无余赀,一无所能,又高不成低不就,那么这样的士人境遇就很惨了。而在那个时代里,的确有这样的士人,就像清末只会遛鸟当票友的没落旗人。这样的士人,被元人刘岳申称为不择术与不知命都碰到一起的"弃民"②。

以上考察的是在元朝停废科举后的士人职业转向。这种转向主要是出自生计考虑。如果是家有余赀生活无忧的士人,或者是能够忍饥耐苦,保持一份坚持的士人呢?科举停废给他们的心态与兴趣以及价值取向带来了什么样的变化呢?

有人形容科举就像民主一样,虽然不是最好的制度,但当人类的智慧还没有设计出更好的制度之前,只能是使用它,并且完善它。科举通过竞争来获取官位,相对公平,相对平等,无疑是比贵族世袭进步得多。由于考试是科举唯一的形式,而考试成绩又是科举唯一的客观标准,所以为了维护科举的公正性不受侵害,科举考试不仅逐渐制定了严密的防止舞弊的规定③,而且也对考试的内容做了严格的规定,比如出题的范围、答题的方式等。也就是说,这些规定是设计了一种规范的最优程式。只要严格遵循这种规范的程式来准备和应考答题,就会入围中选。比如严格依

---

① 〔元〕傅若金:《傅与砺文集》卷四《赠儒医严存性序》,影印《四库全书》文渊阁本,第 1213 册,第 319 页。

② 〔元〕刘岳申:《申斋集》卷二《赠谈命熊景仁》云:"科举废而不知学为圣贤之学,章缝贱而不能去为农贾之业。盖不择术与不知命,而始为弃民。"影印《四库全书》文渊阁本,台北:台湾商务印书馆,1986 年,第 1204 册,第 203 页。

③ 国内的大学考试的判卷工作我没有参加过,但日本的大学考试判卷方式,比如封弥糊名等措施,几同往日的科举,当舶自中国的科举。

照官方规定的《礼部韵略》的韵书来作诗,按照八股文的程式来作文,按照官方指定的标准的经书注释来解经等。本来这是最优的范式,然而最初的一些人这样做了,让人觉得很精彩,进而硬性规定,使得答题都是千篇一律,千人一面,不仅失去了个性,也严重地束缚了士人的精神创造。尽管可以理解,这种方式就像今天的机读判卷一样,必须合式,是属于管理者不得已而为之的事情,但科举为人所诟病的,正在于走向八股文那样的极端程式化。

当然,有了一个格式,一个规定的范式,举子可以像答填空题一样,依照范式死记硬背。于是市场上大量的时文、程文之类的应试参考书便应运而生了。举一个南宋的例子。生长在北方的有名的文人辛弃疾,从金国脱出,回到南宋。当他回到南宋时,看到士人都对科举趋之若鹜,他说,这有什么难的,我花上三百铜钱,在市场上买本时文,照着复习,就能考上。他果真这样做了,也果真考上了。宋孝宗见到及第后的辛弃疾,打趣他说,你就是用三百个铜钱来换我的官爵的那个人吧。①

当时这种时文倒也真是帮了应举士人的大忙。手里有没有时文,复习的效果以及考试的结果大不一样。所以说辛弃疾的三百铜钱并不白花。宋人赵甡之的《中兴遗史辑校》载:"姚岳,字崧卿,京兆人。陕西陷没,岳避地入蜀。途中得进士举业时文一册。读之曰,我平日习举业,实不及此,遂珍藏之。"②后来,这个姚岳有了这本时文,居然考了第一名。

---

① 〔元〕王恽:《玉堂嘉话》卷二载:"《辛殿撰小传》:弃疾,字幼安,济南人,姿英伟,尚气节,少与泰安党怀英友善。肃慎氏既有中夏,誓不为金臣子。一日与怀英登一大丘,置酒曰,吾友安此,余将从此逝矣。遂酌别而去。既归宋,宋士夫非科举莫进。公笑曰,此何有,消青铜三百,易一部时文足矣。已而,果擢第。孝宗曰,是以三百青蚨博吾爵者耶?"《历代笔记小说集成·元代笔记小说》本,石家庄:河北教育出版社,1996年,第319—320页。
② 〔宋〕赵甡之:《中兴遗史辑校》,许起山辑校,北京:中华书局,2018年,第275—276页。

可以说，元代科举的一时废止，对士人来说，在失望之余，不啻是一种解脱或解放。士人可以不必身为形役，顾虑与科举考试是否合范，可以自由地研究学问，自由地吟诗作文，总之可以去做自己喜欢的事。这些，并不是我想当然的主观臆测，而是有着大量的事实依据的。我们先来看一下自由研究学问的事例。陈栎是元代有名的理学家，《元史》为他立了传。其中写道：

> 陈栎，字寿翁，徽之休宁人。栎生三岁，祖母吴氏口授《孝经》《论语》，辄成诵。五岁入小学，即涉猎经史，七岁通进士业，十五乡人皆师之。宋亡，科举废，栎慨然发愤致力于圣人之学。涵濡玩索，贯穿古今。尝以谓有功于圣门者莫若朱熹氏，熹没未久，而诸家之说往往乱其本真，乃著《四书发明》《书传纂疏》《礼记集义》等书，亡虑数十万言。凡诸儒之说，有畔于朱氏者，刊而去之。其微辞隐义，则引而伸之。而其所未备者，复为说以补其阙。于是朱熹之说大明于世。延祐初，诏以科举取士，栎不欲就试。有司强之，试乡闱中选，遂不复赴礼部，教授于家，不出门户者数十年。①

人们大多看到的是金榜题名时的荣耀，而从陈栎的传记中我们可以品尝出走向荣耀的艰辛之旅。像今天人们教孩子背唐诗、念英语一样，陈栎 3 岁就要背他无法理解的《孝经》《论语》，5 岁就入村塾，读经史，7 岁就把方向明确地确定在进士业进行苦读。陈栎绝不是特殊的例子，应当说在科举的时代带有一定的普遍性。在 15 岁之前的苦读过程中，陈栎一定对习举业产生过厌烦甚至是憎恶的感慨。传记说他科举废，慨然发愤，之所以如此，不只是对科举废止，多年的努力付诸东流的失望，还包括了对习举

---

① 〔明〕宋濂：《元史》卷一八九《儒学传》，第 4321 页。

业的情绪。当陈栎没有了对科举的期待，就可以放开手去做自己想做的事了。累累硕果，使陈栎成为元代名儒。

虽然没有获得陈栎那样的成就与名声，但在摆脱了科举的枷锁后，究心经史的士人相当不少。有个叫王天与的士人，写了一部《尚书纂传》，他的朋友崔君举在后序中写道："科举废亦久矣，士无系累，荡然失其所挟。向时号为举子进士，今试使口诵本经，不能以句。此宜骎骎返乎醇朴。惟吾友梅浦王君，搜远寻坠，辛苦纂书传，晚又得乡先生彭集斋往复考订，无复遗憾，首尾十余年而后就。"①无所系累，固然一身轻松，但出于对科举死记硬背的逆反心理，连在传统社会应当学习的儒学经典也放弃了，有的士人居然忘到了不能成句诵读的程度。这就像学生为了应付考试，一通恶补苦背，一旦考试过后，背诵的内容也就丢在一边，甚至是忘得一干二净。当然这里的王天与依旧是研究经典的正面例子。

欧阳玄也在《元故旌表高年耆德山村先生欧阳公（泾）墓碑铭》中记载欧阳泾，"至宋亡，科举废，乃更沉潜性命之学，手编诸经传注，汇粹先儒格言，其精义奥旨，融贯演绎，多所论著，细书大帙，充轫巾厢。诗文理致自足，不事雕刿"②。

以上是科举废止后，自由展开研究学问的士人事例。还有更多的士人，在没有了时文八股和苛刻声韵体裁的限制之后，在诗文写作上取得了突出的成绩。由宋入元的刘辰翁指出了当时诗文兴盛的现象："科举废，士无一人不为诗。于是废科举十二年矣，而诗愈昌。"③元人张纯愚在写给前面提到的陈栎的信中也指

---

① 〔元〕王天与：《尚书纂传》后序，影印《四库全书》文渊阁本，台北：台湾商务印书馆，1986年，第62册，第884页。
② 〔元〕欧阳玄：《圭斋文集》卷一〇，《四部丛刊初编》本。
③ 〔宋〕刘辰翁：《须溪集》卷六《程楚翁诗序》，影印《四库全书》文渊阁本，第1186册，第523页。

出了这一现象:"爰自科举废,士以诗为习。"①而明人罗洪先则分析了诗文兴盛的原因。他说:"当元初时废科举,抱所长无所于泄,于是尚行谊,盛文墨,自任斯文之重。"②元人李祁更具体指出了科举废止后士人有暇为诗的客观现实:"向时国家以科举取士,士亦唯务业科举,罕有能用力于诗者。夫岂其不欲哉?志有所欲专,而力有所不逮,故致然耳。自江南被兵,科举废,士虽欲出而为诗,流离颠顿,困厄已甚,又何暇及此。二三年来,士稍稍得复田亩,理其故业,故亦稍稍出而为诗。此可为诗道幸也。"③

无科举所累,士人可以专心作诗。而在文献中,关于废止科举后士人在诗文创作方面成就的记载就更多了。曾在南宋末年做过宰相的马廷鸾,在他的《王甥儒珍集序》一文中写道,"王甥典谟之学,夙有声场屋。科举废,辄敛才华而为诗,政尔精丽可喜。"④元人戴表元的《张君信诗序》记载:"科举废矣,于是君信若愠若狂,始放意为诗,不复如前却行顾忌。辛卯春,余来吴,君信尽出其所作累百篇相示,酒酣气张,音吐清畅,余为击节。"⑤由此毕见士人摆脱科举形式束缚后的放松与轻松。

元人陈基写道:"方是时,士罢科举之习,一时作者以古雅相尚,而彦德诗文一出,争相传诵。"⑥可见,罢却科举之习,便有以古

---

① 〔元〕陈栎:《定宇集》卷一七《张纯愚与先生书》,影印《四库全书》文渊阁本,台北:台湾商务印书馆,1986年,第1205册,第438页。

② 〔明〕罗洪先:《念庵文集》卷一一《刘桂隐文集序》,影印《四库全书》文渊阁本,第1275册,第233页。

③ 〔明〕李祁:《云阳集》卷四《王子嘉诗序》,影印《四库全书》文渊阁本,台北:台湾商务印书馆,1986年,第1219册,第668页。

④ 〔元〕马廷鸾:《碧梧玩芳集》卷一二,影印《四库全书》文渊阁本,台北:台湾商务印书馆,1986年,第1187册,第91页。

⑤ 〔元〕戴表元:《剡源戴先生文集》卷八,陆晓东、黄天美点校,杭州:浙江古籍出版社,2014年,第190页。

⑥ 〔元〕陈基:《夷白斋稿外集》卷下《送申屠彦德序》,影印《四库全书》文渊阁本,台北:台湾商务印书馆,1986年,第1222册,第377页。

雅相尚之风,个性化的诗文便被争相传诵。明代方志载:“宋无,字子虚,吴人,生宋景定间,尝习举子业。科举废,遂专工为诗。比对精切,造语新奇,有隐居之趣。所著有《翠寒集》《啽呓集》。”①看来,“专工为诗”的前提正是“科举废”。

传统是有惯性的。在科举刚刚废止时,士人的诗还没有完全脱离时文的窠臼。关于这一点,元人欧阳玄指出:“宋讫,科举废,士多学诗,而前五十年所传士大夫诗,多未脱时文。”②欧阳玄这个理学家的眼界也许太高。其实,随着受到科举停废直接影响的士人逐渐逝去,情况已经发生了变化。元人陆文圭在谈到世代更替所带来的变化时说:“废科举不用,三十年来,一洗时文之陋。场屋遗才,老死岩壑,后生新学,无荣进之诱,专志诗书,颇知古人为己之业。”③看来,只有“无荣进之诱”,才能“专志诗书”。而知“为己之业”,才是学问自由的最高境界。

在科举的时代,为了应举,士人不允许、也无暇有更多的爱好与选择。这种情况甚至在北宋时代便已出现。苏颂指出:“自庆历初罢去公卷,举人唯习举业外,以杂文古律诗赋为无用之言,而不留心者多矣。”④

长时间停废科举,让不少士人对科举再开已经不抱希望,从而绝意仕进,吟诗作文,只为自娱。《(雍正)江西通志》卷六七《人物》载:“熊师贤,字君佐,富州人。元废科举,师贤绝意仕进,诵读自娱。扁其堂曰寓乐。琴书图画,罗列左右,尤嗜古器玩。

① 〔明〕王鏊:《姑苏志》卷五四《人物》,影印《四库全书》文渊阁本,第493册,第1024页。

② 〔元〕欧阳玄:《圭斋文集》卷八《李宏谟诗序》,《四部丛刊初编》本。

③ 〔元〕陆文圭:《墙东类稿》卷六《送萧仲坚序》,影印《四库全书》文渊阁本,台北:台湾商务印书馆,1986年,第1194册,第590页。

④ 〔宋〕苏颂:《苏魏公文集》卷一五《议贡举法》,王同策、管成学、颜中其等点校,北京:中华书局,1988年,第215页。

尝学琴，后不复操，曰：但识琴中趣耳。生平专力于诗。吴文正（吴澄）谓贤诗冲淡萧散，不事雕琢而近自然，酷与其人相似。"①

在科举被废止后，除了从事研究学问、吟诗作文这些读书人的本行，也有不少士人转向专心治家事亲。这样的士人最易与地方社会结合，从而成为乡绅。元代有名的理学家吴澄在他的《吴文正集》中，也记载了上述的熊师贤"长治进士艺，驰俊誉。叔父贡士暨乡先辈皆期以早达。仅一试贡闱，而科举废，读书娱亲于山"②。又记载黄亨叔"科举废，学专于身，治移于家，事亲礼无违，丁时多虞，不以公私事贻亲忧"③。此外，在没有科举的时代，徜徉于释道之间的士人也不少。元人李存写道，"国初，科举废，世族子弟孤洁秀拔，率从释老游"④。

以上，主要援引元代人的记载，分析了在元朝停废科举的几十年间，士人的心态变化以及士人的职业选择与兴趣转换。从中可以看出，一直实行的科举被停废后，士人有过失望，但同时也从应试的桎梏中得到解脱，自由地研究、创作与选择职业。

三、科举停废与社会变化

上一节都是就具体的士人的情况进行的分析，从宏观的角度

---

① 〔清〕谢旻修：《〔雍正〕江西通志》，影印《四库全书》文渊阁本，第515册，第346页。
② 〔元〕吴澄：《吴文正集》卷七三《故逸士熊君佐墓志铭》，影印《四库全书》文渊阁本，台北：台湾商务印书馆，1986年，第1197册，第701页。
③ 〔元〕吴澄：《吴文正集》卷七四《黄亨叔墓志铭》，影印《四库全书》文渊阁本，第1197册，第714页。
④ 〔元〕李存：《俟庵集》卷二四《薛方彦墓志铭》，影印《四库全书》文渊阁本，第1213册，第766页。

看，元代的科举停废又给整个社会带来什么样的影响与变化呢？此外，还有一个朴素的问题是，元朝为何停废科举，科举的停废是偶然因素造成的，还是有其必然性？诸如此类的问题，我都想在这一节试加回答。

前面说过，北宋太宗朝扩大开科取士的规模，终于形成了"与士大夫治天下"①的士大夫政治。在这样的政治格局之下，读书人充满了希望，全社会的向学也带动了文化的提高与繁荣。以科举为中心，宋朝政府建立了一整套详密的选官制度。官僚再生产，伴随着制度的更新完善而有序地进行。然而，到了国土被削去三分之一的南宋，虽然士大夫政治的基本格局没有变，但通往仕途之路则变得拥挤不堪。原因浅显而简单，就是员多阙少，没有那么多的位子让依然源源不断产生的科举合格者很快地如愿以偿。

其实，读书人走科举做官的路一直很艰难。艰难在于竞争激烈。以宋代为例，各级的考试选拔比例基本上不到百分之一。北宋贡举登科的人数大约是六万人，南宋也不下五万人。就是说，这五六万人登科的背后，有着近五六千万人落第的悲哀。而南宋更惨的是，千辛万苦，死拼硬搏，好不容易熬到金榜题名，多数人还是混不上一官半职，还要经历漫长的等待。

南宋经济远较北宋发达，而且中央集权弱化，地方势力强大。在这样的背景下，科举本身的竞争激烈，加之及第后的谋职不易，就把不少士人推向了地域社会。也就是说，不仅是像以前那样致仕回乡的士大夫官僚可以成为乡绅，未经科举没有官历的士人也可以成为乡绅。成为高官的希望渺茫，但成为地方领袖则有一定的可能。大量士人的加入，更为强化了地方势力。然而，滞留于

---

① 〔宋〕李焘：《续资治通鉴长编》卷二二一熙宁四年三月戊子条，第 5370 页。

地方的士人并不可能都就地成为乡绅，更多的没有太大势力的士人则利用自己的知识优势，在没有可能当官的情况下当了吏，即成了所谓的胥吏。这种变化反映在，宋代出现的以吏为职业的"吏户"。与北宋相比，士人的流动有一个上下的变化。即北宋的士人通过科举等方式走出地方，向上向中央流动。而南宋的仕途现实，则使士人向下向地方流动。

元朝征服江南，灭亡南宋，除了在少部分地区遭到顽强抵抗，大多是没有受到强烈抵抗就实现了占领，即不流血征服。这种形式实现的征服，客观意义非常重大。因为没有给江南繁荣了上千年的经济造成毁灭性的破坏，也没有给社会结构与文化形态带来重大改变，元朝政府得以顺利接收前政权，并利用其来实行江南统治。同时，也使原南宋统治地域的江南社会变化进程没有因王朝更替而中断。

以职业设置户籍作为纳税单位，在宋代，特别是在南宋已很普遍，在宋代的文献中，我们可以找出几十种户籍的名称。元朝的户籍制度是参考了宋朝的制度，在其基础上加以扩大，形成很有特色的"诸色户计"户籍制度。[①] 比如，在军队服役的军户，在驿站服役的站户，从事手工业的匠户，打猎的打捕户，制盐的盐户，水运的船户，等等。繁多的户籍种类的设置背景，正显示出社会发展的多元化。

宋朝所没有的，可以称作是元朝户籍特色之一的，是儒户的设立。早在窝阔台汗时期，参照对佛道等宗教徒的优待，根据耶

---

① 据黄清连《元代户计制度研究》（台北：台湾大学文学院，1977 年）统计，元代有大约 83 种户籍。

律楚材的提议，就设置了儒户。① 士人可以说是怀着复杂的心理接受这一安排的。一方面是把他们这些社会精英与工匠教徒屠夫行贩并列齐名带来的屈辱感，一方面是对成为儒户免除赋役受到保护而产生的优越感。

元人张铉在《至正金陵新志》中记述了元朝设置儒户以及对士人的优待："大德十一年，系籍儒户，杂泛差役并行蠲免。至大二年，儒人免差。延祐元年设科取士，儒风大振。其明年再诏，隶籍在学儒人毋得非礼科役烦扰。是后有司奉行，不至儒者杂于编户。"②

在中国传统社会里，士人一直是作为精英为社会所尊重。儒户保证了士人的温饱与知识优越，却没有像科举那样给士人提供一个通往金字塔顶层的阶梯，所以士人还是心怀不满。

科举是官僚再生产的工具。那么，胥吏再生产靠什么呢？除了来源于法律规定的儒户，更主要的是靠学校。在元代，书院这样官督民办的教育机构很多。其余绪延至明清，成为中国教育史的独特景观。废科举，只是绝官途。有学校，自然就会士人辈出。从学问的角度看，元人彭元龙云，"惟科举废学校存，疑义有问"③。元人吴师道则看到了元朝政府在停废科举后对学校的重视，他说："科举、学校相表里者也，内儒而仕者，不为进士则为教官。科举废而学校存，柄国者岂不以学校为至重哉？"④

---

① 关于儒户的研究，参见萧启庆《元代的儒户：儒士地位演进史上的一章》，《元代史新探》，台北：新文丰出版社，1983 年。
② 〔元〕张铉在《至正金陵新志》卷九《儒籍》，《宋元方志丛刊》影印本，第 6 册，第 5666 页。
③ 〔元〕袁俊翁：《四书疑节》彭元龙序，影印《四库全书》文渊阁本，台北：台湾商务印书馆，1986 年，第 203 册，第747 页。
④ 〔元〕吴师道：《礼部集》卷一五《赠姚学正序》，影印《四库全书》文渊阁本，台北：台湾商务印书馆，1986 年，第 1212 册，第 198 页。

由于朝廷的重视，元代书院十分发达。元代的百余年间，兴建与恢复的各类书院达四百余所。所以说，从南宋到元代，活跃于地方社会的士人，除了做胥吏，从事地方教育的也为数不少。顺便说一句，元代的科举废学校兴，与清末废除科举后的学校大兴也可谓相映成趣。

宋元的户籍种类繁多，是社会走向多元化的反映。这一点在前面已经提到。元朝停废科举，又使士人的职业分化。而社会的多元化又给士人提供了多种选择的可能。除了业已考述的修身齐家、著书立说、为吏从教，元代发达的商品经济所带来的都市繁荣，也是吸引士人的一个流向。都市繁荣的同时，也带来了市民文化的兴盛。而市民文化的兴盛，读书人在其中所起的作用则无须赘述。中国文学史上的奇葩元曲，就是由士人催开的。这一点自然是众所周知的事实。

结　语

地方社会的崛起是宋元社会转型的一个标志。元代科举的一时停废，促使士人走向地域，加入胥吏行列，则对这一时期的社会变革起到了催化作用。

从宏观的角度看，元代科举的停废，给社会带来的冲击是有限的，决不能夸大。前面说过，即使是在科举盛行的宋代，也只是不到应举的百分之一的幸运者，能够获得金榜题名的殊荣。如此说来，科举在宋代已与多数士人无缘。而南宋地狭员多阙少的状况又把已经及第甚至入官的士大夫挤出圈外，也让渴望进入圈内的士人失望。流向地方的士人的人力资源与发达的商品经济形成经济实力,两者合流,促进了地域势力的发展。而元代科举几十年间的停废与儒户制度的建立又将士人彻底推向了地方。明清两代虽然科举得到完全恢复和发展,但强势而多元的地域社会业已形成,无法改变。如同旧日所说的出将入相,士人也是出官入绅,或者是就地为绅。强势而多元的地域社会既是中央集权的基础,又与中央集权相抗衡,二者相反相成。

从微观的角度看,元代科举的停废,其积极意义要大于消极意义。先以学术艺文观之。程颐说过,"科举之事,不患妨功,惟患夺志"①。士人一心习举业,便无暇也无意他顾。而元代一时科举停废,正如元人戴表元所言"科举学废,人人得纵意无所累"②,士人摆脱束缚,得到解放,无论是学问研究还是诗文创作都有长足发展。再以道德观之。举业所习,科举所试,均是道德文章。创意者本意不错,无奈即使是道德说教文字,对于举子来说,也毕竟只是一块敲门砖。为了应试,内容可以倒背如流,却记不到心里。一旦功成名就,便将其抛弃到九霄云外,把道德教诲用于实践者不多,抵不住商品经济的诱惑,贪婪者甚夥。关于这一点,清代的一个理学家已经痛切地指出:"若只从取功名富贵起见,便是怀惠。是终日读书,只做得小人工夫。这个念头熟了,一旦功名富贵到手,不是将书本尽情抛却,彻内彻外做个小人,便是将圣贤道理外面粉饰,欺世罔人,败坏世道。病根都是从习举业时做起的,岂不可叹!"③

总之,应社会变化趋势而停止或废除科举,也可以说是一种

① 〔宋〕朱熹编:《二程外书》卷一一,影印《四库全书》文渊阁本,台北:台湾商务印书馆,1986年,第698册,第331页。
② 〔元〕戴表元:《剡源戴先生文集》卷八《陈无逸诗序》,第187页。
③ 〔清〕陆陇其:《松阳讲义》卷五,影印《四库全书》文渊阁本,台北:台湾商务印书馆,1986年,第209册,第948页。

进步。同时，现实的逼迫，更加速了宋元社会转型进程中的士人流向多元化。俯瞰之下，明清时代强势的乡绅阶层的形成，可以说与元代的社会变化密不可分。

第四编　宋元变革与儒学演进

南宋至元，江南儒学不仅在平民文化繁荣的支撑下得以深入发展，而且借南北统一之势，由江南走向全国，定于一尊，为明清时期儒学进一步发展提供了铺垫；魏了翁确立了道学此后几百年间独尊的正统地位，儒学获得了前所未有的弘扬，客观的外力所带来的人的流徙让蜀学辐射各地，扩大了儒学的传播，最终达成道学的南北统一，推动了宋元社会在精神层面的转型。

第一章
宋元变革视域下的江南儒学

　　江南经过魏晋南北朝时期的开发,逐渐成为中国的经济重心。经济的繁荣积淀了深厚的文化底蕴。这是江南儒学生长的基础。南宋又回到了南朝时的立国江南,政治和经济重心再度重合。北宋士大夫政治催生的理学,经过自然浸润与庆元党禁的刺激,张大为道学,既根植于地域,也为朝廷所崇奉,带来了儒学前所未有的复兴。尽管经历了江山鼎革,但江南的经济与社会结构没有遭受重创,江南儒学不仅在平民文化繁荣的支撑下得以深入发展,而且借南北统一之势,由江南走向全国,定于一尊,为明清时期儒学进一步发展提供了铺垫。于是考察宋元变革,江南儒学在南宋至元的发展便成为一个不可或缺的视角。

引　言

　　如果我们将目光投射在江南儒学前所未有的兴盛时期,那看到的就一定是道学张大的南宋。而考察南宋乃至其后的江南儒学的发展演变,则又一定要置入特定的历史背景之下。由南宋至元,以江南为中心,中国社会发生了继唐宋变革之后的又一次大转型,这就是宋元变革。沿着宋元变革社会转型的路向,中国历史经历明清,走入近代,走到今天。宋元变革中的江南儒学,具有什么样的特征,经历了江山鼎革,又发生了什么样的变化? 本章尝试回答。

一、特定场域下的江南儒学

儒学是一个大概念,以五经为主,由先秦儒家学派所归纳的及其后来衍生的学问,皆可称为儒学。儒学在西汉定为一尊之后,成为显学。作为事实上的国教,现代以前,在后世也没有任何宗教或思想能够撼动其正统地位。不过,伴随着时代的变化,不同时代的儒学,在特定的背景下,亦吸收有不同的思想要素,呈现出不同的风貌。汉学、玄学、宋学皆为儒学在特定时代背景下的显现形态。而江南儒学,则是以地域的视点对儒学的区分,将儒学定位于江南这一特定场域。然而,即使强调的是地域,也是历时性的,这是一个历史的概念。学以地分,也是一个传统的习惯。就儒学来说,宋代就有以关、蜀、洛、闽等命名之学。不过较之这些地域之学,江南儒学又是一个涵盖了闽学,又融合了浙东、湖湘等其他地域一些学问的大概念,即从先秦以来,在江南这一地域所产生的跟儒学相关的学人与学问。纵观这一地域的儒学,历代不乏其人其学,可以撰著出一部充实的江南儒学史。不过,谈到复兴的辉煌,我们的目光一定要移到南宋。

何处是江南?几乎人人心里都有一个温润的意象。尽管是耳熟能详,也还是需要做一个准确的地域界定。狭义的江南,指长江三角洲,在清代具体指苏州、松江、常州、镇江、江宁、杭州、嘉兴和湖州八府之地。至少从宋代以来,这是中国经济上最为富饶的地域。广义的江南,则指长江以南,主要指东南,即江苏、浙江、江西、福建四省。在明洪武二十六年(1393)的人口统计中,这四省的人口占了全国的51%[1],富庶与人口都足以代表中国。

---

① 〔明〕张居正等纂修:《大明会典》卷一九,影印万历十五年(1587)本,台北:新文丰出版公司,1976年。

从秦汉以来,王朝的政治重心长期位居中原,以"中国"昭示着正统。不过西晋在"五胡"的铁蹄下灭亡,永嘉南渡,便开启了历史的大变局。东晋以及其后南朝的立国,不仅以文化优越成为脱离中原的正统所在,而且几百年的开发,使江南成为中国的经济重心。此后,尽管隋唐统一,政治重心回归中原,但经济重心在江南一直确固不移。中原的政治重心对江南的经济重心形成极度依赖,所以才会有南北大运河的开通。

　　12世纪初,女真人的突袭颠覆了繁盛的北宋王朝。建炎南渡,王朝再建,不死鸟在江南浴火重生,又迎来了新一轮历史大变局,南宋回归南朝。回归不是重复,历史螺旋式演进。南宋是一个特殊的时代,王朝承续北宋的帝系,偏安于广袤的中国的一隅,统治仅及北宋三分之二的地域。然而以狭义的江南为中心的这一地域却是中国最富庶的地域。在江南这一特殊的场域,政治重心与经济重心合一,社会转型,经历了唐宋变革之后的中国,宋元变革开启。

　　在思想层面上,南宋的江南儒学以道学的面目出现。从宋初三先生到北宋五子张载、周敦颐、二程、邵雍,再加上王安石的新学,理学在北宋已经有了相当深厚的积淀。南宋王朝强调对北宋的合法承继,高扬正统的大旗。于是传承道统的理学,便以道学的名目转身亮相。分宗别派的理学,根据对政治的依附程度以及被加以政治利用的程度,有着不同的沉浮。不过,无论如何,犹如"润物细无声"的春雨,道学逐渐在江南这一地域广泛地传播开来。

　　思想的疆界不同于界碑明示的国界,人的流徙与书信往来、著作传播,会使思想像空气一样弥漫扩散。江南儒学尽管受宋金疆界的阻隔,在南宋基本未能向北方发展,却从狭义的江南向没有割据限制的南宋全域扩张,拥有了广义江南的涵盖。这样的学术背景,就使我们的讨论不仅仅局限于狭义的江南。

本来,作为士大夫政治理论基础的理学,凌驾于政治。"道理最大"①,让至高无上的皇权也要服从于理。以朱子学为中心的儒学获得难以撼动的正统地位,实现了继西汉"废黜百家,独尊儒术"之后的再度辉煌。

承续唐宋变革的积淀,宋元变革在社会层面全方位展开。以道学为中心的江南儒学,让传统儒学发展到了那个时代的极致,成为社会转型的精神引导。

二、江南儒学的南宋发端与社会指向

在南宋,最初与政治依附过于紧密的道学,在特殊的政治背景下,遭受了与北宋元祐党禁同样的打击。经过庆元党禁,压制带来的刺激与反弹,反而让道学变得影响更大,在知识阶层获得较为普遍的认同。政治形势的逆转,可资利用的价值,终于让朝廷把道学当作弱势王朝的精神支撑,成为失去中原的王朝伸张正统的理论依据。朝野内外,道学大盛。无论是真心还是假意,道学得到从皇帝到执政的士大夫的一致提倡,获得了正统地位。第五代皇帝由于大力提倡道学,死后还获得了理宗的庙号。

与北宋不同的政治环境,让道学的指向不仅仅眼光向上,专注于"格君心之非"②,停留于得君行道,更是放下身段,致力于以

①〔宋〕沈括:《梦溪笔谈》续笔谈,第327页。
②〔清〕焦循:《孟子正义·离娄章句上》,第525页。

道化俗。朱熹、陆九渊、吕祖谦、魏了翁、真德秀等辈出的道学大家及其众多门人,力行以道化俗的社会指向,引领地方士人,通过兴办学校,普及教化,影响极为广泛。南宋以来在江南遍地开花的书院,不仅是弘扬儒学理想的实践,还为以道化俗培养了推广人才。在道学的价值理念指引下,对乡贤或先贤的发掘、树立乃至祭祀,不仅显示了士人精英对地方认同的意识强化,还成为士人掌控精神指导权,直接或间接显示领导地位的一种方式。

晚年致仕家居的宰相周必大发掘近代以来的庐陵乡贤,为文豪欧阳修、抗金义士杨邦乂和抨击权相秦桧的胡铨建立纪念堂,专门撰写了《三忠堂记》。周必大的作为,既是普及教化,增强地域认同之举,也是自身试图掌控精神指导权的努力。① 周必大还为一个叫王子俊的友人写过一篇文章,在这篇文章中,他说曾经受学于朱熹的王子俊"位非其志,无所于用",意思是说他没有机会做官,于是这个王子俊"乃退修以教其家,因以化其乡之人"。就是说,没有机会做官的士人王子俊扎根地域,从事了教化乡里的事业。②

继承北宋张载、程颐对慎终追远的思考和对民间祭礼的关注,从而形成的《朱子家礼》——对社会最小细胞家庭的道德规范,在此后的宋元社会更是产生了深远的影响。③ 朱熹晚年改革传统的乡饮酒礼,重视礼遇"处士贤者"的"宾"和"介",即地方上未曾出仕的长者、贤者,这些人属于乡绅的阶层。朱熹的做法,其实从另一个侧面也折射出南宋乡绅势力的增长。④

---

① 〔元〕脱脱等:《宋史》卷三九一《周必大传》,第 11972 页。
② 〔宋〕周必大:《振古堂记》,《(光绪)吉水县志》卷八,光绪元年(1875)刻本。
③ 王美华:《家礼与国礼之间:〈朱子家礼〉的时代意义探析》,《史学集刊》2015 年第 1 期。
④ 杨华:《朱熹与宋代的乡饮酒礼变革——兼论礼典设计对地方官僚政治的回应》,《武汉大学学报(哲学社会科学版)》2019 年第 3 期。

"格物,致知,诚意,正心,修身,齐家,治国,平天下",儒学"八条目"被重新发掘、阐释并强调,把个人、家庭、国家乃至天下连为不可分割的一体。互为作用的社会权威场,透过族规、乡约、社仓、乡贤祠等公约与机构建构,让士人在道学理想牵引下对地方的关怀与指导得以实现。

江南儒学这种社会指向的变化,与从南宋开始发生的社会转型密不可分。统治区域和行政机构较之北宋大幅缩减的南宋,科举依旧三年一度进行,登第者不断产出。加上习举业、应科考者以及大量落第士人,这是一个十分庞大的士人群体。

在士人群体的上层,是走上仕途,在各个政治层级上主导政治的士大夫。在士人群体的下层,则是大量滞留于幕职州县官的下级官僚选人和将近90%无缘入仕的布衣士人。无法达则兼济天下的大量士人,遍布于各地,出于生计,从事教书、经商、行医、务农以及胥吏等多种工作。①

读书未必做官,人生有很多选项。立足于地域社会的大量士人,不仅与入仕的士大夫们有着密切的联系,而且在士人层,通过婚姻、宗族、学校、诗社等各种形式构成广泛的社会网络。拥有知识的优势,拥有广泛的人脉,使士人在地域社会有着举足轻重的影响力,成为地域社会的主导阶层。适应生存环境的自然调整,使多数士人不再走出地域,向上向中央集中,而是弥散于地方。

这些弥散于地域社会的士人,作为承载道统的社会精神领袖,更是实现道学以道化俗指向的主要力量。没有入仕的士人通过学问、财力、宗族等不同因素,照样可以成为在地方上拥有相当影响力的乡绅。在南宋,这样的乡绅被称为士族,当然这有别于

---

① 参见本书第一编第二章《士人流向与社会转型》。

魏晋南北朝时期的新士族。宋人判断士族的标准并不是以是否出仕做官为尺度。

我曾经考察过杨万里写给《鹤林玉露》的作者罗大经父亲的一篇集外佚文,这篇佚文题为《桃林罗氏族谱序》①。族谱序的开篇这样写道:"吾郡多著姓,而印岗之罗,其一也。由印岗而之竹溪者,率称士族。竹溪有隐君子曰季温氏,余忘年友也。"短短的几句话,杨万里的表述很值得注意。他称罗大经的父亲罗茂良(字季温)为"隐君子",说明罗茂良未曾入仕做官,但又称罗氏一族为士族。说明在杨万里眼中,能否称为士族并不是以入仕与否为衡量标准的。我认为这并不是杨万里个人的独特认知,而是反映了当时社会的普遍认同。

在杨万里笔下作为"隐君子"的罗茂良,既潜心理学,著书立说,又敦族齐家,教化乡里。也就是说除了出仕做官才能实现的治国平天下他无法做到,格物致知、正心诚意、修身齐家,罗茂良都做到了。由此可见,在历来研究者大多打在显赫的官僚士大夫身上的聚光灯之外,大量的民间士人群体也拥有相当大的能量,不应忽视。

民间的士人群体,加上像我研究过的罗大经那样②,由于制度性和人为性的因素无法向上升迁而滞留于官僚层级底部的士人,构成了庞大的金字塔基座。杨万里之所以郑重地写下族谱序加以褒扬,其背后也折射出罗氏家族在当地的势力。地方建设从敦族齐家的宗族建设出发,从而在地域社会发挥影响。

关于罗茂良拥有的能量,我们从他的儿子罗大经的仕宦经历

___

① 佚文收录于罗氏后人所刊《桃林罗氏族谱》,录文参见本书第二编第二章《民间士人样相个案观察——杨万里集外佚文考释》。

② 参见本书第二编第三章《小官僚大投射——罗大经的故事》。

中也可以窥见一斑。进士登第后足足等待了八年，罗大经才获得容州司法参军的选人职位。通过罗大经在《鹤林玉露》中的自述，可知他在担任容州司法参军期间，曾有过三个过从密切的上司。一个是范应铃[①]。作为名臣，其司法判例曾被收录于《名公书判清明集》。[②] 当时范应铃担任广南西路提点刑狱，居然主动要给罗大经写一纸难求的推荐状。另一个是担任静江知府的赵师恕。《鹤林玉露》中有多达五条材料记载了罗大经与赵师恕游山逛水的交游。还有一个是担任容州知州的顶头上司王太冲。这三个人都是罗大经在任职地的交友。这就给人一个印象，他们是罗大经到了广西才结识的新朋友。

不过，当我们深入考察这三个人的履历，就会发现并非如此。范应铃曾在嘉定年间担任过罗大经家乡吉州的知州[③]，与罗大经父亲罗茂良的友人杨万里长子杨长孺是朋友，应该也熟悉罗茂良，那时罗大经还是十五六岁的少年。赵师恕则在端平年间担任过吉州邻近袁州的知州[④]，也是杨长孺的朋友。杨长孺去世时他曾接济营办丧事。[⑤] 而王太冲曾在罗大经的家乡吉水县担任过知县。对于王太冲任内的善政，刘克庄撰写的《礼部王郎中墓志铭》写道"罗君茂良歌之"[⑥]，直接提到了罗大经的父亲罗茂良。

厘清三人的仕履，便揭示出一个秘密，罗大经为什么会远赴

---

① 〔元〕脱脱等：《宋史》卷四一〇《范应铃传》，第12347页。
② 〔宋〕佚名编：《名公书判清明集》，第49、50、73、75、76、83、85、86、89、91、100、120、287、290、291、292、444、448、544、548、554页。
③ 〔元〕脱脱等：《宋史》卷四一〇《范应铃传》，第12345页。
④ 〔明〕严嵩等纂修：《袁州府志》卷六，《天一阁藏明代方志选刊》影印明正德九年(1514)刻本，第8页。
⑤ 〔宋〕罗大经：《鹤林玉露》丙编卷四《诚斋夫人》，第309页。
⑥ 〔宋〕刘克庄：《后村先生大全集》卷一五五，《四部丛刊初编》影印旧抄本，上海：商务印书馆，1919年。

广西任官？罗大经待阙八年也无法任职，因缘巧合，此时跟其父罗茂良是朋友的三个人刚好都在广西担任要职，是他们给了罗大经这个位置。换句话说，罗大经等于是走了三个父辈友人的后门，才结束了漫长的待阙。① 这一事实揭示，在"员多阙少，一官至数人共之"②的南宋，即使是千辛万苦千里拔一地考中进士，依然难以很快获得官职，还要托关系自谋出路。③ 这是我们考察士人流向多元化的绝好具体个案。

这三个父辈的朋友对晚辈罗大经都很好。范应铃主动要给罗大经写推荐状，这可不是很小的人情。固然，范应铃对罗大经相当器重。然而，作为有推荐资格的官员，所请托者多，而每年可以推荐的名额又有限，推荐谁，给谁当举主，恐怕不仅仅单凭被推荐人的能力、才华以及政务业绩，这背后有着复杂的人际关系和利益考量。这三个上司能够用力提携罗大经，从上述的事实考察也同样可以折射出罗大经的父亲罗茂良这个未曾入仕做官的地方乡绅的人脉、势力与能量。这又是一例反映乡绅势力的绝好个案。

杨万里在族谱中还提及："季温益潜心于理学，著有《竹谷丛稿》若干卷，取正于余与丞相周公必大。观之所撰《畏说》，胥叹其有不可及处，此其言之立也。"罗大经在《鹤林玉露》全文引述了其父这篇拥有广泛影响的文章，并且指出："先君此说出，一时流辈潜心理学者，咸以为不可易。"

罗茂良的理学形象还为梳理上述的人际关系提供了思路上的启示。细缕上述的人际关系，会发现友情之中，还有学术脉络

---

① 关于罗大经的事迹，参见本书第二编第三章《小官僚大投射——罗大经的故事》。
② 〔宋〕赵汝愚：《论福建科场事疏》，《历代名臣奏议》卷一六九，影印本，第 2227 页。
③ 参见本书第一编第一章《金榜题名后——"破白"与"合尖"》。

潜伏。罗茂良既是杨长孺的友人，又是杨万里的门人。[①] 而杨长孺也是朱熹学生[②]，赵师恕从学于朱熹与黄榦，实出朱门。[③] 这一层关系又揭示出另一个事实，即南宋从士人到乡绅的关系，还建立在学术层面的志趣相合与师友渊源。嘤鸣友声，同类相援。这一层关系所构筑的社会联系值得关注。

杨万里的大力褒扬，罗大经的事实叙述，欧阳景颜的高度评价，从学问的角度看，可以发现，构成江南儒学的并不仅仅是几个名家大儒，民间士人应当视为一个庞大体系的基础。除了罗茂良，民间士人在地方引领儒学、发挥影响的也还大有人在。南宋中晚期，与罗大经同榜进士的李昂英，曾在一篇题跋中这样写道："是邦老成人，无逾田知白者。闻其壮即厌科举，专志理学，使领袖书生为宜。"[④]

从南宋开始的社会现实与以道化俗的道学理想，让士人的社会角色发生了转变，从而也推动了精英文化向平民文化的转型。社会转向平民文化，其实是北宋以来的趋势，历来被认为是唐宋变革的指标之一。其实，北宋的平民文化只能看作是南宋的基础，南宋的平民文化在城市化发展和商品经济的推动下走得更远。江南儒学致力于向民众普及教化，既是有着与时俱进的敏锐，也是顺应时代潮流的必然。在朝廷的支持下，江南儒学所实施的各种道学礼仪以及乡贤祭祀，也让宗教走向泛化。

在南宋繁荣的商品经济和平民文化的刺激下，伴随着造纸技术的改良，印刷术冲破了政府垄断，民间书坊蜂起。这是又一次

---

① 《四部丛刊初编》影印宋抄本《诚斋集》的每卷之末，多有"门人罗茂良校订"之识语。

② 〔宋〕黎靖德编：《朱子语类》卷首《朱子语录姓氏》，杨长孺名列其中，第18页。

③ 〔清〕黄宗羲原撰，全祖望补修：《宋元学案》卷六三《勉斋学案》，第2044页。

④ 〔宋〕李昂英：《文溪集》卷五《书方右史请田知白作濂泉堂宾书后》，影印《四库全书》文渊阁本，第1181册，第150页。

新媒体革命。儒学的道学著作、释道经典、科举时文、诗词文集、笔记小说、童蒙历算大量发行，大量的印刷书籍模糊了精英与凡庶的界限，加速了文化下移。超越时空的书籍成为士人交往的媒介。繁荣的印刷业的推手促进了社会转型。

在南宋，福建就已经出现了集中刊刻并贩卖书籍的"书市"。朱熹在一封信中写道："《小学》未成而为子澄刊刻，见此刊修，且夕可就，当送书市别刊，成当奉寄。"[①]可见当时书籍刊刻出版并非难事。南宋兴起的书市，到了明代更为繁荣。嘉靖《建阳县志》卷三载："书市在崇化里，比屋皆鬻书籍，天下客商贩者如织。"[②]仅从"书市"的兴起到繁盛，便可以窥见到社会转型的印记。

繁荣的印刷业为注重移风易俗、教化民众的江南儒学提供了强大的助力。普及教化从儿童做起。作为教材的童蒙书籍，在那一时代数量获得了空前的增长。有研究统计两宋的童蒙书凡144种，而南宋便占有114种。这个数字，不仅述说着印刷业的繁荣，还折射了发轫于南宋的宋元社会转型，承继了北宋的积淀，而又有了极大的飞跃，更反映了江南儒学放下身段普及民众的努力。童蒙书籍的内容尽管是百科全书式无所不包，但核心则是道学的普及。比如朱熹的《童蒙须知》《小学》，其门人李宗思的《尊幼仪训》等。朱熹还以诗的形式撰写通俗易懂的《训蒙绝句》。在朱熹的示范之下，又有了程端蒙的《性理字训》，陈淳的《训蒙雅言》和《启蒙初诵》，彭龟年的《止堂训蒙》，牟少真的《发蒙中庸大学俗解》，黎自昭的《性理蒙求》，鲁饶的《训蒙理诗》，等等。[③]

---

① 〔宋〕朱熹：《朱文公文集》卷五〇《答潘恭叔》，郭齐、尹波编注《朱熹文集编年评注》本，第2422页。

② 〔明〕冯继科等纂修：《建阳县志》，嘉靖三十二年（1553）刻本，第6页。

③ 童蒙书籍的数量统计和本文所举书名，均据周扬波《知识社会史视野下的宋代蒙书》，《厦门大学学报（哲学社会科学版）》2018年第2期。

在宋元变革的大背景之下,江南儒学顺应自北宋以来的平民化趋势,礼下庶人,直至儿童。持续不断从儿童入手的发蒙灌输,既让道学伸展浸润到了社会末端,又为道学代有传人奠定了基础。有了人的资源,即使江山鼎革,学问的发展也依然会一如既往。

以江南儒学为主导的士人对地域社会的各种精神建构,致力于儒学社会化,由雅入俗,让文化不仅存在于庙堂,更深寓于民间,形成了超越王朝的延续。

三、宋元鼎革后江南儒学统合定尊的历程

宋元易代,江山鼎革,中国第一次被汉族以外的民族全面统治。元统治的时代,人们往往认为是一个黑暗的时代,充满征服的血腥暴力以及四等人制的民族歧视。然而,大量的文献都记载了入元后江南城市繁华依旧。

南宋灭亡后的江南城市为何还会如此繁华? 这与蒙古征服江南的方式有关。蒙古征服江南的统帅伯颜,被比喻为北宋征服江南不事杀戮的曹彬。[①] 这尽管有些夸大,但基本符合事实。蒙古征服江南与征服女真治下的中原不同,除了对少数激烈抵抗的城市实施野蛮屠城,基本是降者不杀,还用原来的官吏维持行政运营。我这样认为,不光是基于既有的研究,也是根据我自身发掘的史料。《宋季三朝政要笺证》载咸淳十年(1274):"伯颜大兵至复州,诱守臣翟贵曰:'汝曹知几而降,有官者仍居其官,吏民按

---

① 〔明〕宋濂:《元史》卷一二七《伯颜传》,第3100页。

士人走向民间:宋元变革与社会转型

堵如故,衣冠仍旧,市肆不易,秋毫无犯,关会铜钱依例行用。'"①意思是说,如果识时务投降并承认元的统治,则一切不变,做官的依然做官,经商的依然经商,乡绅的社会地位不变,市场交易正常进行,南宋的货币照旧流通,蒙古军队保证秋毫无犯。同书卷六之末也写道:"大元兵锋所至,降者不杀。"那么,蒙古人是不是恪守了这一诺言呢?上述的同一事件还可以看到另一侧面和后续的记载。的确,蒙古征服者基本上恪守了降服者不杀之诺言。元人刘敏中《平宋录》记载了翟贵举城降服后蒙古军的对处,这是被《宋季三朝政要》的编者略去的部分:"其翟安抚贵即日出降。诸将言于丞相曰:'自古降礼当要降表,须知计点粮军数,差官镇守。'丞相不听,传谕诸将,无令一军入城,违者斩之。于是无秋毫之扰。"②

或许有人会质疑,蒙古征服江南不是有过常州屠城吗?这的确也是事实。但蒙古军队是在什么情况下实施屠城,也须辨别。蒙古军队进行残暴屠杀是一种恐怖战术,让人闻风丧胆而放弃抵抗。美国学者贾志扬(John W.Chaffee)曾这样指出过:"对抵抗者施行屠城,是蒙古征服中国和世界其他地方的标志性行为。"③然而,对不进行抵抗的地域,蒙古军队实行的则是怀柔政策。

这种不流血征服的方式,对于维持江南的千年繁华,社会结构和生产力没有遭受重创,经济发展没有中断,意义极为重大。此外,自南宋以来的士人流向多元化,注重于家族与地方的经营,也让士人对政治产生了相当程度的疏离。因此,在没有遭受社会

---

① 王瑞来笺证:《宋季三朝政要笺证》卷四,第 365 页。
② 〔元〕刘敏中:《平宋录》卷上,影印《四库全书》文渊阁本,台北:台湾商务印书馆,1986 年,第 408 册,第 1042 页。
③ 〔美〕贾志扬:《天潢贵胄:宋代宗室史》,赵冬梅译,南京:江苏人民出版社,2005 年,第 246 页。

重创的江南,江山鼎革对士人的冲击,要比人们通常想象的低得多。

宋元易代,不仅江南社会结构与经济基础没有遭受重创,而且战争带来的流离失所与统一后割据疆界的消失,都在客观上造成了学者的空间流动自由。一个自幼生长在江南的士人,在元朝统一后游览北方,写下一部《北游日志》,在序中慨叹道:"且以余有生时言之,北至淮极矣,借得在全宋盛时,北亦止极白沟耳。今逾淮又逾白沟,信乎此游为北之极也。吁,其亦可喜也夫!其亦可悲也夫!"①平生只到过南宋边界淮河流域的士人,在元朝统一后,游历北方甚至越过了北宋跟辽的界河白沟。这让他既悲且喜。悲者大概是因为汉族失去了宗主权,喜者则是没有了疆界的限制,可以自由往来。这个士人感慨赋诗:"梦亦何曾渡白沟,今朝却作等闲游。"②元代的大儒吴澄也曾写诗这样形容:"男子初生射矢蓬,已包六合在胸中。往年南北一江限,今日车书四海同。"③

以朱子学为主的江南儒学开始驰骋于南北,终于覆盖全域。早期的江西德安出身的赵复被俘后北上,讲学于燕京的太极书院,据《宋元学案》载:

> (赵复)以所学教授学子,从者百余人。当是时,南北不通,程、朱之书不及于北,自先生而发之。(姚)枢与杨惟中建太极书院,立周子祠,以二程、张、杨、游、朱六君子配食,选取

① 〔元〕汪梦斗:《北游集》卷首,影印《四库全书》文渊阁本,台北:台湾商务印书馆,1986年,第1187册,第451页。
② 〔元〕汪梦斗:《北游集》卷上《丘舜臣遣人还乡托以家书时六月望因走笔寄主学胡君及士招学正诸同舍》,影印《四库全书》文渊阁本,第1187册,第457页。
③ 〔元〕吴澄:《吴文正集》卷九四《送龚舜咨南归》,影印《四库全书》文渊阁本,第1187册,第875页。

遗书八千余卷,请先生讲授其中。先生以周、程而后,其书广博,学者未能贯通,乃原羲、农、尧、舜所以继天立极,孔子、颜、孟所以垂世立教,周、程、张、朱所以发明绍续者,作《传道图》,而以书目条列于后。(姚)枢退隐苏门,以传其学,许衡、郝经、刘因皆得其书而崇信之。[①]

关于这一事实,元人已有述及:

> 初,蒙古破许州,获金军资库使姚枢。杨惟中见之,以兄事枢。时北庭无汉人士大夫,太祖皇帝见枢至甚喜,特加重焉。及阔端太子南伐,俾枢从惟中即军中求儒、释、道、医、卜之人。枢招致稍众。至是,破枣阳,大将忒没歹欲坑士人,枢力与辨,得脱死者数十人。继拔德安,得赵复,以儒学见重于世,其徒称为江汉先生。既被获,不欲北行,力求死所。枢譬说百端,复始悟,枢与至燕,学徒百人。由是北方始知经学,而枢亦初得睹程朱性理之书焉。[②]

学术的传播通过学者的行动来实现。赵复就是显著的一例。

前引《宋元学案》讲到姚枢学传许衡等人,是有具体根据的。史载:

> 闻姚枢以道学自任,乃诣苏门见之。枢授以伊川《易传》、晦庵《四书集注》《或问》及小学书。衡读之,深有默契于中,遂手写而还。谓学者曰:'昔所授受,殊孟浪也,今始闻进学之序。若必欲相从,当悉去前日所学章句之习,从事于小学,洒扫应对,以为进德之基。不然,当求他师。'众皆曰:

---

① 〔清〕黄宗羲原撰,全祖望补修:《宋元学案》卷九〇《鲁斋学案·程朱续传·隐君赵江汉先生复》,第2994页。

② 〔元〕陈桱:《通鉴续编》卷二二《蒙古取枣阳军德安府》,元刊本,第10页。

'唯先生命。'遂悉取向来简帙焚之，使无小大，皆自小学入。衡亦旦夕精诵不辍，笃志力行，以身先之，虽隆冬盛暑不废也。诸生出入，惴栗惟谨。客至则欢然延接，使之恻然动念，渐濡善意而去。尝与其子书曰：'小学、四书，吾敬信如神明，能明此，他书虽不治可也。'既而移家苏门，依姚枢以便讲习。及枢被征，衡独处苏门，始有任道之意。①

由此可见，以朱子著作为主，在元朝尚未统一中国全域之时，道学正宗已在北方传播。

道学北上，政治力也发挥了作用。史载："时濂溪周子之学未至于河朔，杨维〔惟〕中用师于蜀、湖、京、汉，得名士数十人，始知其道之粹。乃收集伊洛诸书，载送燕京。及师还，遂建太极书院及周子祠，以二程、张、杨、游、朱六子配食。又刻《太极图》《通书》《西铭》于祠壁，请赵复为师、儒王粹佐之。选俊秀有识度者为道学生，由是河朔始知道学。"②蒙古领中书行省杨惟中行使公权力，对道学的早期传播起到了很大的推动作用。

通过一些有影响的高官的推动，在蒙古立国号为元的第二年，继朱熹从祀孔子庙庭之后，张栻、吕祖谦也被封伯，从祀孔子庙庭。③ 这一事实表明，元朝官方对道学的接受与推广，并不具有排他性，虽以朱子学为主，但容纳学派也相当广泛。

我们再来看一例。上面引述《宋元学案》提及的元代理学家

---

① 〔元〕陈桱：《通鉴续编》卷二三《蒙古皇弟召许衡为京兆提学不至》，元刊本，第 2 页。

② 〔元〕陈桱：《通鉴续编》卷二二《蒙古领中书行省杨惟中建太极书院于燕京延赵复为师》，元刊本，第 15 页。

③ 〔元〕陈桱：《通鉴续编》卷二三《诏追封张栻为华阳伯吕祖谦为开封伯从祀孔子庙庭》载："太子既谒孔子，还即上奏曰：'先圣之道，至我朝而后，有以续夫孟氏之传。然诸说并驾，未知统一。迨朱熹、张栻、吕祖谦志同道合，切思讲磨，择精语详，开牖后学，人心一正，圣道大明。今熹已秩从祀，而栻、祖谦尚未奉明诏，臣窃望焉。'故有是诏。"元刊本，第 17 页。

　　　　　　　　　　　士人走向民间：宋元变革与社会转型

刘因,其弟子虞集也是元代大儒,其曾祖虞刚简与私淑朱熹的魏了翁有过学术交流。拥有这样家学传统的虞集自幼随父从四川仁寿迁徙到江西崇仁,后来历任大都路儒学教授、奎章阁侍书学士。虞集曾为苏州的魏了翁后人写下过《魏氏请建鹤山书院序》。其中就提及"我曾大父建学简州,文靖公(魏了翁)为之记"的往事①,并且说道"某虽不敏,尚愿诵所闻于父兄者,以与其子弟从事乎二家之家学"②。魏了翁在《朝请大夫利州路提点刑狱主管冲佑观虞公墓志铭》中高度评价了虞刚简的学术成就:

> 气质之禀,自非生知上知,宁能无偏?学则所以矫其偏而复于正也。然今之学者有二:靡博以致约则落华而就实,故志为之主,愈敛而愈实,愈久则愈明;或者唯博之趋,若可以哗世取荣,然气为之主,气衰则志索,于是有始锐而终惰,始明而终暗者矣。学乎学乎,其记览词章之谓乎!

魏了翁评价的虞集先祖的学术成就作为其家学,无疑成为虞集志业目标。家学代有传人,人则徙地传学。元代道学完成南北统一,在朝廷的提倡之下,是通过学者的流徙而具体实现的。

江南儒学就是这样由江南发散,进而张大于全国的。在公权力主导的政治力的作用之下,儒学教化体系在全国范围内形成。除了官督民办的书院,从中央的国子学,到地方的路学、府学、县学,乃至基层的社学、义塾,所在皆有。据《元史》的记载,元世祖至元二十五年(1288),全国各地建学已达两万四千多所。这是士大夫政治主宰之下的宋代也没有出现过的盛况。

---

① 虞集提及的"文靖公为之记",载〔宋〕魏了翁《鹤山集》卷四二,题为《简州见思堂记》,影印《四库全书》文渊阁本,第 1172 册,第 478 页。

② 〔元〕虞集:《道园学古录》卷六《魏氏请建鹤山书院记》,影印《四库全书》文渊阁本,台北:台湾商务印书馆,1986 年,第 1207 册,第 97 页。

在元代，江南儒学也得以持续发展。停废科举的时代，士人除了出于生计从事各种职业，也有不少潜心向学之士。正如欧阳玄也在《元故旌表高年耆德山村先生欧阳公（泾）墓碑铭》中记载欧阳泾所云，"至宋亡，科举废，乃更沉潜性命之学，手编诸经传注"①。这其实就是江南儒学在元代得以长足发展，并让明清得以承继的普遍状况。

四、传统文化的发展规律

根据我对中国文化纵向发展的观察，在政治钳制强烈的传统社会，文化总是在乱世开出璀璨之花。因为在乱世的近乎无政府状态下，思想钳制相对松弛，所以文化才获得自由发展的良机。乱世给大多数民众带来了莫大的苦难，不过也在客观上给了文化松绑的空间。这是一个悖论，也是一种无奈。从世界史的视野观察，这似乎也是文化发展的一个普遍特征。写作《民主与爱国》的思想家小熊英二就根据对日本近现代史的观察指出，思想繁荣的时代是不幸的时代。② 这一特征在传统中国显现得格外突出。

我们可以观察到，较之西周这一统治比较稳定的时期，春秋战国的乱世，思想空前活跃，老子、管子、孔子、墨子、庄子、孙子、孟子、荀子等思想家辈出，成群涌现，儒、墨、道、法、名、阴阳、纵横等百家争鸣，纷纷为乱世开药方。秦汉统一，集权的政治与强大

---

① 〔元〕欧阳玄：《圭斋文集》卷一〇《元故旌表高年耆德山村先生欧阳公（泾）墓碑铭》，《四部丛刊初编》本。
② ［日］小熊英二：《思想繁荣的时代是不幸的时代》。见 https://www.sfc.keio.ac.jp/~oguma/report/book/Democracy_vol1（上）。

的经济为消化、吸收和整合乱世形成的文化提供了基础和环境。这一乱世到治世的过程，通过以黄河流域为主的内部整合，实现了中国文化的最初繁荣。

此后的文化发展也基本遵循了乱世开花、治世结果的模式。比如，接下来魏晋南北朝的乱世，五胡的进入，佛教的传播，外部的因素又给文化注入了新鲜血液，文化变得更有生机。进入隋唐统一的治世，更为宏大的文化气象终于形成。此后从中唐安史之乱开始的唐宋变革，经历了五代十国的分裂混乱，彻底改变了几百年来既有的社会结构，魏晋以来世家大族的贵族逐渐走向消亡。加之科举等因素带来的社会流动，社会呈现平民化倾向。隋唐以来崇文的潜流，伴随着北宋科举规模的扩大，终于形成了士大夫政治文化。在士大夫成为政治主宰的背景之下，澶渊之盟之后的百年承平，更为中国文化带来了少有的非乱世而开花的局面。

当然，作为一种文化现象，乱世开花、治世结果的模式，只是忽略个别例外的宏观观察。而例外则是，在特殊的历史背景之下，乱世也未必开花，治世未必结果。

靖康之变的混乱，南宋王朝的草创，短时期准乱世的时代背景，庆元党禁的政治钳制失败，让融合佛道的北宋理学顺理成章地在南宋特殊的地理和政治场域张大为道学。顺应社会转型，道学在南宋伴随着士人的流向根植于地域。在这样的积淀之下，中国历史发生了前所未有的政治变局，非汉族的元朝统治了中国全域。

有元一代，在宋元变革的时代背景之下，成为中国文化走向近代的极为重要的发展时期。明清以后呈现出的繁荣文化，其实就是来自宋元的积淀，而江南儒学也正是在这样的基础上获得了长足的发展。

蒙古对江南实行基本不流血征服，王朝鼎革没有造成社会的结构性巨变，保全了作为中国经济重心的生产力，让繁荣的经济发展得以持续，并且还获得了更为广阔的生长空间。经济是基础，在此之上，相对隔阂于汉字文化之外的元朝，又在无意中形成了没有文字狱的政治宽松。在这个时代，我们可以看到满怀故国之思的坊间史书的大量出版，我们可以看到关汉卿们在杂剧元曲中的含沙射影、指桑骂槐。而朝廷出于统治需要，又对儒释道大力均等扶持，宗教也有着空前的自由度。这些都给文化带来了另一类难得的非乱世承平发展时期。

说中国文化造极于赵宋，其实并不仅仅是有宋一代，准确说还有自南宋至元的宋元变革期。士大夫政治主导的文化宽松和无意形成的无钳制，正是这两个接续的长时段造就了中国文化前所未有的繁荣，而以道学的形态出现的江南儒学又在朝廷提倡和民间普及的合力之下一统文化江湖，形成了空前的宏大与辉煌。此后的中国文化，同样又分别经历了明末清初和清末民初的乱世开花和承平结果。

结　语

以江南儒学为核心的道学，其所弘扬的道统，既超越了王朝，也超越了汉字文化覆盖下的族群。道学承续北宋理学的理论积淀，在政治、经济重心合一的江南场域，经历了庆元党禁的刺激，顺应士人流向多元化的势态，在商品经济繁荣，平民文化发达，特别是印刷业兴盛等多种因素的作用之下，不再仅仅着眼于致君行道，而是走出象牙塔，眼光向下，致力于移风易俗的通俗教化。江南儒学这种文化下移的自觉，也是促使宋元社会转型的重要推手。道学在南宋最终获得的正统地位，又为其在元代确立为官学奠定了基础。

蒙古征服南宋，基本上实行的是不流血征服，使江南的社会结构与经济繁荣都没有受到重创。科举的长期停废，尽管让"士失其业"，但也在一定意义上卸下了狭窄的习举业的负担，人们可以专心治学，这就使本未遭受较大冲击的江南儒学得以向深度和广度自由伸展。元朝恢复科举，规定以《四书》为考试内容，也反映了接受以朱子学为主的江南儒学拥有普遍影响的现实。

历来，伴随着政治中心之所在，儒学的中心也根植于中原。然而，北宋的靖康之变，让政治中心南下，与经济重心合一，共同铸成了文化中心。而江南的文化中心，在元代全国统一的格局之下，向全国弥散，江南成为新的重要文化源头。其中的江南儒学也乘文化弥散的大潮终于一统天下。而在这一现实所奠定的基础之上，此后的明清时代的承续建构，又让江南儒学增添了新的内容。其中的阳明学，在汉字文化圈的范围内产生相当大的影响。

在特定的时代背景之下，传统的儒学也被重新审视、整理，汉学、宋学、公羊学精彩纷呈，杰出学者辈出，群星闪耀。直到近代以前，江南儒学所光大的道学一直定位一尊，影响庙堂，深入社会。秦汉唐宋元明清，这些王朝都消失了，包括江南儒学，但承载着文化的中国，一直屹立在这块古老的大地上。

第二章
朱子学何以会成为宋元以后的儒学主流

一个明显的历史事实是,尽管儒学在南宋以后学派众多,犹如万溪奔流,但道学大宗朱子学一直是地位难以撼动的主流。为什么朱子学会取得这样的地位?纳入宋元变革的历史脉络中加以考察,似乎可以从这样几个方面给出回答:一是朱子学自身的因素;二是源自宋朝的政治遗传;三是朱子学在政治上更倾向于整合皇权;四是出于元廷的政策导向;五是朱子学与元廷的互相接纳;六是朱子学整合诸学说的结果;七是吸收儒学以外的思想资源;八是广域涵盖的众多弟子的弘扬;九是出于朱子学目光向下的通俗普及。这样诸多因素所形成的合力,在元代统一的势态下,使得道学南北合流,覆盖全域。

引 言

自南宋以来,直到近代,从庙堂到江湖,儒学以朱子学一统天下。儒学流派众多,何以是朱子学?如果我们从宋元变革社会转型的历史脉络中加以考察,可以给出一定的回答。在考察朱子学的历史地位的同时,作为儒学走向近代的极为重要的中间环节,大一统的元代有必要被投射极大的关注。对于元儒承先启后的学术贡献,也应当给予充分肯定。

一、宋元变革历史脉络中的朱子学

学派间不断的争鸣论辩,取长补短的学术整合,是朱子学逐渐壮大的内在因素。而南宋庆元党禁的打压,作为外部促因,更促使原本注重于民众教化的朱子学扎根于地方,朱子学通过从事教育活动和慈善事业来宣传理念,张扬声势,形成凝聚力强固、影响力广泛的道学大宗,嗣后又借党禁解禁之东风,一跃成为朝廷认可其官学地位的道学主流。

自南宋到元代,在地方上活跃的士人,除了在各级官府为吏,从事地方教育的也为数甚夥。学校教什么,士子学什么? 除了各种实际技能,最主要的就是儒学。这是当时的政治课。那么,所学习的儒学,具体内容又是什么? 简言之,是朱子学。

从地域而言,朱子学是江南儒学的主干。承继这样的客观现实,宋元易代之后,在没有遭受战争重创的江南,朱子学更为发展,成为影响统一后全国的学问集散地。特别是元朝后来恢复的科举规定考试以《四书》为主要内容,以朱熹的集注为唯一标准,更使道学的官学地位确固难移。

其实元朝的规定也体现了历史的延续,或者说承继自南宋的道学积淀。在南宋中后期的理宗朝,以朱子学为核心的道学已经确立了官学的正统地位。淳祐元年(1241),朱熹从祀孔庙,朝廷正式规定《四书章句集注》作为官学和科举的教材。王朝鼎革只是历史演进的自然段,并不反映时代变革的逻辑关系。政策的延续性,则反映了超越王朝的帝国同一性。朱子学在元代地位的再度确认并得以维持,不仅体现了不同朝廷的政策延续,更反映出江南儒学借由政治力向全国范围的扩展。

历史的结果大多由合力构成。以朱子学为主的江南儒学之所以能在元代占据官学的正统地位,也是多方面的合力所致。

二、朱子学成为宋元以后儒学主流的诸要因

一是朱子学自身的因素。

产生年代久远的六经繁难,或佶屈聱牙,或歧义丛生,还存在断篇残简,又有真伪难辨。因此,朱熹等宋代理学家在重新诠释六经的基础上,将六经的衍生物《论语》《孟子》《大学》《中庸》特别抽出,确立了"四书学"。这四部经典既保留有六经原旨,又有时代发展,最重要的是四书通俗易懂,容易被各种文化层次的人接受。

在语录体著作流行的宋代,朱熹把"四书"看成是六经的语录。对于六经与"四书"的关系,元人胡炳文有个很有意思的比喻:"六经,天地也。四书,行天之日月也。"并且说:"子朱子平生精力之所萃,而尧、舜、禹、汤、文、武、周、孔、颜、曾、思、孟之心之所寄也。"①这句话也是强调朱熹对四书的提倡与阐发。

"四书学"的确立与推广,让儒学走出了原始经学狭小的象牙塔,使经学走向道学,二者结合,为儒学的发展开辟了新的广阔空间。于是,提倡"四书学"的朱子学便受到朝野的普遍欢迎,拥有了广泛的受众。

二是源自宋朝的政治遗传。

由于朝廷的提倡,大量习举业的士人都把朱子学作为通往仕

① 〔元〕胡炳文:《云峰集》卷三《四书通序》,影印《四库全书》文渊阁本,台北:台湾商务印书馆,1986年,第1199册,第761页。

途的敲门砖,来加以研习。宋理宗朝的许月卿就指出过这样的现象:"嘉定以来,士大夫专以朱氏之学为仕途捷径。"[①]通过这条捷径成功地走入仕途的士大夫们,又成为后来士人所效法的榜样。实惠的利益驱动,首先让朱子学在产生士大夫的士人精英层获得了广泛的接受。而这样的接受必然会像水波漫延,影响到所有的知识层以及社会的各个角落。

为了应对大量的需求,一贯以刊刻科举时文牟利的民间书坊也刊刻了大量朱子学的著作,这在客观上也扩大了朱子学的影响。元代尽管长时期停废科举,但士人的期待,加之文化运行的惯性,依然让朱子学在社会上拥有广泛的市场。

三是朱子学在政治上更倾向于整合皇权。

谋求与皇权的协调与共生,就决定了朱子学在南宋也比吕祖谦、陈亮等其他在政治上主张强力制约皇权的学派更占有政治优势。[②]这种政治路向与策略主导下的朱子学,进入元代,不仅不至于与主流政治发生冲突,反倒借助于民间的影响为新朝廷所接受。

一个明显的谋求与皇权协调和共生的事例是,元好问等人推尊元世祖忽必烈为"儒教大宗师",忽必烈很高兴地接受了。[③]这种巧妙方式,让以朱子学为主的儒学超越民族,在新的环境下获得了政治支持。

四是出于元廷的政策导向。

在汉族以及汉化程度较深的其他民族士人的影响下,早在窝

---

① 〔明〕程敏政编:《新安文献志》卷四五载许月卿《婺源朱塘晦庵亭祠堂碑》,影印《四库全书》文渊阁本,台北:台湾商务印书馆,1986 年,第 1375 册,第 575 页。

② 〔美〕田浩:《宋代思想史的再思考》,《复旦学报(社会科学版)》2019 年第 1 期。

③ 〔元〕陈桱:《通鉴续编》卷二四《秋七月蒙古以张德辉参议中书省事》载:"(张德辉)与元好问启请世祖皇帝(忽必烈)为儒教大宗师,帝悦而受之。"元刊本,第 2 页。

阈台时期，就曾以"儒通吏事"和"吏通经术"为标准选拔官员。① 由此可见对儒学经术的重视。后来又根据耶律楚材的提议，设置了儒户。儒户的设置尽管是对待佛道等教徒的政策参照，又把士人与工匠屠夫等编户齐民等同相待，但也给成为儒户的士人带来免除赋役的优待。

重要的是，从南宋晚期"士籍"的出现，到元代儒户的设置，不凭血缘，不靠门第，无恒产的士终于以精神贵族的身份确立了地位。这种身份地位的确立，无疑与江南儒学生发的道学巨大的影响有关。从元代多达十万户的儒户到清代太平天国之前的一百五十万人之多的乡绅，其间若明若暗的联系，展示着宋元变革的轨迹。

五是朱子学与元廷的互相接纳。

宋亡之后，由金入元的北方士人较少拥有华夷之辨的意识，对元统治并无太多的抵触。这些在政治上居于优势的士人，影响了由江南北上的士人，二者合流，共同弘扬道学。并且随着时间的推移，多数士人逐渐不再强调"夷夏大防"，认同元的合法统治，认为"天命归元"②。

这种在政治伦理意识上对元廷的接受，又让元廷更为乐于接纳道学这种已从盛行的江南向北方浸润的儒学新形态。朱子学的主要传人魏了翁的后人请求重建鹤山书院，称元朝为"圣明之朝"，而盛元时期的元文宗又认同故宋魏了翁传承性命道德之学，命虞集"题鹤山书院，著记以赐之"，就是明显的一例。③

---

① 〔明〕宋濂:《元史》卷八三《选举志三》，第 2072 页。
② 萧启庆:《元朝史新论》，台北:允晨文化，1999 年，第 114—136 页。涂云清:《蒙元统治下的士人及其经学发展》，台北:台湾大学出版中心，2012 年，第 88 页。
③ 〔元〕虞集:《道园学古录》卷七《鹤山书院记》，影印《四库全书》文渊阁本，第 1207 册，第 112 页。

六是朱子学整合诸学说的结果。

弱势的南宋中央政权无力对强势的地方社会施以全面的思想钳制,特别是面对"庆元党禁"之后的道学逆反,朝廷基本采取了放任的态度。在这样的政治背景之下,地方繁荣的经济环境又滋润了学术交流的兴盛。类似春秋战国时期的百家争鸣,也在外敌压力下的承平环境中产生。

各学派学说之间并非处于泾渭分明的状态,而是通过交往论辩而互相吸收。其中强势的朱子学则整合了诸如湖湘性学、陆九渊心学以及浙东事功之学等各种学说的一些元素,最终成为主流,从而在元代定于一尊。美国学者田浩就认为,朱熹在 1190 年以后,更加愿意与陆九渊门人建立共识。[1]

回溯道学的发展史,各个学派最初的确是壁垒森严,井河难犯。正如《宋元学案》所言,"当乾道、淳熙间,朱、张、吕、陆四君子皆谈性命而辟功利,学者各守其师说,截然不可犯"[2]。不过,这种状况,首先由陈亮开始大声疾呼而扭转[3],继又由于庆元党禁严酷打压而形成了同舟共济的凝聚力。从而,道学诸学派虽论旨师从各异,但逐渐走向趋同。

道学诸学派间的融会贯通,不仅体现在学问的内容上,还反映在学者的师从上。比如被《宋元学案》列入"东莱门人"的巩

---

① 〔美〕田浩:《朱熹的思维世界》,南京:江苏人民出版社,2009 年,第 227 页。

② 〔清〕黄宗羲原撰,全祖望补修:《宋元学案》卷五六《龙川学案》"龙川门人:签判喻芦隐先生偁",第 1850 页。

③ 〔清〕黄宗羲原撰,全祖望补修:《宋元学案》卷五六《龙川学案》"龙川门人:签判喻芦隐先生侃"载:"陈同甫崛起其旁,独以为不然。且谓,性命之微,子贡不得而闻,吾夫子所罕言,后生小子与之谈之不置,殆多乎哉!禹无功,何以成六府?干无利,何以具四德?如之何其废也!于是推寻孔、孟之志,六经之旨,诸子百家分析聚散之故,然后知圣贤经理世故,与三才并立而不废者,皆皇帝王霸之大略。明白简大,坦然易行。"第 1850 页。

丰①,就是"学吕氏者也,然亦及学朱氏"②。而另一个学者孙应时的师承,则为陆九渊、朱熹、吕祖谦。③ 一个人连起了几个学派,也是折射道学流派非互斥而兼容的典型案例。

七是吸收儒学以外的思想资源。

佛教从域外传来,不仅刺激了中国本土宗教道教的发展,其思想也影响了儒学。三教交互影响是很早便出现的状况,北宋的理学则更多地吸收了禅宗等佛教的思想资源,三教合一成为明显的思想潮流。④ 南宋开始大盛的道学,承继这一潮流,从格物致知做起,更多地关注到内心世界,无论朱子学、陆学,抑或是其他儒学流派,都不同程度地对儒学以外的各种思想资源有所吸收。

这种思想融合不仅丰富了儒学自身,让儒学拥有了更为旺盛的生命力,也让原本信仰其他宗教的人们感到亲切,从而扩展了受众和影响。特别是注重于移风易俗、普及教化的朱子学,与地

---

① 〔清〕黄宗羲原撰,全祖望补修:《宋元学案》卷七三《丽泽诸儒学案》"东莱门人:提辖巩栗斋先生丰",第 2447 页。

② 〔元〕戴表元:《剡源逸稿》,缪荃孙《艺风堂读书记》本。

③ 孙应时师承陆九渊,〔宋〕张淏:《宝庆会稽续志》卷五载:"年方弱冠,从江西象山陆公九渊悟存心养性之学。"《宋元方志丛刊》影印本,第 7 册,第 7153 页。〔宋〕陆九渊:《象山集》卷三六《年谱》载陆九龄与学者书亦云:"子静(九渊)入浙,则有杨简敬仲、石崇昭应之、诸葛诚、胡拱立才、高宗商应朝、孙应时季和从之游,其余不能悉数,皆亹亹笃学,尊信吾道,甚可喜也。"北京:中华书局,1980 年,第 488 页。师承吕祖谦,〔宋〕孙应时:《烛湖集》卷一六《哭吕东莱先生》诗,有"镜曲重携杖,京都再及门。诗书窥梗概,耳目竟烦昏"句。影印《四库全书》文渊阁本,第 1166 册,第 714 页。〔宋〕吕祖谦:《东莱吕太史集》附录卷三《哀诗》载此诗,径题"门人孙应时"。师承朱熹,〔宋〕张淏:《宝庆会稽续志》卷五载:"登淳熙乙未进士第。初尉黄岩,士民惜其去,欲共置田宅留居焉,辞不受。朱文公熹为常平使者,一见即与定交。"《宋元方志丛刊》影印本,第 7 册,第 7153 页。〔宋〕朱熹:《朱文公文集》卷五四,有《答孙季和应时》书二篇,皆为教诲门人语,而此卷亦标作"知旧门人问答"。第 2629—2632 页。〔清〕万斯同所撰《儒林宗派》,亦于卷一〇"朱子门人"和卷一一"吕氏学派""陆氏学派"均记有孙应时之名。影印《四库全书》文渊阁本,第 458 册,第 556、562、565 页。

④ 王瑞来:《宋代士大夫的精神结构与社会转型——以赵抃崇佛为视点的考察》,《国际儒学》2023 年第 1 期。

域社会的民众接触密切，以兼容和包容的姿态来平视其他信仰，使人们对朱子学较少产生排斥感。

进入元代，儒释道一视同仁的宗教政策施行。儒学自身又吸收有不少其他宗教思想的因素，因而才不被排斥。元廷在恢复科举后指定朱子学为唯一的取士标准，尽管像是一种具体的技术性施策，但其客观效果已使儒释道一视同仁的政策开始向儒学，特别是向朱子学倾斜。这种政治因素与地域社会受众广泛的状况合流，朱子学成为全社会的儒学主流则是势所必然。

八是广域涵盖的众多弟子的弘扬。

美国学者田浩曾利用陈荣捷统计的朱熹门人数字，做过这样的分析，在 378 名学生籍贯中，福建人占 43%，浙江 21%，江西 21%，其余 15% 来自其他地区。[①] 众多弟子在广域范围进行的道学弘扬，让朱子学较之其他道学流派声势更大，影响更广。这种声势与影响不能不被从上到下的各个阶层与势力所瞩目和利用。

道学，是江南儒学的主要显现。其实，作为道学的面相，朱子学仅仅是呈现出一种主流形态。从北宋理学发展而来的南宋道学，是一个集合概念，具有广泛的包容性，涵盖了那个时代的儒学名家以及众多的士人乃至布衣学者。以私淑弟子身份而成为南宋后期朱子学重要传人的魏了翁就曾这样缕述过道统："自井田、封建坏，君师之职分不明，六经之道千数百年几为未试之书。国朝自周、程、张氏及近世朱、张、吕氏相与扶持绵延，斯道复明。"[②]

从魏了翁的缕述看，儒学在北宋时的继承者是周敦颐、二程、张载，南宋是朱熹、张栻、吕祖谦，这是一个涵盖很广的道统概

① ［美］田浩：《朱熹的思维世界》，第 283 页。
② ［宋］魏了翁：《鹤山集》卷七四《中大夫秘阁修撰致仕杨公墓志铭》，影印《四库全书》文渊阁本，第 1173 册，第 164 页。

括,没有强调朱子学一枝独秀。其实,南宋后期以降的道学就是这样一种集合的形态,魏了翁的概括很准确。唯其集合,没有排他,才具有凝聚力,方显恢宏,方可不断壮大,从而显示出强大的影响力。

九是出于朱子学目光向下的通俗普及。

以朱子学为主的江南儒学,一反艰深繁琐的经学注疏传统,以通俗易懂的言传身教来普及教化。朱熹主张下学上达,学由渐进,当时陆九渊觉得朱熹一派的做法是支离破碎,主张"见性明心,不涉笺注训诂,而直超于高明光大",但朱熹则"每不然之,以为江西之学近乎禅"。其实,朱陆异同仅仅是在于寻求真理的路径有别。

朱熹的主张是针对资质平平的普通人而言,陆九渊则是面向悟性很高的聪明人而发。入学取径的差异,便让后来很多学者由陆学转向了朱学。元人黄溍就曾讲到过这种学术转向:"四明之学,祖陆氏而宗杨袁,其言朱子之学者,自黄氏震、史氏蒙卿始。"

为什么会产生这样的学术转向呢?从黄溍接下来讲的黄震和史蒙卿的治学主张与特点应当可以概见:"黄氏主于躬行,而史氏务明体以达用。"[1]"躬行"与"明体以达用"都是注重学以致用的实践操作。钱穆先生指出,"朱子在经学中,于礼特所重视"[2]。在具体操作上,比如对乡饮酒礼,朱熹也做了简化改革。[3] 钱穆先生又说:"朱子治礼,则以社会风教实际应用为主。"[4]当然,虽说当

---

① 〔元〕黄溍:《文献集》卷九下《将仕佐郎台州路儒学教授致仕程先生墓志铭》,影印《四库全书》文渊阁本,台北:台湾商务印书馆,1986年,第1209册,第562页。
② 钱穆:《朱子之礼学》,《朱子新学案》第4册,台北:联经出版事业公司,2010年,第127页。
③ 杨华:《朱熹与宋代的乡饮酒礼变革——兼论礼典设计对地方官僚政治的回应》,《武汉大学学报(哲学社会科学版)》2019年第3期。
④ 钱穆:《朱子之礼学》,《朱子新学案》第4册,第128页。

时道学显现出的表象为由陆转朱,但这其实并不是对陆学的简单放弃,而是二者融合。按南宋后期刘辰翁的话说,就是"贯彻朱陆"①。

朱子学这种放下身段的普及操作,不仅在南宋,在元代也易于为不同文化水准的社会层次所接受。其实,从本源来看,儒学从来都是一种关怀现实的学问,贴近生活。孔子就说"未知生,焉知死",强调的是当下的世界。纵观儒学发展的历史,经历过魏晋玄学以及个别理学的形而上的艰深玄虚,而以朱子学为主的道学,又在平民文化兴盛的宋元社会转型大背景下,回归贴近了民众。

南渡之后的平民文化,战争的阴影一直笼罩,不追求永恒,不向往虚幻,关注生活日常,珍惜身边的实际。这种意识,在南宋绘画中也有显现,全景式的宏大叙事消失了,有的是画面的截景边角,剩山剩水,认为这才是真山真水,可以把玩的眼前存在。文化艺术的相通,便让朱子学也敏感地捕捉到这样的社会意识,自然而然地走了一条下行路线。朱子学向社会推广努力与浸透的状况,从《宋史翼》的一则记载也可以观察到:朱熹弟子程永奇"冠婚丧祭,悉用朱氏礼,乡族化之"②。

三、南北合流,朱子学覆盖全域

江南儒学北上,在元朝统一中国之前,像涓涓细流那样悄然而缓慢地浸透,是结合各种偶然因素的个别传播,"润物细无声"。借政治统一之势,无战乱与疆界的阻隔,以朱子学为主的江南儒

---

① 〔宋〕刘辰翁:《须溪集》卷七《黄纯父墓志铭》载:"(黄丙炎)自其父得闻象山之学于其诸大父,益贯彻朱陆。"影印《四库全书》文渊阁本,第 1186 册,第 549 页。
② 〔清〕陆心源:《宋史翼》卷二五《程永奇传》,影印本,北京:中华书局,1991 年,第 269 页。

学,则像大潮一般涌向中原和北方,实现了道学的南北统一。关于这一点,我们可以通过一例个案来具体观察。

前面曾经述及,许衡作为姚枢的弟子,在元朝统一之前的道学传播,发挥了重要的作用。统一之后的许衡与江南儒学便产生了直接接触。宋末元初,在江南朱熹的故乡有位叫熊禾的学者,从辅广学,是朱熹的三传弟子,在著述方面,写下许多朱熹未来得及撰述的著作,丰富了道学。熊禾去世之后,许衡为熊禾的文集写序,对熊禾的成就做了高度评价。

在《熊勿轩先生文集序》中,许衡说:"先生生文公考亭阙里,虽未及门受业,其真才实学,著书立言,实有功于文公也。"直接指出熊禾是朱熹功臣。文集序还通过述说熊禾之幸与不幸来表达了许衡自己的见解:"惜乎遭宋叔世,不能以竟其蕴,乃时之不幸,非先生之不幸也。然其遗书尚存,嘉惠后学,于以立纲常,关世教,绍统绪,实斯文之幸,天下后世之幸。"通过讲述幸与不幸,指出了熊禾的贡献,这就是"立纲常,关世教,绍统绪"。许衡很看重名声不显的熊禾这些带给"天下后世之幸"之举。他在文集序开头就铺垫了这一层意思:"文之传世,岂易云乎? 不深于道德,不能以为文;不关乎世教,不足以言文。道德其本,世教其用与。求其真才实学,全体大用,具天地之纲常,寿斯民之命脉,绍圣贤之统绪者,吾于建阳熊先生足征焉。"[①]

许衡在文集序中的这些话,其实是在强调熊禾在传承道统方面的重大作用。这表明,学承北方的许衡对江南儒学的朱子学道统有着明确的认同。这种认同折射了道学的南北统一而无殊。

---

① 〔元〕许衡:《许衡集》卷八,许红霞点校,北京:中华书局,2019 年,第 304 页。按,《四库提要》以《熊勿轩先生文集序》文末署时有误,而指为伪托,又有学者认为是明代书商所为。审视文集序内容,当可信为出自许衡手笔。

没有资料表明熊禾与许衡二人生前是否有过直接会面交流，但通过著作彼此有着了解与认同则是确凿的事实。清人朱轼撰《史传三编》卷七《名儒传》六《熊禾传》后"论曰"这样写道："禾与许衡出处不同，一则抱采薇之孤志，一则际从龙之盛遇。然禾谓衡倡明文公之学，启沃君心，栽培相业，以开治平之原；而衡序禾遗集有立纲常、关世教、绍统绪之称。盖其心同，其道同，易地则皆然也。殆孟子所谓其趋一者是耶。"①检视《勿轩集》卷一，朱轼所转述熊禾评论许衡的言论出自熊禾所撰《考亭书院记》，其云："过江来，中州文献欲尽，自左丞覃怀许公衡，倡明公学，家诵其书，人尊其道，凡所以启沃君心、栽培相业，以开治平之原者，皆公余泽也。"②显然，熊禾对许衡有较深的了解，在这段话中，他不仅评价了许衡推广普及朱子学之功，更是高度赞扬了许衡以朱子学"启沃君心、栽培相业，以开治平之原"的政治意义。

入世的儒学从诞生之日起，便有着明确的为拯救乱世开药方的意识，而经历"独尊儒术"的尊崇之后，儒学的政治学意义更被光大。宋亡隐居不仕的熊禾认同仕元的许衡所发挥的作用，无疑是在异族入主中原的特殊背景下，对许衡以道学规劝君相，以文化蛮的肯定。

道学的南北合流，道统归一，从熊禾与许衡的隔空交流也可以略见一斑。

---

① 〔清〕朱轼：《史传三编》，影印《四库全书》文渊阁本，台北：台湾商务印书馆，1986 年，第459 册，第 125 页。

② 〔元〕苏天爵：《元文类》卷二九《考亭书院记》，影印《四库全书》文渊阁本，第 1367 册，第361 页。

结语　元儒继往开来

在朱子学的基础之上，元儒有着继往开来的使命感，他们有针对性地对道学进行了补充和弘扬。比如与朱熹同里的熊禾就认识到具有开创之功的朱熹还有许多学术事业尚未来得及做："谓朱子平生精力，惟在《易》与《四书》两部，《诗》仅完稿，《尚书》开端而未及竟，三《礼》虽有《通解》，缺略尚多。勉斋黄氏、信斋杨氏粗完《丧制》二编，而授受损益精意，竟无能续。若《春秋》，则不过发其大义而已。"[1]"当吾世不完，则亦愧负师训矣。"[2]使命感使然，熊禾"因于每经取一家之说为主，而裒众说以疏之。剖析异同，多扩先儒所未发"[3]。仅此一例，我们便可以概见道学在元代的发展与充实。

元儒的成就奠定了后世的学术基础。此后的明清，尽管统治者的族属不同，政治环境也差别巨大，但宋元变革已将地域社会塑形，上百年形成的传统也有着强大的惯性，因此从庙堂到江湖，朱子学的主体地位屹立不倒，并且生根开花，大放异彩，衍生出诸如阳明学等许多儒学流派，其影响力从中国辐射到直至近代的汉字文化圈。

日本学者宫嶋博史从全球史的视野，指出了朱子学的意义，认为朱子学形成之后，儒教的浸透在国家和社会意识层面获得了确立，成为东亚全域共通的"近世化"的象征现象。基于这样的

---

[1]〔清〕陆心源：《宋史翼》卷三四《熊禾传》，影印本，第369页。
[2]〔清〕黄宗羲原撰，全祖望补修：《宋元学案》卷六四《潜庵学案》刘氏门人《参军熊勿轩先生禾》，第2068页。
[3]〔清〕陆心源：《宋史翼》卷三四《熊禾传》，影印本，第369页。

"近世化",宫嶋博史提出了"儒教的近代"架构。[1] 宫嶋所说的
"近世化"和"儒教的近代"都显示了朱子学在宋元变革进程中发
挥深刻的精神指导作用以及对东亚社会的巨大影响。

---

① ［日］宫嶋博史:《日本史認識のパラダイム転換のために——『韓国併合』一〇〇年にあ
　　たって》,《思想》2010 年 1 月号。

第三章
蜀道通天下
——道学发展史上魏了翁定位申论

俯瞰道学发展史,继朱熹张大之后,魏了翁是极为重要的一环。魏了翁较早将朱熹的著作带回四川,并几度兴办书院,让理学西出,使"蜀人尽知义理之学",对光大蜀学起到重大作用。魏了翁不固守朱子学说,融合众说,写下大量著作,主张"求之六经,反之吾心"。在蜀地多年讲学为政之后,伴随着影响的扩大与地位的升高,加之弟子的增多,以魏了翁为首的蜀学开始走向各地,受到普遍的注重。特别是魏了翁疾呼为周敦颐、程颢、程颐、张载立谥的实现,确立了道学此后几百年间独尊的正统地位,儒学从而获得了前所未有的弘扬。这一行为,也确立了魏了翁在道统上承前启后的领袖地位。此后,南宋后期的战乱与宋元交替等社会变动,又使魏了翁的弟子等大批蜀地学者星散四方,客观的外力所带来的人的流徙让蜀学辐射各地,扩大了儒学的传播,最终借元代的统一之势,达成道学的南北统一,推动了宋元社会在精神层面的转型。从上述诸多视点观察,魏了翁作为理学发展史上南宋的殿军和后世的开山,贡献甚伟。

引　言

李白"蜀道之难,难于上青天"的《蜀道难》诗句,人们耳熟能详。不过,李白笔下的蜀道是形而下的实指的崎岖之路。我在这里讲的蜀道则是形而上的思想之路,是指发端于蜀的理学①。借元代统一之势,道学也南北合流,一统天下。而由于宋末战乱等因素,蜀地学者纷纷出川,以江浙为主,星散四方,特殊时代背景之下的蜀学东渐,为普及道学,在客观上起到重要作用。就像楚文化弥漫于汉代一样,形成南北统一的道学,带有深深的蜀学基因。"蜀道通天下",此之谓也。

南宋道学大盛,一个表面现象是,受到"庆元党禁"的刺激而出现的强烈反弹。自然,这是比较直接的因素,但也仅仅是诸多因素之一。理学在南宋,特别是在第二代皇帝孝宗朝以来,长时期"润物细无声"地浸透式发展,到"庆元党禁"之前,已经大到足以影响政治的程度,所以才会有"庆元党禁"的发生,所以才会有"庆元党禁"之后骤然勃兴。从此,以朱熹为宗主,道学定于一尊,成为此后南宋的主流精神,成为弱势朝廷的道德支撑。再后来,不是"崖山之后无中国",而是不分胡汉,在宋元社会转型的脉络下,贯穿元明清,程朱理学一统天下。

朱熹承续道统,弘扬理学,以系统的学说建构了学术体系,为道学的张大,奠定了坚实而宏大的基础。俯瞰儒学发展史,朱熹毫无疑问是最重要的一环,没有之二。当"出师未捷身先死"的朱熹名声大振,俨然成为道学宗主偶像之后,一切均唯朱子学说马首是瞻。在这种局面之下,道学的发展之道又在何方?

我们站在几百年后的今天回首反观,在朱熹建构的基础之上,道学无疑有所发展。对于在此后六七百年间成为汉字文化圈主流意识的道学,如果我们仔细寻绎学术史传承脉络的话,就会发现,继踵张大道学的朱熹之后,魏了翁是极为重要的一环。

---

① 追溯爬梳被视为理学开山的北宋陈抟、周敦颐、程颐等人的履历,均与四川有关,在此意义上,可称理学发端于蜀。关于这一点,在下面第一节还会有具体述及。

四川出身,又长期在四川为官的魏了翁,是蜀学灿烂的夕阳,又是儒学新一轮朝阳。魏了翁设学授业,表彰道学,除了直传或私淑弟子,蜀地学者间接接受影响者亦颇多。叙述蜀学乃至道学的发展史,如果无视魏了翁这一显著的坐标,则会造成大面积的空白,甚至无法完成。有鉴于此,不揣浅陋,试以魏了翁为主要线索,俯瞰蜀学在宋代最后的辉煌及其光被四表的发展,为鹤山建一新学案。

关于魏了翁的生平与学术,学界的研究已经有了一定的积累,胡昭曦、蔡方鹿等先生均有精到的论述。[①] 然虑及自本章角度之阐述尚有阙如,故不揣浅陋,条述如下。

一、理学西出:"蜀人尽知义理之学"

出身于邛州蒲江(今四川成都市蒲江县)的魏了翁(1178—1237),自幼心气很高,才华出众,《宋史》本传记载:"年数岁,从诸兄入学,俨如成人。少长,英悟绝出,日诵千余言,过目不再览,乡里称为神童。年十五,著《韩愈论》,抑扬顿挫,有作者风。"[②]魏了翁也曾颇为自得地讲述:"予少之时,志于博识。自书契以来数千百载,往往贯穿淹该,引笔书纸,或为人称颂。然不必尽协古人矩矱也。"不过,魏了翁的自负,后来受到一些打击。他接着讲道,十七岁那年"从乡先生章公游,先生必迪以义理,语辄心解,似不以凡儿畜之。予益慊然自愧"[③]。"慊然自愧",是由于在先生展示

---

① 胡昭曦先生的代表性著述有《宋代蜀学论集》,成都:四川人民出版社,2004 年;蔡方鹿先生的代表性著述有《魏了翁评传》,成都:巴蜀书社,1993 年。

② 〔元〕脱脱等:《宋史》卷四三七《魏了翁传》,第 12965 页。

③ 〔宋〕魏了翁:《鹤山集》卷八二《雒县丞章公墓志铭》,影印《四库全书》文渊阁本,第 1173 册,第 270 页

的新天地之下的反省。不过，我们从《宋史》本传记载魏了翁为承续儒学道统的韩愈作传，从魏了翁自述被"迪以义理"，均足以体味到，早在"庆元党禁"之前，道学的沁润业已深入到了偏远的蜀地。

蜀地虽偏远，但相对中原和东南，较少战乱，相对生活安定。并且蜀地也有很悠久的文化传统。作为四川人的魏了翁就如此描述过："蜀之学者，自先汉之初，已能方驾齐鲁，故史谓巴蜀好文雅。"①

追溯宋代蜀学，濂溪、二程被认为是早期源流。这一学统，可以从出身于蜀地普州的陈抟算起。陈抟传种放，种放传穆修，穆修传周敦颐。周敦颐于北宋嘉祐间签判合州，"先生在合，士之从之者众矣"②。周敦颐传学二程。其中程颐编管涪州期间，传学谯定。跟这一学统有关，传于四川的，还有张咏、陈尧佐、邵伯温之学。

到了"学统四起"的北宋中期③，蜀学则大分为二，即范学与苏学。范学盛于出身于华阳之范祖禹，接受二程影响较多。以三苏父子为主的苏学，盛于元祐之际，受党争波及，北宋末期被禁，南宋复兴，渐转于文。此后，承袭前人，蜀学大致有三：谯定的涪陵之学、李焘的丹棱之学、李石的资中之学。后来谯定所主之程学影响扩大，自南宋孝宗朝始，形成独盛局面，并且出蜀入东南。原籍绵竹的张浚、张栻父子，以及朱熹、吕祖谦都接受有传承影响。其中，与朱熹、吕祖谦并称"东南三贤"的张栻，受教于二程门

---

① 〔宋〕魏了翁：《鹤山集》卷四七《夔州重建州学记》，影印《四库全书》文渊阁本，第 1172 册，第 530 页。

② 〔宋〕度正：《濂溪先生周元公年表》，《周敦颐集》，梁绍辉等点校，长沙：岳麓书社，2007 年，第 290 页。

③ 〔清〕黄宗羲原撰，全祖望补修：《宋元学案》卷首《宋元儒学案序录》，第 2 页。

人胡宏，成为学者尊仰之"宗师"①，弟子众多，影响广泛。魏了翁则为私淑。②

关于濂溪、二程在四川的影响，魏了翁也多有记述。《跋遂宁傅氏所藏濂溪伊川真迹》云：

> 蜀虽僻左，而先正大儒如濂溪周先生、河南二程先生皆尝不鄙而幸临之。今其遗墨多在蜀，而了翁偶获窥见者，如濂溪先生帖伊川先生手刺，则遂宁傅氏各藏其一，而濮阳度周卿所藏程刺，亦得之傅氏也。……三先生始在蜀时，所闻未彰，而蜀人从之者已众矣。诵其诗，读其书，且犹以未足也，得其只辞断册犹宝之。③

魏了翁还概括写道："周子尝仕合阳，传谓蜀之贤人，君子皆喜称之。二程先生则尝仕大中，公游于广汉、成都，最后伊川久居涪，著录甚众。今其遗风余泽，犹被诸人。……既祠三先生，又刻其遗书于学。蜀自昔号多士，学于京师者，至此比齐鲁。"④

至于自幼所接受的理学熏陶，魏了翁也有自述："余为儿童时，犹及从长老授伊川《易传》及《河南遗书》，又及见学者多传写二程先生语录。"⑤入宋以后，靖康之变以及此后多次的宋金战争，又使不少学者避居于蜀，无疑更加促进了四川的文化兴盛。魏了翁在文章中讲述过南宋以来四川的文化背景："蜀自中兴以来，生

---

① 〔宋〕陈亮：《陈亮集》卷二一《与张定叟书》，邓广铭点校，北京：中华书局，1987年，第321页。
② 参见胡昭曦《宋代蜀学论集》之《宋代蜀学刍论》，第232页。
③ 〔宋〕魏了翁：《鹤山集》卷六一《跋遂宁傅氏所藏濂溪伊川真迹》，影印《四库全书》文渊阁本，1172册，第24页。
④ 〔宋〕魏了翁：《鹤山集》卷三八《成都府学三先生祠堂记》，影印《四库全书》文渊阁本，第1172册，第436—438页。
⑤ 〔宋〕魏了翁：《鹤山集》卷四二《简州四先生祠堂记》，影印《四库全书》文渊阁本，第1172册，第481页。

聚教训,既百有余年,儒风丕振。应贡之士岁滋月益,而诸郡校士,非学宫则佛舍也。其特为之宫者。远则六十年,近止三五岁耳。"①这就是魏了翁生长并接受熏陶教育的环境。

在"庆元党禁"尚盛的庆元五年(1199)之时,魏了翁"登进士第,时方讳言道学,了翁策及之"。《宋史》本传的这一记载,不仅讲述了魏了翁的道德勇气,同时也折射了道学对 22 岁的魏了翁所产生的影响。由于"策及"道学,本来是殿试第一的魏了翁被改成第三。对此,魏了翁有诗自述:"天子龙飞春,了翁对轩陛。柄臣方擅朝,党论如鼎沸。轧轧不能休,一挥三千字。植治贵和平,用人戒偏陂。天子擢第一,期以风有位。寻置之三人,仍诏恩礼视。"②

在党禁后期进士及第的魏了翁,后来乘弛禁之东风,借回川为官之便,带回大量朱熹的著作。"某之生也后,不及从游于朱文公先生之门,而获交其高弟,尽得其书以诒同志,凡今蜀本所传是也"③,魏了翁后来如此夫子自道。对于具体过程,魏了翁也有回顾:"开禧中,余始识辅汉卿(辅广)于都城。汉卿从朱文公最久,尽得公平生语言文字。每过余,相与熟复诵味,辄移晷弗去。余既补外,汉卿悉举以相畀。嘉定元年,余届成都,度周卿(度正)请刻本以惠后学。"④由此可知,魏了翁是较早将朱熹的著作带到四川并加以刊刻传播的人之一。这对程朱理学在四川的传播自然

---

① 〔宋〕魏了翁:《鹤山集》卷四四《普州贡院记》,影印《四库全书》文渊阁本,第 1172 册,第 502 页。

② 〔宋〕魏了翁:《鹤山集》卷二《送二兄三兄赴廷对》,影印《四库全书》文渊阁本,第 1172 册,第 87 页。

③ 〔宋〕魏了翁:《鹤山集》卷五五《朱文公五书问答序》,影印《四库全书》文渊阁本,第 1172 册,第 622 页。

④ 〔宋〕魏了翁:《鹤山集》卷五三《朱文公语类序》,影印《四库全书》文渊阁本,第 1172 册,第 593 页。

是起到了很大的作用。

魏了翁虽然仅为朱熹的私淑弟子，但因缘际会，颇得直承。我这样断言是有根据的。在《朱氏语孟集注序》中，魏了翁写道："王师北伐之岁，余请郡以归。辅汉卿广以《语》《孟》集注为赠，曰：'此先生晚年所授也。'余拜而受之。较以闽浙间书肆所刊，则十已易其二三。赵忠定公帅蜀日，成都所刊，则十易六七矣。"由这一记载可知，至少是朱熹的《语》《孟》集注，魏了翁得到了最为接近原貌的版本。

而立之年过后，魏了翁在为父守丧期间，在家乡筑室白鹤山下，创立鹤山书院①，"以所闻于辅广、李燔者开门授徒"②。在书院落成当年的秋试中，"士自首选而下获隽八人，院几空焉，人传为美谈"③。"获隽八人"，当是指其书院获解参加类省试者八人，类似今天高考升学率一样引人瞩目。对此，魏了翁自述略有不同："嘉定三年春，诏郡国聘士。邛之预宾贡者比屋相望，未有讲肄之所。会鹤山书院落成，乃授之馆。其秋试于有司，士自首选而下，拔十而得八，书室俄空焉，人竞传为美谈。"④观此，似非8人实数，而是十分之八获选。无论具体情况如何，总之这让鹤山书院名声大振。肯定与这一事实有关，从此"负笈而至者襁属不绝，乃增广前后各为一堂"⑤。"由是蜀人尽知义理之学"⑥。

---

① 据清人缪荃孙：《魏文靖公年谱》，魏了翁为父守丧之时创建鹤山书院在嘉定二年（1209），是年，魏了翁32岁。张尚英校点《宋人年谱丛刊》本，成都：四川大学出版社，2003年，第7504页。

② 〔元〕脱脱等：《宋史》卷四三七《魏了翁传》，第12966页。

③ 〔清〕缪荃孙：《魏文靖公年谱》，张尚英校点《宋人年谱丛刊》本，第7504页。

④ 〔宋〕魏了翁：《鹤山集》卷四一《书鹤山书院始末》，影印《四库全书》文渊阁本，第1172册，第468页。

⑤ 〔宋〕魏了翁：《鹤山集》卷四一《书鹤山书院始末》，影印《四库全书》文渊阁本，第1172册，第468页。

⑥ 〔元〕脱脱等：《宋史》卷四三七《魏了翁传》，第12966页。

数年之后，魏了翁又因丁生母忧守丧，再次回到鹤山书院执教讲学。[①] 长期在四川嘉定府、汉州、眉州、潼川府、遂宁府、泸州等地任官的同时，魏了翁也在传播义理之学。晚年第二次知泸州期间，他又创办了鹤山书院。[②] 经过前后将近十年的讲学，魏了翁的门下与门外，聚集了相当多的直承子弟和私淑弟子，为蜀学兴盛和道学传播蓄积了人的资源。

因此，远在几百年后俯瞰宋代，对魏了翁光大蜀学的贡献，清人也同《宋史》的评价类似，如是说道："历魏晋唐宋二千余载，而蜀人咸知义理之学，自鹤山先生始。"[③]

二、间世真儒："求之六经反之吾心"

魏了翁很服膺朱熹，在《朱文公年谱序》中讲道："韩子谓孟子之功不在禹下，予谓朱子之功不在孟子下。"将朱熹直接排在亚圣孟子之后，可见朱熹在魏了翁心目中的地位。在这篇文章中，魏了翁还讲道："予生也后，虽不及事先生，而与公晦（李方子）及辅汉卿广昔者尝共学焉。"[④]由此可见魏了翁自认是朱熹的私淑弟子。

然而，魏了翁尽管十分服膺朱子，但并不迷信朱子。他不想

---

① 〔宋〕魏了翁：《鹤山集》卷四一《书鹤山书院始末》，影印《四库全书》文渊阁本，第1172册，第468页。

② 〔明〕李贤等：《大明一统志》卷七二，方志远等点校，成都：巴蜀书社，2017年，第3212页。

③ 〔清〕张之厚：《蒲江县志》卷三《艺文志·鹤山先生文集序》，日本东洋文库藏清光绪四年（1878）刊本。

④ 〔宋〕魏了翁：《鹤山集》卷五四《朱文公年谱序》，影印《四库全书》文渊阁本，第1172册，第609页。

让道学在朱熹这里止步凝固化,而是力图有所发展。有人说"只须祖述朱文公",魏了翁很不以为然,回答说:"又见得向来多看先儒解说,不如一一从圣经看来,盖不到地头亲自涉历一番,终是见得不真。"

对于朱子学说,他进一步说道:"朱文公诸书,读之久矣,……正缘不欲于卖花担上看桃李,须树头枝底,方见得活精神也。"[①]不想在卖花担上看桃红李白,而是直接到树下去看枝头生机盎然的鲜花。魏了翁的意思是说,对于儒学经典,较之后人第二手乃至第无数手的解说,不如直接研读原典。

在道学大盛之后,程朱等大家的语录很流行。关于语录存在的问题,朱熹曾经跟弟子讨论过:

> 或问尹和靖言看语录,伊川云,某在,何必看此。此语如何?曰:伊川在,便不必看。伊川不在了,如何不看?只是门人所编,各随所见浅深,却要自家分别它是非。前辈有言不必观语录,只看《易传》等书自好。天下亦无恁地道理,如此则只当读六经,不当看《论》《孟》矣。天下事无高无下,无小无大,若切己下工夫,件件是自家底。若不下工夫,择书来看亦无益。

朱熹又讲道:"语录是杂载。只如闲说一件话,偶然引上经史上,便把来编了,明日人又随上面去看。直是有学力,方能分晓。"[②]朱熹对语录存在的问题看得很清楚。不过,他还是主张不废语录。其实,在朱熹看来,《论语》《孟子》就像是六经的语录,所以他主张带有辨别力地阅读。

---

① 〔宋〕魏了翁:《鹤山集》卷三六《答周监酒》,影印《四库全书》文渊阁本,第 1172 册,第 418 页。
② 〔宋〕黎靖德编:《朱子语类》卷九七,第 2479 页。

也许并不是所有的学者都具有辨别力,所以魏了翁的主张就跟朱熹有些不同。尽管他甚至都为《朱子语类》写过序①,但他还是针砭只读语录不读原典的现象说:"近时讲性理者,几于舍六经而观语录,甚者将程朱语录而编之若策。括策套此,其于吾身心不知果何益乎?"魏了翁的认识是从他自己的思考得出的。他继续说道:"向来多看先儒解说。近思之,不如一一自圣经看来。盖不到地头亲自涉历一番,终是见得不真。又非一一精体实践,则徒为谈辨文采之资耳。"所以他得出结论:"学者不求之周程张朱固不可,徒求之周程张朱而不本之六经,是舍称而宗兄也。"②

"将程朱语录而编之若策。括策套此,其于吾身心不知果何益乎",在朱熹稍后,魏了翁这样批评只读语录不读原典的话,将近上百年后,还在元人刘埙那里有着遥远的呼应:"士大夫皆宗其说,片言只字,苟合时好,则可以掇科取士。"③由此也可见魏了翁的卓识洞见。

主张不拘泥于当时流行的周程张朱等权威学说,魏了翁其实是有着更大的学术抱负,他说:"要做穷理格物工夫,须将三代以前模规在胸次。若只在汉晋诸儒脚迹下盘旋,终不济事。"就是说,魏了翁不仅要不拘周程张朱,而且还要超迈汉晋注疏。如何做到呢?他认为"须从诸经字字看过,思所以自得,不可只从前贤言语上做工夫"。

对原典"诸经字字看过"的目的又是什么?仅仅就是前面引述的魏了翁所言"做穷理格物工夫"吗?细看魏了翁的言论,似乎

① 〔宋〕魏了翁:《鹤山集》卷五三《朱文公语类序》,影印《四库全书》文渊阁本,第 1172 册,第 593 页。
② 〔元〕王申子:《大易缉说》卷二,影印《四库全书》文渊阁本,台北:台湾商务印书馆,1986 年,第 24 册,第 69 页。
③ 〔元〕刘埙:《隐居通议》卷一,影印《四库全书》文渊阁本,台北:台湾商务印书馆,1986 年,第 866 册,第 24 页。

并不仅仅停留在这一境界上,他应该还有更高的追求。他说:"不求之六经固不可,徒求之六经,而不反之吾心,是买椟而弃珠也。"只读六经还不够,这只是"买椟",如果不"反之吾心",那还是未得六经精髓,无异于"弃珠"。联系到魏了翁针砭只读语录不读原典时说的"其于吾身心不知果何益乎",可知读六经原典,重要的是要能够反心悟道,从而达成精神升华。因此可以说,在朱熹之后的魏了翁,其学术特征不仅是宗仰朱熹,更是主张推原本心。这与陆九渊的学说已有几分接近。从魏了翁"朱陆合流"的学术倾向看,更往远讲,对明代王阳明的心学或有潜移默化的影响。①

　　发展必然伴随着扬弃。"兼有永嘉经制之粹,而去其驳"②融合众说,让魏了翁成为理学发展史上南宋的殿军,后世的开山。理学本身的兼容精神,也是促成理学普及的因素之一。在当时,"南方共宗鹤山老"③。这一现象的出现,不仅仅是由于魏了翁有众多的门生弟子揄扬,也不仅仅是由于魏了翁曾经做到朝廷军政副长官签书枢密院事,占据比朱熹更高的政治地位,还由于他身体力行,直追原典,撰写了大量理学著作。流传至今的,除了有长达一百一十卷的《鹤山先生大全集》文集,尚有《周易要义》十卷、《尚书要义》十七卷序说一卷、《仪礼要义》五十卷、《春秋左传要义》三十一卷、《经外杂钞》二卷、《古今考》一卷、《正朔考》一卷、《读书杂钞》二卷、《鹤山笔录》一卷等。④ 从数量甚夥的研究著作可见,主张推原本心的魏了翁并不仅仅是近乎参禅的"六经注

① 以上引文均见〔宋〕罗大经《鹤林玉露》丙编卷六《文章性理》,第333页。
② 〔清〕黄宗羲原撰,全祖望补修:《宋元学案》卷一,第15页。
③ 〔宋〕家铉翁:《则堂集》卷五《伯成尝受学于河朔前辈鹤鸣翁其学亦宗濂洛赠以诗勉其自拔于流俗》,影印《四库全书》文渊阁本,台北:台湾商务印书馆,1986年,第1189册,第351页。
④ 魏了翁著作,上述均见〔清〕永瑢等:《四库全书总目》著录。其中名"要义"者,总名为《九经要义》,凡263卷,《四库全书》分别著录,且不完整。

我"，而是身体力行，做了大量的"我注六经"的实践。

同样阐发义理之学的朱熹与陆九渊有很大的不同。关于朱陆异同，元人刘埙有一段很准确的归纳。他说，朱熹主张下学上达，学由渐进，从基础做起，像登山一样，从山麓慢慢到达山顶。所以朱熹写了很多著作，来教导后学。对此，陆九渊则不以为然，认为朱熹过于支离破碎，写下鹅湖之诗云："易简工夫终久大，支离事业竟浮沉"，主张"见性明心，不涉笺注训诂，而直超于高明光大"。简单地归纳，就是"六经注我"。朱熹对陆九渊这样的主张也不以为然，认为"江西之学近乎禅"。不过，刘埙借他人之口，表示陆九渊的学问更好一些："当是时虽好尚一致，而英伟魁特之士未尝不私相语曰，时好虽若此，要之陆学终非朱所及也。"对朱陆异同，刘埙归结到二人的个性不同："盖二先生之学不同，亦由其资禀之异。晦庵则宏毅笃实，象山则颖悟超卓。"[①]这样的归纳虽有一定道理，但似乎还是未中肯綮。

其实，朱陆的主张是针对不同学习对象而言。清人陆世仪一语中的地指出："陆象山曰六经注我，我注六经，虽明理尽性之人无贵多言，然先知不觉后知，则愚不肖之人何所取法。"[②]就是说，朱熹的主张是针对资质平平的普通人而言，陆九渊则是面向悟性很高的聪明人而发。不过，我们纵观世间，多数人智力差距并不大，绝顶聪明和愚笨至极的人很少。因此，魏了翁主张阅读六经原典而"反之吾心"的做法刚好走的就是糅合朱陆的中间路线。既不阳春白雪，也非下里巴人，所以能够为学者所共宗。

此外，朱陆之争还体现在对思与学的认识。朱熹重学，陆九

① 〔元〕刘埙：《隐居通议》卷一，影印《四库全书》文渊阁本，第866册，第24页。
② 〔清〕陆世仪：《思辨录辑要》卷五，影印《四库全书》文渊阁本，台北：台湾商务印书馆，1986年，第724册，第52页。

渊重思。其实思与学二者不可割裂。正如孔子所云,"学而不思则罔,思而不学则殆"。魏了翁主张阅读六经原典而"反之吾心",则正是将朱陆结合,学思并重,由学至思,从而达到精神升华。

"反之吾心"并不仅仅是魏了翁在道学思想上与陆九渊形成的遥呼暗合,认真追寻起来,从学术渊源的历史脉络上,其实还能够考察出魏了翁间接接受陆九渊学问的痕迹。其生也晚的魏了翁,既没有机会见过朱熹,也无缘见过陆九渊。不过,他和陆九渊的儿子陆持之则是好友,两人年轻时在朝为同僚,"一见如旧交"①。陆持之去世后,魏了翁还亲撰有《陆伯微(持之)墓志铭》。据墓志铭所述,陆持之自幼从父问学,秉承家学,后又开学堂,"即所居讲授生徒",受邀执教豫章建东湖书院,"著书有《易提纲》《诸经杂说》"。同样长于《易》学的魏了翁,也写过《九经要义》,二人的学术路径颇为接近。因此,有形无形之中,通过陆持之这样的媒介,魏了翁接受了陆九渊学说的影响也是极为自然之事。

为什么魏了翁主张要"求之六经""反之吾心"?着重点就是一个"心"字。因为魏了翁祖述前人说法,认为"心者人之太极,而人心又为天地之太极"②。这句话是魏了翁对皇帝讲的,但追寻魏了翁和真德秀都引述的这句话源头,发现是南宋前期的学者张行成。③ 同为四川人的张行成,其著作无疑也影响了魏了翁。因此

---

① 〔宋〕魏了翁:《鹤山集》卷七三《陆伯微(持之)墓志铭》,影印《四库全书》文渊阁本,第1173 册,第 150 页。

② 〔宋〕魏了翁:《鹤山集》卷一六《乙酉上殿札子论人主之心义理所安是之谓天》,影印《四库全书》文渊阁本,第 1172 册,第 209 页。

③ 〔宋〕真德秀:《西山读书记》卷一引述"心者人之太极,而人心已又为天地之太极"一语时,记有出处为"张氏衍义"。影印《四库全书》文渊阁本,台北:台湾商务印书馆,1986 年,第705 册,第 17 页。"张氏衍义"当为南宋人张行成的《皇极经世观物外篇衍义》。不过此书已亡佚,《四库全书》收录的《永乐大典》辑本九卷,但无此语。〔宋〕李心传:《建炎以来系年要录》卷一二八绍兴九年五月癸卯条记载有"左迪功郎张行成献《刍荛书》二十篇"之事,可见其时张行成入官未久。第 2416 页。

说，魏了翁的认识向心学倾斜不能仅仅归因于接受陆九渊的影响，当是综合影响加上自身的感悟。

从朱陆异同，反观魏了翁的主张，我们可以清楚地认识到魏了翁对道学的发展。当时已经"南方共宗鹤山老"，后世更应重了翁。可惜迄今为止学界对魏了翁的学术成就及其在道学发展史上的地位研究得还很不够。

魏了翁的同时人曾有过这样的评价："间世真儒，斯民先觉。以学问渊源之邃，为黼黻河汉之文。"[1]魏了翁之所以能够光大理学，卓然挺立，承前启后，追原学术上的重要原因，便是无所迷信而有所进，反求诸心而有所得。

三、蜀学东渐:道学成为"正学之宗"

"公之有功道学，又非独蜀人士之沾丐已也。"[2]清人看得很清楚，魏了翁尽管长期在蜀讲学为官，光大的却不仅仅是蜀学，对道学的道统建设和地位提升具有全局性的贡献。

道学由微到显，其间所经历的种种曲折，绝不亚于汉代的今古文之争。

南宋建立之初，身怀亡国之痛的宋高宗和士大夫们，贬抑王安石新学，崇尚程学。不过，这在很大程度上是出于政治大环境做出的一种姿态。高宗在绍兴元年(1131)下诏赠程颐直龙图阁制词中这样说道:

---

[1] 〔宋〕许应龙:《东涧集》卷六《魏了翁知绍兴府制》，影印《四库全书》文渊阁本，第1176册，第467页。

[2] 〔清〕张之厚:《蒲江县志》卷三《艺文志·鹤山先生文集序》，日本东洋文库藏清光绪四年(1878)刊本。

朕惟周衰，圣人之道不得其传。世之学者违道以趋利，舍己以为人，其欲闻仁义道德之说者，孰从而听之？间有老师大儒，不事章句，不习训传，自得于正心诚意之妙，则曲学阿世者，又从而排陷之，卒使流离颠仆，其祸贼于斯文甚矣。尔颐潜心大业，无待而兴者也。方退居洛阳，子弟从之，孝弟〔悌〕忠信。及进侍帷幄，拂心逆旨，务引君以当道。由其内以察其外，以所已为而逆所未为，则高明自得之学，可信不疑。

然而，紧接着高宗又说：

而浮伪之徒，自知其学问文采不足表见于世，乃窃其名以自售。外示恬默，中实奔竞。外示朴鲁，中实奸猾。外示严正，中实回僻。遂使天下闻其风而疾之，是不幸焉尔。

这番话反映了载笔者和高宗对程学门人的不满。最后，制词总括说："朕锡以赞书，宠以延阁，所以振耀褒显之者，以明上所与，在此不在彼也。尚其明灵，知享此哉。"[1]这等于说，肯定的只是程颐一个人的学问，而并不赞赏程门的追随者。皇帝的这一表态就为后来打击道学埋下了伏笔。

果然，绍兴六年(1136)，左司谏陈公辅公然上疏，请禁程氏之学。他说：

在朝廷之臣不能上体圣明，又复辄以私意，取程颐之说，谓之伊川学，相率而从之。是以趋时竞进、饰诈沽名之徒翕然胥效，倡为大言，谓尧、舜、文、武之道传之仲尼，仲尼传之孟轲，轲传颐。颐死无传焉。狂言怪语，淫说鄙喻，曰此伊川之文也；幅巾大袖，高视阔步，曰此伊川之行也。能师伊川之

---

① 〔宋〕李心传：《建炎以来系年要录》卷四六绍兴元年八月戊子条，第980页。

文,行伊川之行,则为贤士大夫,舍此皆非也。臣谓使颐尚在,能了国家事乎？取颐之学,令学者师焉,非独营私植党,复有党同之弊,如蔡京之绍述,且将见浅俗僻陋之习,终至惑乱天下后世矣。且圣人之道,凡所以垂训万世,无非《中庸》,非有甚高难行之说,非有离世异俗之行,在学者允蹈之而已。伏望圣慈特加睿断,察群臣中有为此学,相师成风,鼓扇士类者,皆屏绝之。

对此,高宗下诏说:"士大夫之学,宜以孔、孟为师,庶几言行相称,可济时用。览臣寮所奏,深用怃然。可布告中外,使知朕意。"[1]

陈公辅禁程氏学之上奏,固然有贬抑程门弟子尹焞的直接用意,但与高宗对当时"窃其名以自售"士人的不满形成合流,从而得到认可,对南宋初期的理学造成了大范围的打击。尽管陈氏上奏与高宗诏书遭到了诸如胡安国等理学官僚的反弹,但毕竟难以改变道学初禁的形势。

孝宗受禅即位,道学依然受到冷落。这里面固然有以孝为先的孝宗秉承高宗意志的成分,更有一部分反道学势力所形成的压力。在高宗朝,秦桧独裁,为了打击政敌,培植言官势力,形成了台谏言重的政治传统。淳熙五年(1178),侍御史谢廓然承继南宋以来王安石亡国论的余绪,占领政治制高点,把原本在理学取向上不尽相同的程颐与王安石绑在一起,要求禁止科举以这些学说取士。谢廓然的提议也被孝宗采纳。[2]

---

[1] 〔宋〕李心传:《建炎以来系年要录》卷一〇七绍兴六年十二月己未条,第2019—2020页。

[2] 〔元〕佚名:《宋史全文》卷二六,淳熙五年三月载:"侍御史谢廓然言,近来掌文衡者,主王氏之说,则专尚穿凿。主程氏之说,则务为虚诞。夫虚诞之说行,则人入于险怪。穿凿之说兴,则日趋于破碎。今省闱引试,乞诏有司公心考校,毋得徇私,专尚程、王之末习。从之。"第2114页。

淳熙十年（1183），监察御史陈贾更是直接要求禁止道学。"近日缙绅有所谓道学者，大率假其名以济其伪，望明诏中外，痛革此习。"对于兴起的道学，朝廷主政者中也有一股强烈的反对势力，让孝宗比较认可。当时作为浙东提点刑狱的朱熹弹劾知台州唐仲友，发生纠纷，从而招致作为唐仲友亲戚的宰相王淮的不满。他任用太学丞陈贾为监察御史，对道学进行了全面攻击。后来孝宗迫于道学声势渐大的舆论压力，召用朱熹到朝廷任官，却再次遭到与朱熹学术观点不合的林栗的攻击。孝宗后期与短暂的光宗朝，是道学的支持与反对势力的相持时期。①

宁宗受禅即位，其为太子期间由于较多接受道学的教育，对朱熹比较仰慕。在宰相赵汝愚的推荐下，朱熹被召至朝廷担任焕章阁待制兼侍讲，等于成为了皇帝的老师与顾问。不过，不久在与赵汝愚的矛盾斗争中占了上风的韩侂胄，怀恨原本为赵汝愚所推荐的朱熹影射其专权，让优伶在宁宗面前装扮成峨冠阔袖的大儒演戏，乘机攻击朱熹"迂阔不可用"②，用皇帝内批的方式罢免了朱熹的经筵官，外放到地方。由于道学本身并无贬义，韩侂胄便把道学称为伪学，以此来打击政治上与其立场不同的官员。道学的境况愈加严峻，犹如北宋的元祐党籍，庆元三年（1197）置伪学之籍，党禁全面形成。道学遭遇严寒的冬季。③

从嘉泰弛禁到开禧政变④，伴随着政治形势的逆转，道学也逐渐迎来了春天。先是嘉定四年（1211），四川出身的著作郎李道传上疏要求对十数年的党禁拨乱反正，正视南宋初年以来的呼声，

---

① 〔宋〕李心传：《建炎以来朝野杂记》甲集卷六《道学兴废》，第137—138页。
② 〔元〕脱脱等：《宋史》卷四七四《韩侂胄传》，第13772页。
③ 〔宋〕刘时举：《续宋中兴编年资治通鉴》卷一二，第275页。
④ 道学弛禁在嘉泰二年（1202），韩侂胄被诛在开禧三年（1207），见《续宋中兴编年资治通鉴》卷一三，第291、317页。

让周敦颐、程颢、程颐、张载等道学一脉的先哲从祀孔子之庙。① 在这样的形势之下,嘉定九年(1216),时任潼川府路提点刑狱的魏了翁毅然上书宁宗,为周敦颐、程颢、程颐请求谥号。魏了翁的上疏从周敦颐担任四川合州金书判官时的政绩切入,讲到"自周衰孔孟氏没,更秦汉魏晋隋唐,学者无所宗主",是"(敦)颐独奋乎百世之下,乃始探造化之至赜,建图著书,阐发幽秘,而示人以日用常行之要,使诵其遗文者,始得以晓然于洙泗之正传。而知世之所谓学者,非滞于俗师,则沦于异端,有不足学者类。又有河南程颢、程颐亲得其传,其学益以大振"。对于这三位道学先哲的意义,魏了翁指出:"虽三人者皆不及大用于时,而其嗣往圣,开来哲,发天理,正人心,其于一代之理乱,万世之明暗,所关系盖甚不浅。"②

魏了翁的请求被"诏下太常定议",一时还没有结果。于是在第二年,魏了翁再次为三位理学先贤请谥,并且还加上了张载。③ 不光向皇帝上书,还上书到尚书省,希望通过动员宰相等政府首脑的力量达到目的。元代虞集说魏了翁"立朝惓惓焉以周程张四君易名为请",目的是"尊其统而接其传"④。魏了翁的多次请求,加之舆论的支持,在诸多合力的作用之下,几年后朝廷终于以皇帝的名义下诏,本来按谥法规定无资格的周敦颐、程颐、程颢、张载先后得谥。"上疏乞与周敦颐、张载、程颢、程颐锡爵定

---

① 〔元〕脱脱等:《宋史》卷四三六《李道传传》,第12946页。
② 〔宋〕魏了翁:《鹤山集》卷一五《奏乞为周濂溪赐谥》,影印《四库全书》文渊阁本,第1172册,第190页。
③ 〔宋〕魏了翁:《鹤山集》卷一五《奏乞早定程周三先生谥议》,影印《四库全书》文渊阁本,第1172册,第193页。
④ 〔元〕虞集:《道园学古录》卷七《鹤山书院记》,影印《四库全书》文渊阁本,第1207册,第112页。

谥,示学者趣向。朝论韪之,如其请"①。对这一过程,魏了翁也有自述:"嘉定九年,某奉使东川,为濂溪周先生、河南二程先生请所以易其名者,诏下如章。"②谥号过去一般是皇帝赐给刚刚过世不久的文武高官或闻人达士的荣誉性的称号,重在对逝者的褒扬,自然也有政治教化宣传等现实意义。不过,对于周敦颐、程颐、程颢、张载几位道学宗祖一级人物的赐谥,意义非同一般,更为深远。

从"庆元党禁"逐渐弛禁,到随后政治局势丕变而党禁消失,道学的讲学与传播走向公开和盛行。不过,道学一直是处于地方甚至是民间层面上的风涌云动,道学尚未取得朝廷所给予的政治上的高度认可。周敦颐、程颐、程颢、张载的得谥,意味着他们获得了最高政治承认,使道学从江湖走进庙堂,成为官方的正统哲学。道学一统天下的步履正是始于此际。如果没有"庆元党禁",道学地位提升的进展要快得多。南宋孝宗朝时王称的纪传体北宋史书《东都事略》已经为周敦颐立传,这样的立传又为此后编纂的宋朝国史因袭。③ 然而,党禁的发生让声望日隆的道学受到很大的打击。因此,历史注定需要魏了翁来完成把道学竖立在庙堂的使命。就算没有魏了翁做这件事,肯定过不了多久也会有人站出来呼吁。不过,从实际结果看,毕竟还是在魏了翁的不懈争取下成功的。④

---

① 〔元〕脱脱等:《宋史》卷四三七《魏了翁传》,第 12966 页。

② 〔宋〕魏了翁:《鹤山集》卷四三《道州宁远县新建濂溪周元公祠堂记》,影印《四库全书》文渊阁本,第 1172 册,第 491 页。

③ 粟品孝:《关于〈东都事略·儒学传〉的评价问题》,《史学史研究》2010 年第 1 期。

④ 对于道学在南宋的发展脉络,学界通常注重《宋元学案》的叙述,其实,早于《宋元学案》,〔明〕冯琦原编、陈邦瞻增辑《宋史纪事本末》卷二一《道学崇黜》一章已有完整的归纳。北京:中华书局,2015 年,第 867—896 页。以上叙述的经纬与引文,未注明出处者,均出此章。

道学的发展史,充满坎坷曲折,魏了翁作出的是里程碑式的重要贡献。其意义不仅是对道学,儒学再度成为显学,魏了翁是在最后一个撬动杠杆的人。儒学在宋代由理学到道学,由溪水汇成洪流,由晦而彰,终于像汉代五经那样,定于一尊,成为"正学之宗",直到近代,不可动摇。

四、道学光大:"教声洋溢乎中州"

在宋代,道学的传承与发展主要是通过士大夫来实现的。士大夫官僚又总与政治摆脱不了干系。因此,在韩侂胄专权时期,政治纠葛导致庆元党禁的发生。在道学为官方认可之后,史弥远专权的背景之下,济王案的发生,又使包括魏了翁在内的道学家受到了很大的打击。由于为史弥远迫害致死的济王翻案鸣不平,魏了翁被贬到湖南靖州。

关于魏了翁的贬官,元人陈桱《通鉴续编》归纳各种史籍记载道:

> 起居郎魏了翁知不为史弥远所容,以疾求去。弥远犹畏公议,外示优礼,改权工部侍郎。了翁力请外,乃出知常德府。越二日,谏议大夫朱端常劾了翁欺世盗名、朋邪谤国,德秀奏札诋诬。诏了翁落职夺三秩,靖州居住;德秀落焕章阁待制罢祠。李知孝上书乞追削流窜德秀,以正典刑。梁成大亦奏了翁已从追窜,人犹以为罪大罚轻,德秀狂僭悖谬,不减了翁。相羊家食,宜削秩贬窜一等施行。弥远劝帝下其章,帝曰,仲尼不为已甚。遂止镌两秩罢祠。成大贻书所亲曰:

真德秀乃真小人，魏了翁乃伪君子，此举大快公论。识者笑之。①

南宋的台谏大多沦为权臣的鹰犬。攻击魏了翁的台谏又祭起了过去诬道学为伪学的旗帜，借姓氏的谐音，自鸣得意地称魏了翁为"伪君子"，又称真德秀为"真小人"。② 不过这样的称呼也在客观上促成了真、魏并名。在《宋元学案》卷首，清人全祖望这样评价魏了翁的学说："嘉定而后，私淑朱、张之学者，曰鹤山魏文靖公。兼有永嘉经制之粹，而去其驳。世之称之者以并之西山，有如温公、蜀公，不敢轩轾。梨洲则曰：'鹤山之卓荦，非西山之依门傍户所能及。'予以为知言。"③这是一个很高的评价，并且也符合事实。

魏了翁与真德秀二人同年登第，并称真魏。不过，清人黄宗羲不大首肯真魏并称。在学术成就上，黄宗羲认为魏了翁更好一些。清人黄百家在《宋元学案》的《西山真氏学案》也识以按语云："从来西山、鹤山并称，如鸟之双翼，车之双轮，不独举也。鹤山之志西山，亦以司马文正、范忠文之生同志、死同传相比，后世亦无敢优劣之者。然百家尝闻先遗献之言曰：两家学术虽同出于考亭，而鹤山识力横绝，真所谓卓荦观群书者；西山则依门傍户，不敢自出一头地，盖墨守之而已。"当然，尽管真、魏二人学术成就不同，但共同的信仰与经历，让二人的关系很好，真德秀去世后，魏了翁在撰写的神道碑中深情地说道："重惟与公同生于淳熙，同举于庆元，自宝庆讫端平，出处又相似。然则志同气合则海内寡

① 〔元〕陈桱：《通鉴续编》卷二一，元刊本，第 5 页。
② 王瑞来笺证：《宋季三朝政要笺证》卷一，第 27 页。
③ 〔清〕黄宗羲原撰，全祖望补修：《宋元学案》卷一，第 15 页。

二,然则公之志非后死者之责与!"①

魏了翁被贬官离开京城之际,饯行者甚众。"去国之日,自迩臣百执事下至博士弟子员都人士,祖帐余杭门外,连日不绝。临安尹白宰相致馈赆,具四大舟,送至丹阳。所过监司帅守将迎如他日。"②跟元祐党争、庆元党禁一样,人们在政治立场上的是非观愈发清晰。虽贬犹荣,魏了翁在当时的影响巨大,由此可见。政治影响无疑也促使魏了翁作为道学的正宗传人获得相当多的追随者。

"魏了翁贬靖州六年,闭户读书,自如也。"③这是《宋季三朝政要笺证》的记载。《宋史·魏了翁传》的记载则更为详细:"了翁至靖,湖湘江浙之士不远千里,负书从学。乃著《九经要义》百卷,订定精密,先儒所未有。"六年的时间里,游走于政、学之间的魏了翁有了充分的时间,"益得以静虑澄神",专注于学问。根据前面所述,仅《四库全书》收录的《周易要义》《尚书要义》《仪礼要义》《春秋左传要义》合计,卷数便已超过一百卷,因此,《宋史》本传所言"乃著《九经要义》百卷"当为不确,魏了翁著述的卷数比这更多。④

经过在蜀两度兴办书院,加之为二程周张请谥成功,更由于学术成就,此时魏了翁的名声已经很大。因此才会有"湖湘江浙之士不远千里,负书从学"的盛况出现。对此,魏了翁自己也写道:"四方之宾友从游者日至,行李之间无虚月也。"⑤从学者众,

---

① 〔宋〕魏了翁:《鹤山集》卷六九,影印《四库全书》文渊阁本。

② 〔宋〕魏了翁:《鹤山集》卷五四《送吴门叶元老归浮光序》,影印《四库全书》文渊阁本,第1172册,第609页。

③ 王瑞来笺证:《宋季三朝政要笺证》卷一,第27页。

④ 〔清〕永瑢等:《四库全书总目》经部二《尚书要义提要》云:"了翁谪居靖州时,著《九经要义》凡二百六十三卷。"第95页。

⑤ 〔宋〕魏了翁:《鹤山集》卷五四《送吴门叶元老归浮光序》,影印《四库全书》文渊阁本,第1172册,第609页。

便让在靖州的魏了翁专注于学问的同时，第三次兴办书院，传道授业。"寓馆之东曰纯福坡，五老峰位其左，飞山属其右，而侍郎山巍立其前，冈峦错峙，风气融结，乃屏剔灾翳，为室而居之。安土乐天，忘其己之迁也"。在靖州州治之北这样一处风光秀丽的所在，魏了翁重新兴建的书院，"即故乡之名，榜以鹤山书院"。①

靖州鹤山书院兴办的客观意义，是让蜀学出川，走向了全国。

在史弥远专权的后期，魏了翁由闲散官职逐渐被起用。从贬放地靖州，绍定四年（1231）六月，复职主管建宁府武夷山冲佑观。不知是有心还是无意，朱熹之后的正宗道学传人魏了翁复职后，任官地居然是朱熹曾经的讲学所在。第二年又改授实际差遣，四月除集英殿修撰知遂宁府，辞不就。八月，进宝章阁待制、潼川路安抚使知泸州。绍定六年（1233），伴随着长期专权的史弥远的死去，理宗亲政。当时，要求把魏了翁召还朝廷的呼声很高。"臣庶封章多乞召还了翁及真德秀，上因民望而并招之。用了翁权礼部尚书兼直学士院。"②同时召还入朝的名臣还有很多。"端平元年，上既亲总庶政，赫然独断，而清之亦慨然以天下为己任，召还真德秀、魏了翁、崔与之、李㞦、徐侨、赵汝谈、尤焴、游似、洪咨夔、王遂、李宗勉、杜范、徐清叟、袁甫、李韶，时号'小元祐'。"③政治局势焕然一新，道学大翻身。此后，魏了翁的政治地位愈发上升，成为全国军政副长官签书枢密院事。

庆元党禁之后，在魏了翁等人的大力揄扬之下，作为"正学之宗"的道学，俨然成为国家的意识形态，被加以大力提倡。皇帝去

---

① 〔宋〕魏了翁：《鹤山集》卷四七《靖州鹤山书院记》，影印《四库全书》文渊阁本，第 1172 册，第 526 页。

② 〔元〕脱脱等：《宋史》卷四三七《魏了翁传》，第 12969 页。

③ 〔元〕脱脱等：《宋史》卷四一四《郑清之传》，第 12420 页。

世后,也由于扶植提倡道学而得到理宗的庙号。魏了翁前后创办的几个书院都叫鹤山书院,因此在当时相当闻名。在魏了翁开京湖督府辞别时,宋理宗亲书"鹤山书院"送给魏了翁,以示褒奖。[①] 褒奖的是魏了翁,振奋光大的是道学。承继朱熹,魏了翁却比朱熹幸运,没有遭遇过严酷的党禁,稍许的挫折反倒成就了魏了翁的名声。

嘉熙元年(1237),魏了翁走到了生命的终点。消息传到朝廷,"遗表闻,上震悼,辍视朝,叹惜有用才不尽之恨"[②]。身后的赠赐更是极其哀荣,赠太师,谥文靖,赐第宅苏州。累赠秦国公[③],葬苏州高景山金盆坞,史绳祖撰写神道碑,知平江府王遂经营丧事。[④] 身后哀荣扩大了魏了翁的影响。赐第苏州,葬在苏州,苏州的宅第又有了鹤山书院,这也让来自蜀地的道学辐射到了江浙。并且延及元明清,泸州、眉州、邛州、靖州等地的鹤山书院,也一直书声琅琅,人才辈出。鹤山书院也延续着鹤山的事业和生命。

学术的传播无疑是通过学者的行动来完成的。不过,学者的学术传播活动除了自主的有意识的行动,还有在外力驱迫下的不由自主。亦即有主观传播和客观影响之分。当然,还有两种状况的混合。包括过继外家的高氏,魏了翁家族曾辈出多位杰出人物,被誉为蒲江"一门九进士三宰执"[⑤],在南宋是具有极大政治和学识影响的家族。南宋之时游宦寓居,以及宋末元初的战乱,也让魏高氏家族迁徙于今天的江西、浙江、江苏各地,其中魏了翁

---

① 〔元〕脱脱等:《宋史》卷四三七《魏了翁传》,第 12970 页。
② 〔元〕脱脱等:《宋史》卷四三七《魏了翁传》,第 12970 页。
③ 〔元〕脱脱等:《宋史》卷四三七《魏了翁传》,第 12970 页。
④ 〔明〕王鏊:《姑苏志》卷三四,影印《四库全书》文渊阁本,第 493 册,633 页。
⑤ 蒲江一门九进士三宰执,依次为高叔泰、魏了翁(位至签书枢密院事)、高载、高定子(位至参知政事)、魏文翁、高稼、高崇、高允绩、高斯得(位至参知政事)。

的家族则是因朝廷赐第而移居江浙。魏了翁的几代弟子同样星散四方,这在客观上也促进了道学在各地的传播。

除了魏了翁的家族,检视《宋元学案》在《鹤山门人》内所列的川籍弟子,有不少后来出于各种原因移居各地的。潼川人吴泳,历官宝章阁学士、知泉州,撰有《鹤林集》,宋末避蜀难,"侨寄吴兴"①。

井研人牟子才曾任知州,位至端明殿学士,宋末"拔其家于兵火,致之安吉"②。而其子其孙牟𪩘、牟应龙以后又迁居吴兴。③ 入元后隐居不仕。牟𪩘学问被认为"源出于伊洛"④。元人黄潜则更为高度评价说:"若昔宋东都盛时,眉山苏氏父子出,而蜀之文章被于海内。渡江后疆围日蹙,衣冠流散,而蜀之文章萃于东南。及其既久也,百年之遗老,相继沦谢,而陵阳牟氏父子,遂岿然为蜀士之望。以耆年宿德擅文章之柄,而雄视乎东南者,大理公(牟𪩘)一人而已。"除了评价,黄潜讲南宋以来"蜀之文章萃于东南",也折射了蜀学东渐的事实。而牟应龙则被誉为"吴兴八俊"之一。⑤

曾为魏了翁撰写神道碑的眉山人史绳祖,后来移居湖北公安。其自述云:"会余以君命召舟抵公安,力上祠请,因寓焉。蜀士之寓于竹林,南士之仕于渚宫者,踵门求为讲切。"⑥学者的迁徙

---

① 〔宋〕吴泳:《鹤林集》卷三四《王立言墓志铭》,影印《四库全书》文渊阁本,台北:台湾商务印书馆,1986年,第1176册,第339页。

② 〔元〕脱脱等:《宋史》卷四一一《牟子才传》,第12361页。

③ 〔明〕宋濂:《元史》卷一九〇《牟应龙传》,第4337页。

④ 〔元〕牟𪩘:《陵阳集》卷首程端学序,影印《四库全书》文渊阁本,台北:台湾商务印书馆,1986年,第1188册,第3页。

⑤ 〔明〕董斯张:《吴兴备志》卷一二,影印《四库全书》文渊阁本,第494册,第414页。

⑥ 〔宋〕史绳祖:《学斋占毕》卷四,影印《四库全书》文渊阁本,台北:台湾商务印书馆,1986年,第854册,第50页。

一定会伴随着学术的传播。这段史绳祖讲学公安的记载，就可以说是道学伴随着人的迁徙而传播的写照。

吴澄在为一位叫张达善的四川学者写的墓碣铭中，有这样一句话："学徒自远而至者日富，教声洋溢乎中州。"[①]学者转徙踏破时空，道学传播从而实现，于是，就有了"教声洋溢乎中州"的景象。蜀道通天下，道学传南北，魏了翁具有发轫之功。

由宋入元的家铉翁在一首题为《伯成尝受学于河朔前辈鹤鸣翁，其学亦宗濂洛，赠以诗，勉其自拔于流俗》的诗中这样写道："南方共宗鹤山老，北方亦有鹤鸣翁。鹤山道脉接濂洛，鹤鸣之派应与鹤山同。"[②]"鹤山"为魏了翁，鹤鸣则指由金入元的北方大儒李俊民。元人郝经就在《宋两先生祠堂记》中写道："泰和中，鹤鸣先生俊民得先生之传。"[③]《宋元学案》卷一四《明道学案》下《明道续传》也立有"庄靖李鹤鸣先生俊民"的传记，将其归为程学一脉。读家铉翁的诗，从"南方共宗鹤山老"一句可以看到，魏了翁俨然已成为南方道学的座主，人所共宗。"北方亦有鹤鸣翁"是讲李俊民在北方中原的影响。"鹤山道脉接濂洛"是说魏了翁的道学传承。"鹤鸣之派应与鹤山同"一句，则通过"濂洛"这一道学主流的接点，将一南一北的魏了翁与李俊民联系了起来。固然，家铉翁的诗是写给一个受学于鹤鸣先生李俊民的学者"伯成"，然以"鹤山"相提并论，不仅反映了魏了翁的巨大影响，还折射出通过鹤山与鹤鸣等传承光大的程朱理学的南北合流。

---

① 〔元〕吴澄:《吴文正集》卷七三《故文林郎东平路儒学教授张君墓碣铭》，影印《四库全书》文渊阁本，第 1197 册，第 708 页。

② 〔宋〕家铉翁:《则堂集》卷五，影印《四库全书》文渊阁本，第 1189 册，第 351 页。

③ 〔元〕郝经:《陵川集》卷二七，影印《四库全书》文渊阁本，台北:台湾商务印书馆，1986 年，第 1192 册，第 301 页。

结　语

　　进入北宋，儒学高扬起理学的旗帜，成为新兴的士大夫政治的理论基础。通过概念错位，先秦儒家中的"民贵君轻"的因素作为对抗君权的思想资源被放大，《孟子》获得了前所未有的地位。同时紧张的民族关系，又让《春秋》得到了空前的重视。中期以后的政治改革，便以经典重释作为依据。儒学传承的道统也开始逐渐明晰。然而，理学的兴起还是在经学的话语脉络之下，体现的是对唐代以来儒学的扬弃。其体用还主要着眼于政治。因此，北宋的理学可以纳入唐宋变革论的框架下加以解释。

　　历史拐进南宋，政治、经济重心在江南重归于一。亡国之痛纠缠着既有的理学流派，政治上的人事纠葛又让理学屡受打压。学术形而上，社会形而下。潜行于民间的理学，在南宋这种特殊的背景之下，顺应社会转型，逐渐开始走向民间，由原来的致君行道逐渐转向移风易俗的教化路线。理学悄然以道学的面目出现就反映了这样的倾向。而朱熹等人发掘简明易晓的"四书"，推行家礼等言行，也包含有这样的意图。走向民间，道学的影响开始增大，渗透到各地。

　　主要由于政治因素，道学在"庆元党禁"之际遭受空前的压制。党禁未开，道学开山朱熹便含恨而没。宋金和战对峙，蜀地则相对安宁。安定的生活使一大批蜀地的学者成长起来。自幼接受义理之学的魏了翁私淑朱熹，并不固守朱熹，在注重内心方面还有所发展。魏了翁存留到今天的著述，甚至比朱熹还多。同时魏了翁也秉承了朱熹以来注重民间的道学传统，这从几次赞扬李肩吾为人书写乡党内则便可见一斑。[1] 此外,南宋承续传统,社会祠庙活动空前活跃,佛教、道教、民间信仰以及被纳入国家祭祀的儒学交互其间。魏了翁对此做出宽容姿态的同时,力图以《礼记》等儒学规范来加以引导,化淫祠为正祭。[2] 由庙堂到民间,道学的取向则可以纳入宋元变革论的理论框架解释。

作为新一代道学家,承学传道的重任落到魏了翁的肩上。在蜀地多年讲学为政之后,伴随着影响的扩大与地位的升高,加之弟子的增多,以魏了翁为首的蜀学开始走向各地,得到普遍注重。特别是魏了翁疾呼为周、程、张载立谥的实现,确立了道学此后几百年间独尊的正统地位,儒学从而获得了前所未有的弘扬。这一行为,也确立了魏了翁在道统上承前启后的领袖地位。

此后,南宋后期的战乱与宋元交替等社会变动,又使魏了翁的弟子等大批蜀地学者星散四方,客观的外力所带来的人的流徙让蜀学辐射各地,扩大了儒学的传播,最终借元代的统一之势,达成道学的南北统一。从上述诸多的视点观察,我们可以这样评价,魏了翁是继朱熹之后道学发展史上的巨人,是儒学星空中的一等星。魏了翁生前为周、程、张载请谥成功,还未能让这四位儒学先贤进入孔庙。六百年后,魏了翁则被请入圣殿,配享圣人。对确立道学正统地位作出贡献的魏了翁,得到了来自超越王朝与族群的官方正统的最高褒奖。[3] 不过,相对于将近三百年前的这种政府行为,今天的学界实在更应当对魏了翁在理学乃至儒学发展史上的学术地位,作出相应的评价。

---

① 〔宋〕魏了翁:《鹤山集》卷六三《题李肩吾为许成大书乡党内则》《题李肩吾所书乡党》,影印《四库全书》文渊阁本,第 1173 册,第 52 页。

② 〔宋〕魏了翁:《鹤山集》卷三八《成都灵应观赐额记》、卷九八《祈雨》、卷九九《祈雨》等文可参,影印《四库全书》文渊阁本。

③ 〔清〕赵尔巽等撰:《清史稿》卷八四《礼志》,北京:中华书局,1977 年,第 2533 页。

并非结语的重申

——宋元变革论再阐释

　　20 世纪初发源于日本的唐宋变革论,进入新世纪,又重新得到极大的关注。唐宋变革论的视阈是不是可以完全涵盖唐代以后的中国历史?学界已经开始审视,不再将这一观察作为万能的理论范式,盲目地套用于所有历史研究领域。科举社会与士大夫政治等北宋因素,在南宋江南这一特定的场域发酵。士人流向多元化,活跃于地方社会,引领了宋元社会转型。千年繁荣的江南社会经济结构,并未因宋元易代而遭受重大破坏。持续扩展的变革,奠定了明清地域社会的基础。在这一时空中演出的历史,用唐宋变革论的理论框架很难圆满地解释。向下看历史,探索中国历史是如何经历宋元,步入明清,走到今天的,则需要纳入宋元变革论的议题来加以阐述。

引　言

　　"三千年未有之大变局",这是 1872 年李鸿章在第二次鸦片战争后上给同治皇帝奏折中的归纳。面对来自西方的冲突,李鸿章基于当时处于颓势的清朝作出了如是观察。①

①〔清〕李鸿章:《筹议制造轮船未可裁撤折》:"臣窃惟欧洲诸国,百十年来,由印度而南洋,由南洋而中国,闯入边界腹地,凡前史所未载,亘古所未通,无不款关而求互市。我皇上如天之度,概与立约通商,以牢笼之,合地球东西南朔九万里之遥,胥聚于中国,此三千余年一大变局也。"《李鸿章全集》,长春:时代文艺出版社,1998 年,第 874 页。

"一切历史都是当代史。"研究历史也是如此，无论明晰与否，其实在学者的心中都潜藏着现实的情怀。历史长河，从远古走来，奔腾到如今。那么，夏商周秦汉，唐宋元明清，中国是如何走入近代，走到今天的？对于这样一个超越学界的问题，相信有很多人关注，海内外学界也进行过种种探索。我以2005年参加科举废除百年国际学术研讨会提交论文为契机[①]，近二十年来力倡宋元变革论，则是试图从这一视角对问题作出回答。[②] 我曾在主持的笔谈中，以《向下看历史：宋元变革论略说》为题，从两重意义上阐述了宋元变革论与唐宋变革论的区别。[③] 一是在时间维度的历史纵向上，区别于唐宋变革论注重前代异同的向上看，宋元变革论重在宋元及以后；二是在空间维度上，与注重上层建筑的唐宋变革论不同，重在揭示中央层面以外的地方社会变化。

历史是在一定空间内的时间流逝。时间的流逝让历史无时无刻不在发生变化。然而，历史的研究是一种概括性的观察与逻辑性的归纳。对历史的发展需要观察到和归纳出具有典型性的特征。从这个意义上说，无论是唐宋变革论，还是宋元变革论，都是对中国历史发展特征的一种观察。各有各的理论范式和话语系统，不存在非此即彼的截然对立。

时代划分议题的提出，或有特定的背景，或有特别的用意。然而，如果我们从学术研究的层面上评价各种时代划分，而不是着眼于学术史的考察，重点则似应在于是不是符合中国历史发展的实际状况，而不需要去过度索隐其中的"微言大义"。学术无国

---

① 王瑞来：《科举停废的历史》，刘海峰编《科举制的终结与科举学的兴起》，武汉：华中师范大学出版社，2006年。

② 王瑞来：《从近世走向近代——宋元变革论述要》，《史学集刊》2015年第4期。又见《近世中国：从唐宋变革到宋元变革》，太原：山西教育出版社，2015年。

③ 王瑞来：《向下看历史：宋元变革论略说》，《思想战线》2017年第43卷第6期。

界,过于纠结学术以外的背景意图,以及执着于民粹的心理因素,则肯定会在一定程度上阻碍理性的学术思考,造成认知的偏差,流于非学术化。观察历史,有各种视角,横看成岭侧成峰,即使是盲人摸象,也各得其形。称"变革"也好,叫"转型"也好,叫"过渡"也罢,具体表述使用的词语并不重要。重要的是,是不是揭示出了中国历史发展的时代特征。从这个意义上说,无论用唐宋变革论还是用宋元变革论命名议题,抑或是用其他理论范式,都无关紧要。

在此,再度俯瞰学术史背景,阐述我所倡导的宋元变革论的形成与展开,除了重申,也有一些新的认识。

一、唐宋变革论与宋元变革论的范围界定

在学界,多数人对唐宋变革论的理解,似乎都有一个不言而喻的预设前提,那就是中国历史在唐宋之际发生了重大转型。比如荣新江先生就在《安禄山的种族、宗教信仰及其叛乱基础》一文中对唐宋变革论如是定位:"二十世纪初,日本学者内藤湖南提出唐宋变革论,认为唐宋之际是中国从古代走向近世的交接点。"①我认为这样的理解可能存在一定的偏差。第一,唐宋之间还隔着一个长达六十余年的五代十国时期,不容忽视这个像断层一样的时期的剧烈动荡对社会各个层面形成的巨大冲击;第二,以唐宋这样的王朝断代来区分时代与变革,是不是合乎历史发展

---

① 荣新江:《安禄山的种族、宗教信仰及其叛乱基础》,氏著《中古中国与粟特文明》,北京:生活·读书·新知三联书店,2014年,第266—291页。

的内在逻辑,也需要仔细斟酌;第三,历史是一条割不断的河流,这条河流尽管有着区域与时段的不同,但同一河川的流水无疑带有共同性与连续性。

我所理解的唐宋变革论,并不是指在两个王朝之间发生的变革,而是指自中唐开始的时代变化。这跟李鸿章站在身处的时代向上看说出"三千年未有之变局"一样,是与中唐以前的历史形态相比较,向上看得出的认识。从时段的起讫来看,唐宋变革始于中唐,贯穿于北宋。其实,我对唐宋变革论这种历史分期的认识,与包伟民教授的认识有接近之处。他指出:"深入观察可以发现,与历史上并不常见的那些翻天覆地式的社会结构根本性变革不同,唐宋之间社会生活不同层面的历史演进步伐,迟疾有异,相互之间明显不同步,尽管仍有许多方面的演进更为迟晚,到北宋中期才大体呈现了一种'新局面'。"[1]我的认识正是把唐宋变革期下延到最繁华的北宋结束。

宋元变革论的所示,也并非宋元之际发生的短时变革,而是指自南宋开始终元之世长时段的时代变化。这是站在今天的认识维度俯瞰,在跟明清乃至近代的联系上,向下看归纳出的认识。对于历史走向的观察,两论都是一种长时段的宏观视野。从这样的界定来看,尽管叫唐宋,叫宋元,但实际上都是已经跨越了王朝史畛域,从历史演进的逻辑关系出发,探索社会转型。并且,两论又都省略了许多枝节部分,是对中国历史发展主流线索的概括式的观察。

南宋以后的中国历史,难以用唐宋变革论的视域涵盖。因此,不能将这一观察作为万能的理论范式,在所有历史研究领域

---

① 包伟民:《"唐宋变革论":如何"走出"?》,《北京大学学报(哲学社会科学版)》2022 年第 4 期。

盲目地套用。由于唐宋变革论与宋元变革论观察指向不同,二者并不矛盾对立。两论交集于宋。唐宋变革与宋元变革,在中国历史长河的流段中,具有不可切割的连续性。时代渐进推移,北宋处于消化唐宋变革成果、蓄积下一个变革因素的时期,而南宋才开始走出中古,走向近世。从这个意义上说,唐宋变革为下一轮宋元变革做了铺垫。

观察同一时代的异与不同时代的同,需要纳入长时段的视野之下,方能解释这些异同之间的关联。宏观考察历史,布罗代尔(Fernand Braudel)主张的长时段理论很有道理。高屋建瓴,登高望远,唯其长时段方可清楚地观察历史走向的大趋势。

我们顺着唐宋变革论的思路观察,中唐藩镇兴起,贵族制崩溃,五代重塑中央集权。入宋以后,在军事上的种种施策,保证了强大的皇权。然而从太宗朝的大规模开科取士开始,逐渐上升的士大夫势力,又开始掌控皇权,主宰政治。从而,由军事实力支撑的皇权便成为士大夫政治强有力的保障。宋代形成的士大夫政治,对皇权走向象征化的进程,起到了强化和促进作用。① 推原士大夫政治的形成,又少不了科举这一催化剂。在宋代寻觅唐代因素,不仅制度、法律接踵步尘,形影相随,科举更是在唐代基础上发展。这些现象与因素,都可以在唐宋变革论的理论框架内进行解释。

北宋形成的士大夫政治,可以说是唐宋变革绽开的最后一朵绚丽的花。而这朵花的果实,又在宋元变革中开枝散叶。士大夫政治造就的士大夫阶层及其基础士人层,在南宋特殊的社会背景之下,既流向中央,又回归地方,作为知识精英,成为社会转型的

---

① 王瑞来:《走向象征化的皇权》,朱瑞熙等主编《宋史研究论文集》,上海:上海人民出版社,2008年,第208—231页。

　　　　　　　　　　　　　　　　士人走向民间:宋元变革与社会转型

主导力量，成为明清时代乡绅的直接初祖。

北宋科举规模扩大，在客观上造成了士大夫政治，影响社会的各个领域，改变了中国历史的走向。这一历来被纳入唐宋变革论的视野来加以审视的新变化，又成为铺垫下一轮宋元变革的重要因素。士大夫政治的因素，在南宋政治、经济、文化重心合一的特殊背景之下，成为以地方社会转型为特征的时代变革推手之一。两个变革期的同与异，正显示了历史长河不曾中断的连续性。

从南宋开始，中国历史展开了告别中古时代的新变局。这个变局一直引导中国走出近世，走向近代。解释这一变局，就是我近二十年来明确倡导的宋元变革论。

二、历史分期的学术史回顾

一般认为，日本学者的近世说，乃至唐宋变革论是接受了西方学者的影响，比照欧洲历史提出的时代划分。言外之意则是，这样的划分似乎未见得符合中国历史发展的实际状况。其实对于欧美学者的认识，日本学者并不是生吞活剥地套用，而是对中国历史进行了宏观考察之后，经过独立思考提出的观点，欧美学者的认识只是作为一种参照系的存在。日本学者的认识还有本国学界的学术积累，比如把宋代以后看作近世的认识，在日本产生得也比较早。京都大学教授内田银藏在1903年出版的《日本近世史》一书中，就提出了"宋、元、明的文化是近世中国文化"的观点。[①] 而在思想史研究领域，1914年出版的宇野哲人《支那哲

---

① ［日］葭森健介：《唐宋变革论于日本成立的背景》，《史学月刊》2005年第5期。

学史講話》，便将佛教视为唐朝哲学主流之所在，宋明理学则归入"近代哲学勃兴"①。这些学说所反映的历史认识，在日本学界无疑产生了很大影响，被学者逐渐接受而成为基本共识。

历来，学界审视唐宋变革论，都将日本学者的认识与欧美的影响紧密联系起来观察。其实，日本学者的认识还有一个被学界长期忽视的重要来源，这就是南宋以来历代中国学人的认识，近年来先后为张邦炜、戴建国、闻轩轩等学者所揭示。张邦炜先生从社会史的视点，挖掘出南宋郑樵的言论："自隋唐而上，官有簿状，家有谱系，官之选举必由于簿状，家之婚姻必由于谱系。""自五季以来，取士不问家世，婚姻不问阀阅。"他还检视出同为南宋的王明清的言论："唐朝崔、卢、李、郑及城南韦、杜二家，蝉联珪组，世为显著。至本朝绝无闻人。"并观察到明人胡应麟披露门阀制度的崩溃："五代以还，不崇门阀。谱牒之学，遂绝不传。"从经济史的角度，张邦炜先生还指出，顾炎武揭示了土地私有的演进：土地占有者在汉朝、唐朝被贬称为"豪民""兼并之徒"，"宋以下则公然号为'田主'矣"②。对于宋代的重视，我也强调过明人陈邦瞻在万历三十三年（1605）写下的一段话："古人好读前四史，亦以其文字耳。若研究人心政俗之变，则赵宋一代历史最宜究心。中国所以成为今日现象者，为善为恶，姑不具论，而为宋人所造就，什八九可断言也。"③步入近代，柳诒徵、夏曾佑等中国学人也较早地强调了唐宋异同。④ 近代前后中国历代学人的认识，无疑对日本学者产生了潜移默化般的无形影响与启发，促使他们将这

---

① 〔日〕宇野哲人：《支那哲学史讲话》，东京：大同馆，1914 年。
② 张邦炜：《唐宋变革论的误解与正解——仅以言必称内藤及会通论等为例》，《中国经济史研究》2017 年第 5 期。
③ 〔明〕冯琦原编，陈邦瞻增辑：《宋史纪事本末》附录一《宋史纪事本末叙》，第 1191 页。
④ 闻轩轩、戴建国：《被忽视的首倡者：柳诒徵及其唐宋变革论》，《河北学刊》2023 年第 1 期。

一认识融入自身的研究之中。在脱亚入欧的风潮中,伴随着近代学科体系的建立,对中国历史的分期也体现了这一认识。而这一纳入代学科体系的历史分期,又被中国学者和欧美学者普遍接受。

正因为如此,20世纪前半叶的日本中国史研究受到世界性的瞩目。早在20世纪30年代,吴天墀先生就写下过论文《中唐以下三百年之社会演变——庆历变革与近世社会之形成》①,不仅使用了"近世"的概念,行文之中,日本学者的影响也明显可见。这是中国学界的一例。

在地球的另一边,内藤湖南的学说很早便进入了美国的大学课程。出生于日本的美国传教士之子赖肖尔(Edwin O. Reischauer),1939年获得哈佛大学博士学位后留校任教,在远东系开设名为"从早期至1500年东亚历史概况"的课程。据1941年秋在哈佛大学访学时听课的狄百瑞(Wm. Theodore de Bary)回忆,赖肖尔讲授中国古代史的演变脉络,就是根据"京都大学内藤学派"所强调的"在8—11世纪间,中国文明在经济、社会和制度等方面发生了重大变迁,这一变迁是中国古代史与可称之为早期近代史的分界线"的认识。②

犹如日本的宫崎市定之于内藤湖南,狄百瑞也继承和发展了赖肖尔的学说。狄百瑞的《中国的自由传统》一书集中讨论了宋明新儒学中"那些渊源于传统儒家但同时也朝着'近代的''自由的'方向发展的观念",从思想史的角度论证了内藤湖南的"宋代

---

① 吴天墀:《吴天墀文史存稿》(增补本),第1页。

② Edwin O. Reischauer, *My life Between Japan and America*, Tokyo: John Weatherhill, Inc., 1986. p. 82.

近世"说。① 评论者观察到,"人们从中能够辨认出内藤湖南坚持认为中古时代也明确无疑具有现代性这一论断的解释性遗迹"②。

因此,可以这样说,日本学者的近世说以及唐宋变革论,在历史分期上,或许有对欧洲历史的参照,但这些学说提出之后,反过来又极大地影响了欧美学者对中国历史的认识。受到日本学者"近世说"启示的欧美学者,从 20 世纪后半叶起,便有两宋变革论、宋元明变革论等学说的提倡。

从学术史的脉络观察,在欧美学者的世界史理论框架之下,潜在接受中国历代学人的认识,并结合自身的研究观察,日本学者主张的近世说和唐宋变革论,又对欧美学者以及中国学者的历史认知产生了深刻的影响。如此说来,学界虽有国界之分,但并不截然隔绝,正像一池湖水,影响是交互的。学界对中国历史的宏观认识,经历了一个国际性的学术循环。这样的学术循环显示了逻辑提升,使学界对中国历史的整体认识有了深化。

从 20 世纪 80 年代开始,日本明清史研究领域提倡的地域社会论对日本的宋史研究产生了很大影响。③ 很多学者开始摆脱"皇权不下县"这样传统的"国家—地域"研究线索,注重"地域—

---

① [美]狄百瑞:《中国的自由传统》,李弘祺译,北京:中华书局,2016 年,第 11 页。

② [美]詹启华(Lionel Jensen):《在倒塌的偶像与高贵的梦想之间:中国思想史领域的札记》,[美]田浩编《宋代思想史论》,杨立华、吴艳红等译,北京:社会科学文献出版社,2003 年,第 37 页。原文为"Among Fallen Idols and Noble Dreams: Notes from the Field of Chinese Intellectual History", *Studies in Chinese History*, Volume 7 (Summer 1998)。

③ 日本明清史研究领域提倡"地域社会论",以森正夫为主,其代表性的论文有《中国前近代史研究における地域社会の视点》,《名古屋大学文学部研究论集》第 82 号,1982 年;对日本宋史研究的影响,代表性的论著有主张地域社会论的斯波义信《宋代江南经济史の研究(改订版)》(东京:汲古书院,2001 年)、渡边纮良《宋代福建社会の一面——陆棠伝訳注補》(《独协医科大学教养医学科纪要》第 5 号,1982 年)等。参见[日]小二田章《"近世"由来之基:从宋代的"地域""地方统治"研究出发》,《政大史粹》第 25 期,2013 年,第 83—106 页。

士人"的研究路径，考察具有经济与文化独特性的地域社会。在这样视角下的地域社会，以士人阶层为主体，与中央相对离心。这样的研究本身，实际上已经极大地脱离了唐宋变革论的理论范畴，将宋元与明清对接，以历史的连续性为前提展开讨论。

我所力倡的宋元变革论，既有受到欧美学者上述学说的启示，又有接受日本近年来学术倾向的影响，并通过自身的挖掘史料，实证研究，逐步明晰了理论框架与内涵。从这个意义上讲，我明确倡导的宋元变革论不过是对既有学说的补充与实证。

三、"两宋之际转型"说与"宋、元、明过渡"说辨析

作为美国宋史研究奠基者之一的刘子健先生，摆脱自宫崎市定以来日本学者注重从社会经济史角度论证唐宋变革，以及其后社会性质的窠臼，另辟蹊径，从思想史的视点来论证时代变革。不过，在我看来，包括社会转型在内的所有历史结果，都是在诸多因素的合力作用之下形成的。因此，无论是唐宋变革论，还是宋元变革论，都需要有广角，有景深，从多角度多领域进行论证，互为补充，方能接近全面，走近历史真实。

沿着赖肖尔"中国人在长期败于北方'夷狄'的时期将注意力转向内部"[①]的话语脉络，刘子健有精密的补充，他认为在两宋之际发生文化转向，中国转向内在。尽管我并不赞成这样的认识，但同意刘子健先生这样的说法："南宋初期发生了重要的转型。

<hr />

① John K. Fairbank, Edwin O. Reischauer, *China: Tradition and Transformation*, Boston: Houghton Mifflin Co., 1978. 中文版《中国：传统与变革》，陈仲丹等译，南京：江苏人民出版社，2012年，第130页。

这一转型不仅使南宋呈现出与北宋迥然不同的面貌,而且塑造了此后若干世纪中国的形象。"①这无疑是敏锐而睿智的洞察。这一洞察与我对中国历史走向的观察若合符节,增强了我论述宋元变革论的信心。

刘子健先生之说,被归纳为"两宋之际转型"说。其主要依据为,理学由于在南宋前期被专制皇权政治压制,在朝廷之外得以创新发展,并逐渐在朝野扩展其影响,最终在南宋末年以后被朝廷树立为国家正统。

"两宋之际转型"是灼见,但刘子健先生将社会转型仅仅归因于政治因素,则显得分析过于简单。即使是讲政治因素,南宋的政治形态是不是专制皇权政治,也值得商榷。

在我看来,承继北宋以来的传统,士大夫政治对皇权形成极大的制衡。南宋权臣辈出,正是士大夫政治的极致发展。② 此外,既然说理学在南宋前期因专制皇权政治压制而向朝廷之外扩展,那么,南宋末年理学又何以被朝廷树立为国家正统?从压制到接纳,这中间似乎缺少自然过渡的逻辑环节,如果缺少详细的分析论证,则难以获得首肯。

然而,如果将社会转型纳入南宋政治、经济、文化重心合一的特殊背景之下,从科举登第难和仕途升迁难的士人命运切入考察,南宋平均每年大约有上万士人产生③,但制度的制约与社会现实,却无法让这些士人实现向上流动的梦想。不过,繁荣的地域经济拓宽了生存的空间,为与政治渐行渐远的士人,提供了多种

---

① [美]刘子健:《中国转向内在:两宋之际的文化转向》,赵冬梅译,南京:江苏人民出版社,2012年,第5页。
② 王瑞来:《中国史略》第七章《宋王朝再建》,第408页。
③ [日]内山精也在《宋诗惑问》指出:"科举等于是年均量产万名非士大夫知识人的制度。"东京:研文出版社,2018年,第44页。

　　　　　　　　　　士人走向民间:宋元变革与社会转型

多样的活动舞台,流向形成多元化。根植在地方社会,成为多数士人的不二选择。不做官也可以拥有社会地位。大量士人的存在,模糊了仕与非仕的界限,让士人形成了明确的群体身份的认同意识。活跃于地方社会的士人以及士大夫,作为乡土中的精英,引领了社会转型。这样的解释,似乎较单一的政治因素的述说要更有厚度一些。

在政治钳制力减弱或社会动荡的时期,地域的归属感是最足以攫取人们认同的因素。这样的地域归属感,是从家庭、宗族、乡里生发出容易获得呵护和保护的安全感与温馨感,这是由血缘延伸到地缘的认同。除了人际关系,生于斯长于斯的乡土自然,也予以人们一种他乡山水所无法取代的熟悉与亲切。客观现实强化了这种朴素的认识,开渠、铺路、赈济、发掘乡贤、推行教化,士人士大夫从物质与精神多层面投身于地域建设。地域归属感既附着于实际的地域,又以其作为感觉的精神因素超越了行政地理空间,成为一种以人际结合为特征的文化意识。我申说的宋元变革论,士人的命运与活动只是一个切入点,关键是在地域。

刘子健先生提出"两宋之际转型"说,令人信服,但需要追问的是,两宋之际开始的转型,终止于何时?缺少回答。受"两宋之际转型"说的启发,后来史乐民等学者提出了"宋、元、明过渡"说。"宋、元、明过渡"说集中体现在他与万志英(Richard von Glahn)合编的《中国历史上的宋元明过渡》一书中。[①] 史乐民在该书序言中对这一学说做了概括性的表述。时间起讫为南宋开始的 1127 年到明中期的 1500 年前后。主要特征如下:第一,这一期间人口和技艺集中到唯一免遭破坏的江南(长江三角洲)地区,这是由中

---

① Paul Jakov. Smith, Richard von Glahn eds., *The Song-Yuan-Ming Transition in Chinese History*, Cambridge, M.A.: Harvard University Asia Center, 2003.

原与草原地区周期性的战争造成的显著特征;第二,江南成为社会、经济、文化持续发展的舞台,其他地区直到 16 世纪中叶经济发展才得到恢复,人口的规模与区域分布接近 1200 年时的情形;第三,这一时期的国家与唐宋及清朝全盛时期相比显得更为消极被动,而社会政治精英则更为独立自主,政治重心已由 11 世纪的集权国家转向受过教育、拥有土地的地方精英所形成的"士绅统治";第四,道学为新兴的富有自我意识的地方士绅提供了意识形态,并对精英文化和政治生活的主要制度产生渗透。①

观察史乐民的表述,与我主张的宋元变革论极为类似。不过。我对史乐民的说法,既有赞同,也有异议。对于第一、第二特征,我表述为,外力的压迫形成的政治位移,让南宋似乎又回到了南朝,政治、经济和文化重心合而为一。特殊的背景,加之北宋以来蓄积的变革因素,便让社会转型首先在江南展开。对于第三特征,南宋可以称为弱势王朝,但元朝并不能说比唐宋及清朝全盛时期消极被动。不过社会政治精英更为独立自主则是事实。需要质疑的问题是,政治重心是已由 11 世纪的集权国家转向地方精英的"士绅统治",还是集权国家与地方精英互为作用?此外,地方精英是不是一定要拥有土地?对于第四特征,道学成为地方士绅的意识形态并对政治生活产生渗透,这也是事实。不过从社会转型的视角看,道学在地域社会的重要意义在于通过教化引导民众,让士绅掌握了精神指导权。从转型时期来看,"宋、元、明过渡"说延伸到明中期,也过于漫长,不仅容易淡化不同时代的特征,而且也缺少内在的逻辑理路。

"两宋之际转型"说、"宋、元、明过渡"说,以及宋元变革论,

---

① [美]史乐民:《宋、元、明的过渡问题》,张祎、梁建国、罗祎楠译,单国钺主编《当代西方汉学研究集萃》(中古史卷),第 247—285 页。

其实都对唐宋变革论有了超越,难以纳入唐宋变革论的理论范畴加以圆满解释。正因为如此,史乐民试图以地域性来进行说明,他说:"不妨把宋、元、明过渡看作是唐、宋转型时期那些重要的社会、经济、文化发展趋势在江南的地域化。"①抛开纵向的历史脉络,以横向的地域性进行的解释,也令人觉得过于牵强。其实用一句话便可以明确说明,宋元变革属于跟唐宋变革接续着的另一个时段的社会转型。

从这一视角来看,极大地启发了欧美学者的唐宋变革论和宋代近世说,都存在一个十分明显的缺陷,这就是将两宋捆绑在一起,不加区分。尽管北宋积淀了大量的变革因素,但毕竟如前所述,历史的偶然性,让政治、经济和文化重心在同一地域的江南重合,才开启了继唐宋变革之后的新一轮宋元变革。

正因为唐宋变革论和宋代近世说将两宋捆绑在一起,把时段拉长,所以观察到的一些现象便超出了议题涵盖。牵强地把属于下一个社会转型宋元变革才有的内容纳入进来,将两个变革期融为一炉,混沌一团,致使在解释上难以精密周全。

讲述两宋的不同,或者说主张南宋了开启新的变革,作为对刘子健"两宋之际转型"说从社会层面的补充,韩明士有一段概括的论述讲得很好:北宋至南宋之际,精英的"关注点和自我观念经历了一个大转变:大体而言,其兴趣从国家转向地方领域。这个变革不仅标志着宋代,也是整个中国历史的新纪元"②。有学者指出,韩明士的研究隐含着以两宋变革取代唐宋变革之意。③

---

① [美]史乐民:《宋、元、明的过渡问题》,张祎、梁建国、罗祎楠译,单国钺主编《当代西方汉学研究集萃》(中古史卷),第254页。

② [美]韩明士:《道与庶道:宋代以来的道教、民间信仰和神灵模式》,皮庆生译,南京:江苏人民出版社,2007年,第3页。

③ 陈雯怡:《"吾婺文献之懿"——元代一个乡里传统的建构及其意义》,《新史学》第20卷第2期,2009年,第43—114页。

社会层面的转型或者说变革,跟政权体制的变化不大一样,往往并不呈现出天崩地裂般的剧变形态,而是"润物细无声"那样的缓慢潜行。既需要见微知著,也需要宏观把握,来俯视具体流段的不同样相,仰观历史长河的整体走向。

以历史自然流段的王朝为标记,则是现成而易明的方式。出于表述方便和易于理解,宋元变革论也像唐宋变革论一样,采用王朝命名。但这仅仅是指大致的时代。由于历史的连续性,并不能以王朝的兴亡这一种政治变化来截然划分历史时期。唐宋变革论与宋元变革论都与宋难脱干系。不过,彼宋非此宋,唐宋变革论的"宋"是北宋。历史在时空中运行。宋元变革论是在南宋历元的"时"中展开,在江南这一特定的"空"中发散开来的。

遭逢特殊的国际形势,人文地理的位移,让南宋与江南重合。中国尽管幅员辽阔,但存在重心。布罗代尔的长时段理论的立足点,是地理环境决定历史演进。自魏晋南北朝以来,江南历经千年繁华,南宋又为其打上新的印记。从此,最具中国元素的江南,开始成为中国的代表。对此,钱穆先生曾扼要地指出:"唐以前中国文化主要代表在北方,唐以后中国文化的主要代表则转移到南方了。"[1]我们观察地图上著名的"胡焕庸线"(瑗珲—腾冲线),线东南是降雨量丰沛的农耕地域。这里占中国国土面积的43.8%,却生活着全国94.1%的人口。广袤的江南则是线东南的重心所在,降雨量丰沛,人口密集。密集的人口,精耕的农业,发达的经济,生长出繁荣的文化,无疑也最具代表性。

南宋江南的客观存在,自然成为我的关注重点。那么,南宋统治区域以外的北方和中原的金朝统治区域,以及其他江南以外

---

① 钱穆:《中国历史研究法》,第120页。

的地域可以被忽略掉吗？导入美国学者施坚雅（G. William Skinner）的宏观区域理论范式，便使我规避了地域发展的不平衡性所带来的考察困难。地域发展既不平衡又渐进趋平，既相对独立又互相联系。就像一池湖水，尽管水温水深会有不同，但同处一池，自然会有交互影响。借由元明统一的时势，从辖域并不辽阔的南宋江南时空发端的变革，如同水流从高就低，历史发展的主流汇集支流，经济、文化乃至政治的推手便逐渐先后将变革辐射到中国的各个地域。

历史的发展总是呈现出相似性。不仅南宋犹如南朝，元取代宋，也像是北朝隋灭南朝陈，实现长期分裂后再度统一。所谓相似性，不仅体现出表面形态的相似，其实也反映了内在的共同性。的确，是北朝隋实现了南北统一，但从隋到唐的社会形态却处处呈现南朝化的势态。从历史的大视野观察，政治的力量往往敌不过文化的力量。宋元易代也是同然。尽管元朝在制度上对南宋吸收较少，但统一后经济繁荣与文化发达的南宋，其社会因素毕竟对全域产生了有形或无形的巨大影响。这种影响跨越为期并不长的元代，融合华北乃至更广泛的北方从唐末以来多民族混居的社会状况，与明清实现了直接对接。

或许出于不同的认知背景，甚至是难以言表的心理因素，无论是日本学者还是欧美学者，都依据从晚清到近代所呈现的状况，纵向比较唐宋辉煌的历史，横向比较先进的欧美，提出了中国停滞论。中国学者对此也大多予以认同。其实，这种观察看到的多是历史的表象。经历了宋元变革的中国社会从不曾停滞，也未转向内在，一直在向前发展，文化也传播到直到近代的东亚文化圈，产生了巨大影响。

四、知识精英与社会转型

士人的命运,这个切入点跟我一直进行的士大夫政治研究互相衔接,不过向度不同,我的士大夫政治研究,以与皇权相关联的中央政治为主,那是眼光向上的研究。[①] 而宋元变革论由士人的命运切入,则是眼光向下的研究,关注士人以及士大夫所在的地域社会。

尽管科举在北宋的规模扩大给无数士人带来了无限憧憬,由科举而改变命运的贫困之士也为数不少,但由科举入仕,一直是一条异常艰难之路。以概率言之,宋代科举解试百人取一,省试十人取一,也就是说录取倍率在千分之一,这在现代社会的各种资格考试中也是少有的高倍率竞争。从存世史料看,这种严峻状况从北宋到南宋一直存在。[②] 南宋进士登第者约有 5 万人,在这 5 万人的背后,名落孙山的,可以说有着 5 千万人次。艰难的科举之途,让大量士人望而生畏。像《儒林外史》描写的范进那样锲而不舍的士人固然有,但落第后转向和压根就不事举业的士人则更多。他们流向社会,以各种职业谋生。

为数五万的命运宠儿,经过激烈角逐,鲤鱼跃龙门。在一般人的想象中,金榜题名后,便是肥马轻裘、钟鸣鼎食、高官厚禄,各种文献记录也多是呈现这样光明的一面。这样白纸黑字言之凿凿的记录,既诱惑了当世人,也蒙蔽了后世人。

科举这架官僚再生产的机器,源源不断地向官场输送官员。然而任何王朝都面临的实际问题是,容纳不下过多的管理人员。

---

① 王瑞来:《宋代の皇帝権力と士大夫政治》。

② 〔宋〕欧阳修:《欧阳修全集》卷一一三《论逐路取人札子》:"今东南州军进士取解者,二三千人处只解二三十人,是百人取一人。"李逸安点校,第 1717 页;〔宋〕周必大:《周必大集校证》卷一四一《论解试试官》:"以一州言之,三千人就试,共解三十人。"王瑞来校证本,第 2170 页。

在已有官冗之叹的北宋，便严格设置了选人这样的制度限制。科举登第以及以其他途径入官的，首先成为选人，担任州县等处属官一类的低级官僚。按制度规定，选人要在七阶之内一年一年循资升迁。而从选人七阶突围，成为中级官僚的京官，则极为困难。除了自己的政绩达标，还要有五个官员的推荐信。五个推荐人当中，又必须有两人是直属上司。

不像"一切以程文为去留"的科举，选人升迁至京官，命运自己已经无法掌控。每年出官名额有限，奇物可居，推荐充满利益交换、金钱贿赂。大量无背景无势力的选人，无法挣脱被称为"选海"的七阶之限，只能终生担任俸禄低微、地位低下的低级官僚。[①]

南宋"员多阙少"的现状，让选人改官更较北宋为难。头悬梁、锥刺股，甚至倾全家族财力而换来了金榜题名，前途却一片黯淡。由失望而致绝望，转向他途，或者不再让子孙圆梦科举的士人也比比皆是。我写过几篇宋元变革论的实证研究，其中讲述的个案历历可见。[②]

不走仕途走他途，他途同样充满魅力，追求功名不再是唯一的选项。南宋地处江南，经济繁荣，文化发达，士人可以从事的职业很多。有些人读书学习接受教育，原本就没指望去走可望难及的科举独木桥，而就是想获得从事吏职的本事。这种倾向自北宋而然，至南宋而愈盛。苏辙说吴、蜀等地"家习书算，故小民愿充州县手分，不待召募，人争为之"[③]。李新也指出，有的人送子弟去

---

① 参见本书第一编第一章《金榜题名后——"破白"与"合尖"》。

② 参见本书第一编第二章《士人流向与社会转型》；第二编第三章《小官僚大投射——罗大经的故事》、第四章《科举家族与地域网络——由周必大〈曾南夫提举文集序〉切入的考察》、第五章《写意黄公望——由宋入元：一个人折射的大时代》。

③ 〔宋〕苏辙：《苏辙集》卷四五《论衙前及诸役人不便札子》，陈宏天、高秀芳点校，北京：中华书局，1990年，第792页。

州县学校读书,就是为了将来"与门户充县官役"①。我的《士人流向与社会转型——宋元变革论实证研究举隅之四》一文,便从史料中爬梳出士人经营田产例、士人剃发出家例、士人教书例、士人经商例、士人为吏例等,士人流向形成多元化。②

走出乡里,步入仕途的中层以上的士大夫官僚,其实也没有与地域社会脱离联系。由于一阙数人,官员任满之后也往往要有长达数年的待阙,方能赴任。并且出于丁忧服丧等原因,也要回到故乡数年。而致仕后的士大夫,到去世为止,则一直生活在乡里。这些滞留乡里的士大夫,并不是闲着什么也不干,他们既经营家族的生计,更凭借地位声望,积极参与到地方社会之中,推动地方的社会事业。在他们的周围,也聚集着一大批士人。根植于地方社会的士大夫,正是明清地域社会乡绅的源头。

科举入官取代了贵族世袭。宋代一定级别的官员子弟尽管享受恩荫,不经科举便可进入仕途,但其中的多数也只能停留在低层。为了家声不坠,宋代士大夫注重家族经营,并且士大夫间盛行通婚,还吸纳有为的士人为婿。从北宋开始,逐渐形成了以知识和财产为基础的新士族。对明清以来的族谱向上追溯,尽管会看到很多对远古名人的攀附,但比较明确可信的就是宋代,特别是南宋。明清至近代,以家族姓氏命名村庄,其实正可以溯源自南宋以来的宗族发展。由此可以概见宋代士大夫家族建设的努力和成果。

家族、宗族是以血缘为纽带的社会细胞。在地方社会的活动中,宗族往往又是主要参与单位。家族的兴盛与家族间的联姻,

---

① 〔宋〕李新:《跨鳌集》卷二〇《上王提刑书》,影印《四库全书》文渊阁本,第1124册,第563页。
② 王瑞来:《士人流向与社会转型——宋元变革论实证研究举隅之四》,《上海师范大学学报(哲学社会科学版)》2014年第43卷第3期。亦见本书第一编第二章《士人流向与社会转型》。

也让血缘组织向地缘延伸。超越血缘组织,更有普遍的地缘组织,地方社会结社盛行。行业有行会,乡里也有各种互助组织,文人还有诗词书画的结社。地缘成为一种文化的血缘。修桥、铺路、开渠、救荒,士大夫和士人是主要的倡导者和领导者。例如在南宋曾经担任过中层官僚知州的魏岘,从在外为官到退居乡里,一直关注并参与家乡的水利建设,改造修建了与郑国渠、灵渠、都江堰合称为中国古代四大水利工程的四明它山堰,还留下一部总结建筑这一御咸蓄淡引水灌溉枢纽的《四明它山水利备览》。① 亦官亦民的士大夫、士人,成为联结国家与地域的纽带。南宋的地方社会与国家既有协调合作,也有利益上的紧张对立,在商品经济的支撑下,显现强势。大量士人的参入,显然提升了地方社会的知识层次。地方社会在知识精英的引领下转型,明清时代的乡绅社会毫无疑问正是发端于南宋。

唐末五代以来社会动乱改变了社会形态,世家大族衰微,贵贱界限含混,呈现平民化趋势。入宋以后的科举规模扩大更带动了全社会向学,加速了文化下移,知识水准普遍提升。除了以进入仕途为目标的习举业士人,为了日常生活不至困窘,经济并不富裕的一般人家往往也通过各种方式让下一代接受初等教育,习学童蒙历算。这种在北宋以来出现的社会现象,在南宋以后商品经济发达的背景下更为普遍,一直延续到近代。教书育人的乡先生职业,也为活跃于地域社会的多数士人提供了生存空间。

社会需求造成的文化下移,也让拥有知识的读书人在地方社会受到普遍尊重,被赋予了政治权势与经济财富的富贵以外的特殊的社会地位,文化优势成为一种适足与政治权势和经济财富相

---

① 王瑞来:《它山攻错——地方学者与乡土历史的古与今》,《澎湃新闻》2022 年 11 月 9 日。

抗衡的力量。而三者的结合则形成了地方社会的主导势力,这便是直至近代一直活跃在地方社会的乡绅势力。

原本作为士大夫政治理论基础的理学,经历南宋庆元党禁的压力逆反而昌大为道学。道学不仅为失去中原的王朝提供了申说正统的依据,成为弱势国家的精神支撑,还让士大夫成为了道统承载者的社会精神领袖。士人主导下的乡贤祭祀,也让宗教走向泛化、世俗化,地方庙宇香火兴盛。归乡的士大夫借助自身的政治影响力和人际关系,向朝廷为地方争取利益,如书院兴建与祠庙赐额等。这样的行为本身与效果彰显,又反过来巩固和强化了归乡士大夫的地方领袖地位。在理宗朝以后,中央与地方形成合力,共同推动理学,而在乡士大夫主持的书院则成为理学发展的重要阵地。通过地方势力,理学在地方深深扎根。

知识人社会角色的转变,推动了精英文化向平民文化的转型。向通俗而世俗方向发展的社会文化,精英意识淡薄,疏离政治,贴近民众。元代杂剧的兴盛,明代市民文化的繁荣,似乎都可以从南宋中后期的文化形态中窥见到形影。比如说,南宋戏文就构成了元明南戏的源头。作为市民文艺的标志性体裁的小说、戏曲在南宋时期成熟。闻一多指出:"中国文学史的路线南宋起便转向了,从此以后是小说戏剧的时代。"[①]俗文学的兴盛则加速了道学教化的下行。元杂剧托古讽今所反映的忠义贞节观念,也折射了道学在民间渗透的广度。

从南宋开始,繁荣的江南经济让唐末五代出现的印刷术得到空前的普及。原本起自民间的印刷术,经历了政府垄断之后,在南宋又重新"飞入寻常百姓家",官私、书院刊刻之外,书坊蜂起,

---

① 闻一多:《闻一多全集》第1册《文学的历史动向》,北京:生活·读书·新知三联书店,1982年,第201页。

书籍走入流通领域,远贩各地,乃至海外。印刷业的兴盛,可谓是继纸张普及之后的又一次新媒体革命,提高了识字率,加速了文化下移。儒佛道经典、科举时文、诗词文集、戏曲话本、白话小说、童蒙历算,印刷书籍沟通精英凡庶,超越时空,既活跃并普及了文化,也成为士人交往的重要工具。于是,道学赋予的共同理念,书籍的传播与士人的流徙,便超越时空,不仅将看似孤立的地域连成一体,还将知识普及开来和传承下去。内藤湖南指出:"印刷技术的发展对弘扬文化是个巨大推动,随之出现了学问的平民化倾向。"①精英文化向平民文化转型,发达的印刷业是重要的推手之一。

在强大的商品经济物质基础之上,士人对基层社会的种种精神建构,形成了超越王朝的延续。文化不仅存于庙堂,更寓于民间。从此,虽会亡国,但不会亡天下。经过南宋至元的转型动荡,走入明清,社会再次变得层次分明,从乡绅阶层到地方社会,都基本定型,中国迈开走向近代的步伐。

南宋士人走向民间的历史现象,也较早地进入到欧美学者的视野。宋代是士人们由中央转向地域的时期,这是韩明士的基本认识。从他书中所使用的大量事例可知,韩明士笔下的宋代主要是南宋。②对这种认识,包弼德也有来自思想史的视野的相近观察。③可以这样简单地归纳,北宋士人的关怀主要是全国性的,南宋士人的关怀则向地方性转化。

---

① [日]内藤湖南:《中国史通论(上)——内藤湖南博士中国史学著作选译》,夏应元等译,北京:社会科学文献出版社,2004年,第389页。

② [美]韩明士:《官宦与绅士:两宋江西抚州的精英》(*Statesmen and Genrlemen*: *The Elite of Fu-chou*, *Chiang-his*, *in Northern and Southern Sung*)。

③ Peter K. Bol, "*This Culture of Ours*": *Intellectual Transitions in Tang and Sung China*, Stanford, Calif: Stanford University Press, 1992.

五、关注被漠视的元代

无论是"两宋之际转型"说，还是"宋、元、明过渡"说，都对元代这一时段形成了无意中的漠视。元代呈现的一些表面现象，以及由此造成的定势思维，遮蔽了未经深入考察的研究视野。其实，观察中国历史走向近代的历程，元代是极为重要的关节点。

宋元易代，异族统治并非如想象中的黑暗。蒙古征服南宋，除了在一些激烈抵抗的地方实行残暴屠城，大多是不流血征服。这便使得千年繁华的江南社会结构与生产力没有受到重创，江南的经济发展也没有被中断。法国学者谢和耐（Jacques Gernet）在《蒙元入侵前夜的中国日常生活》中断言："在中国早已开始了近代化时期，是蒙古人的入侵阻断了此一迅速进步的过程。"①这是想当然的推测。书中用《马可波罗游记》记述的南宋灭亡以后繁荣的城市商业发展，恰恰无形中否定了他自己的推论，反证元代延续了南宋的"近代化"。改朝换代并未中断经济发展的进程，更为开阔疆域的形成与多种贸易方式的导入，反而更为刺激江南经济由内向转为外向，商品经济更加发达。南宋历元，留给明清中国一个厚实的铺垫。

元朝政府的决策层在科举开与不开的政策分歧延宕，造成数十年间的科举停废。在这种偶然性因素的背后，其实是社会多元化与有效的吏职管理层的存在，削弱了科举生产官僚的意义。追溯这种必然性的因素与背景，正是发端于南宋。元朝长时期停废科举，以后虽然勉强开科取士，但有元一代的登第人数甚至不及宋代一榜之多，对政治并未产生多少影响，象征意义大于实际意

① ［法］谢和耐：《蒙元入侵前夜的中国日常生活》，刘东译，南京：江苏人民出版社，1995年，第5页。

义。科举之门半掩,荐举之门洞开。仿佛东汉的举孝廉,建构地方文化秩序的士人拥有着能动的话语权。

科举的长期停废,毕竟堵塞了旧有的士人向上流动的主要通路。绝望的士人只好一心一意谋求在地方的横向发展。在多元选择中,为吏大概是最多的选择。在这种利用知识优势务实之举的背后,其实还隐含了过去通过科举走向仕途之梦。这种选择也与元朝政府从胥吏中选拔官员的方向一致。元朝政府重视胥吏的作用。清人就指出过,"元初罢科举而用掾吏"①。因而,关于胥吏养成的《吏学指南》之类的书籍在元代也应运而生。② 元代士人弃儒从吏,乃当时之潮流。元朝以吏为官,吸纳了大量士人。

流向地方的士人,其中的多数并没有可能成为强势的乡绅。利用自己的知识优势,更多的没有太大势力的士人,便在没有可能当官的情况下成为了所谓的胥吏。官为朝授,吏为官招,性质不同。在宋代出现的以吏为职业的"吏户"③,就反映了这种变化。并且,在宋朝一直就有由吏入官的制度与实践。在元朝停废科举的时期,许多士人加入到了胥吏的队伍之中。

元朝设置的儒户,不管与南宋末年的士籍有无关系,对士人身份的确定,客观意义也非同小可。对士人的身份,从南宋的习惯认同,到元朝的正式确定,不以职业相区别,不以拥有财富为标志,而是把文化作为身份,让无恒产的士也跻身于众多的以职业划分的户种之中,成为其中的编户齐民。从自贵到他贵的过程,在社会转型的综合力量的推动之下得以完成。士人作为世袭的

---

① 〔清〕永瑢等:《四库全书总目》卷八四《官民准用》,第728页。
② 〔元〕徐元瑞:《吏学指南》,杨讷点校,杭州:浙江古籍出版社,1988年。
③ 〔宋〕陈淳:《北溪大全集》卷八一《上赵寺丞论科秤提会》,影印《四库全书》文渊阁本,第1168册,第854页。〔宋〕刘克庄:《后村先生大全集》卷四八《有宋朝请大夫直秘阁主管亳州明道宫林公行状》,辛更儒《刘克庄集笺校》本,第6453页。

文化贵族,不凭借祖上的血缘门第,在元代终于得到了法律上的承认。比较社会的其他阶层,拥有不纳税、免除大部分差役特权的儒户,成为社会中以文化为标志的精神贵族群体。据萧启庆先生估计,江南的这个群体,达10万户之多。[1] 可以说明清强势的乡绅社会正是渊源于此。陈雯怡博士如是概括包括萧启庆先生等学界的认识:"元代的士人阶层虽然在异族统治下失去其在前宋的政治优势,但基本延续下来,并维持其在社会、经济上的领导地位。他们对时局的因应,反而成为士人社群在社会、文化等领域进一步发展的动力。"[2]这样的状态表明,宋元易代对根植于地方的士人阶层并未产生改变地位的影响,士人主导的社会转型反而依然朝着既有的方向继续发展。

有人认为元代"诸色户计"的户籍制度很有时代特色。其实,以就像前面所举出的"吏户"那样,户籍作为纳税单位,以职业设置,在南宋已经很普遍。在元代,据统计共有83种户籍。不过,在宋代文献中,至少也可以找到50余种户名。或许可以说,元朝的户籍制度,是在原有的基础上,又部分地参考宋朝的制度,扩大而形成的。无论制度上如何遗传与变异,户籍种类的繁多的现实,无疑折射了社会发展的多元化。

元朝的政治制度除了保留有蒙古旧制,对原宗主国金朝的因素吸收较多。那么,金朝是一个什么样的王朝呢?实际统治北中国的女真人,在百余年间,又承继原宗主国辽朝契丹人的传统,在接受汉文化方面走得相当远,乃至都要称"中国",要与汉族王朝一争正统。蒙古则是通过高度汉化的金朝间接地接受了一定程

---

① 〔德〕傅海波、〔英〕崔瑞德:《剑桥中国辽西夏金元史907—1368年》,北京:中国社会科学出版社,1998年,第727页。

② 陈雯怡:《"吾婺文献之懿"——元代一个乡里传统的建构及其意义》,《新史学》第20卷第2期,2009年,第43—114页。

士人走向民间:宋元变革与社会转型

度的汉文化。从统一前的蒙古部落首领自称"祖元皇帝",建元"天兴",到忽必烈从儒学经典《易经》"大哉乾元"立国号为"元",建元"中统",再具体到"太子"等蒙古语发音与汉语的接近,无不显现出汉文化影响的痕迹。[1]承继这样的基础,元朝实现统一之后,蒙古人加上色目人不过全人口的3%,来自中国南方强势的汉文化弥漫全域则是势所必然,这也可以视为社会转型在元代得以继续发展的客观因素。

以江南为主,疆域割据消失的元代,不仅全面承续了南宋以来的社会变革,还将社会变革向全局逐渐铺开,在社会的各个层面实现具体落实。

长时期的多民族冲突与融合,也让中国人具有了强韧的心理适性,让中国文化更具有包容性。宋元变革社会转型强化了士人对政治的疏离,大一统的元代又淡漠了华夷意识。元初曾经对元朝统治极为抵触的南宋遗民谢枋得,通过亲身体验居然几度对不同的元臣讲出了同样的话:"大元制世,民物一新。"[2]形成"民物一新"的前提是元朝的统治。前者是因,后者是果。这句话非常清楚地述说了谢枋得的感受,这就是社会由宋入元带来的种种新气象。这些新气象不仅包含了新的大一统时代带来的政经以及文化的新因素,也包含了江南区域生发的社会转型范围广泛的扩展。

原本在南宋疆域内走平民文化路线的道学,作为思想领域内引导宋元变革的精神推手,在元代广阔的疆域内获得了更为广泛的普及,不仅规定了此后明清的思想方向,还成为引领汉字文化圈的主流意识形态。

---

① 王瑞来:《中国史略》第八章《世界の中国》第1节《勃興前のモンゴルに对する文化の認識》,第451—455页。

② 〔宋〕谢枋得:《叠山集》卷四《上程雪楼御史书》、同卷《与参政魏容斋书》,《四库全书》文渊阁本。

存在时期远不及汉唐两宋的元代,却有着空前的大一统,延续了金与宋的社会发展。钱穆考察明初诸儒为宋濂文集作序,就观察到"夸元之文统"的意涵。[①] 历史是不中断地流逝,王朝只是各个流段现成的标记符号,社会的发展,文化的演进,皆如积薪,随时代而增加。"元之文统"讲的就是文化继承前代在元代的发展脉络。

没有元代,何来明清?元代实在是被学界低估意义的中国历史上一个极为重要的时代。前述的陈雯怡博士以婺州为例还指出:"如何解释这个地方士人群体的文化及影响,便成为宋代以降历史的重要议题,也是衔接明清乡绅、地域社会研究的关键,而元代正是其间重要的一环。"[②]这是以个案对元代之于中国历史进程重要性的实证。南宋迄元的变革,直接造就了明清以来的乡绅社会。明清两朝的政治形态与南宋和元朝有着很大的不同,中央集权获得了极大的恢复和发展,不过强势的地方乡绅社会业已定型,国家与地域既有联系又有区别,并行发展。脱离元代这一重要环节,便难以解释明清乡绅社会的历史渊源,从而无法解释中国社会是如何走入近代,走到今天的。

结　语

传统中国的现代性(modernity)从何时肇始?我们往往会从

---

① 钱穆:《读明初开国诸臣诗文集》,氏著《中国学术思想史论丛(六)》,台北:东大图书公司,1978年,第77页。

② 陈雯怡:《"吾婺文献之懿"——元代一个乡里传统的建构及其意义》,《新史学》第20卷第2期,2009年,第43—114页。

近代向上追溯到明清。那么,需要追问的是,明清何来? 如果将明清的种种社会因素仔细爬梳溯源,如影随形的,正是南宋至元这一变革期,而不应当是时代距离相对遥远的唐宋变革期。

在南宋至元这一长达二百多年的历史时段,北宋骤亡,南宋建立,历史进程显现的偶然性,让政经分离的重心合一,融入江南社会发展的必然性之中。原本远离政治中心的富裕的江南,社会关系中开始融入了较多的政治因素。士大夫政治将中央与地方联系得更为紧密。国际关系的紧张,使朝廷对地方形成高度依赖。这种依赖也刺激了原本发达的地方经济。商品经济繁荣,又推动了北宋以来的平民文化的繁荣。经历庆元党禁打压的道学尽管后来为朝廷所推崇,但顺应社会转型潮流,礼下庶人,更为注重走道化俗的下行路线。

士大夫政治造就的新士族活跃于江南这一新的场域。待阙或丁忧,以及罢官或致仕,让士大夫长时间滞留乡里,与压抑于官场底层的大量低级官僚一起,经营于地方。而科举路难行的状况,又导致多数士人出于生计流向多元化。从宗族出发,由血缘扩及地缘,联系官场内外的士大夫,与游移于仕途之外的大量下层士人,不仅共同承载道学,有选择地发掘树立乡贤,制定乡规民约,成为民众思想的引领者,社会规范的指导者,还在兴修水利、赈灾济贫、维持治安等乡村建设中发挥着实际的领导作用。中国传统的乡土社会,不仅通过世代相熟的乡绅以诚信和权威维持着秩序,还建立起一个与祖先和乡贤相联系的地域文化共同体。宗谱和方志就是这种共同体的文献载体。

尽管政经重心合一,但宋元变革显现的一个基本特征是,超强制的政治因素逐渐减弱,经济与文化因素开始发生主导作用。正是由于这种状况的出现,江山鼎革,王朝转移,也就没有可能从根本上停止和改变社会转型的进程。由南宋入元,社会转型不仅在江南不中断地发展。在疆域扩大的元代,伴随着南北无阻的自由流动,不仅道学汪洋漫延,生发于江南的社会变革的方方面面,也扩散到更为广阔的范围,浸润入土,生根开花。

从南宋后期的士籍,经历元代的儒户,到明中期官方确认非官非民的"绅"的阶层存在[①],这一轨迹所显现的正是宋元变革带来的社会变化。考察南宋社会,黄宽重认为在南宋后期的嘉定年间(1208—1224)形成了士人社会的萌芽,与后来明清时期的传统形成密切联系。[②] 士人社会具体出现于何时,尚可讨论,或许有一个由微到显、由弱到盛的漫长生长过程。不过,从宋元与明清联系的视点来看,这一认识无疑是准确的。宋元变革奠定的社会基础,在此后的明清顺其自然地过渡到了乡绅社会。乡绅社会在宋元时期逐渐形成,进入明清时期继续生长壮大。据张仲礼的研究,清代太平天国运动爆发之前,全国的绅士阶层已达110万人,而在此后更是达到了150万人之多。[③]

宋元时期的士人流向多元化,也在明清科举竞争激烈的状况下延续下来。拥有强大的中央集权的明清大一统王朝,对于发源于宋元变革时期的主导地方的乡绅势力,无法排斥,只能以积极吸纳合作的姿态,力图让其成为地方基层统治的毛细血管。早在20世纪80年代,著名的社会经济史家傅衣凌先生就曾指出:"乡族既可以是血缘的,也可以是地缘性的,是多层次的、多元的、错综复杂的网络系统,而且具有很强的适应性。传统中国农村社会

---

① 蒙文通:《中国历代农产量的扩大和赋役制度及学术思想的演变》,《古史甄微》,成都:巴蜀书社,1999年,第302、358页。

② 黄宽重:《宋代基层社会的权力结构与运作——以县为主的考察》,《中国史新论》(基层社会分册),台北:"中研院",2009年,第273—325页。

③ [美]张仲礼:《中国绅士:关于其在19世纪中国社会中作用的研究》,李荣昌译,上海:上海科学院出版社,1991年,第105页。

所有实体性和非实体性的组织都可被视为乡族组织。"①与政治割不断联系的乡绅势力掌控乡族组织,作为联系国家与民众的纽带,形同双方利益的代理,在紧张与协调、对立与合作的关系中取得平衡。于是,在集权的中央与自治的地方基层之间便形成一种缓冲机制,使国家与民众的关系变得富有弹性,让专制的波幅减弱,也让社会拥有着足以抵消政治剧烈震荡的稳定性。

农桑工贩,原本跟生活息息相关,与政治关联不大,然而超经济强制的专制政治,施加了强烈制约,影响到了每个人的生活。宋元变革的社会转型,以乡绅阶层壮大的强势的地域社会的出现,让人们得以与政治拉开了距离。近代以后城乡差距逐渐缩小,界限含混,乡绅社会便成为向市民社会转型的基础之一。宋元变革的这一意义,更是凸显现代性的所在,与人类普遍的文明进化相连接。观察明清至近代的中国传统社会,必须要向宋元变革溯源,方能使研究具有合乎逻辑的历史景深。

远藤隆俊等编《日本宋史研究の现状と課題》指出:"地域社会史研究最大的特色,并非从国家与首都一侧来观察历史,而是从基层社会的角度来观察",并且说道:"在所谓地域的场所中,厘清不仅是政治,还包括经济、宗教、文化等各种要素是如何掺杂在一起而产生社会变动的。"②宋元变革论正是从这一视点切入,置于特定时代,并超越了地域社会史,全方位观察中国历史的走向。

本书立足于政治史,把目光投向社会,以士人命运为切入点,观察士人流向,考察知识精英参与地域社会的活动,关注社会转型,寻觅中国历史由宋入元,经历明清,从近世走向近代的历程。宋元变革时期形成的思想意识与价值观念,不仅影响到近代,直

---

① 傅衣凌:《中国传统社会:多元的结构》,《中国社会经济史研究》1988 年第 3 期。
② [日]远藤隆俊等编:《日本宋史研究の现状と課題》,东京:汲古书院,2010 年,第 104 页。

至今天还有着深深的印记。从这个意义上说，宋元变革论的研究，也是对中国乃至东亚的人们精神构造的思想史轨迹的溯源。

与唐宋变革论一样，涵盖广泛的宋元变革论也是一个超越国界和跨越学际的学术议题。一个宏大议题的完成，并非一个学者所能驾驭，需要众多学者，甚至是几代人，从广视野、多领域加以深入论证，方能充实。

附 录:

From Early Modern to Modern Times: A Brief Survey of the *Song-Yuan Transition* *

Abstract: My academic research direction has undergone a substantial change in recent years, based on the research of imperial central politics and *shidafu* politics as my major topic since the 1980s. I have pointed out that although the increase of the emperors' authority seems to be gained the imperial power, it tended to be more of a symbol than a real authority. Since 2005, I began to pay more attention to the fate of *shiren* who had been selected in the imperial examination, mentioned in my research on *shidafu* politics of the Song Dynasty. Due to the defects in the political system and its implementation, a majority of the selected imperial scholars were stuck at a low level in the hierarchy and could not be promoted to intermediate bureaucrat levels because of the situation in which there were more applicants for fewer jobs in the Southern Song Dynasty so that the disappointed scholars gradually alienated from mainstream politics and flewed to the society diversely. The long-term policy of "imperial examination abolishing" in the Yuan Dynasty further promoted this trend. A large number of scholars participated in the local community to improve the knowledge level of the local community and lead to social transformation. From the Southern Song Dynasty to the Yuan Dynasty local gentry society gradually developed and contributed to the powerful local gentry society

---

* 本文系 2014 年我在牛津大学国际研讨会上的英文演讲稿。

of the Ming and Qing Dynasties. From this perspective, I hold the view of the Song-Yuan Transition and observe China from the early modern period to modern history.

Keywords: the Song-Yuan Transition, the Tang-Song Transition, *shidafu* politics, competition among elite for bureaucratic positions, local society

The Background of *Song-Yuan Transition*

In 2005, I was invited to participate in the centennial symposium on "Abolishing the Imperial Examination", because I engaged in the study of the Yuan Dynasty and "East Asian Common history textbook" in Japan. Therefore, I am more concerned about the Yuan Dynasty, so I decided to write a paper on "Imperial Examination Repeal" in the Yuan Dynasty to provide historical references for the "final abolition of the imperial examination" in the 20th century.

In the process of searching for information and composing my thesis, I came up with the idea of "social changes from the Song Dynasty to the Yuan Dynasty" and considered the historical facts as well as "social changes between Tang and Song Dynastes" proposed by European and American scholars.

Since then, my academic direction has shifted from the upper class to the local society.

My article "History of Imperial Examination Cancellation" is a starting point for me to continue to collect information for further research. When I finished the program "Annotations of the electoral col-

　　　　　　　　士人走向民间:宋元变革与社会转型

lection of the Song Dynasty" with my Toyo Bunko colleagues conducted by Professor Nakajima, I continued to do the annotation work of *Chaoyeleiyao*, which was related to the notes by the author of the Song Dynasty, which concern the difficulties about "elites waiting for bureaucratic positions". Therefore, I began to pay attention to the fate of selected scholars in the Song Dynasty and the diversified career trend after the repeal policy of the imperial examination in Yuan Dynasty, and combined with these previous research cases. In my thesis, I made a preliminary explanation of the theory of "social changes from Song to Yuan Dynastes".

Song-Yuan Transition and Tang-Song Transition

The theory of "social changes from Song to Yuan Dynastes" appears to be opposed to the theory of "social changes between Tang and Song Dynasties". In fact, the two are not contradictory, because they observe the history of China from different perspectives. History study by means of logical consciousness is rational because we can divide history into several periods to have an intensive observation. In addition to the theory of "social changes between Tang and Song Dynasties", there are other opinions such as "social changes between the Northern Song and the Southern Song Dynasties" proposed by American scholars as well as "social changes from the Middle Tang Dynasty to the Ming Dynasty", etc.

The theory of "social changes between Tang and Song Dynasties" initiated by the Japanese scholars of Naito Konan and Miyazaki Itisada was one of the most influential theories in the early 20th century, and it has aroused renewed attention in the 21st century, making its influence more extensive. However, in my opinion, the theory of "social changes between Tang and Song Dynasties" are based on partial inference, and it is obviously problematic to put the Northern and Southern Song Dynasties together without differentiating their characteristics. The most important aspect is that the theory of "social changes between Tang and Song Dynasties" is what we called retrospective history from which we can draw the conclusion that great change has taken place between Tang and Song Dynasties. Naturally, from the perspective of political change, I agree with them. My opinion is mentioned in the Japanese version of my paper "Emperor's Authority and Scholar"s Politics in Song Dynasty". However, the theory of "social changes between Tang and Song Dynasties" tells us that the history of China changed from the Middle Ages to modern times, but it didn't involve the changes after the Song Dynasty. Combining the Southern Song with the following Dynasties of Ming and Qing until modern times to observe China society is the point where I proposed my own point of view.

The theory of "social changes from Song to Yuan Dynasties" has caused people to misunderstand the social changes that occurred between Song and Yuan Dynasties, but in fact, I was referring to the whole period including the Southern Song Dynasty and the Yuan Dynasty. For the sake of simplicity, the theory is named "social changes from Song to Yuan Dynasties" juxtaposed with the theory "social changes between Tang and Song Dynasties".

The Academic Background of *Song-Yuan Transition*

In fact, the observation of the history of China by American and European scholars may be inspired by Japanese scholars according to the historical background that their research was deeply influenced by Japanese scholars after World War Ⅱ.

The theory of "social changes between Tang and Song Dynasties" initiated by Naito Konan and completed by Miyazaki Itisada has attracted worldwide attention. Their other contribution to the academic field is to put forward the theory "early modern period began in the Song Dynasty" which was seldom mentioned by scholars outside Japan. The theory of "social changes between Tang and Song Dynasties" and the theory of "early modern period began in the Song Dynasty" are observations of different eras. I must admit that I advocate the theory of "social changes from Song to Yuan Dynastes" inspired by European and American scholars as well as by Japanese scholars to some extent.

However, these changes occurred imperceptibly. It is like a sunrise after dawn. In my opinion, the Northern Song Dynasty was a period when the reformational achievements of Tang and Song Dynasties were in the process of digestion, and therefore the factors of change were accumulated to prepare for the next period and the early modern period began from the Southern Song Dynasty. The theory of "early modern period began from the Song Dynasty" is similar to the theory of "social changes between Tang and Song Dynasties" because they do not distinguish the period before Song Dynasty characteristically. From this perspective, my suggestion is a supplement and positive to the theories contributed by many scholars all over the world.

Contemplation on Imperial Examination

The Era of Omperial Examination

The theory of "social changes from Song to Yuan Dynasties" is a comprehensive proposition to investigate how China moves from the early modern period to modern history. It is impossible to accomplish such a complicated project individually. Therefore, I just put forward the question and try to discuss it from various aspects.

Based on my personal research experience, I try to explain the social changes by investigating the elites selected by the imperial examination who were waiting for bureaucratic positions. It can be seen that in most cases, intellectuals are the pioneers of the social trends.

As we all know, due to the social realities such as the completion of the unification of the Song Dynasty, the needs of managers at all levels, the policy of "improving the status of the intellectuals and restricting the power of military commanders" and "good treatment for elites", large-scale bureaucratic reproduction began in emperor

Taizong in the Northern Song Dynasty. From this period the imperial examination machine was started by the governments of the Song Dynasty at full speed.

During three hundred years in the Northern Song and Southern Song Dynasties, there were hundreds or even thousands of people from all subjects were selected, creating a significant number of elites. There were 61,000 elites in the Northern Song Dynasty and 51,000 elites in the Southern Song Dynasty. This total is several times the number of elites before and after the Song Dynasty, which reflects the moderns cultivated by the imperial examination system and the politics of *shidafu*.

Difficulties of Selecting and Choosing Bureaucrat

No matter how brilliant the elites selected by the imperial examination system are, there were shadow areas where numerous *Fan Jin - style's* literati remained.

Even in the Song Dynasty, when the imperial examination system flourished, only one-thousandth of the lucky people deserved *jinbang timing* honor while most elites had no chance. The success of these 50 thousand elites who successfully passed the imperial examinations completely overshadowed the misfortune of the remaining 50 million scholars who didn't pass the examinations and their families who supported them.

What is more noteworthy is that not all these 50,000 or 60,000 lucky elites are satisfied with their honor, which has been ignored in research so far.

The system of "selecting and choosing bureaucrats" began with the emperor Zhenzong in the Northern Song Dynasty during which to be eligible for promotion in the imperial bureaucracy, most elites needed at least five recommendations including immediate supervisor's recommendation. It was rather difficult for ordinary literati to be promoted because of the institutional regulations and the interference of referrals and clerks. This phenomenon emerging in the late Northern Song Dynasty was even more extensive in the Southern Song Dynasty. Although the government of the Southern Song Dynasty guaranteed the imperial examination system to run smoothly, there was still another obstacle could not be broken. Those who lack political background could be junior bureaucrats, but due to the influence of the system and interpersonal relationships, they are almost impossible to be promoted to senior bureaucrats or upper-class bureaucrats.

A large number of literati surpassed thousands of candidates and succeeded in the imperial examinations, and in their subsequent career, they encountered more intense competition for promotion. Most of them needed to go through a seven-step election to occupy relatively high bureaucratic positions, but many of them could never realize their dream.

The imperial examinations were difficult and the promotions in political career were even more difficult. The tough reality alienated the *shiren* from mainstream politics, which lead to the outflow of intellectuals into the society. Therefore, the longitudinal floating trends of the elites became a transverse pattern.

Elites Flow into Local Society

Under the background of the vigorous development of the local economy, a large number of elites have flowed into local society in various ways and forms, which has improved the level of the local community and strengthened the local social capabilities in many aspects.

The social changes in the Yuan Dynasty were closely related to the changes in the Southern Song Dynasty, even though the imperial examination system was abolished for many years thereafter, and involved in the squire-dominated society in the Ming and Qing Dynasties.

The policy of "abolishing the imperial examination" fundamentally blocked the upward pathways of the old intellectuals, so they had no choice but to pursuit careers in local society wholeheartedly. Probably "being a clerk" is one of the most favored careers among many choices, which is their practical action of applying knowledge and implying their old dreams of *jinbang timing*. This choice is in line with the direction of the Yuan government to select officials from the clerks.

The knowledge resources of *shiren* flowed into the local region, which combined with the thriving economy of the local society promoted the development of local society in many ways. The policy of "abolishing the imperial examination" which lasted for decades and the policy of "establishment of Confucian household" jointly pushed *shiren* to local society completely. In addition to using knowledge as junior officials, engaging in education is also a choice for the literati by which they imparted knowledge and inspired wisdom so they could devote their political ideals to local society.

Elites Leading Society Transition

As political elites in the Northern Song Dynasty, *shidafu* flowed into the local community in the special context of the Southern Song Dynasty. Just as the wind sneaks into the night, *shidafu's* politics soaked into every corner of society. *Shidafu* and *shiren* led the local community and their identity was gradually recognized.

From the appearance of *shi* stratum at the end of the Southern Song Dynasty to the establishment of the Confucian family in the Yuan Dynasty, the hereditary spiritual nobility was legally recognized, regardless of blood or family status.

Not in possession of wealth, not in possession of a good career, but with only a cultural identity, *shi* without property became one of the *Bianhuqimin* social classes which was one of the various kinds of households classified by occupation. No taxes, no military service, *shi* distinguished himself to be respected by society.

Compared with other social sectors, the Confucian family could indeed be regarded as a group with noble spirits. It is estimated that there were as many as 100,000 elites group of *Jiangnan* in China, which laid a solid foundation for the gentry society in the Ming and Qing Dynasties.

Neo-Confucianism which was originally formed as the basis of the theory of *shidafu* politics gradually evolved into Taoism in the special context of the Southern Song Dynasty and became the spiritual support of the weaker country. Taoism unified the spirit of the Northern Song and Southern Song Dynasty into a complete theory. The new interpretation of eight points such as *Gewu*, *Zhizhi*, *Chengxin*, *Zhengyi*, *Xiush-*

en, *Qijia*, *Zhiguo*, *Pingtianxia* in the masterwork "The Great Learning" became the national spiritual bond which links individuals, families and country together so as to achieve the complementary of localled nation and community. Therefore, Taoism developed from the Southern Song to Yuan Dynastyes and dominated the whole society of the Ming and Qing Dynasties.

Taoist philosophy not only transcends the dynasties but also surpasses the ethnic groups with the Chinese culture spread by Chinese characters. Taoism is one of the many ways for *shiren* to contact with the people and lead local society through popularizing education and enlightenment to the public. The ideals and practices of private education, which was thriving from the Southern Song Dynasty in a wide range penetrated into the independent consciousness inspired and cultivated by *shidafu* politics since the Northern Song Dynasty in *shiren* society.

Not only the academy but also *shecang*, *xiangyue*, *Temple of sage ancestors* and other institutions and conventions have also been established in the country, The formation of the social authority fields of interactions between the nation-state and the family shows the care and guidance of *shiren* in local society with the ideal driven by Taoism.

Everyone has his or her own birthplace and unique local imprint, but before the Southern Song Dynasty this was in addition to establishing a human network where the local imprint was deliberately stressed. But little attention was paid to the literati who try to get out of the village and climb up. With the political and social changes in the environment after the Southern Song Dynasty, the literati who sought careers in local society gradually strengthened their consciousness of localization. The worship of notables or sages implies the effort of strengthening the local identity of *shidafu* intending to have a position in local society. However, the notables were selected by elites according to their own values. After the Southern Song Dynasty, the ideal standard was Taoism. *Xiangxian* not only belonged to local society but also set great examples for other areas. Local notables returned to the native place where Taoism dominated the spiritual world. The spread of *xiangxian* notables was filled with universal ideals of *shiren*. The worship of notables is one of the approaches by which the spiritual direction of power was kept in hand and thus indirectly showed the position of leadership.

From Early Modern Period to Modern History

Throughout the overall view of the Ming and Qing Dynasties, we can see that although the imperial examination system had been fully restored and developed, the diverse and powerful local community was formed under the leadership of the squires, and no political power can change such a situation. Tracing back to the source, the squire society germinated in the Southern Song Dynasty and developed in the Yuan Dynasty and became prosperous in the Ming and Qing Dynasties.

The rise of local society is one of the indications of era changes in the Song and Yuan Dynasties. One of the reasons for the social transformations in the Song and Yuan Dynasties is the difficulties encountered by *shiren* in the process of imperial examination and bureaucracy selection, and the diverse flow of scholars to the local society.

It seems that the Southern Song returned to the Southern Dynasty when the political center and economic center were combined as one, and the function of the economic center was particularly significant. The Southern Song Dynasty was replaced by the Yuan Dynasty when the imperial examination system stopped and clerks became officials, which accelerated social changes after the Southern Song Dynasty. Social change is based on the economic structure. Since the Mongols conquered *Jiangnan*, the economic structure has remained intact. The emperor of Yuan emphasized the rule of intellectuals, which is consistent with the *policy of Confucian government* advocated by elites who tried to convince the rulers to adoptit.

After the turmoil of social transformation from the Song and Yuan to Ming and Qing Dynasties, Chinese society became structured distinctly, the gentry class or local society was stereotyped, and China began to move from early modern to modern times.

参考文献

主要论文：

[美]包弼德：《唐宋转型的反思：以思想的变化为主》，刘宁译，刘东编《中国学术》第 1 卷第 3 期，北京：商务印书馆，2000 年。

包伟民：《精英们"地方化"了吗？——试论韩明士〈政治家与绅士〉与"地方史"研究方法》，邓小南、荣新江主编《唐研究》第 11 卷，北京：北京大学出版社，2005 年。

包伟民：《"唐宋变革论"：如何"走出"？》，《北京大学学报（哲学社会科学版）》2022 年第 4 期。

陈高华：《元朝科举诏令文书考》，《暨南史学》2002 年第 1 辑。

陈雯怡：《"吾婺文献之懿"——元代一个乡里传统的建构及其意义》，《新史学》2009 年第 20 卷第 2 期。

[日]渡边紘良：《宋代福建社会の一面——陆棠伝訳注補》，《独协医科大学教养医学科纪要》第 5 号，1982 年。

[日]渡边紘良：《宋代的八路定差法与使阙》，漆侠主编《宋史研究论文集：国际宋史研讨会暨中国宋史研究会第九届年会编刊》，保定：河北大学出版社，2002 年。

[日]渡边健哉：《近年の元代科举研究について》，《集刊東洋学》2006 年第 96 卷。

傅衣凌：《中国传统社会：多元的结构》，《中国社会经济史研究》1988 年第 3 期。

葛金芳：《"农商社会"：两宋江南社会经济的时代特征》，邓小南、杨果、罗家祥主编《宋史研究论文集（2010 年）》，武汉：湖北人民出版社，2011 年。

［日］宫嶋博史：《日本史認識のパラダイム転換のために——『韓国併合』一〇〇年にあたって》，《思想》2010 年 1 月号。

［日］宫崎市定：《吉川幸次郎著〈宋詩概説〉》，《東洋史研究》1963 年第 1 期。

［美］郝若贝：《750—1550 年间中国的人口、政治及社会转型》（"Demographic, Political, and Social Transformations of China, 750—1550"），《哈佛亚洲学报》（Harvard Journal of Asiatic Studies），1982 年第 42 卷第 2 期。

何忠礼：《两宋登科人数考索》，杭州大学历史系宋史研究室编《宋史研究集刊》第 2 集，1988 年。

胡建升：《杨万里佚文考》，《文献》2006 年第 2 期。

黄宽重：《宋代基层社会的权力结构与运作——以县为主的考察》，《中国史新论》（基层社会分册），台北："中研院"，2009 年。

黄仁生：《元代科举文献三种发覆》，《文献》2003 年第 1 期。

纪永贵：《杨万里佚文〈罗塘许氏族谱序〉辨伪》，《文献》2007 年第 1 期。

［日］葭森健介：《唐宋变革论于日本成立的背景》，《史学月刊》2005 年第 5 期。

［日］近藤一成：《英国的中国学（下）》，王瑞来译，《汉学研究通讯》1993 年第 12 卷。

［日］近藤一成：《宋代士大夫政治の特色》，新《岩波講座・世界歴史》9《中華の分裂と再生》，东京：岩波书店，1999 年。

李华瑞：《20 世纪中日"唐宋变革"观研究述评》，《史学理论研究》2003 年第 4 期。

李庆:《关于内藤湖南的"唐宋变革论"》,《学术月刊》2006 年第 10 期。

李埏:《从钱帛兼行到钱楮并用》,邓广铭、程应镠主编《宋史研究论文集》,上海:上海古籍出版社,1982 年。

林少阳:《"中国近代"之孤独的探寻者:原岛春雄〈近代中国断章〉导读》,《近代中国断章》,上海:上海人民出版社,2023 年。

[美]刘子健:《略论南宋的重要性》,《两宋史研究汇编》,台北:联经出版事业公司,1987 年。

柳立言:《何谓"唐宋变革"?》,《中华文史论丛》2006 年第 1 辑。

罗祎楠:《模式及其变迁——史学史视野中的唐宋变革问题》,《中国文化研究》2003 年第 2 期。

[日]梅原郁:《宋代銓選のひとこま:薦挙制度を中心に》,《東洋史研究》1981 年第 39 卷第 4 号。

[日]内藤湖南:《概括的唐宋時代観》,《内藤湖南全集》第 5 卷,东京:筑摩书房,1972 年。

钱穆:《理学与艺术》,宋史座谈会编《宋史研究集》第七辑,台北:台湾书局,1974 年。

[日]森田憲司:《元朝の科挙資料について:钱大昕の編著を中心に》,《東方学報》2001 年第 73 卷。

[日]森正夫:《中国前近代史研究における地域社会の視点》,《名古屋大学文学部研究論集》1982 年第 82 号。

[日]杉山正明:《蒙古时代史研究的现状及课题》,[日]近藤一成主编《宋元史学的基本问题》,北京:中华书局,2010 年。

[美]施坚雅:《中国历史的结构》,牛贯杰译,单国钺主编《当

代西方汉学研究集萃》(中古史卷),上海:上海古籍出版社,2012年。

[美]史乐民:《宋、元、明的过渡问题》,张祎、梁建国、罗祎楠译,单国钺主编《当代西方汉学研究集萃》(中古史卷),上海:上海古籍出版社,2012年。

[日]斯波义信:《南宋における"中間領域"社会の登場》,佐竹靖彦等编《宋元時代史の基本問題》,东京:汲古书院,1996年。

粟品孝:《关于〈东都事略·儒学传〉的评价问题》,《史学史研究》2010年第1期。

[美]田浩:《宋代思想史的再思考》,《复旦学报(社会科学版)》2019年第1期。

王美华:《家礼与国礼之间:〈朱子家礼〉的时代意义探析》,《史学集刊》2015年第1期。

王瑞来:《〈鹤林玉露〉作者罗大经考》,《学林漫录》五集,北京:中华书局,1982年。

王瑞来:《宋代士大夫主流精神论——以范仲淹为中心的考察》,《宋史研究论丛》第6辑,保定:河北大学出版社,2005年。

王瑞来:《科举停废的历史》,刘海峰编《科举制的终结与科举学的兴起》,武汉:华中师范大学出版社,2006年。

王瑞来:《走向象征化的皇权》,朱瑞熙等主编《宋史研究论文集》,上海:上海人民出版社,2008年。

王瑞来:《二宋年谱》,《中国典籍与文化丛刊》第10辑,北京:北京大学出版社,2008年。

王瑞来:《金榜题名后:"破白"与"合尖"——宋元变革论实证研究举隅之一》,《国际社会科学》2009年第26卷第3期。

王瑞来:《将错就错:宋代士大夫"原道"略说——以范仲淹的

君臣关系论为中心的考察》,《学术月刊》2009 年第 4 期。

王瑞来:《"百世闻之尚激昂"——读菊坡诗》,朱泽君主编《崔与之与岭南文化研究》,北京:人民出版社,2010 年。

王瑞来:《范仲淹〈题叶氏卷〉诗当属伪作》,《中国文物报》,2011 年 3 月 9 日。

王瑞来:《写意黄公望——由宋入元:一个人折射的大时代》,《国际社会科学杂志(中文版)》2011 年第 4 期。

王瑞来:《罗大经生平事迹补考》,《中国典籍与文化》2012 年第 2 期。

王瑞来:《小官僚大投射:罗大经仕履考析——宋元变革论实证研究举隅之三》,《文史哲》2014 年第 1 期。

王瑞来:《士人流向与社会转型——宋元变革论实证研究举隅之四》,《上海师范大学学报(哲学社会科学版)》2014 年第 43 卷第 3 期。

王瑞来:《科举家族与地域网络——以曾安强与周必大为中心的个案解析》,《社会科学研究》2015 年第 3 期。

王瑞来:《从近世走向近代——宋元变革论述要》,《史学集刊》2015 年第 4 期。

王瑞来:《向下看历史:宋元变革论略说》,《思想战线》2017 年第 43 卷第 6 期。

王瑞来:《它山攻错——地方学者与乡土历史的古与今》,《澎湃新闻》,2022 年 11 月 9 日。

王瑞来:《宋代士大夫的精神结构与社会转型——以赵抃崇佛为视点的考察》,《国际儒学》2023 年第 1 期。

闻轩轩、戴建国:《被忽视的首倡者:柳诒徵及其唐宋变革论》,《河北学刊》2023 年第 1 期。

夏维中、韩文宁、丁骏:《关于江苏地域文化的几点思考》,范金民、胡阿祥主编《江南地域文化的历史演进文集》,北京:生活·读书·新知三联书店,2013年。

萧东海:《新发现杨万里佚文〈五一堂记〉述考》,《文献》1990年第3期。

萧启庆:《元延祐二年与五年进士辑录》,《台大历史学报》1999年第24期。

[日]小二田章:《"近世"由来之基:从宋代的"地域""地方统治"研究出发》,《政大史粹》2013年第25期。

辛更儒:《诚斋先生杨万里年谱》,《杨万里集笺校》第十册附录,北京:中华书局,2007年。

杨华:《朱熹与宋代的乡饮酒礼变革——兼论礼典设计对地方官僚政治的回应》,《武汉大学学报(哲学社会科学版)》2019年第3期。

杨瑞:《杨万里佚文考》,南京师范大学《文教资料》2010年第21期。

[美]詹启华(Lionel Jensen):《在倒塌的偶像与高贵的梦想之间:中国思想史领域的札记》,[美]田浩编《宋代思想史论》,杨立华、吴艳红等译,北京:社会科学文献出版社,2003年。

张邦炜:《唐宋变革论的误解与正解——仅以言必称内藤及会通论等为例》,《中国经济史研究》2017年第5期。

张广达:《内藤湖南的唐宋变革说及其影响》,邓小南、荣新江主编《唐研究》第11卷,北京:北京大学出版社,2005年。

张国刚:《"唐宋变革"与中国历史分期问题》,《史学集刊》2006年第1期。

张其凡:《关于"唐宋变革期"学说的介绍与思考》,《暨南学报(哲学社会科学版)》2001年第1期。

张希清:《南宋贡举登科人数考》,《古籍整理与研究》第5期,北京:中华书局,1990年。

张希清:《北宋贡举登科人数考》,袁行霈主编《国学研究》第二卷,北京:北京大学出版社,1994年。

周扬波:《知识社会史视野下的宋代蒙书》,《厦门大学学报(哲学社会科学版)》2018年第2期。

周远成:《〈周氏五修族谱〉泥田旧序——宋杨万里佚文一篇》,《衡阳师范学院学报》2016年第2期。

朱瑞熙:《宋代幕职州县官的荐举制度》,《文史》1986年第27辑。

今人论著:

[法]布罗代尔:《论历史》,刘北成、周立红译,北京:北京大学出版社,2008年。

蔡方鹿:《魏了翁评传》,成都:巴蜀书社,1993年。

常熟市文联编:《黄公望研究文集》,南京:江苏美术出版社,1987年。

陈国灿、奚建华:《浙江古代城镇史》,合肥:安徽大学出版社,1995年。

陈雯怡:《由官学到书院:从制度与理念的互动看宋代教育的演变》,台北:联经出版公司,2004年。

陈寅恪:《金明馆丛稿二编》,北京:生活·读书·新知三联书店,2001年。

崔增亮主编:《古典文学》,北京:人民教育出版社,2008年。

[日]岛田虔次:《中国近代思维的挫折》,甘万萍译,南京:江

苏人民出版社,2008年。

邓广铭、程应镠主编:《宋史研究论文集》,上海:上海古籍出版社,1982年。

邓小南:《宋代文官选任制度诸层面》,石家庄:河北教育出版社,1993年。

邓小南、杨果、罗家祥主编:《宋史研究论文集(2010年)》,武汉:湖北人民出版社,2011年。

[美]狄百瑞:《中国的自由传统》,李弘祺译,北京:中华书局,2016年。

樊树志:《江南市镇:传统的变革》,上海:复旦大学出版社,1990年。

范金民、胡阿祥主编:《江南地域文化的历史演进文集》,北京:生活·读书·新知三联书店,2013年。

范荧:《笔记语境下的宋代信仰风俗》,郑州:大象出版社,2020年。

[德]傅海波、[英]崔瑞德:《剑桥中国辽西夏金元史907—1368年》,北京:中国社会科学出版社,1998年。

[日]宫崎市定著,砺波护编:《東洋の近世》,东京:中央公论新社,1999年。

[日]宫崎市定:《宫崎市定亚洲史论考》,张学锋、马云超等译,上海:上海古籍出版社,2017年。

龚延明、祖慧编著:《宋代登科总录》,桂林:广西师范大学出版社,2014年。

桂栖鹏:《元代进士研究》,兰州:兰州大学出版社,2001年。

[美]韩明士:《官宦与绅士:两宋江西抚州的精英》(*Statesmen and Gentlemen：The Elite of Fu-chou, Chiang-his, in Northern and*

Southern Sung），伦敦：剑桥大学出版社，1986 年。

[美]韩明士：《道与庶道：宋代以来的道教、民间信仰和神灵模式》，皮庆生译，南京：江苏人民出版社，2007 年。

何冠环：《宋初朋党与太平兴国三年进士》，北京：中华书局，1994 年。

何忠礼、徐吉军：《南宋史稿》，杭州：杭州大学出版社，1999 年。

何忠礼：《科举与宋代社会》，北京：商务印书馆，2006 年。

何忠礼：《南宋科举制度史》，北京：人民出版社，2009 年。

胡昭曦：《宋代蜀学论集》，成都：四川人民出版社，2004 年。

黄宽重：《孙应时的学宦生涯：道学追随者对南宋中期政局变动的因应》，台北：台大出版中心，2018 年。

黄清连：《元代户计制度研究》，台北：台湾大学文学院，1977 年。

[美]贾志扬：《天潢贵胄：宋代宗室史》，赵冬梅译，南京：江苏人民出版社，2005 年。

金中枢：《宋代的学术与制度研究》，台北：稻乡出版社，2009 年。

[日]近藤一成：《宋代中国の科挙社会研究》，东京：汲古书院，2009 年。

[日]近藤一成主编：《宋元史学的基本问题》，北京：中华书局，2010 年。

李伯重：《多视角看江南经济史（1250—1850）》，北京：生活·读书·新知三联书店，2003 年。

李华瑞主编：《"唐宋变革"论的由来与发展》，天津：天津古籍出版社，2010 年。

李之亮：《宋两江郡守易替考》，成都：巴蜀书社，2001年。

梁庚尧：《南宋的农村经济》，台北：联经出版事业公司，1984年。

刘石吉：《明清时代江南市镇研究》，北京：中国社会科学出版社，1987年。

［美］刘子健：《中国转向内在：两宋之际的文化内向》（*China Turning Inward：Intellectual-Political Changes in the Early Twelfth Century*），剑桥：哈佛大学出版社，1989年。中文版赵冬梅译，南京：江苏人民出版社，2012年。

［美］刘子健：《两宋史研究汇编》，台北：联经出版事业公司，1998年。

柳立言主编：《近世中国之变与不变》，台北：联经出版公司，2013年。

［德］马克思：《马克思恩格斯全集》，北京：人民出版社，1972年。

［日］梅原郁：《宋代官僚制度研究》，京都：同朋舍，1985年。

蒙文通：《古史甄微》，成都：巴蜀书社，1999年。

［日］内山精也：《宋诗惑问》，东京：研文出版社，2018年。

［日］内藤湖南：《内藤湖南全集》，东京：筑摩书房，1972年。

［日］内藤湖南：《中国史通论——内藤湖南博士中国史学著作选译》，夏应元等译，北京：社会科学文献出版社，2004年。

［日］内藤湖南：《燕山楚水》，吴卫峰译，北京：中华书局，2007年。

漆侠主编：《宋史研究论文集：国际宋史研讨会暨中国宋史研究会第九届年会编刊》，保定：河北大学出版社，2002年。

祁琛云：《北宋科甲同年关系与士大夫朋党政治》，成都：四川大学出版社,2015年。

钱穆:《中国文化史导论》(修订本),北京:商务印书馆1994年。

钱穆:《中国历史研究法》,上海:生活·读书·新知三联书店,2001年。

钱穆:《朱子新学案》,台北:联经出版事业公司,2010年。

荣新江:《中古中国与粟特文明》,北京:生活·读书·新知三联书店,2014年。

单国钺主编:《当代西方汉学研究集萃》(中古史卷),上海:上海古籍出版社,2012年。

申万里:《元代教育研究》,武汉:武汉大学出版社,2007年。

[美]施坚雅:《中国农村的市场和社会结构》,史建云、徐秀丽译,北京:中国社会科学出版社,1998年。

[美]史乐民、[美]万志英:《中国历史上的宋元明变迁》(*The Song-Yuan-Ming Transition in Chinese History*),剑桥:哈佛大学出版社,2003年。

[日]斯波义信:《宋代江南经济史研究》,方健、何忠礼译,南京:江苏人民出版社,2001年。

[美]田浩编:《宋代思想史论》,杨立华、吴艳红等译,北京:社会科学文献出版社,2003年。

[美]田浩:《朱熹的思维世界》,南京:江苏人民出版社,2009年。

涂云清:《蒙元统治下的士人及其经学发展》,台北:台湾大学出版中心,2012年。

王国维:《王国维遗书》,上海:上海古籍书店,1983年。

王瑞来:《宋代の皇帝権力と士大夫政治》,东京:汲古书院,

2001 年。

王瑞来:《中国史略》,东京:DTP 出版社,2009 年。

王瑞来:《近世中国:从唐宋变革到宋元变革》,太原:山西教育出版社,2015 年。

王文成:《宋代白银货币化研究》,昆明:云南大学出版社,2001 年。

闻一多:《闻一多全集》,北京:生活·读书·新知三联书店,1982 年。

吴天墀:《吴天墀文史存稿(增补本)》,北京:北京师范大学出版社,2016 年。

萧启庆:《元代史新探》,台北:新文丰出版社,1983 年。

萧启庆:《元朝史新论》,台北:允晨文化,1999 年。

[法]谢和耐:《蒙元入侵前夜的中国日常生活》,刘东译,南京:江苏人民出版社,1995 年。

严复:《严复集》,北京:中华书局,1986 年。

余英时:《朱熹的历史世界:宋代士大夫政治文化的研究》,北京:生活·读书·新知三联书店,2004 年。

[日]宇野哲人:《支那哲学史講話》,东京:大同馆,1914 年。

[日]远藤隆俊等编:《日本宋史研究の現状と課題》,东京:汲古书院,2010 年。

张其昀:《张其昀先生文集》,台北:中国文化大学出版部,1989 年。

张希清:《中国科举制度通史(宋代卷)》,上海:上海人民出版社,2015 年。

[美]张仲礼:《中国绅士:关于其在 19 世纪中国社会中作用的研究》,李荣昌译,上海:上海科学院出版社,1991 年。

章太炎：《菿汉三言》，上海：上海书店出版社，2011年。

赵琦：《金元之际的儒士与汉文化》，北京：人民出版社，2004年。

［日］中嶋敏编：《宋史選举志訳注》（1—3），东京：东洋文库，1992—2000年。

朱瑞熙：《中国政治制度通史》第六卷《宋代》，北京：人民出版社，1996年。

朱泽君主编：《崔与之与岭南文化研究》，北京：人民出版社，2010年。

Edwin O. Reischauer, *My life Between Japan and America*, Tokyo：John Weatherhill, Inc., 1986.

John K. Fairbank, Edwin O. Reischauer, China：*Tradition and Transformation*, Boston：Houghton Mifflin Co., 1978. 中文版《中国：传统与变革》，陈仲丹等译，南京：江苏人民出版社，2012年。

Paul Jakov. Smith, Richard von Glahn eds., *The Song-Yuan-Ming Transition in Chinese History*, Cambridge, M.A.：Harvard University Asia Center, 2003.

Peter K. Bol, "*This Culture of Ours*"：*Intellectual Transitions in Tang and Sung China*, Stanford, Calif：Stanford University Press, 1992.

古籍文献：

〔唐〕白居易：《白居易集》，顾学颉校点，北京：中华书局，1979年。

〔汉〕班固：《汉书》，北京：中华书局，1962年。

〔清〕卞永誉编：《书画汇考》，影印《四库全书》文渊阁本，台北:台湾商务印书馆,1986 年。

〔春秋〕卜商:《子夏易传》,影印《四库全书》文渊阁本,台北:台湾商务印书馆,1986 年。

〔清〕陈邦彦编:《历代题画诗类》,影印《四库全书》文渊阁本,台北:台湾商务印书馆,1986 年。

〔宋〕陈淳:《北溪大全集》,影印《四库全书》文渊阁本,台北:台湾商务印书馆,1986 年。

〔元〕陈高:《不系舟渔集》,影印《四库全书》文渊阁本,台北:台湾商务印书馆,1986 年。

〔元〕陈基:《夷白斋稿外集》,影印《四库全书》文渊阁本,台北:台湾商务印书馆,1986 年。

〔元〕陈桱:《通鉴续编》,元刊本。

〔宋〕陈骙:《南宋馆阁录 续录》,张富祥点校,北京:中华书局,1998 年。

〔宋〕陈亮:《陈亮集》,邓广铭点校,北京:中华书局,1987 年。

〔宋〕陈模:《怀古录校注》,郑必俊校注,北京:中华书局,1993 年。

〔明〕陈谟:《海桑集》,影印《四库全书》文渊阁本,台北:台湾商务印书馆,1986 年。

〔宋〕陈耆卿编:《赤城志》,《宋元方志丛刊》影印本,北京:中华书局,1990 年。

〔宋〕陈起:《江湖小集》,影印《四库全书》文渊阁本,台北:台湾商务印书馆,1986 年。

〔宋〕陈元晋:《渔墅类稿》,影印《四库全书》文渊阁本,台北:台湾商务印书馆,1986 年。

〔宋〕陈振孙:《直斋书录解题》,徐小蛮、顾美华点校,上海:

上海古籍出版社,2015年。

〔清〕陈焯:《宋元诗会》,影印《四库全书》文渊阁本,台北:台湾商务印书馆,1986年。

〔清〕陈焯:《三希堂法帖释文》,影印本,北京:中国书店,1987年。

〔日〕成寻:《参天台五台山记》,东京:风间书房,1978年。

〔日〕成寻:《新校参天台五台山记》,王丽萍校点,上海:上海古籍出版社,2009年。

〔元〕程端礼:《畏斋集》,影印《四库全书》文渊阁本,台北:台湾商务印书馆,1986年。

〔元〕程端学:《陵阳集》,影印《四库全书》文渊阁本,台北:台湾商务印书馆,1986年。

〔元〕程钜夫:《雪楼集》,影印《四库全书》文渊阁本,台北:台湾商务印书馆,1986年。

〔明〕程敏政编:《新安文献志》,影印《四库全书》文渊阁本,台北:台湾商务印书馆,1986年。

〔宋〕崔与之:《宋丞相崔清献公全录》,张其凡、孙志章整理,广州:广东人民出版社,2008年。

〔元〕戴表元:《剡源逸稿》,缪荃孙《艺风堂读书记》本。

〔元〕戴表元:《剡源戴先生文集》卷八,陆晓东、黄天美点校,杭州:浙江古籍出版社,2014年。

〔汉〕戴德:《大戴礼记》,影印《四库全书》文渊阁本,台北:台湾商务印书馆,1986年。

〔汉〕戴德、戴圣整理:《礼记》,王文锦《礼记译解》本,北京:中华书局,2001年。

〔宋〕戴栩:《浣川集》,影印《四库全书》文渊阁本,台北:台湾商务印书馆,1986年。

〔明〕董斯张:《吴兴备志》,影印《四库全书》文渊阁,上海:上海古籍出版社,1987年。

〔汉〕董仲舒:《春秋繁露》,影印《四库全书》文渊阁本,台北:台湾商务印书馆,1986年。

〔宋〕度正:《濂溪先生周元公年表》,《周敦颐集》,梁绍辉等点校,长沙:岳麓书社,2007年。

〔宋〕范成大纂,汪泰亨增订:《(绍定)吴郡志》,《宋元方志丛刊》影印本,北京:中华书局,1990年。

〔南朝宋〕范晔:《后汉书》,北京:中华书局,1965年。

〔宋〕范仲淹:《范文正公集》,王瑞来点校《儒藏(精华编)·范仲淹集》本,北京:北京大学出版社,2012年。

〔宋〕范仲淹:《范文正公政府奏议》,王瑞来校点《儒藏(精华编)·范仲淹集》本,北京:北京大学出版社,2012年。

〔宋〕方大琮:《铁庵集》,影印《四库全书》文渊阁本,台北:台湾商务印书馆,1986年。

〔明〕冯继科等纂修:《建阳县志》,嘉靖三十二年(1553)刻本。

〔明〕冯琦原编,陈邦瞻增辑:《宋史纪事本末》,北京:中华书局,2015年。

〔元〕傅若金:《傅与砺诗文集》,《嘉业堂丛书》本。

〔元〕富大用编:《古今事文类聚》外集,影印《四库全书》文渊阁本,台北:台湾商务印书馆,1986年。

〔宋〕龚明之:《中吴纪闻》,孙菊园校点,上海:上海古籍出版社,1986年。

〔元〕贡性之:《南湖集》,影印《四库全书》文渊阁本,台北:台湾商务印书馆,1986年。

〔明〕顾璘:《山中集》,影印《四库全书》文渊阁本,台北:台湾商务印书馆,1986年。

〔清〕顾嗣立:《元诗选》,影印《四库全书》文渊阁本,台北:台湾商务印书馆,1986年。

〔宋〕韩元吉:《南涧甲乙稿》,刘云军点校,北京:中国社会科学出版社,2022年。

〔元〕郝经:《陵川集》,影印《四库全书》文渊阁本,台北:台湾商务印书馆,1986年。

何宁:《淮南子集释》,北京:中华书局,1998年。

〔明〕何乔新:《椒邱文集》,影印《四库全书》文渊阁本,台北:台湾商务印书馆,1986年。

〔清〕弘历:《御制诗集》,影印《四库全书》文渊阁本,台北:台湾商务印书馆,1986年。

〔宋〕洪迈:《夷坚志》,何卓点校,北京:中华书局,1981年。

〔宋〕洪迈:《容斋随笔》,孔凡礼点校,北京:中华书局,2005年。

〔宋〕洪咨夔:《平斋文集》,侯体健点校,杭州:浙江古籍出版社,2015年。

〔元〕胡炳文:《云峰集》,影印《四库全书》文渊阁本,台北:台湾商务印书馆,1986年。

〔明〕胡粹中:《元史续编》,影印《四库全书》文渊阁本,台北:台湾商务印书馆,1986年。

〔宋〕胡铨:《澹庵集》,影印《四库全书》文渊阁本,台北:台湾商务印书馆,1986年。

〔宋〕胡太初:《昼帘绪论》,影印《四库全书》文渊阁本,台北:

台湾商务印书馆,1986 年。

〔宋〕胡知柔编:《象台首末》,影印《四库全书》文渊阁本,台北:台湾商务印书馆,1986 年。

〔宋〕黄榦:《勉斋集》,影印《四库全书》文渊阁本,台北:台湾商务印书馆,1986 年。

〔元〕黄坚:《古文真宝》,服部宇之吉校订本,东京:富山房,1972 年。

〔元〕黄溍:《文献集》,影印《四库全书》文渊阁本,台北:台湾商务印书馆,1986 年。

〔元〕黄溍:《道园遗稿》,影印《四库全书》文渊阁本,台北:台湾商务印书馆,1986 年。

〔宋〕黄升:《花庵词选》续集卷二,影印《四库全书》文渊阁本,台北:台湾商务印书馆,1986 年。

〔宋〕黄庭坚:《山谷全书》,影印《四库全书》文渊阁本,台北:台湾商务印书馆,1986 年。

〔清〕黄宗羲原撰,全祖望补修:《宋元学案》,陈金生、梁运华点校,北京:中华书局,1986 年。

〔清〕纪磊、沈眉寿编纂:《震泽镇志》,《中国地方志集成乡镇志专辑》影印道光二十四年(1844)刻本,上海:上海书店出版社,1992 年。

〔元〕家铉翁:《则堂集》,影印《四库全书》文渊阁本,台北:台湾商务印书馆,1986 年。

〔清〕蒋溥等:《盘山志》,影印《四库全书》文渊阁本,台北:台湾商务印书馆,1986 年。

〔清〕焦循:《孟子正义》,沈文倬点校,北京:中华书局,1987 年。

〔元〕揭傒斯:《文安集》,影印《四库全书》文渊阁本,台北:台湾商务印书馆,1986年。

金良年:《论语译注》,上海:上海古籍出版社,1995年。

〔清〕康有为:《孔子改制考》,北京:中华书局,2012年。

〔宋〕寇准:《寇忠愍公诗集》,《四部丛刊初编》本,上海:商务印书馆,1919年。

〔宋〕黎靖德编:《朱子语类》,王星贤点校,北京:中华书局,1986年。

〔宋〕李刘:《四六标准》,影印《四库全书》文渊阁本,台北:台湾商务印书馆,1986年。

〔宋〕李昴英:《文溪集》,影印《四库全书》文渊阁本,台北:台湾商务印书馆,1986年。

〔明〕李祁:《云阳集》,影印《四库全书》文渊阁本,台北:台湾商务印书馆,1986年。

〔宋〕李焘:《续资治通鉴长编》,北京:中华书局,2004年。

〔宋〕李廷忠:《橘山四六》,影印《四库全书》文渊阁本,台北:台湾商务印书馆,1986年。

〔清〕李文琰修,何天祥纂:《庆远府志》,《故宫珍本丛刊》影印乾隆十九年(1754)刻本,海口:海南出版社,2000年。

〔明〕李贤等:《大明一统志》,方志远等点校,成都:巴蜀书社,2017年。

〔宋〕李心传:《建炎以来朝野杂记》,徐规点校,北京:中华书局,2000年。

〔宋〕李心传:《建炎以来系年要录》,胡坤点校,北京:中华书局,2013年。

〔宋〕李新:《跨鳌集》,影印《四库全书》文渊阁本,台北:台湾商务印书馆,1986年。

〔宋〕李攸:《宋朝事实》,北京:中华书局,1955年。

〔宋〕梁克家编:《淳熙三山志》,《宋元方志丛刊》影印本,北京:中华书局,1990年。

〔明〕林富、黄佐纂修:《广西通志》,《四库全书存目丛书》史部·地理类第187册,影印明嘉靖刻本,济南:齐鲁书社,1997年。

〔宋〕林景熙:《霁山集》,陈增杰笺注,杭州:浙江古籍出版社,2012年。

〔明〕林庭㭿修,周广纂:《(嘉靖)江西通志》,嘉靖四年(1525)刻本。

〔明〕凌迪知:《万姓统谱》,影印《四库全书》文渊阁本,台北:台湾商务印书馆,1986年。

〔宋〕刘辰翁:《须溪集》,影印《四库全书》文渊阁本,台北:台湾商务印书馆,1986年。

〔宋〕刘克庄:《后村先生大全集》,《四部丛刊初编》影印旧抄本,上海:商务印书馆,1919年。

〔宋〕刘克庄:《后村先生大全集》,辛更儒《刘克庄集笺校》本,北京:中华书局,2011年。

〔元〕刘敏中:《平宋录》,影印《四库全书》文渊阁本,台北:台湾商务印书馆,1986年。

〔元〕刘敏中:《中庵集》,影印《四库全书》文渊阁本,台北:台湾商务印书馆,1986年。

〔金〕刘祁:《归潜志》,崔文印点校,北京:中华书局,1983年。

〔宋〕刘时举:《续宋中兴编年资治通鉴》,王瑞来点校,北京:中华书局,2014年。

〔元〕刘埙:《隐居通议》,影印《四库全书》文渊阁本,台北:台湾商务印书馆,1986年。

〔元〕刘一清:《钱塘遗事》,王瑞来《钱塘遗事校笺考原》本,北京:中华书局,2016年。

〔元〕刘因:《静修集》,影印《四库全书》文渊阁本,台北:台湾商务印书馆,1986年。

〔元〕刘岳申:《申斋集》,影印《四库全书》文渊阁本,台北:台湾商务印书馆,1986年。

〔宋〕刘宰:《漫塘集》,影印《四库全书》文渊阁本,台北:台湾商务印书馆,1986年。

〔宋〕楼钥:《攻愧集》,顾大朋点校《楼钥集》本,杭州:浙江古籍出版社,2010年。

〔宋〕楼钥编:《范文正公年谱》,王瑞来整理《儒藏(精华编)·范仲淹集》本附录,北京:北京大学出版社,2012年。

〔清〕陆陇其:《松阳讲义》,影印《四库全书》文渊阁本,台北:台湾商务印书馆,1986年。

〔清〕陆世仪:《思辨录辑要》,影印《四库全书》文渊阁本,台北:台湾商务印书馆,1986年。

〔元〕陆文圭:《墙东类稿》,影印《四库全书》文渊阁本,台北:台湾商务印书馆,1986年。

〔清〕陆心源:《宋史翼》,影印本,北京:中华书局,1991年。

〔清〕陆心源:《皕宋楼藏书志》,许静波点校,杭州:浙江古籍出版社,2016年。

〔清〕陆心源:《穰梨馆过眼录》,陈小林点校,上海:上海书画出版社,2018年。

〔宋〕陆游:《剑南诗稿》,钱仲联、马亚中主编《陆游全集校注》本,杭州:浙江古籍出版社,2015年。

〔宋〕吕祖谦编:《宋文鉴》,齐治平点校,北京:中华书局,1992年。

〔宋〕罗大经:《鹤林玉露》,王瑞来点校,北京:中华书局,1983年。

〔明〕罗洪先:《罗念庵集》,北京大学图书馆藏明嘉靖四十二年(1563)刻本。

〔宋〕罗濬:《宝庆四明志》,影印《四库全书》文渊阁本,台北:台湾商务印书馆,1986年。

〔明〕罗钦顺:《整庵存稿》,影印《四库全书》文渊阁本,台北:台湾商务印书馆,1986年。

〔元〕马端临:《文献通考》,北京:中华书局,2011年。

〔元〕马廷鸾:《碧梧玩芳集》,影印《四库全书》文渊阁本,台北:台湾商务印书馆,1986年。

〔清〕缪荃孙:《魏文靖公年谱》,张尚英校点《宋人年谱丛刊》本,成都:四川大学出版社,2003年。

〔清〕穆彰阿、潘锡恩等纂修:《大清一统志》,影印《四库全书》文渊阁本,台北:台湾商务印书馆,1986年。

〔清〕倪涛编:《六艺之余录》,影印《四库全书》文渊阁本,台北:台湾商务印书馆,1986年。

〔宋〕欧阳修、宋祁:《新唐书》,北京:中华书局,1975年。

〔宋〕欧阳修:《欧阳修全集》,李逸安点校,北京:中华书局,2001年。

〔元〕欧阳玄:《圭斋文集》,《四部丛刊初编》本,上海:商务印书馆,1919年。

〔清〕彭定求等编:《全唐诗》,北京:中华书局,1979年。

〔清〕彭际盛等修,胡宗元等纂:《(光绪)吉水县志》,光绪元年(1875)刻本。

〔明〕钱谦益:《牧斋有学集》,钱仲联标校,上海:上海古籍出版社,1996 年。

钱仲联主编:《清诗纪事》,南京:凤凰出版社,2004 年。

〔清〕阮元校刻:《周礼注疏》,《十三经注疏》影印本,北京:中华书局,2009 年。

〔元〕萨都拉:《雁门集》,影印《四库全书》文渊阁本,台北:台湾商务印书馆,1986 年。

〔元〕邵复孺:《蚁术诗选》,《四部丛刊三编》本,上海:商务印书馆,1934 年。

〔明〕沈杰修、吾㝎、吴夔同纂:《弘治衢州府志》,《天一阁藏明代方志选刊续编》影印弘治十六年(1503)序刊本,上海:上海书店出版社,1990 年。

〔宋〕沈括:《长兴集》,影印《四库全书》文渊阁本,台北:台湾商务印书馆,1986 年。

〔宋〕沈括:《梦溪笔谈》,胡道静校证,上海:上海古籍出版社,1987 年。

〔宋〕沈括:《梦溪笔谈》,金良年点校,北京:中华书局,2015 年。

〔宋〕史绳祖:《学斋占毕》,影印《四库全书》文渊阁本,台北:台湾商务印书馆,1986 年。

〔元〕释念常:《佛祖历代通载》,影印明刊本,北京:书目文献出版社,1998 年。

〔宋〕司马光:《资治通鉴》,北京:中华书局,1975 年。

〔汉〕司马迁:《史记》,北京:中华书局,1959 年。

〔明〕宋濂:《元史》,北京:中华书局,1976 年。

〔明〕宋濂:《宋学士文集》,徐儒宗等点校,杭州:浙江古籍出版社,2014年。

〔宋〕宋祁:《宋景文集》,影印《四库全书》文渊阁本,台北:台湾商务印书馆,1986年。

〔宋〕苏轼:《苏轼诗集》,孔凡礼点校,北京:中华书局,1982年。

〔宋〕苏轼:《苏轼文集》,孔凡礼点校,北京:中华书局,1986年。

〔宋〕苏颂:《苏魏公文集》,王同策、管成学、颜中其等点校,北京:中华书局,1988年。

〔宋〕苏象先:《丞相魏公谭训》,储玲玲整理,郑州:大象出版社,2008年。

〔宋〕苏洵:《嘉祐集笺注》,曾枣庄、金成礼笺注,上海:上海古籍出版社,1993年。

〔宋〕苏辙:《苏辙集》,陈宏天、高秀芳点校,北京:中华书局,1990年。

〔清〕孙承泽:《庚子消夏记》,影印《四库全书》文渊阁本,台北:台湾商务印书馆,1986年。

〔宋〕孙觌:《鸿庆居士集》,影印《四库全书》文渊阁本,台北:台湾商务印书馆,1986年。

〔宋〕孙应时:《烛湖集》,影印《四库全书》文渊阁本,台北:台湾商务印书馆,1986年。

唐圭璋编:《全宋词》,北京:中华书局,1965年。

〔元〕唐元:《筠轩集》,影印《四库全书》文渊阁本,台北:台湾商务印书馆,1986年。

〔明〕陶宗仪:《说郛》,《说郛三种》影印本,上海:上海古籍出版社,1988 年。

〔元〕陶宗仪:《南村辍耕录》,李梦生校点,上海:上海古籍出版社,2012。

〔元〕脱脱等:《宋史》,北京:中华书局,1985 年。

〔明〕汪砢玉:《珊瑚网》,影印《四库全书》文渊阁本,台北:台湾商务印书馆,1986 年。

〔元〕汪梦斗:《北游集》,影印《四库全书》文渊阁本,台北:台湾商务印书馆,1986 年。

〔清〕汪森编:《粤西丛载》,影印《四库全书》文渊阁本,台北:台湾商务印书馆,1986 年。

〔宋〕汪藻:《浮溪集》,《四部丛刊初编》景印武英殿聚珍版,上海:商务印书馆,1919 年。

〔宋〕汪洙:《神童诗》,王不语、余竹译注,长春:吉林文史出版社,1994 年。

〔宋〕王安石撰,〔宋〕李壁笺注:《王荆文公诗笺注》,北京:中华书局,1958 年。

〔宋〕王安石:《王安石全集》,刘成国点校,北京:中华书局,2021 年。

〔明〕王鏊:《震泽长语》,北京:中华书局,1985 年。

〔明〕王鏊:《姑苏志》,影印《四库全书》文渊阁本,台北:台湾商务印书馆,1986 年。

〔宋〕王称:《东都事略》,《宋史资料萃编》影印宋刻本,台北:文海出版社,1979 年。

〔五代〕王定保:《唐摭言》,阳羡生校点,上海:上海古籍出版社,2012 年。

〔元〕王逢:《梧溪集》,影印《四库全书》文渊阁本,台北:台湾商务印书馆,1986年。

〔宋〕王明清:《挥麈录》,上海:上海书店出版社,2001年。

〔元〕王申子:《大易缉说》,影印《四库全书》文渊阁本,台北:台湾商务印书馆,1986年。

〔清〕王士禛:《居易录》,影印《四库全书》文渊阁本,台北:台湾商务印书馆,1986年。

〔元〕王天与:《尚书纂传》,影印《四库全书》文渊阁本,台北:台湾商务印书馆,1986年。

〔宋〕王庭珪:《卢溪文集》,影印《四库全书》文渊阁本,台北:台湾商务印书馆,1986年。

〔清〕王相编:《千家诗》,李逸安、张立敏译注,北京:中华书局,2011年。

〔宋〕王象之:《舆地纪胜》,赵一生点校,杭州:浙江古籍出版社,2012年。

〔宋〕王栐:《燕翼诒谋录》,诚刚点校,北京:中华书局,1981年。

〔元〕王恽:《玉堂嘉话》,《历代笔记小说集成·元代笔记小说》本,石家庄:河北教育出版社,1996年。

〔元〕王恽:《秋涧先生大全文集》,杨亮、钟彦飞点校《王恽全集汇校》本,北京:中华书局,2013年。

〔宋〕王之道:《相山集》,影印《四库全书》文渊阁本,台北:台湾商务印书馆,1986年。

〔宋〕王质:《雪山集》,影印《四库全书》文渊阁本,台北:台湾商务印书馆,1986年。

〔元〕危素:《说学斋稿》,影印《四库全书》文渊阁本,台北:台湾商务印书馆,1986年。

〔宋〕魏了翁:《鹤山集》,影印《四库全书》文渊阁本,台北:台湾商务印书馆,1986年。

〔元〕吴澄:《吴文正集》,影印《四库全书》文渊阁本,台北:台湾商务印书馆,1986年。

〔宋〕吴处厚:《青箱杂记》,李裕民点校,北京:中华书局,1985年。

〔清〕吴绮:《林蕙堂全集》,影印《四库全书》文渊阁本,台北:台湾商务印书馆,1986年。

〔元〕吴师道:《礼部集》,影印《四库全书》文渊阁本,台北:台湾商务印书馆,1986年。

〔宋〕吴泳:《鹤林集》,影印《四库全书》文渊阁本,台北:台湾商务印书馆,1986年。

〔元〕夏文彦:《图绘宝鉴》,影印《四库全书》文渊阁本,台北:台湾商务印书馆,1986年。

〔清〕谢旻修:《(雍正)江西通志》,影印《四库全书》文渊阁本,台北:台湾商务印书馆,1986年。

〔宋〕谢深甫监修:《庆元条法事类》,戴建国点校,哈尔滨:黑龙江人民出版社,2002年。

〔明〕解缙、姚广孝等监修:《永乐大典》,影印本,北京:中华书局,1986年。

〔宋〕徐经孙:《矩山存稿》,影印《四库全书》文渊阁本,台北:台湾商务印书馆,1986年。

〔宋〕徐鹿卿:《清正存稿》,影印《四库全书》文渊阁本,台北:台湾商务印书馆,1986年。

〔元〕徐明善:《芳谷集》,影印《四库全书》文渊阁本,台北:台湾商务印书馆,1986年。

〔清〕徐釚编:《词苑丛谈》,唐圭璋校注,北京:中华书局,2008年。

〔清〕徐松辑:《宋会要辑稿》,刘琳、刁忠民、舒大刚、尹波等校点,上海:上海古籍出版社,2014年。

〔宋〕徐自明:《宋宰辅编年录校补》,王瑞来校补,北京:中华书局,1986年。

〔元〕许衡:《许衡集》,许红霞点校,北京:中华书局,2019年。

〔宋〕许应龙:《东涧集》,影印《四库全书》文渊阁本,台北:台湾商务印书馆,1986年。

〔战国〕荀况:《荀子集解》,王先谦集解,北京:中华书局,1988年。

〔明〕严嵩等纂修:《袁州府志》,《天一阁藏明代方志选刊》影印明正德九年(1514)刻本,上海:上海古籍书店,1982年。

〔汉〕扬雄:《法言》,影印《四库全书》文渊阁本,台北:台湾商务印书馆,1986年。

〔元〕杨翮:《佩玉斋类稿》,影印《四库全书》文渊阁本,台北:台湾商务印书馆,1986年。

〔宋〕杨时:《杨时集》,林海权整理,北京:中华书局,2018年

〔明〕杨士奇、黄淮等编:《历代名臣奏议》,影印本,上海:上海古籍出版社,1989年。

〔明〕杨士奇:《东里文集》,刘伯涵、朱海点校,北京:中华书局,1998年。

〔宋〕杨万里:《诚斋集》,《四部丛刊初编》影印宋抄本,上海:商务印书馆,1919年。

〔宋〕杨万里:《诚斋集》,辛更儒《杨万里集笺校》本,北京:中华书局,2007年。

〔明〕杨循吉等:《吴中小志丛刊》,陈其弟点校,扬州:广陵书社,2004年。

〔明〕杨渊等纂修:《弘治抚州府志》,《天一阁藏明代方志选刊续编》影印明弘治十六年(1503)刻本,上海:上海书店出版社,1990年。

〔元〕杨载:《杨仲弘诗集》,《四部丛刊初编》本,上海:商务印书馆,1919年。

〔宋〕姚勉:《雪坡舍人集》,影印《四库全书》文渊阁本,台北:台湾商务印书馆,1986年。

〔明〕叶子奇:《草木子》,北京:中华书局,1959年。

〔清〕伊继善、黄之隽等修纂:《江南通志》,影印《四库全书》文渊阁本,台北:台湾商务印书馆,1986年。

〔宋〕佚名:《绍兴十八年同年小录》,《宋史资料萃编》第三辑《南宋登科录两种》,影印本,台北:文海出版社,1981年。

〔宋〕佚名:《宝祐四年登科录》,《宋史资料萃编》第三辑《南宋登科录两种》,影印本,台北:文海出版社,1981年。

〔宋〕佚名编:《重编详备碎金》,天理:天理大学出版部,1981年。

〔宋〕佚名编:《翰苑新书续集》,影印《四库全书》文渊阁本,台北:台湾商务印书馆,1986年。

〔宋〕佚名撰:《京口耆旧传》,影印《四库全书》文渊阁本,台北:台湾商务印书馆,1986年。

〔宋〕佚名编:《名公书判清明集》,北京:中华书局,1987年。

〔宋〕佚名:《续编两朝纲目备要》,汝企和点校,北京:中华书局,1995年。

〔元〕佚名:《宋史全文》,汪圣铎点校,北京:中华书局,

2016 年。

〔宋〕佚名:《道山清话》,赵维国整理《全宋笔记》本,郑州:大象出版社,2019 年。

〔清〕永瑢等:《四库全书总目》,北京:中华书局,1965 年。

〔明〕余之祯总修,王时槐纂修:《(万历)吉安府志》,汪泰荣点校,北京:中华书局,2018 年。

〔宋〕俞成:《萤雪丛说》,李伟国、孙莺整理《全宋笔记》本,郑州:大象出版社,2019 年。

〔元〕虞集:《道园学古录》,影印《四库全书》文渊阁本,台北:台湾商务印书馆,1986 年。

〔宋〕宇文懋昭:《大金国志》,崔文印校证,北京:中华书局,1986 年。

〔金〕元好问编:《中州集校注》,张静校注,北京:中华书局,2018 年。

〔宋〕袁采:《袁氏世范》,天津:天津古籍出版社,1995 年。

〔元〕袁桷:《延祐四明志》,《宋元方志丛刊》影印本,北京:中华书局,1990 年。

〔元〕袁俊翁:《四书疑节》,影印《四库全书》文渊阁本,台北:台湾商务印书馆,1986 年。

〔宋〕岳珂:《桯史》,吴企明点校,北京:中华书局,1981 年。

〔宋〕员兴宗:《九华集》,影印《四库全书》文渊阁本,台北:台湾商务印书馆,1986 年。

〔宋〕曾丰:《缘督集》,影印《四库全书》文渊阁本,台北:台湾商务印书馆,1986 年。

〔宋〕曾巩:《隆平集》,王瑞来校证,北京:中华书局,2012 年。

〔清〕曾国藩修,刘绎纂:《(光绪)江西通志》,光绪七年

（1881）刻本。

〔清〕曾国藩：《曾国藩全集》，长沙：岳麓书社，2012 年。

〔宋〕曾敏行：《独醒杂志》，朱杰人标校，郑州：大象出版社，2019 年。

曾枣庄、刘琳主编：《全宋文》，上海：上海辞书出版社；合肥：安徽教育出版社，2006 年。

〔明〕张丑：《清河书画舫》，影印《四库全书》文渊阁本，台北：台湾商务印书馆，1986 年。

〔元〕张纯愚：《定宇集》，影印《四库全书》文渊阁本，台北：台湾商务印书馆，1986 年。

〔宋〕张端义：《贵耳集》，许沛藻、刘宇整理《全宋笔记》本，郑州：大象出版社，2019 年。

〔明〕张居正等纂修：《大明会典》，影印万历十五年（1587）本，台北：新文丰出版公司，1976 年。

〔明〕张鸣凤：《桂胜·桂故》，杜海军、阎春点校，北京：中华书局，2016 年。

〔清〕张问陶：《船山诗草》，北京：中华书局，1986 年。

〔元〕张雨：《句曲外史集》，彭万隆点校《张雨集》本，杭州：浙江古籍出版社，2015 年。

〔清〕张照：《秘殿珠林石渠宝笈合编》，影印本，上海：上海书店出版社，2011 年。

〔清〕张之厚：《蒲江县志》，日本东洋文库藏清光绪四年（1878）刊本。

〔宋〕张知甫：《张氏可书》，孔凡礼整理《全宋笔记》本，郑州：大象出版社，2019 年。

〔宋〕章如愚：《群书考索》，影印《四库全书》文渊阁本，台北：

台湾商务印书馆,1986年。

〔宋〕赵抃:《清献集》,影印《四库全书》文渊阁本,台北:台湾商务印书馆,1986年。

〔清〕赵尔巽等撰:《清史稿》,北京:中华书局,1977年。

〔元〕赵孟𫖯:《松雪斋集》,钱伟强点校《赵孟𫖯集》本,杭州:浙江古籍出版社,2012年。

〔宋〕赵汝愚编:《宋朝诸臣奏议》,上海:上海古籍出版社,1999年。

〔宋〕赵甡之:《中兴遗史辑校》,许起山辑校,北京:中华书局,2018年。

〔宋〕赵升:《朝野类要》,王瑞来点校,北京:中华书局,2007年。

〔宋〕赵彦卫:《云麓漫钞》,傅根清点校,北京:中华书局,1996年。

〔清〕赵翼:《廿二史劄记》,王树民校证,北京:中华书局,1984年。

〔宋〕真德秀:《西山读书记》,影印《四库全书》文渊阁本,台北:台湾商务印书馆,1986年。

〔宋〕郑樵:《通志》,北京:中华书局,1987年。

〔宋〕郑樵:《通志二十略》,王树民点校,北京:中华书局,1995年。

〔宋〕郑瑶修,方仁荣纂:《景定严州续志》,《宋元方志丛刊》影印本,北京:中华书局,1990年。

〔元〕郑元祐:《侨吴集》,影印《四库全书》文渊阁本,台北:台湾商务印书馆,1986年。

〔清〕郑志鸿:《常语寻源》卷下癸集,颜春峰、叶书奇点校,北京:中华书局,2019年。

〔宋〕周必大:《周文忠公集》,王瑞来《周必大集校证》本,上海:上海古籍出版社,2020年。

〔宋〕周辉:《清波杂志校注》,刘永翔校注,北京:中华书局,1997年。

〔宋〕周密:《齐东野语》,张茂鹏点校,北京:中华书局,1983年。

〔宋〕周密:《癸辛杂识》,吴企明点校,北京:中华书局,1988年。

〔宋〕周密:《武林旧事》,范荧整理《全宋笔记》本,郑州:大象出版社,2019年。

〔宋〕周去非:《岭外代答校注》,杨武泉校注,北京:中华书局,1999年。

〔明〕朱存理集录:《铁网珊瑚校证》,韩进、朱春峰校证,扬州:广陵书社,2012年。

〔明〕朱谋垔:《画史会要》,影印《四库全书》文渊阁本,台北:台湾商务印书馆,1986年。

〔清〕朱轼:《史传三编》,影印《四库全书》文渊阁本,台北:台湾商务印书馆,1986年。

〔宋〕朱熹、李幼武纂集:《五朝名臣言行录》,《宋史资料萃编》第一辑,影印本,台北:文海出版社,1967年。

〔宋〕朱熹编:《二程外书》,影印《四库全书》文渊阁本,台北:台湾商务印书馆,1986年。

〔宋〕朱熹:《朱文公文集》,郭齐、尹波编注《朱熹文集编年评注》本,福州:福建人民出版社,2019年。

〔宋〕朱彧:《萍洲可谈》:李伟国点校,北京:中华书局,

2007 年。

　　〔宋〕祝穆撰，祝洙增订：《方舆胜览》，施和金点校，北京：中华书局，2003 年。

　　〔宋〕庄绰：《鸡肋编》，萧鲁阳点校，北京：中华书局，1997 年。

　　〔春秋〕左丘明：《春秋左氏传》，〔清〕阮元校刻《十三经注疏》本，北京：中华书局，2009 年。

后　记

　　关于倡导宋元变革论的契机,我在书中已经讲过,是缘于 2005 年撰写参加科举废除一百周年国际研讨会的论文。然而,此时明确的认识,也并非灵光闪现,而是有着自己也一直没有清晰归纳的潜在意识。这种来自长期阅读文献和研究思考所形成的潜在意识,在集中整理史料时产生聚变,照亮了思路。此后,我沿着这一思路,不断扩展了这一重大议题。

　　除了来自外部的学术影响,学术积淀则是产生问题意识的内在因素。回首四十年的研究历程,从 20 世纪 80 年代以皇权为主的宋代政治史研究开始,到 20 世纪 90 年代接受日本学者的影响,将宋代的诸多现象纳入到士大夫政治的视野思考,形成我的研究结构中的第一条主线。我向来认为,人的知识构成犹如一条潜行于地下的暗河,各条支流都是连贯互通的。士大夫政治的视野,无疑让我对士人有着较多的关注。

　　2000 年之后,有一段时期,我较多地参与了科举史研究的学术活动。由造就士大夫政治的科举,我进一步关注到金榜题名后的士人经历和大量名落孙山的士人命运。仕途的塞涩与科举的失败,阻塞了多数士人向上流动的通路,造成流向多元。靖康之变的历史大变局,改变了政治地理,使原本二元化的政治、经济中心合一。承继北宋渐变的积淀,南宋的历史在江南这一特定的场域展开。商品经济的繁荣,地方势力的强盛,为士人拓展了广阔的生存空间,士人流向多元化加速。这种趋势对社会转型形成主导。对于这一历史现象的思考，让我逐渐明确了宋元变革论的认识，从而确立了研究结构中的第二条主线。

两条主线交织，研读史料和阅览文献时，也围绕着这两条主线不断生发着问题意识。我觉得，作为学者，在研究过程中一定要形成自己的研究主线。有了研究主线，不仅会产生相关的问题意识，还会形成有别于他人的、属于自己独一份的学术话语。

与一些聪明的学者善于利用第二手资料展开论述不同，我比较愚拙，下的是笨功夫，主要利用自己发掘的相关史料展开研究。回顾研究经历，多少年来都是这样走过来的。大学古典文献专业的训练和长期古籍整理编辑的生涯，让我拥有了一定的古籍校勘技能。因此，我会根据研究方向，整理校勘相关古籍，从中发掘史料。比如，研究宋代的皇权与相权，作了《宋宰辅编年录校补》（中华书局，1986）；研究范仲淹，两次整理校勘了范仲淹的文集（《全宋诗》，1991；《全宋文》，1996；《儒藏》精华编，2012）。当形成宋元变革论的认识之后，我则有计划地整理了一些南宋的重要文献。比如点校了宋人赵升的官制小词典《朝野类要》（中华书局，2007），作了《钱塘遗事校笺考原》（中华书局，2016）、《玉牒初草集证》（中华书局，2018），并对南宋中期宰相周必大的文集作了《周必大集校证》（上海古籍出版社，2020）等。为了对南宋历史获得整体概观，我还点校了刘时举的南宋前四朝编年史《续宋中兴编年资治通鉴》（中华书局，2014），对元人编纂的南宋后三朝编年史作了《宋季三朝政要笺证》（中华书局，2010）。

我常常讲，古籍整理校勘是我的读书方式。一字一句地反复研读，旁征博引地校证，会使我对史料有比较透彻的理解。在整理过程中，不仅作为副产品，写下了长短不一的大量文章，更在我的杂家般的知识结构中建立了无数个点。触类旁通，有些点便会在一定的促因下连贯激活。有明确方向的古籍整理,让我发掘并掌握了大量的第一手史料,这些史料成为研究宋元变革论的有力支撑。

栖灯勘义,滴露研朱,整理校勘古籍,看似枯燥乏味,我却乐在其中。不过,我也时刻警惕自己不能深陷于史料的泥沼难以自拔。史料奠基,还当登高望远,开阔视野。既是教学需要,也是自我训练,我用日文编纂了一部通史《中国史略》(日本 DTP 出版,2009)。研究断代史,通史视野不可或缺。有了通史视野,可以打通时空,跨越学际,纵横古今。得益于通史视野,在倡导宋元变革论之前,我已在授课时给学生强调元代是中国历史走向近代的重要转折点。学术积淀在一定契机下豁然贯通,通史视野在其中起到重要作用。

通史视野更让我深感流行于中外学界几十年的唐宋变革论无法合理地阐明南宋以后的中国历史走向,因而有宋元变革论的思考与提倡。对于中国历史研究,我曾有过一个比喻说,中国这座房屋,欧美学者是从外部眺望,东亚学者是一脚门里一脚门外地观察,中国学者则是徜徉在房间之内。横看成岭侧成峰,观察的视角各有长短。中国学者如果能够借他山之石,汲取所长,就可以避免只缘身在其中反而难识真面目的尴尬,一定会有更为切合实际的观察,从而领先学界。作为中国本土出身的学者,吾志于此。然而,学术从来就不是一个人的事业,需要众多有志同道共同努力。

除了学者间的协作,还需要学界以外的支持。学者是创造者、生产者,作为研究成果的产品推出,则需要出版人的慧眼与合作。学者与出版人的联系,可以说也是一种缘分。前几年的一天,偶然发现平时基本不查看的微博信箱中有一封陌生的来信,致信已久。阅读之下，原来是素不相识的张洁女史盛情相邀，希望我能为广西师大出版社提供书稿。我带着迟复的歉意，讲到对于宋元变革论的思考。此后的几年间，经常会收到张洁女史的追询和惠赠的新书。难拂盛情，我决定把已经有了一定积累的这方面文字交给广西师大出版社。交稿之后，广西师大出版社进行了认真审阅。质量总监赵艳女史对本书的逻辑重构提出了相当专业的意见，责任编辑邓进升先生逐字逐句审阅了书稿，从文字表达到注释规范，都与我反复磋商。出版社各位编辑的认真审阅，不仅使本书避免了不少明显的错误，也把原本的论文组合终于改造得像一本书了。

生也有涯，精力也有限，一个人的想法和愿望海阔天空，但一生实际能够做成的事情并不多。感谢广西师大出版社玉成，让我后半生的主要研究成果得以问世。不过，学术作品不是用来孤芳自赏，更需要得到读者的认可和是正。

"嘤其鸣矣，求其友声"，抛砖为引玉，这是本书的目的。

王瑞来

癸卯初春记于日本千叶寓所

"大学问"品牌书目

大学问·学术名家作品系列

朱孝远　《学史之道》

朱孝远　《宗教改革与德国近代化道路》

池田知久　《问道:〈老子〉思想细读》

赵冬梅　《大宋之变,1063—1086》

黄宗智　《中国的新型正义体系:实践与理论》

黄宗智　《中国的新型小农经济:实践与理论》

黄宗智　《中国的新型非正规经济:实践与理论》

夏明方　《文明的"双相":灾害与历史的缠绕》

王向远　《宏观比较文学19讲》

张闻玉　《铜器历日研究》

张闻玉　《西周王年论稿》

谢天佑　《专制主义统治下的臣民心理》

王向远　《比较文学系谱学》

王向远　《比较文学构造论》

刘彦君　廖　奔《中外戏剧史(第三版)》

干春松　《儒学的近代转型》

大学问·国文名师课系列

龚鹏程　《文心雕龙讲记》

张闻玉　《古代天文历法讲座》

刘　强　《四书通讲》

刘　强　《论语新识》

王兆鹏　《唐宋词小讲》

徐晋如　《国文课:中国文脉十五讲》

大学问·明清以来文史研究系列

周绚隆　《易代:侯岐曾和他的亲友们(修订本)》

巫仁恕　《劫后"天堂":抗战沦陷后的苏州城市生活》

台静农　《亡明讲史》

张艺曦　《结社的艺术:16—18世纪东亚世界的文人社集》

何冠彪　《生与死:明季士大夫的抉择》

李孝悌　《恋恋红尘:明清江南的城市、欲望和生活》

孙竞昊　《经营地方:明清时期济宁的士绅与社会》

大学问·哲思系列

罗伯特·斯特恩 《黑格尔的〈精神现象学〉》

A.D.史密斯 《胡塞尔与〈笛卡尔式的沉思〉》

约翰·利皮特 《克尔凯郭尔的〈恐惧与颤栗〉》

迈克尔·莫里斯 《维特根斯坦与〈逻辑哲学论〉》

大学问·名人传记与思想系列

孙德鹏 《乡下人:沈从文与近代中国(1902—1947)》

黄克武 《笔醒山河:中国近代启蒙人严复》

王 锐 《革命儒生:章太炎传》

大学问·实践社会科学系列

胡宗绮 《意欲何为:清代以来刑事法律中的意图谱系》

黄宗智 《实践社会科学研究指南》

黄宗智 《国家与社会的二元合一》

黄宗智 《华北的小农经济与社会变迁》

黄宗智 《长江三角洲的小农家庭与乡村发展》

白德瑞 《爪牙:清代县衙的书吏与差役》

赵刘洋 《妇女、家庭与法律实践:清代以来的法律社会史》

李怀印 《现代中国的形成(1600—1949)》

苏成捷 《中华帝国晚期的性、法律与社会》

大学问·雅理系列

拉里·西登托普 《发明个体:人在古典时代与中世纪的地位》

玛吉·伯格等 《慢教授》

菲利普·范·帕里斯等 《全民基本收入:实现自由社会与健全经济的方案》

田 雷 《继往以为序章:中国宪法的制度展开》

寺田浩明 《清代传统法秩序》

其他重点单品

罗伯特·S.韦斯特曼 《哥白尼问题:占星预言、怀疑主义与天体秩序(上)》

郑荣华 《城市的兴衰:基于经济、社会、制度的逻辑》

王 锐 《中国现代思想史十讲》

简·赫斯菲尔德 《十扇窗:伟大的诗歌如何改变世界》

北鬼三郎 《大清宪法案》

罗杰·F.库克 《后电影视觉:运动影像媒介与观众的共同进化》